Dr. Milan Rýzl, an der Universität Prag in Physik und Chemie zum Dr. rer. nat. promoviert, arbeitete zwanzig Jahre lang als Parapsychologe in verschiedenen Ländern Osteuropas. Seine Forschungs- und Lehrtätigkeit führte ihn in die Sowjetunion, nach Polen, Bulgarien und Ungarn, aber auch bis Indien sowie West- und Ostdeutschland. Er hielt parapsychologische Vorträge und Vorlesungen an den Universitäten Prag, Moskau, Leningrad, am San Diego State College in Kalifornien und an der Universität von Kalifornien in Riverside. Sein parapsychologisches Schrifttum wurde in aller Welt veröffentlicht. Dr. Rýzl ließ sich 1967 in den Vereinigten Staaten nieder und lebt als freier Forscher in San Jose, Kalifornien.

Vollständige Taschenbuchausgabe
Droemersche Verlagsanstalt Th. Knaur Nachf. München
Lizenzausgabe mit freundlicher Genehmigung
des Ariston Verlages, Genf
Exklusive Agenturrechte für alle Sprachen und

Titel der Originalausgabe »Parapsychology«

Aus dem Amerikanischen von Karlhermann Bergner
Satz IBV Lichtsatz GmbH, Berlin
Druck und Bindung Hanseatische Druckanstalt GmbH, Hamburg
Printed in Germany · 1 · 12 · 683
ISBN 3-426-04106-5

1. Auflage

Dr. rer. nat. Milan Rýzl:
Parapsychologie

Tatsachen und Ausblicke

Knaur

Inhaltsverzeichnis

1 Einführung 7

2 Die Geschichte des Studiums parapsychischer Phänomene 37

3 Außersinnliche Wahrnehmung (ASW) 109

4 Die ASW-Forschung in der Sowjetunion 194

5 Paraphysikalische Phänomene 204

6 Präkognition 214

7 Theorien über das Wesen der ASW 226

8 Die Zukunft der Parapsychologie 245

Namenregister 263

KAPITEL I

Einführung

Seit Menschengedenken tauchen immer wieder, in zahlreichen Abwandlungen, Berichte über besonders begabte Einzelmenschen auf, die Fähigkeiten zu recht ungewöhnlichen Kontaktaufnahmen mit der Umwelt besaßen: Sie erhielten Informationen von räumlich weit entfernten Ereignissen, die ihnen normalerweise hätten unzugänglich sein müssen; sie konnten unerwartete künftige Ereignisse voraussagen; sie vermochten sogar – so heißt es in einigen dieser Berichte – ihre Umgebung unmittelbar durch die »Kraft ihrer Gedanken« zu beeinflussen.

Man verbreitete – oft aufgebauscht und mit dem erregenden Reiz des Geheimnisvollen gewürzt – Gerüchte über vielfältige außergewöhnliche Begabungen und Phänomene: über Vorahnungen von bedeutenden Ereignissen oder ihre Ankündigung durch Vorzeichen; über Wahrträume; über geheimnisvolle Leistungen von Stammeszauberern primitiver Völker, von denen man erzählte, sie könnten mit Hilfe magischer Verrichtungen, auch über räumlich weite Entfernungen hin, Menschen unter ihren Einfluß bringen; über Leistungen der indischen Fakire und der Mitglieder religiös-asketischer Sekten, die ihre »Willensstärke« befähige, ihre unbewußten Körperfunktionen weitgehend zu beeinflussen; über »Wundertaten« von Heiligen, Propheten und religiösen Führerpersönlichkeiten; über »wunderbare« Heilungskräfte, die von bestimmten Personen oder besonders heiligen Plätzen ausgehen sollten; über die Zuverlässigkeit volkstümlicher Praktiken, wie etwa die Entdeckung von Wasserquellen und Bodenschätzen mit Hilfe der »Wünschelrute« oder des sogenannten »Siderischen Pendels«; über Weissagungen mit Hilfe von Kristallkugeln oder aus dem Kaffeesatz oder anderem; und schließlich über Geistererscheinungen, Spukhäuser, Botschaften von Verstorbenen usw.

Wir hören bei alldem von Phänomenen der verschiedensten Art. Sie lassen sich jedoch in zwei Gruppen einteilen:

1. Gewinnung von Informationen von der Außenwelt auf eine Weise, die sich von normalen Sinneswahrnehmungen unterscheidet. Diese Fähigkeit wird heute allgemein außersinnliche Wahrnehmung (ASW) genannt. Man hat diese ASW in verschiedene Formen unterteilt (deren Benennungen nicht immer glücklich sind):
   a) Hellsehen oder Paragnosie: der Empfang von Informationen über objektiv nachweisbare Ereignisse in der Außenwelt auf außersinnlichem Wege.
   b) Telepathie: Übertragung oder »Lesen« von Gedanken, also den Empfang von Informationen über geistige Vorgänge und subjektive Erfahrungen anderer Personen auf außersinnlichem Wege.
   c) Präkognition: Wahrnehmung von künftigen Ereignissen. Während die beiden ersten Formen eng miteinander verwandt sind und sich offensichtlich nur in der Art des Objektes unterscheiden, von dem die Information kommt, bringt die präkognitive ASW neue Dimensionen in unsere Überlegungen hinein: Unter gewissen Umständen scheint es möglich zu sein, die Schranke der Zeit zu überschreiten. Es hat den Anschein, daß außergewöhnlich begabte Personen bisweilen Informationen über künftige Ereignisse gewinnen können – unter Ausschluß aller bekannten Formen der Sinneswahrnehmung wie auch des schlußfolgernden Denkens.
2. Verursachung objektiv feststellbarer Wirkungen in der Außenwelt ohne Beteiligung irgendeiner bekannten physikalischen Energie. Es gibt Berichte über fast unglaubliche Vorgänge: die Bewegung von Gegenständen aus der Entfernung und ohne feststellbare Beteiligung physikalischer Kräfte (Telekinese, Psychokinese); die Schwerkraft überwindende Effekte (Levitation); Änderungen des Aggregatzustandes (Materialisation); über Energieumwandlungen (Temperaturveränderungen, akustische oder elektromagnetische Effekte, die ohne entsprechende physikalische Ursache auftreten); über Einflüsse auf chemische Reaktionen oder biologische Vorgänge, die offenbar durch rein geistige Konzentration auf sie zustande kommen.

Allein schon die Aufzählung dieser Phänomene, die – zumindest von einigen Autoren – alle zum Bereich der Parapsychologie gerechnet worden sind, macht es verständlich, daß auf diesem Gebiet eine gewisse Verwirrung herrscht. Viele Diskussionen und Mißverständnisse sind in erster Linie durch die ungenaue Abgrenzung dessen, was unter Parapsychologie zu verstehen ist, verursacht worden. Dabei wollen wir keineswegs übersehen, daß es bei einem neuen Zweig der Wissenschaft immer schwierig ist, seinen Zuständigkeitsbereich von Anfang an richtig zu umreißen. Erst in jüngster Zeit sind wir etwas besser in der Lage, den Bereich der Parapsychologie von dem anderer Wissenschaften abzugrenzen. Wir haben inzwischen einige Erkenntnis darüber gewonnen, was ein natürliches Phänomen zu einem parapsychischen Phänomen macht, in welcher Hinsicht parapsychische Phänomene sich von sogenannten natürlichen Phänomenen unterscheiden.

Bis in die jüngste Zeit hinein ist der Gegenstand der Parapsychologie recht allgemein bezeichnet worden als »alle geheimnisvollen Phänomene, die sich nicht aus den bekannten Naturgesetzen erklären lassen«. Diese Definition aber erwies sich als irreführend: Zu allen Zeiten hat es im Bereich der Wissenschaft Phänomene gegeben, die sich aus dem Wissen der betreffenden Zeit nicht erklären ließen, aber im Verlauf der weiteren Entwicklung der Wissenschaft geklärt und erklärt werden konnten. Hätte die Parapsychologie als Wissenschaft schon im Altertum existiert, dann wären – nach der obengenannten Definition – zum Beispiel der Blitz oder ansteckende Krankheiten in ihren Bereich gefallen, da die Ursache dieser beiden Phänomene noch vor wenigen Jahrhunderten, ja Jahrzehnten nicht erklärt werden konnte; nun aber gehören sie eindeutig zum Bereich der Physik und dem der Biologie und Medizin.

Der Gegenstand der Parapsychologie unterscheidet sich aber sehr deutlich von den Gegenständen anderer Bereiche der Wissenschaft. Die Erforschung parapsychischer Phänomene hat uns so weit geführt, daß wir die Existenz einer bestimmten Gruppe natürlicher und unter entsprechenden Gesetzen stehender Phänomene annehmen können, deren Zustandekommen nicht durch den Einfluß einer der uns bisher bekannten Arten von Energien erklärt werden kann, für die also eine neue, der Physik bisher unbekannte Art von Energie die Ursache sein muß. Diese Entdeckung – oder sagen wir (im gegenwärtigen Stadium der Forschung) vorsichtiger: diese Annahme – wird uns helfen, den Bereich der Parapsychologie näher zu definieren. Erweist sie sich als falsch, das heißt: gibt es in den natürlichen Geschehnissen und Abläufen keine Regelhaftigkeiten, die über die der heutigen Physik bekannten Gesetze der Interaktion von Feldern und Kräften hinausreichen, dann werden die Phänomene, die wir heute als parapsychisch ansehen, irgendwann durch die bekannten Wissenschaftszweige – zum Beispiel Physik, Psychologie, Physiologie – erklärt werden. Ist unsere Annahme jedoch richtig, dann kann die Parapsychologie als eigenständiger Wissenschaftszweig bezeichnet werden, denn dann er-

forscht sie Phänomene, die von anderen Bereichen der Wissenszweige nicht erklärt werden können.
In einer allgemeinen Weise könnten wir sagen: Die Parapsychologie erforscht Berichte über alle geheimnisvollen Phänomene, die auf irgendeine Weise mit der menschlichen »Psyche« zusammenhängen, vor allem Berichte über solche Phänomene, welche mit verschiedenen Lehren und Praktiken zusammenhängen, die wir für gewöhnlich als »Okkultismus« bezeichnen. Aus solchen Berichten erhält sie Anhaltspunkte für ihre weitere Forschungstätigkeit. Das darf uns natürlich nicht dazu verführen, Parapsychologie und Okkultismus einander gleichzusetzen (wie wir ja auch nicht Chemie und Alchimie einander gleichsetzen können). Doch der entscheidende Umstand, der irgendein natürliches Phänomen in die Sphäre der Parapsychologie verweist – wir können sogar sagen »ex definitione« –, ist der, daß es außerhalb der uns bekannten Gesetze über das Verhalten von Energien verläuft.
Wir können unter den Wahrnehmungsvorgängen als ASW nur solche gelten lassen, bei denen jede Möglichkeit der Einwirkung bekannter Energien vollständig ausgeschlossen ist. Das bedeutet zunächst den Ausschluß aller sinnlichen Wahrnehmungen: Sehen, Hören, Geruch, Geschmack, Tastsinn, Wahrnehmungen durch Enterorezeptoren und unterschwellige Wahrnehmung (das heißt, wenn der Sinnesreiz nicht bewußt erfahren wird, da er zu schwach oder von zu kurzer Dauer ist, doch eine unbewußte Reaktion des Organismus auslöst).
Diese Einschränkung genügt aber noch nicht, denn sie berücksichtigt nur die Energien, deren Einflüsse die menschlichen Sinnesorgane aufnehmen können: elektromagnetische Wellen in der Größenordnung von 400–800 μμ (Sehen), Schallwellen im Bereich von 16–20000 Schwingungen pro Sekunde (Hören) und Kontaktreize (Berührung, Geschmack, Geruch, Wahrnehmung durch Enterorezeptoren). Doch sind die Wahrnehmungsfähigkeiten der menschlichen Sinne bekanntlich begrenzt. So bewegt sich das menschliche Sehen und Hören innerhalb eines relativ kleinen Spielraumes von Wellenlängen, während andere Lebewesen bedeutend weitergespannte Wahrnehmungsfähigkeiten besitzen – nicht allein was die *Schärfe* der Sinneswahrnehmungen angeht (man denke an den Geruchssinn des Hundes, die Sehfähigkeit von Raubvögeln), sondern auch was den *Bereich* der Reize anbetrifft, auf die sie zu reagieren fähig sind. Der Hund kann bedeutend höhere Töne hören als der Mensch; Fledermäuse und Delphine orientieren sich mit Hilfe eines Ultraschallradars; einige Nachtschmetterlinge finden ihren Weg mit Hilfe ihres Geruchssinnes auch noch bei extrem schwacher Konzentration der Duftstoffe; Bie-

nen können Farben auch noch im ultravioletten Teil des Spektrums sehen; Schlangen nehmen winzige Temperaturunterschiede – in der Größenordnung von 0,001° C – wahr und orientieren sich mit Hilfe von Thermorezeptoren. Andere Lebewesen reagieren sogar auf *Arten* von Reizen, für die der Mensch völlig unempfindlich ist: einige Fischarten z. B. reagieren auf Änderungen im elektrischen oder magnetischen Feld ihrer Umgebung.
Bei alldem handelt es sich natürlich nicht um ASW. Diese vielfältigen Wahrnehmungsfähigkeiten in der Tierwelt erschweren jedoch unser Bemühen, die ASW genau zu definieren. Auch Menschen verfügen mitunter über erstaunliche Verfeinerungen bestimmter Einzelsinne (Weinprüfer z. B. über einen verfeinerten Geschmacks- und Geruchssinn). Solche und ähnliche Fähigkeiten könnten leicht als ASW verstanden werden, sind es natürlich aber nicht. So ist die Praktik des »Cumberlandism«, genannt nach G. S. Garners Pseudonym Stuart Cumberland, natürlich nicht ASW. Garner brachte sie in den achtziger Jahren des vorigen Jahrhunderts als Show auf die Bühnen, die so abläuft: Der Artist sucht einen verborgenen Gegenstand, dabei hält er die Hand eines Mannes, der intensiv an diesen Gegenstand denkt. Nach einiger Zeit findet der Artist den Gegenstand, geleitet durch die unwillkürlichen motorischen Reaktionen, durch welche ihn die sich auf den Gegenstand konzentrierende Person – unbewußt – auf diesen hinlenkt. »Bühnentelepathen« dieser Art registrieren die verschiedensten, auch geringfügigsten Reaktionen des Publikums: Anhalten des Atems, Stöhnen, Seufzen, Murren oder Anzeichen der Spannung, des Mitgerissenseins. Es sind Reaktionen, die völlig unwillkürlich auftreten und so schwach sein können, daß ein ungeschulter Beobachter sie gar nicht wahrnimmt. Der Cumberlandism kann nur als Imitation telepathischer Leistungen bezeichnet werden. Ähnlich schwierig ist die Lage bei der zweiten Gruppe von Phänomenen, die wir dem Bereich der Parapsychologie zuordnen: die paraphysikalischen Phänomene, d. h. die Auswirkung geistiger Konzentration auf materielle Vorgänge. Auch hier gilt als erste Bedingung, daß alle Einflüsse von Energien ausgeschlossen sein müssen, die der heutigen Physik bekannt sind. Dabei ist hier die Problemlage aber noch verwickelter, weil die zu bestimmenden Effekte sehr verschieden voneinander sind und noch vielfältiger und weniger erforscht als im Falle der ASW: Effekte, die bisweilen durch minimalste physikalische Kräfte hervorgerufen werden können, welche sich unter den gegebenen Beobachtungsbedingungen nur schwer berücksichtigen bzw. ausschließen lassen.
Die Schwierigkeit der Unterscheidung eines parapsychischen Phänomens von einem nicht-parapsychischen wird deutlich, wenn wir den

Fall einer Glaubensheilung untersuchen. Wohl in allen Ländern der Welt gibt es Laienheiler, die ihre Patienten durch Gebete, Handauflegung und ähnliche Mittel angeblich heilen. Die Patienten gewinnen bisweilen tatsächlich die Gesundheit wieder; und diese angebliche Heilwirkung wird ebenfalls ein parapsychisches Phänomen genannt. In Wirklichkeit kommen wir hierbei jedoch ohne parapsychologische Erklärung aus. Zunächst einmal ist in diesen Fällen oft schwer zu beweisen, ob infolge der Behandlung durch den Heiler wirklich irgendeine heilende Wirkung eingetreten ist. Jeder lebendige Organismus ist von hochkomplexer Struktur, sich stark verändernden Einflüssen seiner Umwelt ausgesetzt und selbst, im Zusammenhang mit zahlreichen höchst komplizierten inneren Vorgängen, veränderlich. In unserem Falle würde der Beweis für die Tatsächlichkeit einer heilenden Wirkung erfordern, daß der Patient unter Bedingungen, die alle anderen möglichen Einflüsse ausschließen, seine Gesundheit wiederbekommen hat. Wer je mit biologischen Forschungen zu tun gehabt hat, weiß, wie schwierig es ist, einer solchen Forderung zu genügen. Für gewöhnlich müssen wir uns mit einem nur annäherungsweisen Ausschluß unerwünschter Einflüsse begnügen; oder wir untersuchen anstatt eines einzelnen eine ganze Gruppe von Menschen, bei der die unerwünschten Störungseffekte sich nach dem Gesetz der großen Zahl annähernd ausschließen lassen. Unter den primitiven Bedingungen, unter denen für gewöhnlich die Tätigkeit der Laienheiler vor sich geht, ist es überdies sehr schwer zu beweisen, ob der Heilungseffekt überhaupt eingetreten ist. Sehr häufig ist die scheinbare Wiederherstellung des Kranken nur eingebildet und nicht wirklich; in weiteren Fällen wird die durch andere unkontrollierbare Einflüsse bewirkte Heilung dem Heiler zugeschrieben, während wieder andere Fälle, in denen gar kein Heilungseffekt eingetreten ist oder sich der Zustand des Patienten sogar verschlechtert hat, unbekannt bleiben oder ignoriert werden.

Doch selbst wenn wir die Schwierigkeiten einer deutlichen Erkennung der Heilungswirkung unterschätzen, gibt es noch andere Probleme, die wir nicht ignorieren dürfen. Viele Fälle einer scheinbaren Wiederherstellung können auf Suggestion oder Autosuggestion zurückzuführen sein: der Patient fühlt sich – subjektiv – besser, obwohl die Krankheit in Wirklichkeit fortschreitet. In anderen Fällen kann die Heilung von einer Krankheit auf psychosomatische Heilungswirkungen zurückgehen. Physiologische Forschungen haben ergeben, daß seelische Vorgänge körperliche Funktionen zu beeinflussen vermögen. Eine ganze Anzahl körperlicher Krankheiten hat psychogene Ursachen; mit der Beseitigung dieser Ursachen kann der Patient seine

Gesundheit wiedererhalten ohne irgendeine direkte körperliche Beeinflussung. Bestimmte Krankheiten, z. B. manche Hautkrankheiten, sind durch Suggestion in der Hypnose behandelt und geheilt worden.
All diese Heilungseffekte sind natürlich solche nichtparapsychischen Charakters; sie können in der Praxis eines Laienheilers ebenso vorkommen wie in der allgemeinen ärztlichen Praxis (wo sie am rechten Platz und unter fachmännischer Kontrolle Anwendung finden). Um einen unter dem Einfluß eines Laienheilers zustande gekommenen Effekt als parapsychisch bezeichnen zu können, wäre es erforderlich, daß der Heiler die biochemischen und physiologischen Vorgänge in dem erkrankten Organismus aus einer räumlichen Distanz durch die Kraft seiner Gedanken beeinflußt. Voraussetzung wäre, daß eine objektiv feststellbare Besserung im Gesundheitszustand des Patienten bewirkt wird, auch ohne daß dieser von dem an ihm vorgenommenen Heilversuch weiß. Bei der komplizierten Struktur allen biologischen Materials wird man zugeben müssen, daß die nachweisbare Feststellung eines solchen Effektes in sich ein sehr schwieriges Problem darstellt. Es ist daher nicht überraschend, daß bis heute noch kein überzeugender Beweis für einen parapsychischen Heilungseffekt erbracht werden konnte.
Doch sind die Dinge noch bedeutend verwickelter, denn bislang betrachteten wir nur die eine Seite des Problems, nämlich die Frage nach der direkten parapsychischen Heilungswirkung. Der zweite Aspekt, der im Zusammenhang mit der Laienheilung zu erörtern wäre, ist die Frage: Kann man ASW zur Diagnose einer Krankheit verwenden, deren Behandlung anschließend auf normalem Weg erfolgt? Eine solche Möglichkeit kann zugestanden werden. In der einschlägigen Literatur finden sich dafür zahlreiche recht überzeugende Beispiele. Aber dieser Aspekt gehört nun schon in die Sphäre der Erforschung der ASW. Das Hauptproblem der Laienheilung aber, wie wir es oben diskutiert haben, liegt in der Beantwortung der Frage: Lassen sich auf parapsychische Weise Abwehrkräfte und Heilungsvorgänge innerhalb des Organismus aktivieren? Diese Frage ist noch nicht überzeugend beantwortet worden; wir wollen hier auch nicht näher auf sie eingehen. Wir wollen uns darauf beschränken, sie aufzuwerfen zur Veranschaulichung der thematischen Schwierigkeiten, denen wir im Bereich der Parapsychologie begegnen.
Bisher haben wir bei den parapsychischen Phänomenen vor allem ihren charakteristischen Zug betont: daß sie von keiner der uns bekannten Energien hervorgerufen werden. Zu diesen Phänomenen gesammelte Erkenntnisse zeigen überdies, daß es sich immer um Phäno-

mene handelt, die eng verbunden sind mit dem bewußten Tätigsein des Menschen, mit seiner »Psyche«. Und eben deshalb hat man diesen Wissenschaftszweig als »*Parapsychologie*« (von griechisch »para« – darüber hinaus) bezeichnet, um zum Ausdruck zu bringen, daß wir hier Phänomene untersuchen, die auf der menschlichen »Psyche« basieren, aber außerhalb der Zuständigkeit der klassischen Psychologie liegen. Diese Bezeichnung ist sehr populär geworden, obwohl sie keineswegs angebracht ist. Ganz unberechtigt betont sie eine Beziehung zur Psychologie und weckt damit den Eindruck, die Parapsychologie sei nichts anderes als ein umstrittener und nebensächlicher Zweig der Psychologie.

In Wirklichkeit erhebt die Parapsychologie, obwohl sie ein sehr junger Zweig der Wissenschaft und als solcher erst sehr wenig erforscht ist, einen bedeutend höheren Anspruch. Schon heute ist sie stark differenziert, hat ihre eigenen spezifischen Forschungsmethoden und viele Berührungspunkte mit manchen grundverschiedenen Wissenschaftsgebieten, so daß man sie unbedingt als unabhängigen Bereich wissenschaftlicher Forschung anerkennen muß. Zwar hat die Parapsychologie viele Probleme, die zur allgemeinen Psychologie in Beziehung stehen, zugleich aber hat sie Berührungspunkte mit der Physiologie, der Kybernetik, der Physik und anderen Wissenschaften. Es ist daher nicht weiter erstaunlich, daß die Forschung auf diesem Gebiet vielleicht weniger von Psychologen als von Physikern, Chemikern, Kybernetikern, Mathematikern, Forschern aus rein technischen Wissenschaften, Biologen, Physiologen oder auch Philosophen betrieben wird.

Dabei ist es nicht uninteressant, daß neuerdings gerade die Techniker, die in ihrer Praxis mehr daran gewohnt sind, auf umstürzende neue Entdeckungen zu stoßen, bedeutend stärker auf die Herausforderung der Parapsychologie eingehen als viele Vertreter der modernen Psychologie. Die Parapsychologen sind heute davon überzeugt, daß ihre Arbeit einen wertvollen Beitrag leistet zur Beantwortung von Fragen, die nicht allein mit der Klärung psychischer Vorgänge im Menschen zusammenhängen, sondern z. B. auch mit der Frage nach der menschlichen Persönlichkeit, der Bedeutung der menschlichen Existenz und dem Standort des Menschen im Universum. Zugleich will sie aber auch helfen, viele ganz andere und entfernte Fragen zu beantworten: Fragen kosmologischer Art, ja sogar Probleme der modernen Physik, die bisher noch nicht gelöst werden konnten.

Berichte über parapsychische Phänomene finden wir schon in den ältesten Aufzeichnungen menschlicher Kulturen. Wir können daher unbedenklich behaupten, daß diese Phänomene die gesamte Menschheitsgeschichte hindurch immer wieder beobachtet worden sind. Dabei ist es interessant, die Reaktion der Menschen auf diese Phänomene vor dem Hintergrund der allgemeinen wissenschaftlichen Entwicklung zu verfolgen. Im Altertum war alles Wissen über Naturvorgänge nur wenigen bekannt. Gleich den anderen Entdeckungen und Erkenntnissen, die die Natur betrafen, waren die spärlichen Kenntnisse von parapsychischen Phänomenen zu dieser Zeit in den Schleier des Geheimnisvollen gehüllt. Parapsychische Phänomene bildeten häufig einen Teil von religiösen Zeremonien und Glaubensvorstellungen: sie wurden als Fälle wunderbaren Eingreifens Gottes oder übernatürlicher Mächte in natürliche Abläufe verstanden. So wurde – um ein Beispiel zu nennen – die Fähigkeit der Prophetie als übernatürliche Gabe angesehen. Heilige Schriften der verschiedensten Völker und Religionen enthalten überreichlich Hinweise auf solche Phänomene und Fähigkeiten. Wie verbreitet der Glaube an diese Phänomene war, läßt sich zum Beispiel daraus ersehen, daß es im Altertum Orakel als staatlich anerkannte Institutionen gab, die von Staatsmännern vor schwerwiegenden Entscheidungen aufgesucht und konsultiert wurden. Die Weissager bei diesen Orakeln – so vermutet man – fielen in eine Art Trance, wie dies zum Beispiel von der Pythia, der Weissagerin von Delphi, berichtet wird, die bei ihren Orakelsprüchen über einer Felsspalte saß, betäubende Dämpfe einatmete und Lorbeerblätter kaute. Heute können wir natürlich die kritische Frage stellen, wie viele von den Voraussagen der Orakel wirklich auf parapsychischem Wege zustande gekommen sind. Neben Weissagungen im Trancezustand kannte das Altertum noch viele andere Praktiken zur Erforschung der Zukunft, über die wir heute nur lächeln würden. So las man zum Beispiel die Zukunft aus den Eingeweiden von Opfertieren, aus dem Flug der Vögel, aus alten Handschriften (Kabbala) usw.

Nach und nach entwickelte sich das Wissen des Menschen um die Natur; die Zahl der Entdeckungen und Erkenntnisse wuchs, und man versuchte die ersten philosophischen Deutungen. Mit den steigenden Kenntnissen über die Naturvorgänge verloren viele von ihnen ihren ursprünglichen magischen und mystischen Zug. Man begann einzusehen, daß die Naturvorgänge nach unwandelbaren Gesetzen ablaufen, daß diese Gesetze sich entdecken lassen und zu einer Kontrolle der Naturvorgänge verwendet werden können. Diese Einsicht bezeichnet den Anfang der Naturwissenschaft.

Mit dem Anwachsen des Wissensbestandes im Laufe der Jahrhunderte begannen die Einzelwissenschaften sich zu differenzieren. Es ist nur zu verständlich, daß dieser Differenzierungsprozeß in seinem

Ablauf durch die Komplexität der Probleme bestimmt wurde, die die Thematik der betreffenden Wissenschaft ausmachten. An erster Stelle wurden die Grundlagen für diejenigen Wissenschaften gelegt, die die einfachsten und am leichtesten zu erkennenden Gesetze hatten: die Astronomie, verschiedene Zweige der Physik, später die Chemie. Die biologischen Wissenschaften mit ihren verwickelteren Gesetzen erhielten erst bedeutend später ihre wissenschaftlichen Grundlegungen, und die Psychologie begann sich erst noch später als unabhängige Wissenschaft herauszubilden, weil die Gesetze, die sie zu erforschen sucht, noch komplexer sind.

Ebenso wie die Biologie mit ihren verschiedenen Zweigen sich erst so recht entwickeln konnte, nachdem zahlreiche chemische Prozesse hinreichend erforscht waren, die den Lebensvorgängen zugrunde liegen, konnte die Psychologie sich nicht erfolgreich weiterentwickeln, ehe das Wissen um die biologischen Grundlagen der psychischen Vorgänge – d. h. über die Physiologie der Sinnesorgane und des Nervensystems – nicht einen genügend hohen Stand erreicht hatte. Damit erklärt sich aber auch, weshalb die Parapsychologie bisher so relativ wenig gesicherte Erkenntnisse aufzuweisen und noch keinen Stand erreicht hat, der jenem der anderen Wissenschaften vergleichbar ist: Sie konnte sich nicht entwickeln, ehe nicht ein bestimmter Wissensstand bei den anderen Wissenschaften, vor allem bei der Psychologie, erreicht war.

Dennoch ist es überraschend, wie viele Wissenschaftler und Denker von Rang an parapsychischen Phänomenen schon vorher interessiert waren. Es würde zu weit führen, hier alle namhaften Persönlichkeiten aufzuzählen, deren Werk dieses Interesse erkennen läßt. Nennen wir, stellvertretend, nur die Werke von Shakespeare, Goethe, Shelley und Tolstoi, in denen Schilderungen parapsychischer Phänomene vorkommen und in denen das schöpferische Genie des Autors seinen Gipfel eben an Stellen erreicht, wo er sich mit der Problematik parapsychischer Phänomene befaßt. Doch haben sich auch namhafte Vertreter der Erfahrungswissenschaften für sie interessiert. Auch hier nur Beispiele: der russische Naturwissenschaftler M. W. Lomonossow, der schwedische Botaniker Charles Linné, der tschechische Physiologe J. E. Purkyne, der deutsche Physiker Albert Einstein, der österreichische Psychiater Freud, der russische Chemiker D. I. Mendeljew, der einen besonderen wissenschaftlichen Ausschuß für das Studium spiritistischer Phänomene an der Universität Petersburg (Leningrad) gründete, und Madame Curie-Sklodowska, die Mitglied des Ausschusses der Sorbonne für das Studium medialer Phänomene wurde; von den älteren Naturwissenschaftlern war der Chemiker Lavoisier Mitglied des Ausschusses für das Studium des »animalischen Magnetismus«. Aktiv beteiligt an der Erforschung parapsychischer Phänomene waren zum Beispiel auch der große Physiker William Crookes, der Physiologe Charles Richet und der Psychologe William James.

Die Naturwissenschaftler aber mußten vor den Schwierigkeiten kapitulieren; sie ließen sich wegen des geringeren Wissensniveaus zu ihrer Zeit nicht überwinden. Aus diesem Grund behielten von allen Naturphänomenen die parapsychischen am längsten einen religiös-mystischen Anstrich und waren von Resten altertümlicher und mittelalterlicher Denkweisen umgeben. In den Augen mancher Leute haben die Probleme der Parapsychologie diese mysteriöse Note selbst bis heute behalten. Zu der Zeit, als sich in allen anderen Wissenschaften längst das kritische, rationale Denken durchgesetzt hatte, blieb die Sphäre der parapsychischen Phänomene mehr oder weniger aus dem Bereich der offiziellen Wissenschaft ausgeklammert. Sie wurde zu einer Sphäre des »Okkulten«, die Leichtgläubige mit abergläubischen Glaubensvorstellungen, auf der anderen Seite auch manche gerissenen Betrüger anzog.

Heute wissen wir, weshalb es so kommen mußte: Es fehlte einfach noch ein gewisses Niveau allgemeinen Wissens sowohl in der Naturwissenschaft als auch in den technischen Wissenschaften, und das ist eben die notwendige Voraussetzung zur Erforschung parapsychischer Phänomene. Zu diesem Hauptgrund traten weitere Gründe hinzu, die wir ebenfalls aufzeigen möchten, um den ganzen Hintergrund unseres Problems auszuleuchten.

Parapsychische Phänomene besitzen einen aus dem gewöhnlichen Rahmen herausfallenden Zug: Die Außergewöhnlichkeit und Befremdlichkeit ihres Auftretens wecken *von vornherein* Argwohn und Zweifel an ihrer tatsächlichen Existenz. Das kommt sehr anschaulich in der Erklärung des berühmten Physikers und Physiologen von Helmholtz zum Ausdruck: »Weder das Zeugnis aller Mitglieder der Royal Society noch mein eigener Augenschein können mich dazu bringen, daß ich an die Übertragung von Gedanken von einer Person auf die andere unabhängig von den bekannten Wegen der Sinneswahrnehmung glaube.«

Parapsychische Phänomene geschehen sehr selten, und es ist außerordentlich schwierig, sie experimentell, nach dem Willen des Experimentierenden, hervorzurufen. Ihr Auftreten ist stets an die Anwesenheit einer entsprechend begabten Person gebunden; und es kam und kommt zudem immer wieder vor, daß selbst die dafür begabtesten Personen versagten, häufig in den entscheidendsten Augenblikken (zum Beispiel bei Demonstrationen in Anwesenheit von kontrollierenden Ausschüssen). Ein solches Versagen weckt dann jedesmal Zweifel, ob die Beobachtungen in dem Zeitraum, in dem die parapsychischen Phänomene aufgetreten sein sollen, sorgfältig genug durchgeführt worden sind. Dabei wird vergessen, daß wir doch auch andersartige Phänomene nicht nach Wunsch produzieren können, zum Beispiel den Fall eines Meteoriten, atmosphärische Phänomene, ein Erdbeben usw. Auch in manchen anderen Wissenschaften sind wir generell nicht fähig, die Ergebnisse eines Experimentes exakt zu reproduzieren, wenn es von vielen Faktoren abhängt, die sich unserer Kontrolle entziehen; das gilt für die Biologie, die Psychologie und auch die Soziologie. Diese Eigentümlichkeit sollte bei der Parapsychologie um so mehr verständlich sein, als wir bei ihr nicht alle Bedingungen kennen, die zu dem jeweils untersuchten Phänomen führen; und selbst wenn wir sie kennen, fällt es uns schwer, sie in ihrer ganzen Komplexität künstlich hervorzurufen. So sind zum Beispiel die Bedingungen, von denen wir wissen, daß sie für das Auftreten parapsychischer Fähigkeiten notwendig sind, sehr komplizierte Voraussetzungen psychischer Art. Wie sehr diese Phänomene unter derartigen psychischen Bedingungen vom Zufall abhängig sind, läßt sich unschwer veranschaulichen an dem Beispiel des Studenten, der gut vorbereitet ist, aber einer vorübergehenden schlechten Disposition wegen im Examen durchfällt.

Der Einwand, daß parapsychische Phänomene nicht in zureichendem Umfang wiederholt werden können, ist daher, für sich gesehen, nicht akzeptabel. Doch wird er zu einem ernsten Problem im Zusammenhang damit, daß parapsychische Phänomene nicht in das derzeitige allgemeine wissenschaftliche Weltbild hineinpassen. Dank der Entwicklung der Naturwissenschaften können wir uns heute eine weitreichende Vorstellung von den Naturgesetzen machen. Wir können einigermaßen gut sagen, ob ein bestimmtes Phänomen in den Zusammenhang unserer übrigen Kenntnis der natürlichen Vorgänge: in unser wissenschaftliches Weltbild hineinpaßt. Die anderen, oben erwähnten, nicht nach menschlichem Willen wiederholbaren Phänomene lassen sich unschwer in ein solides System bekannter Naturgesetze einfügen; daher gibt es keine ernsthaften Einwände gegen ihre Existenz, ebenso wie wir die Glaubwürdigkeit eines Wissenschaftlers, der von der Entdeckung eines neuen Kometen oder eines neuen Tiefseefisches berichtet, nicht anzweifeln, auch wenn wir selbst nicht direkt die Möglichkeit haben, uns von deren Existenz zu überzeugen. Parapsychische Phänomene dagegen passen nicht in dieses System der bekannten Regelhaftigkeiten natürlicher Vorgänge. Wir müssen zwar einräumen, daß ein Weltbild nach dem »allgemeinen, gesunden Menschenverstand« nur von relativer Korrektheit ist: Es haben zum Beispiel zu ihrer Zeit de Lavoisier und nach ihm noch de Laplace die Existenz von Meteoren geleugnet, mit dem Argument, daß es »im Himmel keine Sterne gibt«. Aufs Ganze gesehen führt aber kein Weg daran vorbei, daß wir denen zustimmen müssen, die den Standpunkt vertreten: Je ungewöhnlicher ein Phänomen ist, desto stichhaltiger muß der Beweis für seine tatsächliche Existenz sein.

Bei den parapsychischen Phänomenen haben wir überdies noch die unerfreuliche Hypothek der vielen betrügerischen Nachahmungen durch »Bühnentelepathen«, falsche »Medien« und »Hellseher« zu überwinden; dazu kommt, daß die vorliegenden Zeugnisse und Berichte sehr oft von unkritischen, leichtgläubigen und stimmungslabilen Personen stammen und daß gerade auf diesem Gebiet vieles nachträglich hinzugefügt oder recht übertrieben dargestellt worden ist, so daß es schließlich eher reißerische Geschichten sind, die sich für journalistische Dramatisierung geradezu anbieten. Bis jetzt ist die Parapsychologie noch nicht allzu weit über eine mehr oder weniger zufällige Sammlung von zusammenhanglosen Einzelbeobachtungen hinausgekommen, ganz ähnlich wie dies zu Lavoisiers Zeit für die Chemie und zu Claude Bernards Zeit für die Medien der Fall war. So ist es noch ungemein schwierig, sich eine überzeugende allgemeine Theorie der parapsychischen Phänomene überhaupt vorzustellen und sie in ein wissenschaftliches Weltbild einzubauen. Selbst Experimente haben bisher nur selten das Stadium des Suchens nach Antworten auf gezielte Fragen erreicht, wie dies bei den anderen Naturwissenschaften der Normalfall ist. Statt in dynamischer Form neue Wege für einen Fortschritt zu öffnen, bleiben parapsychologische Versuche allzu häufig in einer rein statischen Registrierung einmal beobachteter Fakten stecken.

Und schließlich finden sich die parapsychologischen Entdeckungen eher verborgen in einer relativ kleinen Zahl von Spezialzeitschriften und Büchern mit ziemlich kleinen Auflagen, die in einer Flut wertloser »okkulter« Literatur untergehen. Daher sind Wissenschaftler anderer Gebiete, denen es bei dem ungeheuren wissenschaftlichen Fortschritt schwerfällt, in ihrem eigenen Bereich auf dem laufenden zu bleiben, nicht selten über die Parapsychologie falsch informiert: Sie haben ihren bedeutenden Fortschritt in den letzten Jahrzehnten, der die Parapsychologie zu einer Wissenschaft im eigentlichen Sinne des Wortes gemacht hat, nicht zur Kenntnis genommen und beurteilen sie nach einem überholten Stand.

Da die parapsychologische Forschung zumeist nur eine theoretische

Bedeutung besitzt und da sie nicht in der Lage ist, schon für die nächste Zukunft eine weitgehende praktische Nutzung ihrer Entdeckungen zu verheißen, genießt sie keine große finanzielle Unterstützung. Sie leidet ständig unter einem Mangel an fähigen Forschern. Ihre Arbeit befindet sich im Pionierstadium und erfordert ein beträchtliches Maß an persönlichem Einsatz. Auf der anderen Seite verlangt die vielfältige Verflochtenheit des Sachgebietes mit verwandten eine gründliche Kenntnis eben dieser benachbarten Gebiete sowie die Zusammenarbeit eines ganzen Teams von Forschern verschiedener Spezialgebiete. Außerdem kann dieses Forschungsgebiet keine so sichere Forscherkarriere offerieren wie Zweige der Wissenschaft, die einen direkten und praktischen Nutzeffekt haben. Es ist ein Teufelskreis: Infolge der oben genannten Hindernisse verläuft der Fortschritt in der Parapsychologie relativ langsam; infolgedessen bleiben die Mittel für die Forschung weit hinter den Bedürfnissen zurück.
Doch das ist noch nicht alles: Die Parapsychologen haben einen schweren Stand der konservativen Einstellung ihrer wissenschaftlichen Kollegen gegenüber. Natürlich gehört der Widerstand gegen etwas, das uns von Grund auf neu zu denken zwingt, zum Schicksal jeder großen Entdeckung und nicht allein der Parapsychologen. Um es in den berühmt gewordenen Worten von Lamarck zu sagen: Die Anerkennung einer neuen Wahrheit zu erreichen ist häufig bedeutend schwieriger, als sie zu entdecken. Einige wenige Beispiele mögen dies veranschaulichen: Galilei wurde von der Inquisition ins Gefängnis gebracht, weil er dabei blieb, daß die Erde sich um die Sonne dreht. Als er seine Gegner einlud, die Jupitermonde durch sein Teleskop zu beobachten, erhielt er die Antwort, sein Gegner wolle »nicht in diesen Teufelsapparat hineinschauen«. Huyghens erklärte Newtons Idee, daß die Schwerkraft materielle Körper anziehe, für absurd. Und Galvani, der Entdecker der Elektrizität, wurde von seinen Zeitgenossen verlacht. Wir können eine Reihe ähnlicher Beispiele noch bis in die jüngste Vergangenheit hinein finden. Nennen wir nur den ungeheuren Widerstand gegen Darwins Evolutionstheorie und die anfangs sehr zurückhaltende Anerkennung von Einsteins Relativitätstheorie sowie noch die jüngste Auseinandersetzung über ihre philosophischen Interpretationen. Fast wie eine Anekdote klingen in diesem Zusammenhang die Worte des großen Physikers Max Planck darüber, wie von Grund auf neue wissenschaftliche Entdeckungen für gewöhnlich von anderen Wissenschaftlern übernommen werden. Eine neue wissenschaftliche Wahrheit, so erklärt er, setzt sich nicht durch, indem sie ihre Gegner überzeugt und sie das Licht sehen läßt, sondern vielmehr, weil ihre Gegner schließlich sterben und eine neue Genera-

tion heranwächst, die mit ihr schon vertrauter ist. Und der bekannte Psychologe H. J. Eysenck drückt einen ähnlichen Gedanken so aus: »Wissenschaftler sind, vor allem wenn sie den Bereich ihres Spezialgebietes verlassen, ebenso alltäglich, dickköpfig und unbelehrbar wie jeder beliebige andere Mensch, und ihre überdurchschnittliche Intelligenz macht ihre persönlichen Vorurteile nur um so gefährlicher, als sie ihnen die Fähigkeit gibt, sie mit einem überdurchschnittlich gewandten und hochtönenden Redeschwall zu bemänteln.«

Die Zurückhaltung der wissenschaftlichen Öffentlichkeit der Parapsychologie gegenüber hat daher nicht allein rationale Gründe (Vorsicht bei der Annahme ungenügend begründeter Behauptungen), sondern auch rein emotionale. Wissenschaftler neigen dazu, innere Ungewißheit und Konflikte zu vermeiden, denen sie sich durch die Anerkennung oder Ablehnung parapsychischer Phänomene aussetzen würden. Sie ziehen es vor, die Parapsychologie aus dem Bereich ihrer Interessen auszuklammern. G. N. M. Tyrrell hat diese Haltung »*Ausweichtaktik*« (escapist tactics) genannt. Den wahren Grund dafür sieht er darin, daß die Entdeckungen, welche die Parapsychologen »... ans Licht gebracht haben, der allgemein anerkannten Auffassung über das Wesen der Dinge heftig widersprechen. Man kann nicht Tatsachen wie Telepathie oder Präkognition nehmen und sie einfach an dieses einmal anerkannte Verständnis ankleben. Die Telepathie erfordert ein grundlegendes Umdenken der geläufigen Vorstellungen von der menschlichen Personalität; und die Präkognition erfordert ein ähnliches Umdenken in den geläufigen Vorstellungen über die Zeit. Im allgemeinen kann man sagen: Das Gesamtbild der Welt, das durch die Entdeckungen der parapsychologischen Forschung notwendig wird, zerbricht den naiven Realismus, in dem der menschliche Geist befangen ist, und zeigt, daß er weithin illusorisch ist; ja, ich glaube, daß die Abneigung gegen parapsychische Phänomene vor allem auf einem halbbewußten Instinkt beruht, der die Menschen bewegt, sich zur Verteidigung eines Realismus im Sinne des ›gesunden Menschenverstandes‹ zusammenzutun. Es handelt sich dabei in gewissem Sinne um eine Art Reaktion zur Verteidigung eines Glaubensbekenntnisses... Daher weicht bei den Menschen die Betroffenheit über Fälle von zwingender parapsychischer Evidenz und bisweilen selbst über eigene parapsychische Erfahrungen so rasch wieder dem gewohnten Selbst- und Weltverständnis...

Im ganzen läßt die Situation sich nur schwer beschreiben, doch dürfte sie in etwa folgendermaßen sein: Die Welt, in der wir leben und handeln, enthüllt sich uns durch unsere physischen Sinnesorgane, und wir sind geistig, psychisch und physisch auf diese Welt *eingestellt*, so daß unser buchstäblicher und fragloser Glaube an sie weniger eine intellektuell begründete Meinung als eine organbedingte Überzeugung ist, welche die Natur uns mit der ganzen Kraft einer *suggestiven Beeinflussung* eingeträufelt hat. Bis in den innersten Kern unseres Wesens hinein sind wir davon durchdrungen. Sie liegt mehr in unserem Blut als in unserem Verstand... Es ist eine Folge unserer geistigen Struktur, so wie sie sich im Laufe der biologischen Entwicklung entfaltet hat, die uns dazu antreibt, alles zurückzuweisen, was der Welt der allgemeinen Erfahrung fremd ist... Der Gegenstand der parapsychologischen Forschung ist eingehüllt in den Eindruck des a priori Unwahrscheinlichen. Erst wenn wir die Vernunft dazu bringen, sich mit dieser unserer sachlich unbegründeten Überzeugung auseinanderzusetzen, sehen wir uns zu dem Eingeständnis gezwungen, daß sie weithin eine Illusion ist...«

Parapsychische Phänomene stehen daher im Widerspruch zu dem, was der »gesunde Menschenverstand unserer Zeit« für gegeben und gesichert hält. W. F. G. Swann hat einmal gesagt, jede Theorie, die die Fakten, auf die sie sich richtet, erfolgreich erklärt und eine weite Anerkennung findet, schaffe um sich eine Atmosphäre von »common-sense« der betreffenden Zeit. Aber das Wissen und die Erkenntnis schreiten fort: Neue oder bisher im Hintergrund stehende Tatsachen werden anerkannt und alte Theorien durch neue ersetzt oder korrigiert. Auf diese Weise wandelt sich der Kern des »commonsense« mit der Zeit, und was in der Vergangenheit für Unsinn gehalten wurde, wird für die Zukunft etwas Selbstverständliches.

In diesem Zusammenhang dürfen wir etwas sehr Wichtiges nicht übersehen. Obwohl uns parapsychische Phänomene ungewöhnlich und unserer gesamten Alltagserfahrung widersprechend vorkommen können, befindet sich ihre Existenz zu keinem der bisher entdeckten Naturgesetze in Widerspruch. Alle Einwände beruhen auf der Anführung *scheinbarer* Widersprüche. Die Parapsychologie behauptet im Prinzip nur, daß neben den bisher von den Naturwissenschaften entdeckten Gesetzen noch andere Naturgesetze und tiefere Kausalbeziehungen zwischen den Naturphänomenen vorhanden sind, die unter bestimmten Bedingungen zutage treten, und wir müssen zugeben: bisher nur sehr selten. Wenn wir diese Tatsache einsehen, müssen wir erkennen, daß jede a priori angemaßte Leugnung parapsychischer Phänomene absolut unwissenschaftlich ist. Das wurde sehr gut zum Ausdruck gebracht von den Autoren des in der sowjetischen Zeitschrift *Nauka i zhiznj* im Jahre 1964 erschienenen Artikels »Cybernetics-Antireligion«: »Wir können nicht einfach mit Entschiedenheit erklären, daß es dieses oder jenes Phänomen nicht gibt... Unbe-

kannte, mit der menschlichen Psyche zusammenhängende Phänomene sollten besser zum Gegenstand wissenschaftlicher Forschung gemacht werden, als daß man sie zur Basis spekulativer Redereien werden läßt. Die Wissenschaft kennt keine Grenzen. Sie ist fähig, alles zu verstehen und es, nachdem sie es erklärt hat, zum Wohle der Menschheit zu gebrauchen.«
Und gerade in der Sowjetunion ist in jüngster Zeit – ungeachtet gelegentlich laut werdender kritischer Stimmen – wiederholt die Forderung formuliert worden, parapsychische Phänomene systematisch zu erforschen. So schrieb zum Beispiel im Jahre 1966 der russische Astronom F. Zigel in der Zeitschrift *Nauka i religiya:* »Um zu ermöglichen, daß die Parapsychologie für immer in den Dienst des Menschen gestellt wird, sind eine weitgespannte Organisation wissenschaftlicher Forschung... und schöpferische Arbeitsbesprechungen... notwendig – kurz gesagt: ein systematisches Herantreten an dieses wichtige Problem mit allen verfügbaren Kräften ist nötig.«
Die Parapsychologie *steht nicht in Widerspruch zu irgendeinem Naturgesetz.* Sie stellt nur neue Behauptungen auf, die unser Wissen um die Welt in einem neuen Bereich ergänzen: in einem Bereich von Gesetzen, die nur unter speziellen Bedingungen gültig sind und funktionell in Beziehung stehen zur ungestörten Tätigkeit höherer Teile des Nervensystems. Die Geschichte der Naturwissenschaft lehrt uns, daß gerade die minimalen systematischen Abweichungen beobachteter Phänomene von den anerkannten Formulierungen von Naturgesetzen, die Abweichungen, die jeder Erklärung auf die bisher gewohnte Weise widerstehen, schließlich Neuformulierungen der Naturgesetze erfordern, welche die natürlichen Phänomene genauer beschreiben. Ein klassisches Beispiel für eine solche Entwicklung ist die Revolution in der modernen Physik und Astronomie, die durch die Quantentheorie und die Relativitätstheorie ausgelöst worden ist. Auch diese beiden Theorien führten, ausgehend von zur damaligen Zeit noch nicht erklärbaren Beobachtungen, zur Entdeckung neuer Naturgesetze und vervollständigten unser wissenschaftliches Weltbild.
Das auf den Sinneseindrücken beruhende Weltbild, das die Grundlage für den naiven Realismus bildet und uns gestattet, Gegenstände und Ereignisse menschlicher Größenordnung zu erfassen, ist dank der Entwicklung der theoretischen Physik durch das mathematische Weltbild ersetzt worden, das uns gestattet, Vorgänge im Mikrokosmos des Atoms und im Makrokosmos der Sternenwelt zu erfassen. Wir können vermuten, daß uns in ganz ähnlicher Weise Entdeckungen auf dem Gebiet der Parapsychologie lehren werden, die Welt in einer weiteren neuen Weise zu sehen, die wir als »supersensorisches

Weltbild« bezeichnen könnten. Dieses Weltbild kann sich als adäquater für das Verständnis der psychischen Vorgänge im Menschen und der von ihm geschaffenen kulturellen Werte erweisen.
In diesem Zusammenhang müssen wir auf einige vor allem von marxistischen Autoren erhobene Einwände gegen die Möglichkeit parapsychischer Phänomene eingehen. Der Leningrader Philosoph V. P. Tugarinow wies auf die Gefährlichkeit derartiger philosophischer Argumentationen hin, da sie die wissenschaftliche Erforschung dieser Phänomene unterdrücken und behindern.
Akzeptieren wir die Existenz der ASW, so stehen wir damit einem gewissen Dilemma gegenüber, das sich in der Frage niederschlägt, ob es überhaupt einen Sinn hat, die Idee einer »Wahrnehmung« zu konzipieren, die »außersinnlich« ist. Diese Frage ist offenbar falsch formuliert, da keine Berechtigung vorhanden ist, ASW in Gegensatz zu der allgemeinen Sinneswahrnehmung zu stellen. Nur weil wir es so gewohnt sind, akzeptieren wir lediglich jene Wege zur Gewinnung von Information über die Außenwelt, bei denen wir die jeweiligen Rezeptoren kennen, als »Sinne«. Daraus kann aber nicht abgeleitet werden, daß sie wirklich die einzigen Wege zur Informationserlangung darstellen. ASW sollte als ein der Sinneswahrnehmung analoger Vorgang verstanden werden. Gewiß, sie ist in ihrem gegenwärtigen Entwicklungsstand bedeutend weniger zuverlässig als die Sinneswahrnehmung, und ihre Wirkungsweise ist bis heute unbekannt. Doch müssen wir sie gleichwohl als einen neuen »Sinn« verstehen, der sich, wenn er weiter vervollkommnet ist, als sehr hilfreich für den Menschen erweisen kann. Die Unterschiede der ASW von der normalen Sinneswahrnehmung müssen mit ihrer andersartigen phylogenetischen Geschichte in Zusammenhang gebracht werden. Die Telepathie, eine der Formen der ASW, ist bisweilen »Gedankenübertragung« genannt worden. Dieser zweifellos wenig treffende Name wurde zur Quelle eines Mißverständnisses mehr semantischer Art. Man fragte: Wie kann man zugeben, daß Gedanken als unabhängige und für sich bestehende Wesenheiten angesehen werden, die ein Gehirn verlassen und auf ein anderes Gehirn übertragen werden können? Diese scheinbare Widersprüchlichkeit ist von dem sowjetischen Philosophen A. G. Spirkin gelöst worden. Er hat erklärt, daß Telepathie nicht eine Übertragung der Gedanken selbst ist; was übertragen wird, ist vielmehr nur die *Information* über die Gedanken ihres Trägers bzw. Agenten. Es handelt sich hier um einen Vorgang ganz analog dem, was auch im täglichen Leben geschieht, wenn nämlich Information in Gestalt der gesprochenen Sprache, verschlüsselt in der Energie der Schallwellen, übermittelt wird.

Der russische Philosoph E. T. Faddjew hat in diesem Zusammenhang darauf aufmerksam gemacht, daß wir neben dem üblichen Schema der Weitergabe von Einflüssen, an das wir im täglichen Leben gewohnt sind (Außenwelt – der Körper mit seinen Sinnesorganen – Gehirn) ganz offensichtlich noch ein anderes, einfacheres Schema der Beeinflussung zu beachten haben, das Schema: Außenwelt – Gehirn. Dieses einfachere Einflußschema, das im gewöhnlichen Leben sonst nur in pathologischen Fällen eintritt (zum Beispiel bei Gehirnschäden), wird augenscheinlich bei der Telepathie wirksam. Doch Faddjew betont, daß die Erklärung der Telepathie Aufgabe der Naturwissenschaft ist und nicht der Philosophie. Er vertritt auch die Auffassung, für die Klärung dieses Problems könne viel getan werden durch die Erforschung dessen, was er »Vorfeldformen der Materie« nennt, die nach seiner Meinung eine Urform der Materie darstellen. Er nimmt an, daß die Materie in ihrer gegenwärtigen Gestalt – mit den charakteristischen Merkmalen der Regelhaftigkeiten der elektromagnetischen Felder, der Gravitationsfelder und sonstiger Felder der heutigen theoretischen Physik – im Laufe der Entwicklung des Universums aus ihren »Vorfeld«-Zuständen entstanden ist.
Eine der ungewöhnlichen Eigentümlichkeiten der ASW ist ihre allem Anschein nach geringe Abhängigkeit von materiellen Projektionen oder räumlichem Abstand. Das steht im Gegensatz zu der bekannten Tatsache, daß die Wirkung einer Energie normalerweise entsprechend dem Quadrat der Entfernung abnimmt. B. Hoffmann hat gezeigt, daß diese scheinbare Widersprüchlichkeit sich auflösen läßt, wenn wir bei jedem übermittelten Signal einen Unterschied machen zwischen seinem Informationsgehalt und der Stärke seiner Energie. Was mit dem Quadrat der Entfernung abnimmt, ist nur die Stärke der Energie, nicht aber der Informationsgehalt, der von der Stärke der Energie der Sendung grundsätzlich unabhängig ist. (Beispiel: Wird ein Satz laut gesprochen, so hat er denselben Informationsgehalt, wie wenn er geflüstert wird.) Diese Überlegungen brachten L. L. Wasiljew zu dem Schluß, daß die parapsychische Übermittlung von Informationen (selbst wenn sie auf einem Faktor energetischer Art beruht) sich nicht nach den Gesetzen der Fortpflanzung der Energie vollzieht, sondern nach den Gesetzen der Weitergabe von Information in kybernetischen Systemen.
Einen anderen Ansatz für kritische Einwände gegen die Parapsychologie liefert die Tatsache, daß verschiedene Parapsychologen auch die Möglichkeit der Präkognition anerkennen, d. h. eine parapsychische Informationsübermittlung über die Zeitschranke hinweg. Ein solches Phänomen widerspricht unserer Vorstellung von der Kausalität: Wie

kann ein künftiges Ereignis, der erkannte Vorgang, eine Wahrnehmung verursachen, wenn diese zeitlich früher liegt als jenes? Außerdem liegt hier auch ein Widerspruch zu unserer Darstellung vom freien Willen vor. Gibt es eine Präkognition, dann muß man, so scheint es, die absolute Determiniertheit aller Vorgänge in der Natur anerkennen, d. h. daß künftige Ereignisse bereits zum gegenwärtigen Zeitpunkt »in prädeterminierter Form existieren«, ohne daß irgendeine Möglichkeit der Einwirkung durch eine individuelle Entscheidung bleibt. Das aber führt uns zu einem Paradox, wenn wir die Frage stellen: In welcher Weise wirkt die Präkognition, wenn die Voraussage eine Handlung betrifft, bei der die beteiligte Person entschlossen ist, genau das Gegenteil von dem zu tun, was vorausgesagt wird?

Ohne uns damit festzulegen, ob es Präkognition gibt oder nicht, wollen wir hier nur zeigen, daß Präkognition nicht grundsätzlich im Widerspruch zur Kausalität und zum freien Willen steht. Ein Widerspruch zur Idee des freien Willens ist nur in dem Fall vorhanden, in dem eine umfassende und absolut perfekte Fähigkeit der Voraussicht vorausgesetzt wird. Tatsächlich aber können die Parapsychologen bestenfalls das Vorhandensein einer Präkognition sehr unvollkommener Art behaupten, die in einer wenig zuverlässigen Form nur eine geringe Informationsmenge übermittelt. Was den scheinbaren Widerspruch zur Idee der Kausalität anbetrifft, so müssen wir vielmehr schließen, daß ein Beweis der Möglichkeit, Information auch in der Zeit-Richtung zu übermitteln, uns zwingen würde, in bestimmten Sonderfällen unsere Grundvorstellungen über die Metrik des Raum-Zeit-Kontinuums zu korrigieren. In einem solchen Falle kann es sogar notwendig werden, daß wir unsere Vorstellungen von der Zeit ändern – vermutlich in dem Sinne, daß die Zeit kein in einer Richtung verlaufender beständiger und gleichförmiger »Strom« ist, der alle Vorgänge des Universums einhüllt. In der modernen theoretischen Physik hat die spezielle Relativitätstheorie bereits die Notwendigkeit einer gewissen Lockerung des ursprünglich starren Newtonschen Zeitbegriffes erwiesen. Ohne daß wir den Anspruch erheben, damit eine Erklärung für die Präkognition zu geben, sondern lediglich zur Veranschaulichung der Komplexität des Problems, mit dem wir es hier zu tun haben, wollen wir in diesem Zusammenhang eine theoretische Spekulation des russischen Physikers K. V. Nikolsky erwähnen, der es für möglich hielt, daß in bestimmten Teilen des Universums die Zeit auch in umgekehrter Richtung fließt.

Selbstverständlich ist bei der Suche nach Analogien Vorsicht am Platz; doch sollte in diesem Zusammenhang eine Tatsache nicht unerwähnt bleiben: die moderne Physik schließt die Möglichkeit nicht vollkommen aus, daß die Wirkung vor ihrer Ursache eintreten kann, d. h. daß die Folge zeitlich ihrer Ursache vorausgeht. So gestatten zum Beispiel verschiedene Entdeckungen in der Atomphysik eine Interpretation, die dahin geht, daß die Wirkung (die Spaltung des Atoms) vor ihrer Ursache (dem Auftreffen eines Mesons) eintritt. In ähnlicher Weise sucht R. P. Feynman Positronen als Partikel zu verstehen, die sich in einer dem Zeitfluß entgegengesetzten Richtung bewegen, also in Richtung auf die Vergangenheit.

Und schließlich bringt uns die Annahme der Psychokinese scheinbar in Widerspruch zum Gesetz der Energieerhaltung. Auch hier wollen wir, ohne uns im Augenblick darauf festzulegen, ob es Psychokinese gibt oder nicht, erwähnen, daß auch dieser Einwand letztlich nicht unbedingt stichhaltig ist; denn die Erhaltungssätze für Materie und Energie gelten nur für ein physikalisch *abgeschlossenes* System. Doch die Annahme, wir hätten in Situationen, in denen man paraphysikalische Phänomene zu beobachten vermeint, wirklich abgeschlossene Systeme, ist nur eine apriorische Mutmaßung, die stillschweigend zugrunde gelegt, aber niemals bewiesen wurde. Wir haben hier einen analogen Fall zu den Spekulationen über den Wärmetod des Universums; diese Theorie beruht auf einer unberechtigten Extrapolation, durch welche die Gültigkeit des zweiten thermodynamischen Gesetzes (das für physikalisch abgeschlossene Systeme gilt) auf das Universum als Ganzes ausgedehnt wurde. Psychokinese als mögliche Realität legt aber die Möglichkeit von bisher unbekannten energetischen Beziehungen zwischen natürlichen Phänomenen nahe, bei denen eine neue Art von Energie beteiligt ist, die sogenannte PSI-Energie, die sich in einem hypothetischen PSI-Feld fortpflanzt.

Wir wollen jedoch mit diesen Hinweisen späteren Ausführungen nicht vorgreifen. Beschränken wir uns einstweilen auf den Schluß, daß die Parapsychologie ein unabhängiges Gebiet der Wissenschaft darstellt und daß daher die Entdeckungen in anderen Bereichen der Wissenschaft keinen Einfluß auf die Frage haben können, ob es überhaupt parapsychische Phänomene gibt (und welche). Die Antwort kann im einzelnen Fall nur durch Experimente gefunden werden, die direkt auf diese Findung gerichtet sind. In dieser Erkenntnis können wir nun unsere Einleitung schließen mit der Darstellung zweier ausgewählter experimenteller Untersuchungen (als repräsentative Beispiele für viele andere), die beweisen, daß unter gewissen Umständen der menschliche Organismus wirklich auf Information reagieren kann, die ihn außerhalb der normalen Sinneswege erreichen, und daß es daher wirklich Beobachtungen gibt, zu deren Erklärung die klassische Methode nicht ausreicht.

Experiment I:
Beispiel eines Versuches zur Demonstration der Telepathie.

Dieser Versuch ist im Jahre 1919 im Psychologischen Laboratorium der Universität Groningen (Niederlande) durchgeführt worden. Man hat ihn schon häufig als Beispiel eines erfolgreichen und sorgfältig durchgeführten telepathischen Experimentes aus der einige Jahrzehnte zurückliegenden Zeit zitiert. Wir können uns daher das Eingehen auf die Einzelheiten ersparen und es nur in den Hauptzügen beschreiben. Versuchsperson war der 23jährige Mathematikstudent Van Dam, dessen Fähigkeit, auf telepathischem Wege motorische Impulse zu empfangen, mehr oder weniger zufällig bei der Vorführung eines Bühnentelepathen entdeckt worden war.
Der Versuch wurde in zwei übereinanderliegenden Räumen durchgeführt. Van Dam als Versuchsperson saß mit verbundenen Augen in dem unteren Raum, der hell erleuchtet war. Er saß an einem Tisch hinter einem Schirm, der ihn vollkommen abdeckte. Doch konnte er durch eine kleine Öffnung in der Vorderseite des Schirmes die Hand durchstrecken in Richtung auf den vor ihm stehenden Tisch. Auf diesem Tisch lag ein in Schachbrettform eingeteiltes Brett mit sechs Reihen zu je acht Feldern (also mit 48 Quadraten). Die Leiter des Versuchs befanden sich im oberen Raum, in dem das Licht gedämpft war. In den Fußboden hatte man ein schalldichtes Fenster eingebaut, durch das man vom oberen Raum herabsehen und die Bewegung der Hand der Versuchsperson verfolgen konnte. Es waren also alle erdenklichen Maßnahmen und Vorkehrungen getroffen worden, um jede normale Sinneswahrnehmung auszuschließen: der Versuchsperson waren die Augen verbunden, sie war hinter eine Abschirmung gesetzt worden, die Leiter des Versuches befanden sich in einem anderen Raum mit gedämpftem Licht, und zwischen beiden war ein schalldichtes Fenster eingebaut. Die Leiter des Experimentes bestimmten durch das Los jeweils ein Feld auf dem »Schachbrett« und versuchten, durch ihre Gedanken die Versuchsperson dazu zu bringen, daß sie auf das betreffende Feld zeigte. Insgesamt wurden auf diese Weise 187 Einzeltests durchgeführt. Die Versuchsanordnung mit 48 Quadraten gestattet zwei Prozent Zufallstreffer, d. h. nicht ganz vier Treffer. Registriert wurden 60 richtige Antworten. Obwohl dieser Prozentsatz weit unter 100 Prozent lag (bei Laboratoriumsforschungen zur ASW ist die zutage tretende Fähigkeit für gewöhnlich nicht vollkommen), wird jedermann zugeben müssen, daß die Versuchsperson zumindest *einige* der geistigen Impulse, die ihr von den Leitern des Experiments gesendet wurden, empfangen haben muß.

Experiment II:
Beispiel für eine Versuchsreihe zur Demonstration des Hellsehens (Originalbericht im Journal of Parapsychology).

Versuchsperson für diese Versuche war Pavel Štěpánek, zu Beginn der Versuche dreißig Jahre alt; seine ASW-Begabung zeigte sich, nachdem er sich von dem Autor dieses Buches auf hypnotischem Wege hatte einüben lassen. Man hatte eine elementare Form der ASW gewählt: Die Versuchsperson sollte die Farbe einer Karte bestimmen, die in einem undurchsichtigen Umschlag lag. Dabei war jeweils die Wahl zwischen zwei Möglichkeiten gegeben, zum Beispiel zwischen Weiß und Schwarz, Weiß oder Grün usw. Die Möglichkeit eines Zufallstreffers betrug also immer 50 Prozent. Die Versuchsperson erreichte bei der Versuchsreihe im Durchschnitt etwa 60 Prozent Treffer. Auch das ist ein Ergebnis, das nur wenig über den reinen Zufall hinausgeht; doch die systematische Weise, auf die dieses Ergebnis erzielt worden ist, läßt den Schluß zu, daß hier ein anderer Faktor als lediglich der Zufall mit im Spiel war. Vom Standpunkt der Informationstheorie aus stellt auch schon ein nur wenig über die Zufallsschwelle hinausreichendes Ergebnis bei einem ASW-Test die Mitteilung eines gewissen Quantums von Information dar. Soweit dies unter Bedingungen geschieht, die jede Möglichkeit einer Sinneswahrnehmung ausschließen, wie dies bei dem eben beschriebenen Versuch der Fall war, müssen wir zugeben, daß wir es mit ASW, wenn auch in einer unvollkommenen Form, zu tun haben. Die Arbeiten mit Pavel Štěpánek galten in der Hauptsache der Untersuchung von Eigentümlichkeiten der ASW. Die ersten mit ihm durchgeführten Versuche sollten jedoch die Tatsächlichkeit außersinnlicher Wahrnehmung nachweisen sowie ferner die Wiederholbarkeit der Leistungen der Versuchsperson unter strengsten Bedingungen, die eine Sinneswahrnehmung und die Möglichkeit von Irrtümern in der Bewertung der Fakten nach menschlichem Ermessen ausschlossen. Diese Versuche wurden vom Autor dieses Buches in den Jahren 1960 bis 1964 in Zusammenarbeit mit einer Anzahl ausländischer Wissenschaftler durchgeführt, die als Zeugen für die Leistungen von Pavel Štěpánek nach Prag eingeladen worden waren. Einige dieser Versuche sollen hier genauer beschrieben werden.

Versuch Rýzl – Rýzlova I
Die Aufgabe der Versuchsperson bestand darin, zweifarbige Karten in der Größe von 125 × 75 mm (genau: 5 × 3 inches) zu identifizieren, die in großen, undurchsichtigen Umschlägen lagen. Die Karten waren

auf der einen Seite weiß, auf der anderen schwarz. Die Umschläge waren im Aussehen gleich und aus steifer, dunkler Pappe gefertigt. Die Umschläge mit den eingelegten Karten wurden der Versuchsperson immer in Partien zu zehn Stück vorgelegt. Durchgeführt wurde der Versuch folgendermaßen: Die Experimentatorin J. Rýzlova richtete in einem anstoßenden Raum – an Hand einer Tabelle mit Zufallszahlen – eine Partie von zehn zweifarbigen Karten in einer zufälligen Abfolge der Farben und eingeschlossen in undurchsichtige Umschläge. Diese reichte sie dem Versuchsleiter M. Rýzl und setzte sich dann schweigend an den Tisch in eine Ecke des Versuchsraumes, seitlich zur Versuchsperson. M. Rýzl saß an dem Tisch in der Raummitte, der Versuchsperson gegenüber, jedoch von ihr getrennt durch einen undurchsichtigen dunklen Schirm. Während des Versuches konnte die Versuchsperson nicht einmal die Außenseite der Umschläge mit den Karten sehen oder sie berühren. Alle Manipulationen mit ihnen fanden hinter dem undurchsichtigen Schirm statt.
Nachdem M. Rýzl die Partie Umschläge in Empfang genommen hatte, teilte er sie. Der Umschlag, bei dem der Packen geteilt wurde, war bestimmt durch eine einfache Berechnung auf der Grundlage der für den Tag des Experimentes gültigen astronomischen Daten. Damit war er von objektiven Gegebenheiten und nicht von einer subjektiven Entscheidung irgendeiner Person abhängig. Keiner der an dem Versuch Beteiligten außer M. Rýzl wußte, daß der Packen der Umschläge mit den Karten geteilt werden sollte. Mit Hilfe des beschriebenen Verfahrens wurde erreicht, daß keiner der Beteiligten während des Identifizierungsvorganges wissen konnte, welche Karte im gegebenen Augenblick in jedem einzelnen Umschlag war. Der Versuchsleiter M. Rýzl legte dann der Versuchsperson die Umschläge mit den Karten zur Identifizierung vor, indem er sie, einen nach dem andern, einfach auf den Tisch hinlegte. Dabei waren die Umschläge die ganze Zeit über den Augen der Versuchsperson verborgen durch einen dunklen, undurchsichtigen Schirm. Aufgabe der Versuchsperson war es, jedesmal die Farbe der Oberseite der Karte zu nennen, in der Reihenfolge, wie sie in ihrem dunklen, undurchsichtigen Umschlag hinter dem dunklen, undurchsichtigen Schirm hingelegt wurden.
So wurden bei jeder Versuchsreihe zehn Aussagen gegeben. Die Antworten der Versuchsperson wurden von den beiden Experimentatoren unabhängig voneinander niedergeschrieben. Nach Beendigung einer Reihe von zehn Aussagen verglichen beide Experimentatoren, jeder für sich, den Inhalt der einzelnen Umschläge mit ihren Niederschriften und zählten, ebenfalls unabhängig voneinander, die Anzahl der Treffer zusammen. Dann wurden alle Karten aus ihren Umschlä-

gen genommen, und J. Rýzlova ging in den Nachbarraum, um eine neue Partie von zehn Umschlägen mit Karten herzurichten. Unter diesen Bedingungen wurden insgesamt 200 Testreihen mit je zehn Einzeltests durchgeführt, d. h. insgesamt 2000 Einzeltests. Dabei wurden 1144 richtige und 876 falsche Antworten registriert. Die Verteilung der Farben auf den Karten lag in den Grenzen der Zufallserwartung (998 schwarze und 1002 weiße).

Versuch Rýzl – Rýzlova II

Für diesen Versuch wurden wie beim Versuch I ebenfalls schwarzweiße Testkarten verwendet, die in Päckchen aus dunkler Pappe gesteckt wurden. Diese Päckchen wurden sodann in mehrere Lagen von dunkelblauem Packpapier eingeschlagen. Auch diese Pakete wurden von J. Rýzlova hergerichtet und verschlossen. Da das Versuchsprogramm vorsah, daß der Versuchsperson erlaubt werden würde, sie mit nach Hause zu nehmen, wurde eine weitere Sicherung gegen unerlaubtes Öffnen der Päckchen eingebaut, und zwar durch Plazierung eines Stückes hochempfindlichen fotografischen Films in jedem Päckchen. Dieses Filmstück wurde unmittelbar nach Ende des Experimentes entwickelt und lieferte den Beweis dafür, daß die Päckchen ungeöffnet geblieben waren.

Die verschlossenen Päckchen wurden gemischt und numeriert. Dann reichte J. Rýzlova diese Päckchen M. Rýzl, der – in Abwesenheit von J. Rýzlova – sie der Versuchsperson zur Durchführung des Versuchs vorlegte. Um bei der Herrichtung der Einzelobjekte Zeit zu sparen, war beschlossen worden, nur 100 Päckchen mit Karten zu machen; ferner war entschieden worden, daß jedes einzelne Päckchen mehrmals in aufeinanderfolgenden Durchgängen und unter zwei verschiedenen Versuchsbedingungen identifiziert werden sollte:

1. Nachdem die Versuchsperson sich durch Autokonzentration in Gegenwart des Versuchsleiters M. Rýzl in einen für ASW-Leistungen günstigen Zustand gebracht hatte; und
2. nachdem der Versuchsperson erlaubt worden war, die Päckchen mit den Karten mit nach Hause zu nehmen. Dabei hatte die Versuchsperson die Instruktion bekommen, zu einer beliebigen Zeit zu Hause, in Abwesenheit anderer Personen, dieselbe Autokonzentration vorzunehmen, zum Beweis dafür, daß sie fähig sei, ihre ASW unabhängig vom Versuchsleiter zu betätigen.

Um soweit wie möglich die Unabhängigkeit bei den einzelnen nacheinander erfolgenden Identifizierungen der gleichen Karten sicherzustellen, befestigte der Versuchsleiter an jedem Päckchen zwei Bündel von zehn numerierten Papierstreifen. Die Versuchsperson schrieb

ihre Farbfeststellungen auf diese Papierstreifchen, die sie dann jeweils gleich nachher abriß und aufbewahrte. Die Berechnung der Ergebnisse erfolgte auf der Grundlage dieser Papierstreifen.
Das Ergebnis des Versuches zeigt die folgende Tafel:

a) In Gegenwart des Versuchsleiters	661 Treffer	339 Fehler
b) In Abwesenheit des Versuchsleiters	602 Treffer	398 Fehler
Insgesamt	1263 Treffer	737 Fehler

Versuch Rýzl – Pratt II
Ein weiterer Versuch wurde gelegentlich des Besuches von J. G. Pratt in Prag im Januar/Februar 1963 ausgeführt. Die Aufgabe der Versuchsperson bestand wieder darin, die Farbe der Oberseite zweifarbiger, in dunkle Umschläge gelegter Karten zu erkennen. Diesmal waren die Karten auf der einen Seite weiß, auf der anderen grün. Die Karten von 125 × 75 mm Größe wurden wieder in dunkle Umschläge gelegt. Der Versuch bestand aus 100 Durchgängen mit je 20 Einzelidentifizierungen.
J. G. Pratt richtete in einem Nachbarraum eine Reihe von 20 Umschlägen mit Karten in einer Zufallsfolge her, brachte sie in den Experimentierraum und überreichte sie schweigend M. Rýzl, der so saß, daß er die Versuchsperson seitlich vor sich hatte und J. G. Pratt den Rücken zuwandte; dann legte M. Rýzl die Karten, eine nach der anderen, der Versuchsperson zur Identifizierung vor, wobei die Umschläge ständig in ihrem Blickfeld blieben. Doch hatte die Versuchsperson während des ganzen Versuches die Umschläge nicht einmal berührt. Während der ganzen Zeit des Versuches wurden die Umschläge so gehalten, daß sie von oben beleuchtet waren; im übrigen: selbst wenn die Versuchsperson sie gegen ein starkes Licht gehalten und durch sie hindurchzuschauen versucht hätte, hätte sie nicht einmal die Umrisse der in den Umschlägen liegenden Karten erkennen können, so dunkel und undurchsichtig waren sie.
Während die Versuchsperson die Farben nannte, schrieb J. G. Pratt diese Aussagen nieder. Nachdem alle 20 Umschläge durchgegangen waren, verglich J. G. Pratt die Antworten der Versuchsperson mit der tatsächlichen Farbe der Karten in den Umschlägen, wobei M. Rýzl die Richtigkeit seiner Zählungen überprüfte und dann, unabhängig davon, die Anzahl der richtigen Antworten zusammenzählte. Nach Beendigung der Überprüfung verließ J. G. Pratt den Raum und nahm die Karten mit in den Nachbarraum, um die Umschläge für den folgenden Durchgang zurechtzumachen. Das heißt: er nahm in einer Zufallsfolge zehn Karten aus ihren Umschlägen, drehte sie um, so daß

die Oberseite nach unten kam, und steckte sie wieder in dieselben Umschläge. Auf diese Weise erfüllte er die grundsätzliche theoretische Forderung, daß etwa 50 Prozent der Karten in ihren Umschlägen umgedreht würden. Dann mischte J. G. Pratt die Umschläge mit den Karten gründlich, so daß niemand mehr erkennen konnte, welches die Umschläge waren, in denen er die Karten umgedreht hatte. Das Mischen der Karten bestand aus mehreren, sich aneinander anschließenden Manipulationen: zuerst breitete J. G. Pratt die Umschläge auf dem Tisch aus, so daß sie 10 bis 15 kleine Stapel bildeten, wobei er zugleich etwa die Hälfte der Umschläge wechselte. Dann nahm er die kleinen Stapel in einer Zufallsfolge auf und machte daraus einen Stapel von 20 Umschlägen. Diese Stapel mischte er anschließend mehrmals gründlich durch, wobei er immer einen Teil abhob und dann die abgehobenen Umschläge wechselte. Schließlich nahm er die auf diese Weise hergerichteten Testkarten und brachte sie in den Versuchsraum zurück, wo M. Rýzl sie in der oben bereits geschilderten Weise wieder der Versuchsperson zur Bestimmung der oben liegenden Farben vorlegte.

Bei dem aus 2000 Einzeltests bestehenden Versuch wurden insgesamt 1133 Treffer erzielt. Das ist ein Ergebnis, das beträchtlich über der Zufallserwartung liegt, und zwar in einem Umfang, der fast dem Ergebnis des Versuches Rýzl – Rýzlova I entspricht.

Die Versuchsbedingungen, wie wir sie oben geschildert haben, berechtigen zu der Annahme, daß wir bei dem Versuch eine rein zufallsmäßige Anordnung der Testkarten haben. Dennoch wurden verschiedene Kontrollanalysen des Versuchsmaterials vorgenommen, um auch numerisch nachzuweisen, daß diese Annahme begründet war.

I. Das Zahlenverhältnis der Farben bei den Testkarten entsprach dem bei einer Zufallsverteilung: 982 waren grün, 1018 weiß.

II. In weiteren Analysen wurden die Ansagen, die – gemessen an den Karten, auf die sie sich bezogen – hochsignifikante Trefferzahlen ergaben, an Hand anderer Karten nachgeprüft. Unter diesen Bedingungen wurde nur eine Zufallszahl von Entsprechungen registriert.

II. a) Testkarten eines gegebenen Durchganges T_n wurden an Hand der Karten des folgenden Durchganges T_{n+1} überprüft. Dieser Test sollte die Zweckmäßigkeit der bei der Mischung der Karten zwischen zwei Durchgängen angewandten Methode prüfen. Das Ergebnis waren 1017 Treffer: ein Resultat, das innerhalb der Grenzen der Zufallserwartung bleibt.

II. b) Karten eines gegebenen Durchganges T_n wurden durch Vergleich mit den Ansagen der Versuchsperson beim folgenden

Durchgang C_{n+1} geprüft. Diese Gegenprobe konnte zeigen, ob die Karten eines Durchganges die Reihenfolge der Ansagen der Versuchsperson beim folgenden Durchgang beeinflußten. Das Ergebnis waren 987 Treffer: es blieb also wieder in den Grenzen der Zufallserwartung.

II. c) Und schließlich wurden die Ansagen eines gegebenen Durchganges C_n durch Vergleich mit den Karten des folgenden Durchganges T_{n+1} überprüft. Diese Analyse diente direkt der Kontrolle der Zweckmäßigkeit und Zulänglichkeit des gesamten Versuchsverfahrens, denn die Versuchsbedingungen ebenso wie die Art der ASW-Fähigkeit der Versuchsperson boten keinen genügenden Grund für die Annahme, daß die Versuchsperson fähig sein würde, die Versuchskarten im nächsten Durchgang richtig zu erraten. Bei dieser Analyse ergaben sich 1007 Treffer, also wiederum ein Ergebnis, das innerhalb der Grenzen der Zufallserwartung liegt.

Wir können daher schließen, daß die Versuchsbedingungen normale Sinneswahrnehmungen ebenso ausschlossen wie die Möglichkeit einer Beteiligung der schlußfolgernden Verstandestätigkeit oder Irrtürmer bei der Niederschrift. Die Kontrollanalysen bestätigten die Annahme einer wirklich zufallsgemäßen Verteilung der Versuchskarten. Zugleich übertraf die von der Versuchsperson erzielte Trefferzahl wesentlich die auf Grund der Wahrscheinlichkeitsrechnung zu erwartende Anzahl.

Es wurden mehrere Kontrollversuche gleich den oben beschriebenen durchgeführt; ihre Ergebnisse sind in Tafel I zusammengefaßt. Diese Tafel ist aber auch deshalb interessant, weil sie zeigt, daß die Leistungen von Pavel Štěpánek sich im Laufe mehrerer Jahre nicht änderten. Auch die Höhe der gezeigten ASW-Fähigkeit, ausgedrückt als prozentualer Wert der Abweichung von der durchschnittlichen Zufallserwartung, ist beigefügt. Somit ist erwiesen, daß der oben erwähnte Einwand der mangelnden Wiederholbarkeit parapsychologischer Versuche keine absolute Gültigkeit mehr besitzt.

Bestätigungsversuche mit Pavel Štěpánek in den Jahren 1961 bis 1964

Versuch	Datum	Ansagen Gesamtzahl	Treffer	Fehler	Abweichung v. d. mittleren Zufallserwartung	in %
Rýzl Rýzlova I	Juli/Aug. 1961	2000	1144	856	+144	7,2
Rýzl Rýzlova II	August 1961	2000	1263	737	+263	13,1
Rýzl Pratt I	Juni 1962	800	452	348	+ 52	6,5
Rýzl Pratt II	Jan./Febr. 1963	2000	1133	867	+133	6,7
Rýzl Barendregt Barkema Kappers	April 1963	2048	1216	832	+192	9,4
Pratt Blom	November 1963	1600	922	678	+122	7,6
Rýzl Beloff	Juli 1964	1200	535	665	− 65	5,4
Rýzl	Aug./Sept. 1964	2000	1114	886	+114	5,7
Rýzl Freeman Kanthamani	September 1964	2000	1156	884	+156	7,8
Rýzl Otani	September 1964	2000	1187	813	+187	9,3

Wir können daher behaupten: Bei den Versuchen mit Pavel Štěpánek – in denen der Nachweis der Existenz außersinnlicher Wahrnehmung auf systematische Weise erbracht werden sollte – ist ein über die Grenzen des Zufalls hinausreichender Effekt erzielt worden. Die eine Ausnahme (in dem Versuch Rýzl – Beloff), bei dem das Ergebnis unter der Zufallserwartung blieb, hat ihre besonderen psychologischen Gründe, die zu verwickelt sind, als daß sie hier diskutiert werden könnten; doch entkräftet diese *Ausnahme* den oben gezogenen Schluß nicht. Die Versuchsbedingungen haben nicht-parapsychische Störungsfaktoren ausgeschlossen. Unter solchen Umständen könnte

nur eine einzige nicht-parapsychologische Erklärung für das Ergebnis dieser Versuche gegeben werden: irgendein Irrtum oder Fehler in der Wahrscheinlichkeitsrechnung, der zur Folge hätte, daß diese mit der obigen Versuchsanordnung nicht in Beziehung gebracht werden könnte. Doch das können wir nicht annehmen: Die Richtigkeit der Wahrscheinlichkeitsrechnung hat sich viele Male in der Praxis bestätigt und ist zu einem grundlegenden Hilfsmittel in vielen anderen Wissenschaftszweigen geworden. Im übrigen ist die Auswertung der Ergebnisse unserer Versuche eine der elementarsten Aufgabenstellungen der Wahrscheinlichkeitsrechnung – wenn nicht sogar deshalb, weil Kontrollanalysen der Versuchswerte, wie sie in dem Versuch Rýzl – Pratt II ausgeführt worden sind, als empirischer Beweis für die Adäquatheit der Wahrscheinlichkeitsrechnung in ihrer Anwendung auf diese besondere Situation angesehen werden können.
Weil daher die oben erwähnte außer-parapsychologische Erklärung ganz offensichtlich nicht akzeptabel ist, müssen wir annehmen, daß *in den oben beschriebenen Versuchen die Versuchspersonen unzweifelhaft und wiederholt die Fähigkeit außersinnlicher Wahrnehmungen gezeigt hat.*
Diese Fähigkeit gibt es also, und daher sollte sie erforscht werden. Wir können guten Gewissens zu den nächsten Kapiteln übergehen, die dieser Erforschung gewidmet sind, ohne die Befürchtung, uns damit in Sackgassen zu verlieren und Zeit zu vertun mit der Untersuchung von Phänomenen, die möglicherweise reine Illusionen sind.

KAPITEL II

Die Geschichte des Studiums parapsychischer Phänomene

Es gibt eine Unmenge Andeutungen und Berichte, die besagen, daß parapsychische Phänomene schon in frühesten Zeiten bekannt waren und genutzt wurden. Es wäre jedoch eher die Aufgabe des Historikers, solche Berichte aus heiligen Schriften und alten Aufzeichnungen zusammenzustellen. Für den experimentell arbeitenden Forscher bedeuten sie kaum mehr als interessante Kuriositäten, denn wir haben keine Möglichkeit, ihren parapsychologischen Gehalt von dem Ballast der Übertreibungen oder der Beimischung entstellter Berichterstattung über Phänomene nicht-parapsychischer Natur zu trennen.

Doch mag es sinnvoll sein, wenn wir uns in unserem Zusammenhang erinnern an die Verbreitung der Astrologie im alten Ägypten und in Babylonien, an die vielen Stellen im Alten Testament, die von Hellsehen und prophetischen Träumen sowie deren Interpretation berichten. Erwähnen wir nur, wie Joseph den Traum des Pharao oder der Prophet Daniel den Traum Nebukadnezars gedeutet haben.

Die Schilderung mancher »Wunder« des Moses läßt uns stark an die Verwendung von Hypnose (Verwandlung eines Stocks in eine Schlange) oder an hellseherische Fähigkeiten und die Verwendung der Wünschelrute denken (Wasser aus dem Felsen schlagen mit dem Stab). Aus dem Bericht, daß Moses während der ägyptischen Gefangenschaft der Juden Priester des ägyptischen Gottes Osiris gewesen ist, können wir schließen, daß Hypnose und ASW schon in den ägyptischen Tempeln bekannt waren. Die Einschläferung mit Hilfe von Spiegeln ist auch in ägyptischen Papyri ausdrücklich erwähnt.

Ferner gab es auch Tempel, in denen Ratsuchende schliefen; die Träume, die sie dabei hatten, wurden als göttliche Offenbarungen gedeutet. Solche Orte des »Tempelschlafes« waren zum Beispiel in Ägypten die Tempel der Isis, in Babylon der Tempel Esagila des Got-

tes Marduk und im alten Griechenland eine Anzahl Tempel des Asklepios, von denen einer der ältesten der Asklepiostempel von Epidauros ist.
Bestimmte Formen der Erforschung der Zukunft waren den Juden durch Gesetze des Alten Testaments streng verboten. Wenn man Personen, die einen »Totengeist« hatten, steinigte, so wollte man mit dieser Strafe letztlich wohl verhindern, daß mögliches Wissen um parapsychische Kräfte einzelner mißbraucht wurde. Im Ersten Buch Samuel lesen wir, daß König Saul trotz dieses strengen Verbotes zu der Totenbeschwörerin von Endor ging, die für ihn den Geist des Samuel herbeirief, und wie er durch die Frau mit ihm sprach.
Einige Weissagungen antiker Orakel sind uns erhalten geblieben; doch verwenden sie eine zu mehrdeutige Sprache. Erinnern wir uns nur an die bekannte Antwort des Delphischen Orakels an Krösus, den letzten Lyderkönig (6. Jahrhundert v. Chr.), der fragte, wie der Feldzug, den er gegen die Perser unternehmen wollte, ausgehen werde. Die Antwort lautete: »Wenn du den Fluß Halys überschreitest, wirst du ein großes Reich zerstören.« Ähnlich zweideutig war die Antwort des Orakels Apollos an Pyrrhus, als der sich nach dem Ausgang des Krieges gegen Rom erkundigte: »Aio te, Aecida, Romanos vincere posse«, – was eine Niederlage ebenso wie einen Sieg der Römer bedeuten kann.
Mit dem Bericht von der Weissagung des Orakels von Delphi an König Krösus ist die Schilderung des ersten uns bekannten parapsychologischen Versuchs der Geschichte verbunden. Der Historiker Herodot erzählt in seiner Geschichte der Perserkriege, daß Krösus, ehe er seine Frage stellte, die Zuverlässigkeit aller griechischen Orakel prüfte. Er schickte Abordnungen zu ihnen mit dem Auftrag, an einem bestimmten Tag zu fragen, was er, Krösus, in einem bestimmten Augenblick tue. Dazu dachte er sich eine sehr ungewöhnliche Tätigkeit aus: Er schnitt ein Lamm und eine Schildkröte in Stücke und kochte sie in einem bronzenen Kessel. Von allen Antworten, die er erhielt, entsprach die des Delphischen Orakels am besten der Wirklichkeit: »Ich kann die Masse der Sandkörner zählen und den Ozean ausmessen. Ich habe Ohren für das Schweigende, und ich höre die Stimme eines törichten Mannes. An meine Sinne dringt der Geruch einer Schildkröte, die über dem Feuer zusammen mit dem Fleisch eines Lammes in einem Kessel kocht. Von Bronze ist der Kessel unten und von Bronze der Deckel darauf.«
Interessant ist, daß selbst Plato in seinem Dialog Timaios, obwohl er ganz naiv die Leber als Organ der Weissagung betrachtet, betont, daß die Ausschaltung der normalen geistigen Tätigkeit, wie sie im Schlaf

und ähnlichen Zuständen besteht, wichtige Voraussetzung ist für das Auftreten der Weissagefähigkeit.
Von anderen antiken Berichten über parapsychische Phänomene können wir den Fall des Apollonius von Tyana erwähnen: Er soll den Tod des Kaisers Domitian vorhergesagt haben, und Ciceros Schrift »De divinatione«, in der die Möglichkeit von Voraussagen für die Zukunft eingeräumt ist. Cicero hat auch einen interessanten Fall spontaner ASW im Traum beschrieben: Zwei Freunde kamen nach Megara, wo sie in zwei verschiedenen Häusern abstiegen. Einer der beiden träumte, sein Freund bitte ihn, ihm zu helfen und zu verhindern, daß er ermordet werde. Darüber erwachte er; doch nachdem er sich bewußt geworden war, daß er geträumt hatte, schlief er wieder ein. Da träumte er wieder von seinem Freund, der ihm diesmal sagte: »Da du nicht fähig warst, mein Leben zu retten, muß du mich nun wenigstens rächen! Der Gastwirt hat mich getötet, meinen Leichnam auf einen Karren geworfen und mit Schutt und Abfällen bedeckt.« Betroffen von diesem Traum stand der Mann am Morgen sehr früh auf und wartete am Stadttor auf den Karren mit dem Schutt und den Abfällen. Der wurde tatsächlich herangefahren, der Leichnam gefunden und der Gastwirt bestraft.
Plinius der Jüngere im ersten Jahrhundert nach Christus berichtet von einem Spukhaus, in dem der Geist eines Menschen erschien und verschiedene Geräusche gehört wurden. Der Philosoph Athenodorus riet, man solle an dem Ort, wo der Geist für gewöhnlich verschwinde, ein Loch graben. Man tat es und fand Gebeine; man setzte sie bei, und der Spuk hörte auf. In seinem Buch »Contra Academicos« schildert Augustinus (354 bis 430) verschiedene Fälle von ASW bei seinen Schülern. Er berichtet zum Beispiel von einem Astrologen namens Albericus, der angeblich Gedanken anderer Menschen lesen konnte.
So ließen sich noch viele Berichte aus der Antike anführen über weissagende Priesterinnen und Sibyllen, von denen es heißt, sie hätten verschiedene berühmte Weissagungen hinterlassen, selbst für eine ferne Zukunft.
Daneben sind uns viele volkstümliche Erzählungen, Märchen und Mythologien alter Völker überliefert, die von parapsychischen Fähigkeiten berichten. Die Gabe der Allwissenheit, die Fähigkeit, sich unsichtbar zu machen usw., lassen uns an parapsychische Phänomene denken.
Auch in mittelalterlichen Quellen, vor allem bei christlichen und jüdischen Mystikern, finden wir zahlreiche Berichte über parapsychische Phänomene. Daraus können wir schließen, daß ein gewisser Zusammenhang zwischen mystischer Erfahrung und parapsychischen

Phänomenen besteht. Während die christlichen Mystiker die Stärke des inneren Erlebens betonten, entwickelten die Juden die sogenannte »Kabbala«, ein System von Lehren, das dem Bestreben dienen sollte, mit Hilfe einer geheimen Macht, die Worten und heiligen Namen zugeschrieben wurde, »übernatürliche« Fähigkeiten unter Kontrolle zu bekommen. Die Rezitation solcher Namen war scheinbar geeignet, einen Geisteszustand herbeizuführen, in dem parapsychische Fähigkeiten auftreten. Ein altes hebräisches Manuskript bezeugt, daß »... es Menschen gibt, welche ... die heiligen Namen rezitieren ... woraufhin ihre Seele in Angst und Schrecken gerät, während der Leib auf den Boden fällt und in Schlaf sinkt. Ihre Seele streift die Fesseln ab, wird zur Hauptsache und schaut an entfernte Plätze, solange wie die Macht des Namens, den sie angerufen haben, sie nicht verläßt und sie nicht in ihren verwirrten Bewußtseinszustand zurückkehren. Auch gibt es Zauberer, die Geister beschwören und Beschwörungsformeln über einen ihrer Gefährten aussprechen, um ihn dazu zu bringen, daß er sagt, was die Menschen in einem anderen Land tun. Dieser fällt wie ein Stein zu Boden – als wäre er tot. Dann erhebt er sich in Geistesverwirrung, rennt aus dem Haus, und wenn man ihn nicht bei der Türe an seinen Kleidern festhielte, würde er sich Genick und Beine brechen. Wenn er dann ein wenig zu sich gekommen ist, erzählt er, was er gesehen hat.« Müssen wir erst noch aussprechen, daß der hier beschriebene Vorgang Ähnlichkeiten mit dem hat, was wir heute Hypnose nennen?
Die Geschichte des Christentums enthält zahllose Berichte über parapsychische Phänomene aus dem Leben der Heiligen. Besonders berühmt in dieser Hinsicht sind Bernard von Clairvaux (1090 bis 1153), Franz von Assisi (1182 bis 1226), Meister Eckhard (1260 bis 1327), Theresa von Avila (1515 bis 1582), Joseph von Copertino (1603 bis 1663), Alfons von Liguri (1696 bis 1787) usw. Von Joseph von Copertino wird berichtet, er sei eines Tages vor den Augen von Papst Urban III. in Ekstase gefallen, verbunden mit Levitation. Charakteristisch bei vielen christlichen Mystikern ist die Stigmatisation (das Auftreten blutender Wunden am Körper des Betreffenden), die an die Tradition der Kreuzigung Christi erinnert. Man hat dieses Phänomen in zahlreichen Fällen beobachtet, nicht allein in weit zurückliegenden Jahrhunderten, sondern auch in der jüngsten Vergangenheit, zum Beispiel bei Therese Neumann von Konnersreuth, Pater Pio von Pietrelcina und anderen. Eine verbreitete Auffassung zählt sie zu den parapsychischen Phänomenen, doch gehört sie mehr in den Bereich der Psychophysiologie oder bisweilen auch der psychophysischen Pathologie. Sie wird durch innige Versenkung in den Bericht von der Kreu-

zigung hervorgerufen, ohne daß aber an ihr irgend etwas Parapsychisches zu sein braucht, so seltsam das Phänomen auch ist.
Die Fortführung der okkulten Tradition und die Kultivierung parapsychischer Phänomene wird für gewöhnlich einigen Orden des Mittelalters – so zum Beispiel den Templern – und Geheimgesellschaften der beginnenden Neuzeit – wie den Rosenkreuzern, Freimaurern und anderen – zugeschrieben, die nicht allein religiöse und mystische Traditionen pflegten, sondern auch humanistische und politische Ziele verfolgten.
Einige hervorragende Denker, Wissenschaftler und Gelehrte des Mittelalters und der beginnenden Neuzeit beschäftigten sich sehr stark mit Fragen, die eng mit dem zusammenhängen, was wir heute Parapsychologie nennen. Ihre Schriften stoßen für gewöhnlich nicht bis zum Kern des Problems vor und tragen oft die Kennzeichen mittelalterlichen Denkens. Dennoch verdienen Namen wie Theophrastus Paracelsus (1493 bis 1541), Hieronymus Cardanus, van Helmont, Robert Fludd, Agrippa von Nettesheim und andere eine Erwähnung. Auch der Doktor Faust führte ein geheimnisvolles Leben, an das sich zahllose Legenden knüpfen, ebenso der italienische Magier Cagliostro (Joseph Balsamo). Daneben gibt es mehrere Sammlungen von Weissagungen, die sogar gedruckt worden sind und sich in manchen Punkten später als zutreffend erwiesen haben. Autoren solcher Schriften waren z. B. Nostradamus (1503 bis 1566) und Jacques Cazzote (1719 bis 1792).
Eine interessante Persönlichkeit in dieser Hinsicht war der schwedische Theosoph Emanuel Swedenborg (1688 bis 1772), der sogar die Aufmerksamkeit des deutschen Philosophen Immanuel Kant erregte. Neben einer kritischen Analyse der Lehren Swedenborgs erwähnt Kant auch einige Geschehnisse, bei denen Swedenborg seine ASW-Fähigkeiten an den Tag legte. So wurde eines Tages Frau de Marteville, die Witwe des niederländischen Botschafters in Stockholm, gedrängt, eine alte Schuld zu begleichen. Sie war davon überzeugt, daß ihr Mann die längst bezahlt hatte, konnte aber die Quittung nicht finden. Sie wandte sich an Swedenborg, der ihr in Anwesenheit von Zeugen sagte, er habe mit dem Geist ihres verstorbenen Mannes gesprochen; dieser Geist habe ihm gesagt, die Schuld sei bezahlt, und die Quittung liege im Schreibtisch des Verstorbenen, wo sich hinter der linken Schublade ein verborgenes Fach mit seiner geheimen Korrespondenz befinde. Die ganze Gesellschaft ging daraufhin mit, um nach der Quittung zu suchen, und man fand sie an dem angegebenen Platz. Der Schreibtisch war vorher schon gründlich durchsucht worden, aber von dem Geheimfach hatte niemand gewußt.

Ein andermal, im Juli 1759, kam Swedenborg von England aus in Göteborg an, wo er einen seiner Freunde besuchte. Plötzlich erklärte er der dort versammelten Gesellschaft, in Stockholm – vierhundert Kilometer entfernt – sei eben in diesem Augenblick ein Feuer ausgebrochen und breite sich rasch aus. Er war sehr unruhig und nannte kurze Zeit darauf den Namen eines seiner Freunde in Stockholm, dessen Haus völlig niedergebrannt sei. Einige Zeit später beruhigte er sich wieder und erklärte der Gesellschaft erleichtert, das Feuer sei drei Häuser vor dem seinen zum Stehen gebracht worden. Dann erzählte er noch viele Einzelheiten über die Feuersbrunst. Diese Einzelheiten erwiesen sich, als sie später geprüft wurden, als richtig.

Interessante Beobachtungen enthält auch Justinus Kerners Schrift über die Hellseherin Friederike Hauffe (1801 bis 1829). Kerner hat sie von 1826 bis 1829 ständig beobachtet; sie war zu dieser Zeit sehr krank und konnte kaum ihr Bett verlassen. Nach Aussage glaubwürdiger Zeugen soll sie auch physikalische Effekte verursacht haben: In ihrer Nachbarschaft vernahm man Klopfgeräusche, die von verschiedenen Gegenständen ausgingen ohne ersichtliche physikalische Ursache und ganz nach ihrem Willen. Es heißt, sie habe sogar verschiedene Gegenstände bewegt, ohne sie zu berühren, die Fähigkeit der Levitation besessen und ihr unbekannte Sprachen gesprochen.

Außerhalb Europas sind in den verschiedensten Kulturräumen ähnliche Phänomene beobachtet worden, vor allem in Indien. Indien ist die Wiege des Yoga, eines Systems von Lehren, die nicht allein zu einer Beherrschung der physiologischen Vorgänge im menschlichen Organismus führen und damit den Körper gesünder und leistungsfähiger machen, sondern auch zu einer Beherrschung parapsychischer Fähigkeiten. S. Radhakrishnan sagte dazu: »Als Europäer die indische Kultur näher kennenlernten, waren sie überrascht von den unglaublich scheinenden Leistungen indischer Yogis und Fakire. Man berichtete, daß manche von ihnen fähig seien, Schmerzen zu unterdrücken oder willentlich ihre Körperfunktionen so zu kontrollieren, daß sie ihren Herzschlag beschleunigen bzw. verlangsamen oder ihren Gesamtstoffwechsel verringern könnten (sie konnten sich z. B. lebendig begraben lassen, ohne Schaden zu nehmen), daß sie fähig seien, barfuß über rotglühendes Eisen zu gehen. Die volkstümliche Auffassung verlegt all diese Leistungen in den Bereich der Parapsychologie. Doch können sie, so seltsam sie uns anmuten mögen, durchaus als außergewöhnliche Vorgänge aus dem Bereich der Physiologie erklärt werden und brauchen nichts Parapsychisches an sich zu haben. Diese physischen Leistungen der Fakire und Yogis beruhen grundsätzlich auf denselben psychophysischen Vorgängen, die auch den Stigmen zu-

grunde liegen und über deren Beziehung zu parapsychischen Phänomenen wir im Einleitungskapitel bereits gesprochen haben.
Kehren wir in das Europa des 18. Jahrhunderts zurück, wo wir, in einem Chaos verschiedenster Geistesströmungen philosophischer, religiöser und »okkulter« Lehren, abergläubischer Praktiken und primitiver Volksweisheit, vor dem Hintergrund einer sich langsam entwikkelnden Naturwissenschaft auf das erste bedeutsame Ereignis in der Geschichte des Studiums parapsychischer Phänomene stoßen: den Mesmerismus. Diese Bewegung begann im Jahre 1779, als ihr Urheber, F. A. Mesmer (1733 bis 1815), in Paris sein Werk über die Entdeckung dessen, was er als »animalischen Magnetismus« bezeichnete, erscheinen ließ.
Es klingt ein wenig paradox, ist aber charakteristisch für die Verwirrung der Auffassungen in jener Zeit, daß Mesmer keineswegs die Absicht hatte, parapsychische Phänomene zu untersuchen. Er war der Begründer einer neuen Heilpraxis, die im Grunde erst durch seine Nachfolger, speziell durch die Brüder de Puységur, durch d'Eslon und Déleuze zu ihrer endgültigen Form entwickelt wurde, und die heftige Diskussionen auslöste. Das von Mesmer selbst angewandte Verfahren war zu theatralisch und gab daher Kritischeren durchaus Anlaß zum Mißtrauen. Die Kranken wurden in einem abgedunkelten Raum versammelt; einer hielt den anderen bei der Hand, sie standen im Kreis um ein Gefäß mit Eisenfeilspänen und Magneten, wurden in magnetisierten Wannen gebadet und dergleichen mehr. Zu behandeln pflegte Mesmer sie, in einen violetten Mantel gehüllt, durch Ausübung einer suggestiven Wirkung: Er vollführte über ihnen zeremonielle Gebärden, »magnetisierte« sie durch Streichen mit einem Magnet oder mit den bloßen Händen und suggerierte ihnen dabei fortwährend den Heilerfolg. Die Dunkelheit und die Klänge einer entfernten Musik schufen eine besondere, emotional geladene Atmosphäre.
Es kam vor, daß Patienten während dieser Séancen in ekstatische Zustände verfielen, begleitet von Krämpfen und Bewußtseinsstörungen. Heute würden wir all das als Symptome einer Hysterie bezeichnen; das Verfahren der Herbeiführung derartiger ekstatischer Zustände ist in mancher Hinsicht verwandt mit unserer heutigen Hypnose und kann als eine ihrer Primitivformen betrachtet werden. Offenbar erzielte Mesmer durchaus einige Heilerfolge; heute würden wir sie der Suggestion oder Autosuggestion zuschreiben. Sie waren aber relativ selten, und die Wissenschaftler betrachteten Mesmers Praktiken mit Argwohn.
Mesmer selbst war beeinflußt von früheren Lehren, die sich auf Para-

celsus zurückführen lassen: z. B. der Behauptung, daß Himmelskörper und kosmische Kräfte Einfluß auf Lebewesen ausüben können. Seine Heilerfolge und die ekstatischen Zustände seiner Patienten erklärte er als Sättigung ihres Körpers mit einem besonderen, alles durchströmenden Fluidum, das er »animalischer Magnetismus« nannte. Diese Bezeichnung beruht offenbar auf einem Fehlverständnis des Wesens des physikalischen Magnetismus, der zu Mesmers Zeit den Physikern Rätsel aufgab. Diese unglückliche Bezeichnung hat zu vielen Mißverständnissen geführt. So war lange Zeit über im Volke der Glaube verbreitet, verschiedene schlafähnliche Zustände wie Trance, Hypnose und ähnliches, seien, ebenso wie die Kundgebungen parapsychischer Fähigkeiten, als Sättigung des menschlichen Körpers mit einem seltsamen, hypothetischen Fluidum zu erklären, das sich von einem Menschen auf den anderen übertragen lasse und auch in verschiedenen Substanzen wie Wasser, Wachs usw. gespeichert werden könne.
Eine gewisse Unterstützung für Mesmers Lehre, daß ein besonderer »magnetischer« Zustand durch die Sättigung des Körpers mit dem »Magnetismus« einer anderen Person erreicht werden könne, schien sich aus späteren Veröffentlichungen von K. Reichenbach und C. de Rochas zu ergeben. Reichenbach ließ einzelne Personen stundenlang im Dunkeln stehen und forderte sie dann auf, Magnete, Kristalle, verschiedene Organismen und andere derartige Dinge zu beobachten. Die Betreffenden erklärten dann, einen bläulichen Schimmer oder kleine rötliche Flammen an einigen Teilen der beobachteten Gegenstände gesehen oder bei deren Berührung Kälte- oder Wärmeempfindungen gehabt zu haben. Solche Beobachtungen wurden als experimenteller Beweis für den »animalischen Magnetismus« hingestellt, der von Reichenbach einen neuen Namen erhielt: die Bezeichnung »od«, abgeleitet von dem altgermanischen Wort »Wodan«. De Rochas experimentierte mit in »magnetischen« Schlaf versetzten Versuchspersonen und suggerierte ihnen, daß ihr »od« in verschiedene Gegenstände überströme, so etwa in ein Glas mit Wasser oder ein Wachsfigürchen, und sich darin speichere. Dabei beobachtete er, daß Sinnesempfindungen der Versuchspersonen in diesen Gegenstand übergingen: Wenn er zum Beispiel mit einer Nadel in eine solche Wachsfigur stach, empfand die Versuchsperson den Schmerz in dem entsprechenden Teil ihres eigenen Körpers; oder wenn er das Wasser aus einem solchen »aufgeladenen« Glas nach draußen in die Kälte schüttete, empfand die Versuchsperson die ganze Nacht über einen Kälteschauer.
Wir brauchen auf diese unrichtige Theorie vom »animalischen Ma-

gnetismus« nicht weiter einzugehen, wollen uns aber einer empirischen Beobachtung eines besonderen Zuges des »magnetischen Schlafes« zuwenden, der mit dem zu identifizieren ist, was wir in der heutigen Psychologie als Zustand der Hypnose bezeichnen. Es erwies sich, daß dieser »magnetische Schlaf« ein effektives Stimulans parapsychischer Fähigkeiten war. So beobachtete Mesmer selbst in diesem Zustand Phänomene des Hellsehens; er schrieb: »... bisweilen kann der Somnambule dank seinem inneren Sinne deutlich die Vergangenheit wie die Zukunft erkennen.« Er schenkte dieser Beobachtung aber keine besondere Beachtung. Als Entdecker der ASW im »magnetischen« Schlaf gilt de Puységur, der mehr oder weniger zufällig auf diese Entdeckung stieß. Eines Tages hatte er einen ungebildeten Bauern mit Namen Victor Rasse nach dem Magnetisierverfahren behandelt; doch wider alle Erwartungen fiel der Mann nicht, wie die meisten Patienten, in ekstatische Krämpfe, sondern in einen schlafähnlichen Zustand (Somnambulismus), in dem er nicht mehr auf seine Umgebung reagierte; statt dessen begann er seine Krankheit zu beschreiben und Empfehlungen für die Art ihrer Heilung zu geben. Nach dieser Entdeckung begannen Puységur und andere Magnetiseure regelmäßig bei ihren Patienten ASW-Phänomene zu beobachten. Die Patienten pflegten im magnetisierten Zustand sowohl ihre eigene Krankheit als die anderer zu beschreiben und Empfehlungen für die Heilung zu geben; auch vollführten sie die Bewegungen, die der Magnetiseur in Gedanken von ihnen verlangte. Wenn der Magnetiseur sich selbst eine Verletzung beibrachte, empfand der Patient den Schmerz an der entsprechenden Stelle seines eigenen Körpers; und wenn er etwas in den Mund nahm, empfand auch der Patient den Geschmack dieses Gegenstandes.

Berichte von diesen Beobachtungen fielen bei Laien auf sehr fruchtbaren Boden, und zahlreiche Anhänger verbreiteten begeistert Mesmers Lehren. Zur Zeit Napoleons wurden in Frankreich und Deutschland zahlreiche Mesmerische Zirkel gegründet, und die Literatur über den »animalischen Magnetismus« wuchs rapide. Sogar »Fachzeitschriften« zu diesem Thema wurden herausgebracht, die jedoch meist rasch wieder eingingen. Beeindruckt durch die Popularität der Bewegung setzten die Französische Akademie der Wissenschaften und die Königliche Medizinische Akademie mehrere wissenschaftliche Ausschüsse zum Studium des animalischen Magnetismus ein; Franklin und Lavoisier waren, neben anderen hervorragenden Wissenschaftlern ihrer Zeit, Mitglieder eines der ersten dieser Ausschüsse. Einer erklärte ausdrücklich, er habe bei magnetisierten Somnambulen Fälle von »Sehen mit geschlossenen Augen« und »Vorhersehen künftiger

Ereignisse« beobachtet. Doch diese Beobachtungen gerieten in Vergessenheit. Das Hauptinteresse galt der Bewertung der Heilwirkungen der Magnetiseurpraktiken und der Existenz des angeblichen »magnetischen Fluidums«. Und diese beiden Behauptungen erfuhren keine Bestätigung. Die Ausschüsse fanden ganz im Gegenteil, daß sich kein magnetisches Fluidum nachweisen lasse und daß seine angeblichen Wirkungen nur Produkt der Einbildungskraft seien. Damit war der Mesmerismus als für die medizinische Wissenschaft wertlos erklärt. Doch die Zirkel blieben bestehen. In ihnen brachte man weiterhin Personen in einen »magnetischen« Zustand; in ihnen fanden sich viele ASW-Begabungen.

Nach 1841 wandte die medizinische Wissenschaft erneut ihre Aufmerksamkeit dem »animalischen Magnetismus« zu, aber nur unter einem begrenzten Aspekt: Es ging nun um die Erforschung des »magnetischen Zustandes« selbst. Die prominentesten der daran interessierten Ärzte waren in England James Braid (1795 bis 1860) und in Frankreich J. M. Charcot (1825 bis 1893) und A. A. Liébault (1823 bis 1904). Es wurde festgestellt, daß der schlafähnliche Zustand, für den die Bezeichnung »Hypnose« oder »hypnotischer Zustand« eingeführt wurde, auch auf andere Weise als durch die Praktiken von Magnetiseuren herbeigeführt werden kann und daß die Deutung dieses Phänomens keineswegs die Annahme eines »magnetischen« Fluidums erfordert. Damit hatte die wissenschaftliche Erforschung der Hypnose eingesetzt, die im Laufe von weniger als einem Jahrhundert dahin führte, daß die Hypnose ihre ursprüngliche »okkulte« Note verlor und in den Komplex unseres Wissens von der menschlichen Psychologie integriert wurde.

Im Laufe dieser Zeit wurden bei hypnotisierten Personen dann und wann ASW-Phänomene beobachtet, doch erregten sie keine besondere Aufmerksamkeit; Hauptgegenstand der Forschung waren nicht parapsychische Fähigkeiten, sondern die Suggestion und der hypnotische Zustand als solcher. Während das Interesse der Wissenschaftler sich auf die Erforschung des hypnotischen Zustandes, seiner Erklärung und seiner therapeutischen Anwendungen richtete, blieb das Studium parapsychischer Fähigkeiten in den Händen von Laien aus den Zirkeln der Magnetiseure. Die Lehren des animalischen Magnetismus verbreiteten sich rasch, wurden dabei aber immer mehr profaniert durch ein unkritisches Publikum und mit magischen und zauberischen Praktiken vermischt. Der Glaube an Geister war derart verbreitet und vieldiskutiert, daß man für diesen Problemkreis den neuen Terminus »Pneumatologie« einführte. Ungemein viele wundertätige »Magnetiseure« traten auf; aus der angeblichen Heilkraft

des animalischen Magnetismus zogen sie ihren Nutzen. Ebenso viele hellsehende Somnambule tauchten auf und verdienten ihren Lebensunterhalt als Hellseher; ihre Fähigkeiten waren aber ebenso fragwürdig wie ihre moralischen Grundsätze. Sie nutzten jede Gelegenheit, um ein leichtgläubiges Publikum hinters Licht zu führen: sie sagten aus Spielkarten Glück voraus, weissagten die Zukunft und lasen das Schicksal der Menschen aus ihren Handlinien. Einige Persönlichkeiten mit echten parapsychologischen Fähigkeiten gingen unter in der Masse dieser Scharlatane. Bekannte Hellseher dieser Zeit waren Alexis Didier, Mlle. Pigeaire und Mme. Lenormand, die mit ihren Weissagungen selbst am Hofe Napoleons berühmt wurde.
In dieser Atmosphäre der Mitte des 19. Jahrhunderts, als die Bewegung des Mesmerismus in Europa längst ihren Höhepunkt überschritten hatte, entstand in Amerika der Spiritismus. Er brachte den Glauben an Geister, der in dieser Zeit so weit verbreitet war, in die konkrete Form einer neuen Geistesbewegung. Folgende Ereignisse standen an seiner Wiege: In der kleinen Stadt Hydesville im Staat New York lebte John Fox mit zwei jungen Töchtern, Catharina (1841 bis 1892) und Margaret (1838 bis 1893). Eines Abends im Jahre 1847 hörten die Mädchen unerklärliche Laute: ein Knacken und Klopfen, das sich auch an den folgenden Tagen wiederholte. Sehr bald stellte man fest, daß das Klopfen einen verständlichen Sinn ergab. Isaak Port, ein Freund der Familie, kam auf die Idee, laut das Alphabet herzusagen und bei dem richtigen Buchstaben ein Klopfzeichen zu erbitten. Dadurch wurde es möglich, mit den Kräften, die dieses Klopfen verursachten und die sich als »Geister« Verstorbener vorstellten, in Verbindung zu treten.
Verschiedene Gäste des Hauses kamen auf den Gedanken, die Klopfzeichen könnten sie auch über ihnen unbekannte Dinge informieren. So erhielt die Familie Fox angeblich die Botschaft, daß in ihrem Haus der »Geist« eines bestimmten Mannes, des Hausierers Charles Ryan, gegenwärtig sei. Der »Geist« erklärte, er sei getötet und im Hause begraben worden und wünsche, daß seine sterblichen Überreste richtig beigesetzt würden. Als man an dem angegebenen Platz im Keller des Hauses grub, wurde tatsächlich ein menschliches Skelett gefunden. Verständlicherweise verursachten diese Ereignisse in der Nachbarschaft eine große Erregung. Im August 1848 siedelte die Familie Fox von Hydesville nach Rochester über. Gleich, wie diese Ereignisse zu beurteilen sein mögen, vielleicht sogar als echte Kundgebungen parapsychischer Fähigkeiten, die nur durch den weitverbreiteten Geisterglauben dramatisch entstellt wurden – in Rochester zog die Familie Fox unbedenklich Vorteile aus ihrer Popularität: Sie hielt öffentli-

che Vorführungen ab, bei denen ein Eintrittsgeld erhoben wurde wie in einem Zirkus, und immer mehr Neugierige strömten herbei, die das geheimnisvolle Klopfen von »Geistern« erleben wollten.
Diese zweifellos bedauerlichen Anfänge gaben den Anstoß zur raschen Verbreitung des Spiritismus in Amerika und in Europa. Es bildeten sich Zirkel, in denen einzelne Personen – Medien – entdeckt wurden, die nach der »Magnetisierung« (oder auch ohne eine solche) in »Trance« fielen, das heißt, in einen schlafähnlichen Zustand wie die »Magnetisierten«. In diesen Zirkeln wurden verschiedenartige und sehr seltsame Phänomene beobachtet. Die »Klopfgeister« gehörten geradezu zum Programm, aber es gab noch andere Ereignisse: Musikinstrumente begannen zu spielen, ohne daß jemand sie berührte, und wenn die Teilnehmer einer Séance auf einem Tisch mit ihren Händen einen Kreis bildeten, begannen die Tische sich zu bewegen. In dieser mysteriösen Atmosphäre, die noch gesteigert wurde durch die Anwesenheit des in Trance befindlichen Mediums und – teilweise – durch völlig verdunkelte Räume, begannen die Hände der »Geister« sich zu »materialisieren«; bisweilen erschienen auch vollständige Geist-Gestalten. Fotografen machten auf Bestellung Aufnahmen der »Geister«. Die erregte Phantasie der Teilnehmer solcher Sitzungen entdeckte laufend neue Phänomene. Schließlich begannen »die Geister« durch den Mund des in Trance befindlichen Mediums zu sprechen.
Der Spiritismus mit seinen neuen Praktiken und neuen Theorien verbreitete sich mit großer Schnelligkeit. Bereits 1851 waren allein in New York an die 100 Medien tätig. 1870 gab es bereits zehn Millionen organisierter Spiritisten und 1890 an die 15 Millionen.
Dieser Erfolg beruhte zum Teil zweifellos darauf, daß eine ganze Anzahl renommierter Persönlichkeiten (Schriftsteller, Universitätsprofessoren und Persönlichkeiten von hohem politischem Einfluß) sich öffentlich zum Spiritismus bekannte und begann, sich aktiv zu beteiligen.
Zur besseren Erklärung einiger spezifischer Aspekte des Spiritualismus wollen wir ein wenig abschweifen und zunächst die Frage der Entpersönlichungen (depersonifications) und der motorischen Automatismen näher betrachten. Diese Phänomene gehören zunächst in den Bereich der Psychologie oder der Psychopathologie und nicht in den der Parapsychologie, spielen aber im Spiritismus eine große Rolle. Wir haben bereits im Einleitungskapitel die willensunabhängigen motorischen Reaktionen erwähnt, die jede starke Konzentration auf irgendeine Bewegung begleiten. So können wir im Alltagsleben, wenn wir entsprechend geübt sind, bisweilen sogar komplizierte

Handlungen automatisch vollführen, ohne bewußte Konzentration: Wir gehen, spielen Klavier, schreiben auf der Schreibmaschine, lenken ein Auto, usw. Derartige unbewußte motorische Reaktionen gibt es auch in den Zuständen herabgesetzter Bewußtheit, zum Beispiel im Schlaf. Sie verlaufen in verschiedenen Formen – von gelegentlichen Bewegungen der Glieder oder Änderungen der Körperlage des Schlafenden bis zu einzelnen Fällen hochkoordinierter Reaktionen des ganzen Körpers, Reaktionen, die uns durch ihre Komplexität überraschen können. Als Beispiel für eine komplexe Handlung, die automatisch vollführt wurde, sei der Fall eines Arztes genannt, der nach der mühsamen Behandlung eines Patienten ermüdet einschlief, als er dringend zu einer Frau gerufen wurde, die unmittelbar vor der Niederkunft stand. Er suchte sie auf, sah sie und unternahm einen nicht alltäglichen, komplizierten Eingriff: Er mußte das Kind in die normale Lage drehen. Außer einer gewissen Zerstreutheit konnte niemand etwas Ungewöhnliches an ihm beobachten. Dann kehrte er nach Hause zurück, legte sich wieder zu Bett und schlief weiter. Als er erwachte, wußte er nichts von der Geburtenhilfe. Er erinnerte sich nur vage, geträumt zu haben, er sei zu einer vor der Niederkunft stehenden Frau gerufen worden.

Auch die Entpersönlichung (depersonification) gibt es in verschiedenen Graden von Vollständigkeit. Eine gewisse Form der Entpersönlichung erlebt jeder gute Schauspieler, wenn er sich genügend in seine Rolle eingelebt hat. Ungewöhnlichere Fälle, in denen ein Mensch sich über längere Zeit hin als eine andere Person fühlte, sind als psychiatrische Kuriosa geschildert worden. Nehmen wir den folgenden Fall als Beispiel: In der Stadt Greene lebte ein Farmer mit Namen Ansel Bourne. Nach einem Sonnenstich hatten sich sein Temperament und sein Charakter von Grund auf gewandelt. Er litt dauernd unter Kopfschmerzen, seelischen Depressionen und war vom Atheisten zu einem religiösen Prediger geworden. Am 17. Januar 1887 hob er einen Geldbetrag von der Bank ab, um eine Schuld zu begleichen, und stieg in einen Bus. Das war das letzte Ereignis, dessen er sich erinnern konnte. Dann verschwand er. Die Suche nach ihm blieb erfolglos, und die Polizei vermutete ein Verbrechen. Am 14. März 1887 erwachte in einer anderen Stadt, in Norristown, ein dort lebender und unter dem Namen A. J. Brown bekannter Mann und rief seine Nachbarn an, sie möchten ihm doch sagen, wo er sei. Dieser Mann war Anfang Februar nach Norristown gekommen, hatte hier ein Geschäft gemietet und ein völlig normales Leben geführt. Doch als er an diesem Februarmorgen aufwachte, kannte er Norristown nicht, wußte nichts von seinem Geschäft und erinnerte sich nur noch daran, am Tag vorher etwas Geld von der Bank abgehoben zu haben. 1890 wurde Bourne von W. James hypnotisiert. Im Zustand der Hypnose wurde er wieder Brown und gab genaue Auskunft darüber, was er nach seinem Verschwinden aus Greene getan hatte.

Wer je experimentell mit Hypnose gearbeitet hat, weiß, wie leicht es ist, im Zustand der Hypnose durch Suggestion eine Entpersönlichung hervorzurufen. Je nach dem Befehl des Hypnotiseurs fühlt sich der Empfänger der Suggestion einmal als alter Mann, ein andermal als kleines Kind, als betrunkener Seemann oder als Napoleon, der eine Schlacht lenkt. Dabei spielt er jedesmal seine Rollen vollkommen perfekt. Als Beispiel dafür, wie sehr eine hypnotisierte Person fähig ist, sich die ihr suggerierte Rolle zu eigen zu machen, möchten wir eine Begebenheit berichten, die von C. Richet erzählt wird, der einmal einem Hypnotisierten suggerierte, er sei ein Papagei. Als er ihn dann fragte, weshalb er ein so trauriges Gesicht mache, antwortete der Hypnotisierte, der sich völlig in die Rolle eines Papageis eingefühlt hatte, ihm genüge das Futter nicht, das ihm in seinen Käfig gebracht werde.

Die Trance eines spiritistischen Mediums kann als Sonderform des hypnotischen Zustandes betrachtet werden. Dieser Zustand ist für das Eintreten automatischer Reaktionen, die in einem suggerierten Zustand der Entpersönlichung ausgeführt werden, besonders günstig. Das Medium spielt in seiner Trance die suggerierte Rolle eines inkarnierten »Geistes« und stellt positiv den »Geist« dar.

Dieser Zusammenhang mag uns heute klar und ganz natürlich vorkommen; er wurde aber in den Anfängen des Spiritismus keineswegs so klar erkannt. Die Teilnehmer an spiritistischen Sitzungen waren überrascht, wenn sie sahen, wie die Medien sich in ihrem Trancezustand wie vollkommen andere Personen verhielten und, nach den äußeren Anzeichen zu urteilen, wirklich andere Persönlichkeiten waren. Wenn es aufwachte, erinnerte das Medium sich nicht an die Rolle, die es im Trancezustand gespielt hatte. Die Art und Weise, wie das Medium seine suggerierte Rolle bis in die Einzelheiten spielte, bewog die Beobachter leicht zur Annahme der spiritistischen Erklärung des Phänomens. Es wird sogar von Fällen berichtet, in denen Medien in Trance Bilder malten oder literarische Werke diktierten, die unbestreitbar einen gewissen künstlerischen Wert besaßen und prompt als Werke von »Geistern« ausgegeben wurden, die sich des Mediums als Werkzeug bedient hatten.

Natürlich erhoben auch schon in der Anfangszeit des Spiritismus verschiedentlich Wissenschaftler ihre Einwände gegen die spiritistische Deutung der beobachteten Phänomene. So wiesen Chevreul und Faraday auf die Möglichkeit hin, daß unbewußte Bewegungen zweifellos nicht selten die außer-parapsychische Ursache der Bewegungen von Tischen in der emotional hochgespannten Atmosphäre spiritistischer Séancen bildeten: Die Teilnehmer drückten ihre Hände auf den Tisch, der, ohne daß sie dies beabsichtigten, sich durch ihre angestrengte Konzentration bewegte; sie selbst erlebten diese Bewegung, als sei es der Tisch, der gegen ihre Hände drücke. Es war ein unglücklicher Umstand, daß der Spiritismus am meisten unter einfachen Leuten verbreitet war, denen genügende Kritikfähigkeit und wissenschaftliche Bildung fehlten. So legte man der Kritik gegenüber zu wenig Wert auf den Beweis der Echtheit der beobachteten Phänomene, und der Spiritismus stellte im wesentlichen über gewisse Erfahrungsvorgänge unerwiesene Behauptungen auf. Das heißt: Diese Vorgänge wurden durch die Annahme erklärt, sie seien durch den weiterlebenden »Geist« Verstorbener hervorgerufen, die durch Medien mit den Lebenden verkehrten.

Dabei ergab sich natürlich eine gewisse Komplikation: Was man beobachten konnte, waren einige ungewöhnliche, aber rein psychische Phänomene mit einer Beimischung von Elementen, die heute Gegenstand der Parapsychologie sind. Das richtige Verfahren wäre gewesen, die tatsächlichen Beobachtungen in den Vordergrund zu stellen, sie phänomenologisch zu analysieren, die psychischen von den parapsychischen Phänomenen zu trennen und die Phänomene eins nach dem anderen zu prüfen. Leider war dies zur damaligen Zeit allein schon deshalb nicht möglich, weil es noch nicht einmal die Psychologie als unabhängige Wissenschaft gab. Mit Schlußfolgerungen hätte man sehr vorsichtig sein müssen. In manchen Fällen waren die Phänomene zweifellos durch unwillkürliche Bewegungen oder auch durch Betrug zustande gekommen. Das besagt aber keineswegs notwendig, das dies *immer* der Fall war. Andererseits ist es kein ausreichender Beweis für die Existenz solcher Geister, wenn die Medien von ihnen sprechen, ihre Existenz behaupten und sich entsprechend verhalten.

Natürlich war eine solche kritische Analyse der sich ergebenden Probleme von der großen Mehrheit der Anhänger des Spiritismus nicht zu erwarten. Sie wählten den leichteren Weg, indem sie sich mit unbegründeten Theorien zufriedengaben, die Lehre betonten und die ganze Bewegung zu einer Art Religion machten. Es entwickelten sich zwei Hauptströmungen, die sich in einigen Einzelheiten unterschieden: die angelsächsische (Gründer Andrew Jackson Davis, 1826 bis 1910) und die französische (Gründer Hippolyte Rivail, 1803 bis 1869, besser bekannt unter dem Pseudonym Allan Kardec). Spiritistische

Sitzungen, die Veranstaltungen zum Zweck einer Art von wissenschaftlichen Experimenten hätten werden können, wurden so mehr soziale Vorgänge in geschlossenen Kreisen, in denen die Anwesenheit des in Trance befindlichen Mediums eine spürbar geheimnisvolle Atmosphäre schuf. Die war gerade das, was der Mentalität der Leute entsprach, die eine – oftmals sehr naive – Plauderei mit den Geistern ihrer verstorbenen Verwandten oder Freunde führen wollten.
So weckte der Spiritismus eine Frage, die er nicht lösen konnte und die mit der Annahme der Existenz einer Gruppe neuer und seltsamer Phänomene verbunden war. Doch stellte er dieses Problem in einer so eindringlichen Form, daß es das Interesse mancher Wissenschaftler zu erregen begann. Außerdem bot er als Massenbewegung mit mehreren Millionen von Anhängern ein reiches Reservoir an Personen, die von Wissenschaftlern als angeblich mit parapsychischen Fähigkeiten Begabte geprüft werden konnten. Die große Mehrzahl der Personen, die in der Frühphase der wissenschaftlichen Erforschung parapsychischer Phänomene überprüft wurden, stammte aus den Kreisen der spiritistischen Medien. Dieser Umstand hatte auch seine unerfreuliche Seite. Den spiritistischen Medien fehlte nicht selten das Verständnis für die Erfordernisse wissenschaftlicher Forschung und häufig auch die ethische Voraussetzung. Sie machten ihre – tatsächlichen oder angeblichen – Fähigkeiten zu einer ergiebigen Einkommensquelle. Sie machten die Séancen zu Varieté-Shows, ganz wie ihre Ahnen, die Geschwister Fox: Eine eindrucksvolle Atmosphäre, gedämpftes Licht, die gespielte Notwendigkeit, mysteriöse Zeremonien vorzunehmen – das alles bildete einen günstigen Rahmen für Betrug jeder Art. Mit der Zeit erschien eine ganze Literatur, die üble Täuschungsmanöver professioneller Medien enthüllte. Die Täuschung gelang am leichtesten im Bereich paraphysikalischer Phänomene, weil hier die Beobachtungsbedingungen bedeutend schwieriger waren als bei der Erforschung der ASW. So wurden Jahrzehnte angestrengter Bemühungen, die Wahrheit über parapsychische Phänomene zu erfahren, mit der Sisyphosarbeit vertan, die Tricks betrügerischer Medien zu enthüllen.
Zu Anfang der spiritistischen Bewegung wurden zur Abwehr der Kritik Chevreuls vereinzelte Versuche unternommen, den echt parapsychischen Charakter zumindest einiger Phänomene des Tischrückens bei spiritistischen Sitzungen zu beweisen. So bestreuten A. de Gasparin und M. Thury, Professor der Physik an der Universität Genf, die Tischplatte mit Mehl, um beweisen zu können, daß die Hände der Teilnehmer den Tisch nicht berührten. R. Hare, Professor der Chemie an der Universität von Pennsylvania, wollte die Übertragung me-

chanischer Kräfte von den Händen der Sitzungsteilnehmer dadurch verhindern, daß er sie von der Tischplatte trennte mit Hilfe eines frei auf kupfernen Kugeln ruhenden Brettes.

Als erster Pionier einer wissenschaftlichen Erforschung parapsychischer Phänomene gilt der Physiker und Chemiker William Crookes (1832 bis 1919). Seine bedeutendste Leistung auf diesem Gebiet ist die Untersuchung der telekinetischen Phänomene, die von D. D. Home (1833 bis 1886), dem berühmtesten Medium dieser Zeit, produziert wurden. Crookes' methodischer Beitrag bestand in der Einführung eines mechanischen Meßinstrumentes, des sogenannten Dynamometers, zur Messung wirkender Kräfte. Es war so konstruiert, daß es auch die Änderungen im zeitlichen Ablauf der wirkenden Kräfte in einer bleibenden Aufzeichnung graphisch registrieren konnte. Leider waren diese Experimente allzu vereinzelt und konnten die wissenschaftliche Öffentlichkeit nicht überzeugen.

Gegen Ende des 19. Jahrhunderts war eine erhebliche Verlagerung des Schwerpunktes des Interesses zu beobachten: Es gab zwar immer noch Medien, die paraphysikalische Phänomene zeigten, von denen vor allem die Italienerin Eusapia Palladino (1854 bis 1918) Berühmtheit erlangte, aber das Interesse der Wissenschaftler wandte sich nunmehr dem zu, was wir heute außersinnliche Wahrnehmung (= ASW) nennen. Hier gestattete die Art der erforschten Phänomene eine stärkere und zuverlässigere Sicherung gegen Betrugsversuche der Medien.

Das Auftreten des englischen Physikers William Barrett auf der Versammlung der Britischen Gesellschaft für den wissenschaftlichen Fortschritt im Jahre 1876 war das typische Wagnis eines Pioniers: Er berichtete bei dieser Gelegenheit von seinen Experimenten, in denen ein Mädchen unter Hypnose mit relativ gutem Erfolg Karten, die zwischen die Seiten eines Buches gelegt worden waren, identifizierte, den Geschmack verschiedener Stoffe beschrieb, die der Hypnotiseur schmeckte, und dergleichen. Doch dieser Bericht wurde mit Mißtrauen aufgenommen.

Die organisierte Erforschung parapsychischer Phänomene begann erst 1882, als die Society for Psychical Research (= SPR), die Gesellschaft für (para-)psychische Forschung, in London gegründet wurde. Ihre Gründer waren eine Gruppe hervorragender Gelehrter ihrer Zeit, Universitätsprofessoren aus Cambridge, von denen sich Henry Sidgwick (1838 bis 1900), Mrs. Sidgwick (1845 bis 1936) und F. W. H. Myers (1843 bis 1901) die größten Verdienste erwarben. Eine beträchtliche Anzahl bedeutender Persönlichkeiten, u. a. die Physiker William Crookes, William Barrett und Oliver Lodge, der

Physiologe Charles Richet, der Philosoph Henri Bergson, der Astronom Camille Flammarion, der Psychologe William McDougall, der Biologe Hans Driesch und viele andere beteiligten sich an der Arbeit der Gesellschaft, die für Jahrzehnte die führende Rolle in der Erforschung parapsychischer Phänomene spielte. Dem Beispiel dieser Gesellschaft folgend gründete man verschiedene ähnliche wissenschaftliche Gesellschaften – zuerst in den USA die American Society for Psychical Research im Jahre 1884, in den nächsten Jahren in den verschiedenen europäischen Ländern weitere.

Die Frage, der die Wissenschaft sich gegenübergestellt sah, läßt sich in folgende Punkte fassen: 1. Es liegt eine große Anzahl von Berichten vor, daß manche Menschen gelegentlich seltsame Spontanerlebnisse haben, wie Träume, Vorahnungen usw., für die sie keine Erklärung geben können und die ihnen Information über räumlich und zeitlich fernliegende Ereignisse zu übermitteln scheinen, die ihnen auf normalem Wege unzugänglich ist. 2. Ähnliche Berichte kommen auch aus Spiritistenzirkeln: Außer angeblichen phantastischen Phänomenen physikalischer Art gibt es Fälle – und gegenwärtig offenbar recht häufig –, daß ein Medium irgendwie fähig ist, Information zu geben über Ereignisse, die offenbar allen Anwesenden wie auch dem Medium selbst unbekannt sind. 3. All diese Aussagen wurden bisher nicht in ausreichender Weise geprüft. Sie kommen oft genug vor, um Interesse zu wecken und Erklärung zu verlangen; zugleich sind sie so außergewöhnlich, daß sie nicht ohne eine besonders strenge Untersuchung und Prüfung als wahr anerkannt werden können. 4. Der bis auf diesen Tag einzige systematische Versuch zu ihrer Erklärung ist die absurde und unerwiesene Annahme der Spiritisten, sie seien von »Geistern« Verstorbener verursacht.

Die erste Aufgabe einer ernsthaften Erforschung bestand demnach darin, festzustellen, ob diese angenommenen Phänomene überhaupt existieren. Hierzu gab es seinerzeit zwei Wege: 1. Die Sammlung und Untersuchung von Berichten über spontane Phänomene. 2. Die Organisation von Versuchen mit Personen, die angeblich solche Fähigkeiten in höherem Maße besaßen, wie zum Beispiel spiritistische Medien.

Die in der SPR zusammengeschlossenen Wissenschaftler begannen daraufhin Berichte von spontanen Manifestationen parapsychischer Fähigkeiten zu sammeln. Einige dieser Berichte waren in Autobiographien berühmter Männer zu finden, die überwiegende Mehrzahl aber war nur durch speziell zu diesem Zweck durchgeführte Ermittlungen zu erhalten. Man forderte öffentlich jedermann auf, zu berichten, ob er in seinem Leben Ereignisse beobachtet habe, die parapsychischer

Art gewesen sein könnten; die eingegangenen Antworten wurden verifiziert und untersucht.
Die erste bedeutendere Untersuchung spontaner Phänomene unternahm W. Barrett in den Jahren 1876 bis 1882. Die SPR legte eine umfassende Sammlung spontaner Fälle an. 1886 erschien ein umfangreicher Bericht mit 882 sorgfältig geprüften Einzelfällen, die möglicherweise alle als Fälle von Telepathie zu erklären waren. Zu dieser Zeit ging es der Forschung ausschließlich um die Bestätigung der reinen Existenz dieser Phänomene. Der Erforschung der Umstände, unter denen sie eintraten, wurde nur wenig Aufmerksamkeit gewidmet. Doch eine interessante Entdeckung trat dabei zutage: die spontanen Fälle von ASW ereigneten sich überwiegend unter Verwandten oder engen Freunden. Nur in vier Prozent aller Fälle waren telepathische Beziehungen zwischen einander Unbekannten zu verzeichnen. Diese ersten Sammlungen warfen aber auch die Frage auf, ob es sich bei den beobachteten Fällen nicht nur um ein zufälliges Zusammentreffen von ungewöhnlichen Erfahrungen und einem tatsächlichen Ereignis handelte, also um Fälle, die fälschlich als Beispiele von Telepathie gedeutet worden waren. Aus diesem Grund wurde eine Erhebung über Halluzinationen im Bevölkerungsdurchschnitt durchgeführt. Man befragte zahlreiche Leute, ob sie in ihrem Leben im normalen Wachzustand jemals halluzinatorische Erlebnisse gehabt hätten. Auf diese Weise kam man zu einem Schätzwert der Häufigkeit solcher Erlebnisse in der Bevölkerung, und es wurde sogar möglich, einen Schluß auf die Wahrscheinlichkeit echter Halluzinationen zu ziehen. Beim Vergleich der auf diese Weise gewonnenen Angaben mit den Fällen echter Erlebnisse, die bei öffentlichen Umfragen berichtet worden waren, stellte sich heraus, daß letztere bedeutend häufiger vorkamen als dies der Fall gewesen wäre, hätte es sich um rein zufällige Erklärungen gehandelt.
In späteren Jahren wurden weitere Sammlungen spontaner Phänomene von Podmore, Myers, Flammarion, Richet und in neuerer Zeit mit Mrs. Sidgwick und vielen anderen veröffentlicht. Es dürfte nicht uninteressant sein, hier einige Beispiele solcher Spontanfälle zu zitieren und damit ihre Verschiedenartigkeit zu veranschaulichen. Wir werden sehen, daß sie sehr oft im Schlaf oder in Zuständen verminderter psychischer Tätigkeit: geistiger Entspannung, Ermüdung, Fieber usw. – vorkommen. Bisweilen sind diese Erlebnisse genaue Reproduktionen tatsächlicher Ereignisse, viel häufiger aber sind sie wie eine Art künstlerischer Gemälde wirklicher Ereignisse: die Wirklichkeit wird phantastisch verzerrt oder symbolhaft ausgedrückt, wie dies besonders oft in Träumen der Fall ist.

J. W. Goethe berichtet zum Beispiel in seiner Autobiographie »Dichtung und Wahrheit« von seinem Großvater:
»Was jedoch die Ehrfurcht, die wir für diesen würdigen Greis empfanden, bis zum höchsten steigerte, war die Überzeugung, daß derselbe die Gabe der Weissagung besitze, besonders in Dingen, die ihn selbst betrafen. Zwar ließ er sich gegen niemanden als gegen die Großmutter entschieden und umständlich heraus; aber wir alle wußten doch, daß er durch bedeutende Träume von dem, was sich ereignen sollte, unterrichtet werde. So versicherte er z. B. seiner Gattin, zur Zeit als er noch unter die jüngeren Ratsherren gehörte, daß er bei der nächsten Vakanz auf der Schöffenbank zu der erledigten Stelle gelangen würde. Und als wirklich bald darauf einer der Schöffen vom Schlag gerührt starb, verordnete er am Tag der Wahl und Kugelung, daß zu Hause im stillen alles zum Empfang der Gäste und Gratulanten solle eingerichtet werden, und die entscheidende goldene Kugel ward wirklich für ihn gezogen. Den einfachen Traum, der ihn hievon belehrt, vertraute er seiner Gattin folgendermaßen: Er habe sich in voller gewöhnlicher Ratsversammlung gesehen, wo alles nach hergebrachter Weise vorgegangen; auf einmal habe sich der nun verstorbene Schöff von seinem Sitz erhoben, sei herabgestiegen und habe ihm auf eine verbindliche Weise das Kompliment gemacht: er möge den verlassenen Platz einnehmen, und sei darauf zur Türe hinausgegangen.
Etwas Ähnliches begegnete, als der Schultheiß mit dem Tode abging...« Goethes Großvater wußte im voraus, daß er zum Bürgermeister gewählt werden würde.
Der große russische Denker M. W. Lomonossow sah einmal im Traum, daß sein Vater, ein Fischer, als Schiffbrüchiger auf eine unbewohnte Insel im Eismeer verschlagen worden war. Dieser Traum brachte ihn sehr in Erregung. Er selbst war nicht in der Lage, seinen Vater zu retten. Nach unsäglichen Mühen gelang es ihm, eine Gruppe ihm bekannter Fischer dazu zu bewegen, daß sie zu dieser Insel segelten. Dort fanden sie tatsächlich den Leichnam von Lomonossows Vater.
Professor Du Bois-Reymond von der Universität Berlin erzählte seinen Studenten häufig von einem ihm bekannten Arzt, der eine an einer ernsthaften Darmerkrankung leidende Frau behandelte. Zweimal träumte er des Nachts, er lese eine Abhandlung über ein medizinisches Mittel gegen die Krankheit dieser Frau auf einer bestimmten Seite einer Broschüre. Es gelang ihm, das Rezept zu entziffern, und die Frau wurde gesund. Ein Jahr später stieß er zufällig auf eine eben erschienene Broschüre, in der er wirklich diese Seite mit einer Emp-

fehlung des betreffenden Mittels fand, das er der Frau verordnet hatte.
Beim Studium fossiler Fische hatte der Zoologe A. Agassiz einige Schwierigkeit mit der Klassifizierung eines Fisches, von dem ihm nur ein schwacher Abdruck auf einem Schieferstück vorlag. Drei Nächte nacheinander erwachte er aus dem Schlaf mit dem Gefühl, er habe seine Aufgabe gelöst, doch konnte er sich zweimal nicht der Einzelheiten entsinnen. Erst nach der dritten Nacht gelang es ihm, aus dem Gedächtnis eine Skizze der fehlenden Teile des versteinerten Fisches, so wie er sie in seinem Traum gesehen hatte, aufzuzeichnen. Am folgenden Tag, als er mehrere Stücke der Tafel abhob, kamen einige bisher verborgene Teile des Fisches zutage, die mit der Zeichnung übereinstimmten, welche er nach seinem Traumbild gemacht hatte.
Als Mr. H. noch ein kleiner Bub war, fuhr er einmal per Schiff nahe an Java vorbei. Er fiel ins Wasser und wäre beinahe ertrunken. Doch ehe er das Bewußtsein verlor, hatte er noch die Kraft zu rufen: »Mama!« Als er wieder zu sich gekommen war, erinnerte er sich, daß er, als er in den Wellen um sein Leben kämpfte, seine Mutter, seine Brüder und seine Schwestern in England vor sich gesehen hatte. Später stellte sich heraus, daß er sie in einer Situation gesehen hatte, in der sie sich zu diesem Augenblick tatsächlich befanden. Der dabei auftretende Zeitunterschied entsprach dem Unterschied in der geographischen Breite. Als er nach Hause zurückgekehrt war, erfuhr er, daß seine Mutter im kritischen Augenblick seine Stimme gehört hatte.
Die Frau von Mr. H. träumte wiederholt von einem Haus, das sie, samt seiner Inneneinrichtung, schließlich vollständig beschreiben konnte; doch wußte sie nicht, wo dieses Haus stand. Einige Zeit später mietete Mr. H. für einige Monate ein Haus. Als er in Abwesenheit seiner Frau die Mietbedingungen aushandelte, erzählte die Vermieterin ihm, in einem der Räume gehe von Zeit zu Zeit eine weibliche Gestalt um. Als Mrs. H. eintraf, erkannte sie das Haus ihrer Träume, und die Vermieterin erkannte in ihr die in dem Haus erscheinende Gestalt.
Der Pianist Friedberg wandte sich als Student eines Tages an seinen Lehrer, um ihm eine Komposition, die ihm in der vergangenen Nacht eingefallen war, zur Beurteilung vorzulegen. Der überraschte Lehrer zeigte ihm daraufhin das Manuskript seiner eigenen Komposition, die er in derselben Nacht niedergeschrieben hatte und die inhaltlich mit Friedbergs Komposition identisch war.
Mr. K. fühlte sich eines Tages getrieben, den Friedhof von Greenwood, etwa zehn Meilen von New York entfernt, zu besuchen. Weder

er noch irgendein Mitglied seiner Familie war je dort gewesen. Der Weg dorthin war weit und schwierig zu finden. Als er auf dem Friedhof ankam, fand er seinen Vater dort, der der Exhumierung eines Mitgliedes der Familie beiwohnte. Der Brief, in dem sein Vater ihn gebeten hatte, zu diesem unerwarteten Ereignis zu kommen, hatte ihn nicht erreicht. Mr. K. kam genau zu der in diesem Brief angegebenen Stunde an.

Mrs. Z. träumte, ein unbekannter Mann steche ihre Freundin mit einem Messer in die linke Seite. Monate später sah sie diesen Mann in der Wohnung ihrer Freundin: Es war der Chirurg, der ihr einen Tumor in der linken Brust entfernt hatte.

Als sie etwa zehn Jahre alt war, machte Mrs. B. einen Spaziergang auf einem Feldweg. Da hatte sie mit einmal eine Erscheinung: Sie sah ihre Mutter wie leblos auf dem Boden eines Zimmers ihres Hauses liegen. Sie berichtet, diese Erscheinung habe mehrere Minuten angedauert; während dieser Zeit habe sie den Eindruck gehabt, ihre reale Umwelt sei verschwunden. Danach begann die Erscheinung zu verschwinden, und ihre wirkliche Umgebung wurde allmählich wieder sichtbar – zuerst unbestimmt, dann deutlich. Sie war völlig sicher, daß sie etwas Wirkliches gesehen hatte; so lief sie, anstatt nach Hause zu gehen, zuerst zum nächsten Arzt. Als sie mit dem Arzt in ihrer Wohnung ankam, führte sie ihn in das Zimmer, das sie bei ihrer Erscheinung vor sich gesehen hatte. Und dort lag ihre Mutter, so, wie sie sie gesehen hatte! Die Mutter, die bei voller Gesundheit gewesen war, als Mrs. B. weggegangen war, hatte ganz plötzlich eine Herzattacke gehabt, und nur das rechtzeitige Eintreffen des Arztes rettete ihr das Leben.

Im Jahre 1917 erkrankte Mr. K. an einer fiebrigen Bronchitis. Er lag im Bett; an der ihm gegenüberliegenden Wand war ein primitiv reparierter Flecken in der Bemalung: ein Durcheinander unbestimmter Farben. Als er eines Tages auf diesen Flecken blickte, erschien ihm dort das Bild einer sandigen Gegend mit einem Mann, der auf ihn zuging und aussah wie ein Jäger in sportlicher Kleidung und mit einem Gewehr. Doch war es unmöglich, dessen Gesicht zu erkennen, auch nicht am nächsten Tag, als die Erscheinung wieder auftrat. Erst am dritten Tag wandte der imaginäre Jäger Herrn K. sein Gesicht zu, und da erkannte er zu seiner Überraschung seinen eigenen Bruder. Was ihm vor allem an diesem auffiel, war seine Beleibtheit. Mr. K. war seit Beginn des Krieges, zu diesem Zeitpunkt seit mehr als drei Jahren, ohne Kontakt mit seinem Bruder gewesen. Er vermutete, dieser sei irgendwo in Paris angestellt, und nach Berichten über ihn, die er aus zweiter Hand erhielt, hatte er keinerlei Befürchtungen für sein

Schicksal. Erst als der Krieg zu Ende war, erfuhr er, daß sein Bruder der Fremdenlegion beigetreten war und zu dem Zeitpunkt, da Mr. K. seine Erscheinung hatte, als Legionär in Algerien (sandige Gegend) diente. Später erhielt er eine Fotografie seines Bruders: auf ihr sah man sowohl dessen Beleibtheit, die ihm bei der Erscheinung besonders aufgefallen war, als auch dieselbe Uniform der Fremdenlegion, die er damals erblickt hatte. – Eine Frau aus Lidice, einem Dorf in der Tschechoslowakei, das während des Zweiten Weltkriegs auf brutale Weise zerstört wurde, erzählte später dem Autor dieses Buches, sie habe einige Tage vor der Katastrophe von Lidice in einem Traum in ihrem Dorf tote Männer und zerstörte Häuser gesehen. Obwohl dieser Traum in eine Zeit fiel, die voll Unruhe war, bestand für sie kein vernünftiger Grund zu Befürchtungen um das Schicksal des Dorfes. Einige Tage später aber wurde ihr Traum auf tragische Weise Wahrheit: Das Dorf wurde zerstört, alle Männer wurden niedergeschossen.

Nach der großen Anzahl der bei den Umfragen mitgeteilten Fälle zu urteilen, die den oben dargestellten mehr oder weniger ähnlich sind, müssen spontane parapsychische Phänomene recht häufig vorkommen. Vielleicht kann jeder irgendein Ereignis dieser Art, entweder aus seiner eigenen Erfahrung oder aus der Erfahrung seiner Freunde, berichten. Doch die Analysen dieser Berichte machten größere Schwierigkeiten, als es auf den ersten Blick den Anschein hatte. Die ersten Untersuchungen spontaner Phänomene wurden in der Absicht durchgeführt, die tatsächliche Existenz parapsychischer Phänomene nachzuweisen. Das erforderte eine sorgfältige Überprüfung jedes einzelnen Berichts. Denn einmal legen spontane ASW-Phänomene allein schon durch ihre Eigenart – da wir ja jeden Fall einzeln betrachten – immer die Möglichkeit nahe, daß es sich um reinen Zufall handelt. Doch die Hauptursache für Schwierigkeiten liegt darin, daß jeder Bericht über ein spontanes parapsychisches Phänomen für gewöhnlich Bericht eines Laien über ein persönliches Erlebnis ist, in der Regel basierend auf einer ganz vereinzelten, völlig unvorhergesehenen Beobachtung. Die Überzeugungskraft eines solchen Berichtes ist unter Berücksichtigung dessen zu bewerten, was wir aus der Psychologie der Wahrnehmung und des Zeugenberichtes wissen.

Manche Berichte können Erfindung sein; doch sind solche Fälle absichtlichen Betruges bei Berichten von Spontanphänomenen nicht besonders zahlreich. Sehr häufig dagegen sind die Fälle, in denen der Berichterstatter seine Information unbeabsichtigt verändert in dem Bestreben, sie ansprechender und spannender zu machen. Dabei betont er ganz unwillkürlich die parapsychischen Züge des Phänomens.

Nehmen wir den Fall einer Mutter, deren Sohn im Krieg ist. Natürlich kann sie in jedem Augenblick seinen Tod erwarten. Voller Angst denkt sie an diese Gefahr, und diese Angst kann sogar zu einem Traum führen, der ihr zu sagen scheint, daß ihr Sohn stirbt. Ist dies in Wirklichkeit nicht der Fall, so übergeht sie stillschweigend den Traum und vergißt ihn. Fällt ihr Sohn aber zufällig – etwa zum Zeitpunkt des Traumes –, so mißt die Mutter dem Traum eine parapsychische Bedeutung bei und erzählt, voll Ergriffenheit ihres Sohnes gedenkend, den Traum ihren Freunden. Der Erzähler hat immer die Tendenz, die Bedeutung von Tatsachen, die seine eigene Auffassung bestätigen, besonders zu beachten, sie zu überschätzen.
Mitunter wird der parapsychische Charakter eines Erlebnisses angenommen, weil man es falsch interpretiert. Fälle, in denen verschiedene Personen ähnliche gedankliche Vorgänge erleben, können damit zu einer Imitation von Telepathie werden. Menschen, die lange Zeit zusammenleben, wie etwa alte Ehepaare, erleben es häufig, daß sie zugleich dasselbe Wort aussprechen wollen oder plötzlich denselben Gedanken haben und dergleichen mehr. Diese Ereignisse aber lassen sich als gleichartige Reaktionen verwandter Seelen auf zufällig gemeinsam wahrgenommene Reize erklären. Eine solche Gleichartigkeit von Reaktionen kann es auch unter Fremden geben. Wenn wir ein Kind auffordern, irgendeine Farbe zu nennen, nennt es für gewöhnlich Rot; wenn man Menschen auffordert, eine einstellige Zahl zu nennen, nennen die meisten drei oder sieben; und wenn sie eine geometrische Figur nennen sollen, ist es in den meisten Fällen ein Kreis oder ein Quadrat. Wird diese Auswahl unabhängig von zwei oder mehr Personen getroffen, so entsteht der Eindruck einer erfolgreichen telepathischen Übertragung.
Aber nennen wir noch ein anderes Beispiel: ein Traum, der ein Ereignis anzukündigen scheint, das in der Zukunft tatsächlich eintritt. Ehe wir hierbei an einen Fall von ASW denken – das heißt: bei unserem Beispiel an einen Fall von Präkognition –, müssen wir nachweislich außerparapsychische Gründe ausschließen, die den parapsychischen Charakter des Phänomens simulieren könnten. Nennen wir einige Beispiele solcher Gründe: 1. Bisweilen ist das Zusammentreffen von Traum und Wirklichkeit nur zufällig, wie in dem oben entwickelten Beispiel einer Mutter, die ihren Sohn im Krieg verloren hat. 2. Träume können als Manifestationen verschiedener Wünsche und Neigungen auftreten, die dann in einer natürlichen Weise ihre Erfüllung finden (als Folgen des Verhaltens der Person, die diesen Traum hatte). 3. Ein Traum kann auch aus einer vorhergehenden Überlegung über zukünftige Ereignisse entstehen; das erwartete Ereignis,

das im Traum dargestellt worden ist, wird dann Wirklichkeit und schafft damit den Eindruck der Erfüllung des Wahrtraumes. 4. Mitunter kann der Traum als Folge unterbewußter Reize entstehen, die zu schwach sind, um bewußt erlebt zu werden, aber auf einer unbewußten Ebene wirksam werden können. Nehmen wir das Beispiel eines Mannes, der träumt, er habe ein Geschwür an seinem Bein, das er tatsächlich einen oder zwei Tage später bekommt. In diesem Falle können wir annehmen, daß der Traum durch pathologische Veränderungen in den Geweben des Beines hervorgerufen worden ist, die bereits zur Zeit des Traumes vorhanden waren, aber noch nicht als bewußt erlebter Schmerz in Erscheinung traten. Wir sehen, daß das unkontrollierbare Wesen spontaner Phänomene ständig die Gefahr übereilter und falscher Schlüsse heraufbeschwört. Daher legten die Autoren der ersten Sammlungen von Berichten spontaner Phänomene die Hauptregeln fest, die bei der Beurteilung der Zuverlässigkeit eines Berichtes von spontanen parapsychischen Phänomenen zu beachten sind:

1. Weiter zurückliegende Erlebnisse müssen von vornherein ausgesondert werden, da bei ihnen die Gefahr von Irrtümern durch Gedächtnisfehler und einer Entstellung durch häufiges Erzählen besonders groß ist.
2. Es ist ratsam, Berichte aus zweiter oder dritter Hand auszuschließen.
3. Berücksichtigt werden können nur Berichte von solchen präkognitiven Erfahrungen, die vor ihrer Erfüllung detailliert niedergeschrieben oder einer vertrauenswürdigen Person berichtet worden sind. Andernfalls besteht die Gefahr, daß der Erzähler unwillkürlich Einzelheiten des Erlebnisses unbewußt so verändert, daß sie besser mit dem nachträglich eingetretenen, tatsächlichen Ereignis übereinstimmen.
4. Der Bericht von der Erfüllung muß genauso sorgfältig überprüft werden wie der Bericht über das Erlebnis. Der Erzähler kann dahin tendieren, den Zeitpunkt der Erfüllung zu verschieben oder andere Einzelheiten des tatsächlichen Ereignisses anzupassen, damit sie besser mit dem Erlebnis übereinstimmen.
5. Man muß sich nachweislich vor der Möglichkeit sichern, daß die Person, die spontane ASW-Erlebnisse hatte, das tatsächliche Ereignis nicht auf dem gewöhnlichen Weg erfahren konnte.
6. Ebenso ist es notwendig, die Zuverlässigkeit des Beobachters zu überprüfen, um sich vor Irreführungen und Irrtümern ungeeigneter Beobachter zu schützen.
7. Berichte von Beobachtungen müssen auch vom Standpunkt der

Wahrnehmungspsychologie aus gewertet werden; Beobachtungen, auf deren Eintreffen der Beobachter vorbereitet war, sind als glaubwürdiger anzusehen als Beobachtungen von Phänomenen, die für ihn überraschend eintraten.

Der zweite Weg der Forschung, den die ersten Forscher der Londoner SPR einschlugen (und nach ihnen auch andere Forscher), bestand in dem Bemühen, solche Personen näher zu beobachten, bei denen häufiger parapsychische Phänomene auftraten. Dadurch erhielten die Forscher die Möglichkeit, bei dem Ereignis, das sie erforschen wollten, persönlich anwesend zu sein, während sie beim Studium von Spontanphänomenen vom Zeugnis anderer Beobachter abhängig blieben, die häufig nicht genügend qualifiziert waren. Zu der Zeit, von der wir sprechen – also gegen Ende des 19. und Anfang des 20. Jahrhunderts –, waren häufig spiritistische Medien Studienobjekte. Selbst hier aber konnte nicht eigentlich von experimenteller Forschung die Rede sein, obwohl wegen des häufigeren Auftretens der erforschten Phänomene die Beobachtungsbedingungen in gewissem Umfang besser waren als beim Studium der Spontanphänomene. Die eigentlichen Schwierigkeiten nämlich waren nicht beseitigt. Die Experimente wurden für gewöhnlich so durchgeführt, daß der Forscher zu dem spiritistischen Zirkel Zugang bekam und zusammen mit ihm an der »Beschwörung der Geister« teilnahm. Dabei hatte er sich den aus der Gewohnheit entstandenen Bräuchen und Zeremonien anzupassen und im übrigen zu warten, bis die »Geister« durch Vermittlung des Mediums zu sprechen geruhten.

Das Eintreten der Phänomene stand nicht unter seiner direkten Kontrolle; er konnte nur Fragen stellen, doch die Phänomene, die untersucht werden sollten, behielten weithin ihren spontanen Charakter, da ihr Eintreten von der – häufig sehr launenhaften – Psyche des Mediums abhängig war. Die grundlegende Versuchsform sah folgendermaßen aus: Irgendein Gegenstand wurde dem Medium vorgelegt, vorzugsweise einer, der einer inzwischen verstorbenen Person gehört hatte; dann mußten die Sitzungsteilnehmer warten, was die »Geister« durch das Medium über diesen Gegenstand sagten. Bisweilen wurden dabei, je nach der speziellen Eigenart des betreffenden Mediums, unterschiedliche Kommunikationsformen anstelle des gesprochenen Wortes verwendet, so zum Beispiel automatisches Schreiben, das heißt: das Medium konzentriert sich, mit einem Stück Papier und einem Federhalter in der Hand; plötzlich beginnt seine Hand ohne sein eigenes Zutun die Mitteilung niederzuschreiben. Oder es wurde auch eine Planchette verwendet, also ein Brettchen in Form eines dreiarmigen Kreuzes mit einem daran befestigten Anzeiger oder einem Schreibstift, der von der Hand gehalten wird. Dieses Brettchen wird dann durch automatische Impulse bewegt und schreibt auf das Papier oder zeigt auf einem vorliegenden Streifen mit allen Buchstaben des Alphabetes auf verschiedene Buchstaben. Die Art und Weise, auf welche die Kommunikation erfolgt, ist jedoch vollkommen unwichtig. Die niedergeschriebene Kommunikation wird dann mit der Realität verglichen. Wir können eine Reihe von Beispielen anführen, um zu zeigen, wie diese ersten Experimente aussahen. Dem spiritistischen Medium Mrs. Thompson wurde eine Uhr vorgelegt mit der Aufforderung, etwas darüber zu sagen. Mrs. Thompson sagte: »Drei Generationen vermischt.« Die Geschichte der Uhr war folgende: Der Großvater, dem sie ursprünglich gehört hatte, hatte sie seinem Sohn gegeben; als dieser im Krieg fiel, nahm der Großvater sie wieder an sich; bevor er starb, vermachte er sie seinem Enkel.

Der niederländische Arzt Dr. F. van Eeden aus Bussum wurde eines Tages in eine Séance mit derselben Mrs. Thompson mitgenommen. Er versuchte, so gut wie möglich seinen Namen und seine Nationalität geheimzuhalten. Im Verlauf der Séance nannte Mrs. Thompson ihm Bussum als seine Heimatstadt und erzählte ihm zutreffend, daß er einen Verwandten mit Namen Friedrich habe, der Gärtner sei. Van Eeden brachte auch einige Kleiderstücke eines jungen Selbstmörders mit. Er erzählte niemandem etwas Genaues darüber. Mrs. Thompson nannte ihm den Namen des Toten und beschrieb seinen Charakter. Sie sagte auch, er habe Blut an seinem Hals, was tatsächlich etwas mit der Art seines Selbstmordes zu tun hatte. Sie erinnerte Dr. Eeden an ein Gespräch, das er mit dem Selbstmörder geführt hatte.

Ein anderes berühmtes Medium, Mrs. Leonard, richtete im Januar 1921 Mrs. Dawson-Smith eine Botschaft aus, die angeblich von ihrem im Krieg gefallenen Sohn kam. Darin hieß es: »Irgendwo liegt ein kleines Portemonnaie mit einer Quittung darin, einem kleinen vergilbten Stück Papier. Versuche dies zu finden. Es liegt unter einer Anzahl anderer Dinge, und ein langer, schmaler Ledergürtel liegt ganz in der Nähe.« Mrs. D. suchte nach der Quittung und fand sie tatsächlich. Auch die übrigen Angaben waren zutreffend. Sie nahm die Quittung an sich und konnte sie 1924 sehr gut gebrauchen als Beweis dafür, daß ihr Sohn eine Schuld aus dem Jahre 1914 bereits bezahlt hatte.

Das berühmteste Medium dieser Zeit war die Amerikanerin Mrs. L. E. Piper (1859 bis 1950). In den Protokollen der Society for Psychical Research sind etwa 3000 Seiten der Darstellung ihrer Leistungen gewidmet. Eines Tages kam Professor Gronner zu Mrs. Piper und wurde unter einem falschen Namen eingelassen. Mrs. Piper erzählte ihm von seinem Onkel William, der gestorben war mit einigen Löchern im Kopf. Tatsächlich war dieser Onkel noch vor Mr. Gronners Geburt bei Wahlunruhen ums Leben gekommen; ein Stein hatte ihn am Kopf getroffen. – Während einer Sitzung mit O. Lodge in England ließ sich Mrs. Piper in einem bequemen Sessel nieder. Kaum hatte sie das Möbelstück berührt, da erklärte sie, dieser Sessel sei ein Geschenk von Tante Annie, die einen Sohn mit Namen Charly habe. Der »Geist« von Tante Annie berichtete dann durch den Mund des Mediums einige Einzelheiten über Charly: daß er den Vogel verzehrt habe und danach krank geworden sei. – Ein andermal hatte Mrs. X. sich unter dem falschen Namen Margaret Brown Zugang zu Mrs. Piper verschafft. Sie hatte drei Haarlocken bei sich, von denen Mrs. Piper ihr einiges Nähere erzählen sollte. Bei einer von ihnen sagte Mrs. Piper: »Sie stammt von Fred... Imogen. Was ist Imogen?« Tatsächlich kam die Locke von Imogen Garney. Fred Day hatte sie abgeschnitten und Mrs. X. gegeben. Bei der zweiten Locke erklärte Mrs. Piper: »Eine Schwerkranke. Es ist Ihre Mutter; sie hat vier Kinder, zwei Buben und zwei Mädchen.« Tatsächlich gehörte die Haarlocke der Mutter von Mrs. X., die noch im selben Jahre starb. Auch die Angaben über die Kinder waren richtig.

Wir können den oben angeführten Beispielen entnehmen, daß die Erklärungen der Medien immer eine mehr oder weniger spiritistische Note haben. Auch die ermittelten Tatsachen bezogen sich zum größten Teil auf den Glauben an ein Leben nach dem Tod. Sehr häufig war von banalen Familienepisoden die Rede, die oft derart allgemein waren, daß sie auf die meisten Menschen angewandt werden konnten, oder auch von solchen Ereignissen, deren Richtigkeit sich nicht leicht nachprüfen ließ. Der Hauptgrund für diese Schwierigkeiten lag darin, daß der Gegenstand der Ermittlung von dem Medium bestimmt wurde, oder, besser gesagt, von der unkontrollierbaren Tätigkeit des Unterbewußten des in Trance befindlichen Mediums.

Für die Wissenschaft aber war die Erklärung des Mediums völlig uninteressant, daß der Geist von Mr. XY durch seinen Mund spreche und daß er – zum Beispiel – die Uhr wiedererkennen konnte, die ihm zu Lebzeiten gehört hatte. Die bloße Aussage des Mediums kann nicht die Existenz von Geistern ohne Fleisch und Blut beweisen, vor allem nicht vor dem Hintergrund so vieler unbekannter Größen und Faktoren. Für die Wissenschaft war es zunächst einmal wichtiger, ob hinter dieser Dramatisierung ein echtes Stück Information über einen Sachverhalt oder Gegenstand gegeben war, von dem das Medium auf dem üblichen Weg nichts wissen konnte. Im Falle der Uhr lautete die Frage: Konnte das Medium auf normalem Wege erfahren haben, daß sie wirklich Mr. XY gehört hatte, oder verfügte es über irgendeine bisher unbekannte Informationsquelle? Erst wenn eine solche neue, unbekannte Informationsquelle erwiesen ist, kann der nächste Schritt darin bestehen, die Möglichkeit einer Existenz von Geistern zu untersuchen, also eine von mehreren Hypothesen zu verifizieren, die als Erklärung für die Information in Frage käme.

So ist der Kern des Problems bei der weiteren Erforschung parapsychischer Phänomene die Frage: Wie läßt sich nachweisen, daß das Medium eine zutreffende Information gegeben hat, die es nicht auf dem allgemein üblichen Weg bezogen haben kann? Das stellt uns vor ähnliche Bewertungsprobleme wie die, welche wir im Falle der Spontanphänomene aufgezeigt haben. Manches Zusammentreffen von Aussagen des Mediums mit der Wirklichkeit kann durch Zufall zustande kommen, namentlich im Falle von Aussagen, die allzu allgemein sind oder etwas betreffen, was Menschen allzu häufig zustößt. Eine andere erhebliche Quelle für Irrtümer in der Bewertung ist die Möglichkeit von betrügerischen Machenschaften. Die Medien wurden meistens für die Séancen bezahlt und waren verständlicherweise daran interessiert, daß sich der Ruf von ihren Fähigkeiten verbreitete, denn das bedeutete eine Steigerung ihrer Klientenzahl. Selbst wenn man es durchaus für möglich hält, daß die Medien im einen oder anderen Falle manche ungewöhnliche Wahrnehmungsfähigkeit besaßen, ist es ganz natürlich, daß sie sich auch normaler Wahrnehmungsfähigkeiten bedienten. Durch ihren ständigen Verkehr mit Menschen entwickelten sie sicherlich eine scharfe Beobachtungsfähigkeit, die ihnen ermöglichte, manche Information über den Klienten – Beruf, Lebensweise usw. – buchstäblich mit dem ersten Blick zu gewinnen. Eine Menge weiterer Einzelheiten konnte das Medium im Verlauf einer kurzen Unterhaltung mit dem Klienten durch geschickte Fragen erfahren und wieder andere indirekt durch bestimmte Anzeichen, die sich während der Séance feststellen ließen, wie etwa unwillkürliche Reaktionen des Klienten auf gewisse Aussagen, zum Beispiel gespanntes Warten auf die Fortsetzung, wenn sie richtig, oder Zeichen nachlassenden Interesses, wenn mehrere nacheinander falsch gewesen waren.

Wie ausgefallen die Informationsquellen eines Mediums bisweilen sein können, zeigt folgendes Beispiel. Stainton Moses (1839 bis 1892), ein zu seiner Zeit recht bekanntes Medium, das auf automatisches Schreiben spezialisiert war, erhielt am 6. August 1874 durch automatisches Schreiben eine Mitteilung, die angeblich von einem Abraham Florentine, einem Veteran von 1812, kam, der behauptete, er sei soeben im Alter von 83 Jahren, einem Monat und 17 Tagen in

Brooklyn gestorben. Eine Nachforschung ergab, daß ein Mann gleichen Namens, Veteran von 1812, im angegebenen Alter in Brooklyn gestorben war. In den Zeitungen fand sich keine Todesanzeige für den Verstorbenen; so wurde angenommen, Stainton Moses könne von seinem Tod nicht auf normalem Wege erfahren haben. Erst viele Jahre später – 1921 – stellte sich bei einer weiteren Nachforschung heraus, daß der Bericht von Florentines Tod durch eine kurze Notiz am 5. August 1874 in einer Zeitung mitgeteilt war, die Moses gelesen haben kann. So besteht der berechtigte Verdacht, daß Moses sie gesehen hat, vielleicht nicht einmal voll bewußt, und daß dieses verborgene Wissen (»Kryptomnesis«) den außerparapsychischen Grund für die »Botschaft« bildete.

Es galt also, Vorkehrungen gegen solche und ähnliche inkorrekte Interpretationen zu treffen und die Gewähr dafür zu schaffen, daß die Quelle der vom Medium gegebenen Information ausschließlich seine ASW war. So haben im Falle von Mrs. Piper die Forscher sie selbst und ihre Verwandten insgeheim durch Detektive beschatten lassen, um herauszufinden, ob sie Informationsmaterial, das sie hernach in ihren Séancen verwenden konnte, suchte und sammelte. Sie gingen mit ihr nach England, wo sie weder Verwandte noch Freunde hatte und daher keine Möglichkeit besaß, Informationen durch gewöhnliches Suchen danach zu erhalten. Ohne ihr Wissen suchten sie Personen aus, die an ihren Séancen teilnehmen sollten. Unter diesen Personen waren nicht selten eben erst in England angekommene Ausländer, die unter falschen Namen zu ihr geführt wurden; Mrs. Piper aber machte zahlreiche sehr genaue Angaben über sie. Bei Mrs. Leonard wurden, um zu verhindern, daß sie sich an irgendwelchen, von ihren Besuchern unwillkürlich gegebenen Anhaltspunkten orientieren konnte, sowie um die Möglichkeit auszuschließen, daß sie auf telepathischem Wege aus dem Geist der Besucher Information erhielt, häufig Sitzungen mit Stellvertretern (proxy-sittings) durchgeführt, bei denen der Fragesteller selbst nicht anwesend war, sondern sich durch jemanden vertreten ließ, der nur die Aussagen des Mediums aufzuschreiben hatte und selbst nicht wußte, ob sie richtig waren oder falsch.

Wie bereits gesagt, bestand die Hauptschwierigkeit bei dieser von der Forschung eingeschlagenen Richtung darin, daß der Beobachter fast immer nur ein passiver Teilnehmer war, der zu warten hatte, welche Art Aussage das Medium machen würde, und der nur selten in der Lage war, von sich aus den Themenkreis der Ermittlungen zu bestimmen. Nur selten konnten mit Medien Versuche im eigentlichen Sinne unternommen werden, bei denen der Versuchsleiter selbst bestimmte, was das Medium ermitteln sollte und unter welchen Bedingungen.

Das war zum Beispiel der Fall bei dem nun folgenden Versuch mit Mrs. Leonard:

C. D. Thomas hatte durch einen zuverlässigen Freund von einer Buchhandlung einige Bücher schicken und in einem dunklen Raum in einen Metallkasten verpacken lassen. Der Metallkasten wurde versiegelt und in Thomas' Büro gelegt, in dem Mrs. Leonard nie zuvor gewesen war.

Im Verlauf von zwei Sitzungen, die in ihrer Wohnung stattfanden, erklärte sie folgendes:

1. Unter dem Titel des zweiten Buches von links sind mehrere Striche.
2. Auf dem Vorsatzblatt ist ein Fehler im Papier.
3. Auf der Titelseite ist die Rede von Holz und Brettern.
4. Auf der fünften Seite unten sah Mrs. Leonard ein Wort wie »development« (Entwicklung).
5. Oben auf Seite 96 ist die Rede von Speise und Trank.

Als dann der Metallkasten mit den Büchern geöffnet wurde, stellte sich heraus: 1. Bei dem genannten Buch und bei keinem der übrigen waren unter dem Titel neun horizontale Linien. 2. Ein Vorsatzblatt hatte Eselsohren sowie einige dunkle Stellen, die mit einem Bleistift gemacht worden waren. 3. Auf der Titelseite war das Bild einer Bank unter einem Baum; die Bank war aus Brettern gemacht, und daneben lag geschnittenes Holz. 4. Am Ende der fünften Seite stand das Wort »developed« (entwickelt). 5. Oben auf Seite 96 war von einem Essen die Rede, das aus Rindfleisch, Punsch und Tee bestand.

Wenn wir die Ergebnisse der Versuche mit Medien zusammenfassend betrachten, müssen wir zunächst etwas bemerken, das für uns heute selbstverständlich sein mag, aber zu jener Zeit keineswegs selbstverständlich war: daß nämlich diese ersten ungeschickten experimentellen Bemühungen nicht in der Lage waren, einen unanfechtbaren Beweis für das Vorhandensein parapsychischer Phänomene zu liefern, einen Beweis, der die wissenschaftliche Öffentlichkeit befriedigen konnte. Die aufgezeichneten Angaben der Medien enthielten neben richtigen Aussagen auch viele Irrtümer, Ungenauigkeiten und symbolische Erklärungen. Viele von ihnen waren zu allgemein oder zu selbstverständlich. Abgesehen davon weckte die spiritistische Atmosphäre der Séancen immer wieder Mißtrauen. Doch das gesammelte Belegmaterial war bereits so eindrucksvoll, daß viele Wissenschaftler zu der Überzeugung kamen, daß in den Aussagen der Medien außer manchem leeren Geschwätz auch echte Informationen enthalten seien, die die Medien nicht auf normalem Weg bekommen haben konnten. Die erste theoretische Kontroverse unter den Forschern selbst entzündete sich an der Frage nach der Interpretation dieser Beobachtungen. Es war eine Kontroverse zwischen »Animismus« und Spiritismus. Die Spiritisten boten ihre Erklärung: Botschaften von »Geistern«, an. Die »Animisten« wandten dagegen ein, die spiritistische Hypothese sei absurd und überflüssig. Das Hauptargument der Spiritisten war der Glaube an die Aussage des in Trance befindlichen Mediums: Ich bin der Geist, und als Beweis dafür biete ich Wissen um Dinge, die das Medium normalerweise nicht wissen kann. Doch in Wirklichkeit ist dies noch kein ausreichender Beweis. Und vom logischen Standpunkt bringt die spiritistische Hypothese eine unnötige Komplikation der gesamten Frage, indem sie versucht, einen unbekannten Faktor durch Einführung eines zweiten, ebenfalls unbekannten Faktors zu erklären.

Man nimmt besser an, daß beim Medium eine neue Wahrnehmungsfähigkeit auftritt, mit deren Hilfe es in die Lage versetzt wird, für normale Sinne unerreichbare Information zu bekommen. Solange das Gegenteil nicht bewiesen ist, kann die Annahme als sicher gelten, daß eine solche Fähigkeit ihre Quelle in inneren Kräften der Psyche des Mediums selbst hat. Was das Funktionieren dieser Fähigkeit betrifft, so erschien die Annahme am wahrscheinlichsten, daß das Medium auf diese oder jene Weise die Gedanken der bei der Séance Anwesenden las. Dabei wurde immer stillschweigend angenommen, die Kenntnis von Tatsachen über leblose Dinge – die wir heute als Hellsehen bezeichnen – könne telepathisch auf dem Wege über das Wissen irgendeiner anderen Person um die betreffenden Dinge erworben werden. Die Umstände, unter denen die Versuche stattfanden, legten die Möglichkeit des Gedankenlesens unmittelbar nahe; Gegenstand der Aussage des Mediums war immer etwas, das entweder der Fragesteller oder zumindest irgendeine andere Person wußte. Der Erwerb von Informationen, die jedem lebenden Menschen unbekannt waren, wurde als schlüssiger Beweis für die Existenz von Geistern angesehen.

So war die Möglichkeit des Hellsehens überhaupt nicht berücksichtigt, und die Telepathie wurde dadurch als wesentlich einfacher verstanden. Zweifellos haben die Erfindungen der damaligen Zeit auf dem Gebiet der elektromagnetischen Wellen und der drahtlosen Telegraphie (Hertz, Marconi, Popow) in hohem Maße zur Popularität dieser Art von Erklärung beigetragen. Daß das »Lesen«, »die Übertragung«, von Gedanken zu dieser Zeit wirklich als etwas der drahtlosen Nachrichtenübermittlung sehr nah Verwandtes verstanden wurde, wird auch durch damals gebräuchliche Versuchsanordnungen bestätigt: So glaubte man zum Beispiel, telepathische Übertragung lasse sich erleichtern, wenn der Sender des Gedankens (Agent) und der Empfänger (Perzipient) durch einen Draht miteinander verbunden seien oder wenn der Empfänger den Draht zumindest in Form einer Antenne halte. Diese Vorstellung von der elektromagnetischen Natur der Telepathie erhielt eine weitere Unterstützung durch die Entdeckung elektrischer Vorgänge in der Gehirnrinde (Untersuchung mittels Elektroenzephalographie).

Die Anhänger des Spiritismus aber gaben sich nicht geschlagen. Sie nützten die Zeit, um Argumente zur Unterstützung ihrer Meinung zu sammeln. Eins der eindrucksvollsten bestand darin, daß in manchen Séancen die »Geister« ihre Gegenwart so charakteristisch manifestierten, daß Anwesende ihre verstorbenen Freunde an den Eigenarten im Verhalten des Mediums erkannten. So ist bei den Séancen mit Mrs. Piper angeblich ein George Pelham (Pseudonym) erschienen, der kurz zuvor gestorben war. Im Verlauf der verschiedenen Séancen geschah es über 30mal, daß dieser George Pelham durch Mrs. Pipers Mund Personen grüßen ließ, die er während seines Lebens gekannt hatte. Diese Personen aber waren Mrs. Piper nicht bekannt, und sie wurden öfters unter falschen Namen zu den Sitzungen gebracht. Pelham grüßte keine einzige Peson als Bekanntschaft, mit der er während seines Lebens nicht in Berührung gekommen war; aber als seine Eltern unter falschem Namen in der Sitzung erschienen, begrüßte der »Geist« sie ganz spontan mit »Hallo, father and mother!« Ein andermal, als ein Pelham gehörendes Buch hinter den Kopf des Mediums gelegt worden war und man ihn fragte, ob er das Buch erkenne, erwiderte das Medium: »Natürlich, es ist meine ›Französische Lyrik‹.« Pelhams Freunde hatten während der Séancen immer den Eindruck, das Medium verhalte sich genauso wie ihr verstorbener Freund. So schob die Hand des Mediums Gegenstände mit einer Bewegung beiseite, als wollte es sie vom Tisch fegen, wie es Pelham in ganz typischer Weise oft getan hatte; oder das Medium trommelte, wenn es in Verlegenheit geriet, mit seinen Fingern auf den Tisch – genauso wie einst Pelham. Ebenso waren bestimmte Redensarten, Charaktereigentümlichkeiten und Denkweisen, die das Medium an den Tag legte, denen Pelhams zu seinen Lebzeiten gleich.

W. James schrieb über einen ähnlich auffallenden Persönlichkeitswechsel. Als kurz nach seinem Tod durch Mrs. Pipers Mund sein verstorbener Freund R. Hodgson sprach, war die Ähnlichkeit der »inkarnierten« Persönlichkeit mit dem Verstorbenen so groß und das Erlebnis so eindrucksvoll, daß James, der Jahre hindurch Hodgson gegen-

über eine antispiritistische Haltung vertreten hatte, seine Ansicht änderte.
Das ist natürlich nur ein Aspekt des Problems. Tatsächlich gibt es bei diesen Beobachtungen eine große Anzahl widersprüchlicher Fakten, deren spiritistische Interpretation recht gezwungen wirkt. So konnte es passieren, daß Pelham, der alle seine Freunde, ja sogar seine Manschettenknöpfe wiedererkannte, die Titel seiner eigenen Schriften »vergaß«. Zu Lebzeiten hatte G. Pelham die klassischen Sprachen sehr gut gekannt. Als er angeblich durch das Medium sprach – Mrs. Piper konnte weder Griechisch noch Latein –, legte Hodgson ihm verschiedene einfache griechische Sätze zur Übersetzung vor. Doch Pelhams »Geist« war unfähig, diese Aufgabe auszuführen. Es ergab sich die Frage: Wie war es möglich, daß er einerseits so viele »Erinnerungen« aus seinem Leben hatte, andererseits aber eine Sprache vergaß, die ihm bekannt gewesen war, und sich nach seinem Tode nur in der Sprache auszudrücken vermochte, die dem Medium bekannt war und von ihm gesprochen wurde?
Unter den Persönlichkeiten, die erschienen, waren nachweislich fiktive. So sprach durch Mrs. Pipers Mund ein gewisser Phinuit, angeblich ein französischer Arzt, der zu Beginn des 19. Jahrhunderts gelebt hatte. Er erzählte genügend Einzelheiten über seine Person, so daß in Archiven und Pfarregistern Nachforschungen angestellt werden konnten. Dabei stellte sich heraus, daß es keine Person dieses Namens gegeben hatte. Phinuit kannte überdies keine der zu seinen angeblichen Lebzeiten üblichen medizinischen Präparate, ja er konnte nicht einmal Französisch. Man könnte natürlich daraus schließen, daß auch die übrigen Persönlichkeiten, die sich durch Medien manifestierten, fiktiv gewesen sind.
Doch sind noch paradoxere Beobachtungen registriert worden. So wünschte der Psychologe Stanley Hall einmal, seine verstorbene Nichte Bessie Beals solle durch den Mund des Mediums sprechen. Die angebliche Nichte »manifestierte« sich auch prompt und gab eine große Anzahl Mitteilungen – nur hatte es diese Nichte in Wirklichkeit nie gegeben, Stanley Hall hatte sie erfunden. Bei einer anderen Séance mit Mrs. Piper erklärte der »Geist« des Schriftstellers George Eliot, er sei in der »anderen Welt« Adam Bede begegnet. Dabei hatte der Geist jedoch »übersehen«, daß Adam Bede nicht der Name einer wirklichen Person, sondern einer erdichteten Romangestalt war.
Später wurden von S. G. Soal ähnliche Beobachtungen mit einem anderen Medium, Mrs. Blanche Cooper, gemacht. Auf einer Séance war angeblich ein gewisser John Ferguson erschienen. Anfangs konnte Soal sich selbst nicht an irgendeine Person dieses Namens erinnern,

doch später fiel ihm ein, daß sein früherer Schulkamerad James Ferguson, soviel er sich erinnern konnte, einen Bruder hatte, der vielleicht auf diese Weise nach seinem Tode erschienen sein mochte. Durch die Aussagen des Mediums gab der angebliche John Ferguson Informationen, die Soals Vermutungen bestätigten. Als Soal aber begann, die Angaben zu überprüfen, erwiesen sie sich alle als falsch; das Medium hatte die Persönlichkeit John Fergusons auf der Basis von Informationen erfunden, die es auf telepathischem Wege Soals bewußtem Denken entnahm. Dasselbe geschah im Falle von Gordon Davis. Bei mehreren Séancen im Jahre 1921 manifestierte sich immer wieder ein gewisser Gordon Davis. Er war Soals Schulfreund, und Soal vermutete, er sei im Ersten Weltkrieg gefallen. G. D. lieferte Soal eine ganze Anzahl genauer und richtiger Angaben über die Zeit, die sie miteinander verbracht hatten: über Gespräche, über gemeinsame Freunde, usw. Später aber erfuhr Soal zufällig, daß Gordon Davis noch lebte. Das Medium muß die gelieferten Angaben auf dem Wege des Hellsehens oder der Telepathie erlangt und sie in ein spiritistisches Gewand gekleidet haben.

Das entscheidende Argument gegen die spiritistische Theorie bestand darin, daß man im Laufe der Zeit eine Anzahl Personen ausfindig machte, die die Fähigkeit der ASW besaßen und nichts mit dem Spiritismus zu tun hatten. Die Existenz solcher Personen beweist, daß es zur Erklärung der ASW nicht notwendig ist, die Existenz von »Geistern« anzunehmen, daß wir vielmehr mit einer einfacheren Konzeption auskommen: daß es sich um eine eigentümliche Fähigkeit besonders begabter lebender Personen handelt. Die Arbeit mit solchen Personen brachte auch einen beträchtlichen Fortschritt in den Versuchsbedingungen: Da die Manifestationen der ASW nicht mehr in spiritistischem Gewande auftraten, erhielten die Versuchsleiter eine bessere Möglichkeit, die Versuchsbedingungen den Erfordernissen des jeweiligen Forschungszweckes anzupassen. Die Versuchspersonen für die Forschung waren Menschen, die ihre Fähigkeiten zur ASW mehr oder weniger spontan entdeckten und einen Ruf als »Hellseher« oder »Wahrsager« hatten oder die vor dem Versuch in Hypnose versetzt worden waren. Dieser Fortschritt in den Versuchsbedingungen – die beginnende Unabhängigkeit vom Spiritismus – beseitigte jedoch noch nicht alle Schwierigkeiten. Es blieb die Gefahr, daß professionelle Hellseher im Interesse ihres Geschäftes oder anderer Personen und zur Gewinnung einer größeren Publicity sich betrügerischerweise bemühten, die Fähigkeit der ASW zu simulieren. Es ist daher verständlich, daß die Heranziehung professioneller Hellseher als Versuchspersonen – ähnlich wie vorher die Verwendung von Medien zu diesem Zweck – diesen Forschungen in den Augen der wissenschaftlichen Öffentlichkeit nicht genügend Geltung und Gewicht verlieh. Es wurde jedoch eine Reihe von Versuchen durchgeführt, die die Beweise für die Existenz einer ASW vermehrten. Sie waren zunächst ausschließlich auf die Erforschung der Telepathie gerichtet. Das ging für gewöhnlich so vor sich: Eine Person – der Agent oder Sender – konzentrierte sich auf eine bestimmte Farbe, Figur, Spielkarte, auf ein bestimmtes Wort oder dergleichen, oder er zeichnete einige Figuren. Eine andere Person – der Empfänger – versuchte dann, den übermittelten Gedanken zu empfangen. Über eine Anzahl solcher Experimente haben wir Berichte: Experimente mit telepathischer Übertragung von gezeichneten Figuren, organisiert von der Londoner SPR in der Zeit zwischen 1882 und 1885, sowie die Experimente Guthries (aus dem Jahre 1883) und Lombrosos. Aus neuerer Zeit verdienen die besonders erfolgreichen Versuche erwähnt zu werden, die der bekannte Schriftsteller Upton Sinclair von 1928 bis 1930 zusammen mit seiner Frau durchführte. Er saß in seinem Arbeitszimmer und konzentrierte sich auf verschiedene Figuren, während seine Frau im Nachbarraum versuchte, diese Figuren telepathisch zu empfangen und aufzuzeichnen. Von 290 übermittelten Figuren wurden 65 (23 Prozent) als voller Erfolg, 155 (53 Prozent) als Teilerfolg und 70 (24 Prozent) als Fehler gewertet. Ähnliche Versuche über größere Distanzen unternahm im Jahre 1928 die Griechische Gesellschaft für psychische Forschung. Dabei wurden telepathische Übertragungen über die Distanz Athen–Wien (1300 km), Athen–Warschau (1600 km) und Athen–Paris (2100 km) erfolgreich durchgeführt. Weniger bekannt sind Versuche zur Übertragung von gezeichneten Figuren, die im Vorkriegs-Rußland von J. N. Zhuk durchgeführt wurden. Er konzentrierte sich auf eine Figur, und die Versuchsperson hatte sie auf ein Stück Papier zu zeichnen. Von 169 Versuchen wurden 86 (51 Prozent) als erfolgreich gewertet.

Manche dieser Experimente aus früherer Zeit bezeugen eine telepathische Wirkung ohne Beteiligung von Hellsehen. So berichtet O. Lodge von einem telepathischen Versuch, bei dem die Versuchsperson Spielkarten zu identifizieren hatte. Der Versuch verlief nur dann erfolgreich, wenn Lodge die Karten sah; wenn dagegen die Versuchsperson Karten zu bestimmen suchte, die Lodge nicht sah, war das Ergebnis negativ. Derselbe Schluß läßt sich aus einem Versuch ziehen, der in der Frühphase der Forschung unternommen wurde und sehr eindrucksvoll klingt: C. Lafontaine berichtet von einer »Somnambulen«, die, wenn sie sich im »magnetisierten« Zustand befand, Spanisch, Lateinisch, Englisch, Portugiesisch, Deutsch oder Griechisch sprechen konnte, während sie ihre Antworten in Französisch gab. Doch als man ihr eine Frage auf hebräisch stellte, reagierte sie nicht. Auf Lafontaines Frage hin, weshalb sie nicht antworte, erklärte sie: »Der Mann spricht Wörter, die er selbst nicht versteht; er kennt ihre Bedeutung nicht. Daher kann ich ihm nicht antworten. Er denkt nicht... ich höre keine Wörter, ich kann das nicht verstehen. Was ich aufnehme und worauf ich antworten kann, ist das Gedachte.« Tatsächlich hatte Lafontaine sich von einem Freund einen hebräischen Satz zurechtlegen lassen, dabei aber vergessen, nach seiner Bedeutung zu fragen.

In den nun folgenden Jahrzehnten sind zahllose Versuche durchgeführt worden, die die Existenz von ASW bestätigten. Ihre Versuchsanordnungen wurden stark variiert. So organisierten in den Jahren 1905 bis 1907 C. Miles und H. Ramsden unter Anleitung von W. Barrett telepathische Versuche auf große Distanz. Anfangs handelte es sich um Strecken von etwa 30 Kilometern, die später auf mehrere hundert Kilometer vergrößert wurden. Es war abgemacht, daß täglich um 7 Uhr H. R. an C. M. denken, ihre Eindrücke niederschreiben und ihr eine Postkarte mit der Schilderung ihrer Eindrücke schicken solle. Zugleich solle C. M. an H. R. eine Postkarte schicken mit einer Schilderung der Eindrücke, die während des Tages in ihrem Geist am stärksten gewesen seien oder die sie mitzuteilen wünschte. In manchen Fällen ergab sich eine recht bemerkenswerte Übereinstimmung. In einem solchen Falle sah C. M. einen Sonnenuntergang hinter einer Kirche, deren Turmspitze mit dem Kreuz darauf sich scharf gegen den Himmel abhob. Sie beschloß, dieses Bild zu übertragen. H. R. dachte, sie sehe eine Kreuzigungsdarstellung, und war überrascht, nur ein Kreuz zu sehen ohne die Gestalten am Fuße des Kreuzes.

Eine Reihe telepathischer Versuche wurde von N. Kotik durchgeführt. Bei seinen Versuchen mit Lydia W. saß er zum Beispiel in einiger Entfernung von der Versuchsperson und vergegenwärtigte sich konzentriert gewisse Situationen, die Lydia dann schilderte. So hatte er sich einmal in seiner Vorstellung eine Szene aus seinem Sommerurlaub vom vergangenen Jahr vergegenwärtigt: ballspielende Kinder auf einer Wiese vor einer Villa; dabei galt sein besonderes Interesse einem weißgekleideten Mädchen mit einem dicken Gummiball. Lydias Schilderung lautete: »Etwas Kleines und Lustiges läuft hier umher... etwas Helles... ein glockenhelles Lachen... es ist die Gestalt eines kleinen Mädchens... es hält etwas in seinen Armen... es wirft etwas von sich... es fliegt etwas in die Luft... es fliegt ein runder, kugelförmiger Körper...« Bei einem anderen Versuch betrachtete Kotik eine Postkarte, worauf Lydia das Ansichtsbild durch »automatisches

Schreiben« schilderte, und zwar in manchen Partien außerordentlich exakt. Dann versuchte Kotik irgendein Bild oder einen Gedanken durch geistige Konzentration auf einem Stück weißen Papiers zu fixieren. Wenn er dieses Stück weißes Papier anschließend Lydia gab, vermochte sie sehr häufig die so auf dem Papier fixierte Vorstellung zu erkennen. Bei einem weiteren ähnlichen Versuch suggerierte er der in Hypnose befindlichen Versuchsperson die visuelle Vorstellung eines bestimmten Porträts auf einem weißen Stück Papier. Daraufhin sah die Versuchsperson dieses Porträt auf dem weißen Stück Papier auch bei späteren Befragungen. Wenn dasselbe Stück Papier dann, unauffällig markiert, unter eine Anzahl gleichartiger anderer Papierstücke gemischt wurde, sah die Versuchsperson weiterhin das Porträt und war fähig, auf diese Weise das eine Stück Papier von den anderen (in ihrem Aussehen völlig gleichen) Papierstücken zu unterscheiden.

Auch Versuche, den Inhalt verschlossener Briefe zu lesen, wie sie von A. N. Chowrin beschrieben werden, hatten Erfolg, vermutlich ebenfalls durch Telepathie. Interessant ist auch, auf welche Weise Chowrin seine Versuchsperson, Miß M., entdeckt hat. Eines Tages empfing sie in Gegenwart von Chowrin einen Brief von ihrer Schwester. Während der Unterhaltung mit ihm drehte sie den Brief in den Händen, um ihn nach Chowrins Weggehen zu öffnen. Plötzlich nahm ihr Gesicht einen Ausdruck des Erschreckens an, sie begann zu weinen und erklärte, in dem Brief seien schlimme Nachrichten: ihre Schwester sei krank und das Kind tot. Tatsächlich teilte der Brief den Tod der Nichte und die Erkrankung der Schwester mit. Mit dieser Versuchsperson führte Chowrin dann eine Reihe von Versuchen durch, aus denen wir einen aus dem Jahre 1893 herausgreifen möchten, der die typische, langsame Entfaltung außersinnlicher Eindrücke veranschaulicht: Chowrin schrieb fünf verschiedene Texte auf fünf gleichartige Bogen Papier, faltete diese Bogen und legte sie in undurchsichtige dunkle Umschläge. Dann nahm er aufs Gratewohl einen der Umschläge und vernichtete die übrigen. So konnte er selbst nicht mehr wissen, welcher von seinen Texten in dem Umschlag enthalten war. Der Vorgang der Inhaltsermittlung erstreckte sich über fünf aufeinanderfolgende Sitzungen. Die Versuchsperson erklärte:

1. Sitzung: »Ich sehe einen hellen Streifen, einen ungewöhnlich hellen Streifen... einen größeren Raum von bestimmter Art... ein heller Fleck wie ein Stern taucht auf.«
2. Sitzung: »Ich sehe sehr helle Punkte wie Sterne... weiße Säulen... wie weiße Kerzen... ja, es ist ein großes Zimmer, Fenster... woher kommt das Licht? Ja, es sind Kerzen, viele Ker-

zen... etwas ist hell beleuchtet. Ich sehe schwarze Punkte... es sind Menschen!«

3. Sitzung: »Ein viel deutlicheres Bild: Wieder helle Lichter, Kerzen, Lampen, Laternen, aber keine Sterne. Menschen gehen umher, es ist hell, sehr hell... viele Menschen... Ein hell erleuchteter Raum... eine Menschenmasse. Ein Theater? Nein. Aber vielleicht ein Ball?«
4. Sitzung: »Ein Ort, an dem man sich unterhält, Leute gehen umher in Paaren... Eine Gestalt löst sich heraus, sie wird deutlicher, es ist eine Dame, sie hält etwas in der Hand... Sieh da, diese Gestalt geht irgendwohin... auf eine Bühne... horch... man hört Singen... sie gestikuliert mit ihren Händen.«
5. Sitzung: »Ich habe den Eindruck, ich bin in einem Theater... eine junge Frau singt. Das Lied ›During the storm‹ (Beim Sturm) dringt in mein Herz. Ich kann nicht feststellen, ob die Dame singt oder ob es mir nur in den Ohren klingt... Jetzt höre ich Singen... Musik. Was tun die Leute?... Sie spenden Beifall... Sonst sehe ich nichts.« Dann schrieb sie auf den Umschlag folgende Worte als abschließende Lösung: »Ich habe einen großen, mit Kerzenleuchtern hellerleuchteten Raum gesehen. Viele Menschen in Abendkleidung gingen paarweise auf und ab. In dem Raum ist eine Bühne. Eine Dame ganz in Weiß löst sich aus der Menge; sie hält etwas in der Hand, tritt auf die Bühne und beginnt zu gestikulieren; sie scheint zu singen. Die anderen Leute bleiben regungslos; dann scheinen sie Beifall zu spenden.«

Der Text auf dem Papier lautete: »Ein großer Ballsaal, hell erleuchtet mit Lampen und Kronleuchtern; Männer und Frauen in Abendkleidung gehen gruppenweise auf und ab. Eine Dame mit einem Fächer in der Hand tritt auf die Bühne, bleibt dort stehen und singt mit einschmeichelnder Stimme das Lied ›During the storm‹ (Beim Sturm). Die Zuhörer applaudieren.«

Einen ähnlichen Versuch führte R. Tischner durch. Er richtete eine Anzahl Papierstreifen her, auf die er einige Verse schrieb. Dann mischte er sie, ohne darauf zu sehen, nahm aufs Geratewohl einen heraus, wickelte ihn in dunkles Papier und legte ihn in einen Umschlag, den er danach verschloß. Dann übergab er den Umschlag der Versuchsperson Mr. H. und sagte ihr, er enthalte ein paar Verse, er solle ihre Stimmung herausfinden. H. erklärte: »Ein sehnsuchtsvoller Hauch zieht am Abendhimmel durch die Nacht. Eine Abendstimmung, Schwermut, Sehnsucht nach Frieden, Hebbels ›Nachtlied‹, nein: Goethes ›Lied der Sehnsucht‹.« Auf dem Papier standen Verse aus Goethes »Wanderers Nachtlied«: »Ach, ich bin des Treibens

müde! – Was soll all der Schmerz und Lust? – Süßer Friede, – Komm, ach komm in meine Brust!« – In einem anderen Versuch erklärte Mr. H.: »Ein gelbes herbstliches Stoppelfeld; Stoppelfeld des Todes; herbstliche Stimmung.« Das Papierstück enthielt Verse aus einem Gedicht von Hebbel: »Dies ist ein Herbsttag, wie ich keinen sah! – Die Luft ist still, als atmete man kaum, – Und dennoch fallen, raschelnd, fern und nah – Die schönsten Früchte ab von jedem Baum.«
Professor Gilbert Murray von der Universität Oxford beobachtete bei sich selbst eine telepathische Beziehung zu seinen beiden Töchtern und führte eine Reihe von Versuchen in seiner Familie durch, in deren Verlauf der Sender aufs Geratewohl ein Buch aufschlug und sich in die betreffende Stelle vertiefte. Murray, der in einem anderen Raum saß, hatte eindringliche Visionen, die er niederschrieb. Diese Niederschrift wurde dann mit dem Text des Buches verglichen. In einer Reihe von 505 Versuchen in den Jahren von 1910 bis 1915 erzielte Mr. Murray 33 Prozent volle Erfolge und 29 Prozent Teilerfolge; 39 Prozent der Versuche ergaben Fehler. In 295 Versuchen in den Jahren 1916 bis 1924 erreichte er 36 Prozent volle Erfolge, 23 Prozent Teilerfolge und 41 Prozent Fehler.

In einem andern Fall einigten sich in Murrays Abwesenheit mehrere Teilnehmer des Versuches auf eine bestimmte Szene, an die der Sender – der Agent – denken sollte. Danach betrat Murray das Zimmer und erklärte, was er sah. Zum Beispiel dachte der Agent: »Rip Van Winkle, wie er von den Bergen zurückkehrt.« Murray erklärte: »Ja, ich sehe es jetzt. Es ist eine Art zwergenhaft kleiner Mann mit ungepflegtem Bart, der herabkommt – ein komisches Gefühl, als sei man bekannt, doch dann findet man . . . ach, es ist Rip Van Winkle.« – Ein anderes Beispiel: Der Agent dachte: »Ein Löwe im Zoo, der versucht, ein großes Stück Fleisch in der Nähe seines Käfigs zu erreichen.« Murray erklärte: »Der Geruch von Raubtieren – von Fleischfressern. Irgend etwas im Zoo angelt durch die Gitterstäbe nach einem Stück Fleisch. Ich kann nicht erkennen, was für ein Tier das ist.« Und ein weiteres Beispiel: Der Agent dachte: »Der Anfang der Erzählung Dostojewskis, in der der Hund eines armen Mannes in einer Wirtschaft stirbt.« Murray sagte: »Ich denke, es ist etwas aus einem Buch. Ein sehr armer, alter Mann, so denke ich, hat etwas zu tun mit dem Tod eines Hundes. Er ist sehr unglücklich. Mir scheint, es ist in einer Wirtschaft, und die Leute lachen über ihn. Doch dann sorgen sie sich um ihn und möchten gern freundlich mit ihm sein. Ich bin mir nicht klar über die Nationalität. Ich habe den Eindruck, es ist etwas von Gorki. Jedenfalls meine ich, es ist etwas Russisches.«
Ein anderer Versuch dieser Art wurde von Tischner und Wasiljewski

mit Miß B. durchgeführt. Die Versuchsperson saß im Wachzustand in einem anderen Raum als die Versuchsleiter. Wasiljewski versuchte das Gemälde der Sixtinischen Madonna von Raphael zu übermitteln. Die Versuchsperson glaubte, der Gegenstand der telepathischen Übermittlung sei etwas aus dem Raum, in dem die Versuchsleiter saßen, und erklärte daher: »Ich sehe immer irgendein Bild, aber das kann ja nicht richtig sein, denn sie können dort kein Bild haben. Hören wir mit unserem Versuch auf, heute abend klappt es nicht.« Als Miß B. aufgefordert wurde, mit der Beschreibung ihrer Vision von einem Bild fortzufahren, erklärte sie: »Ein großes Bild, das im Querformat aufgehängt ist. Es muß sich um ein religiöses Thema handeln. Ich sehe mehrere Menschen – vielleicht ist es eine Anbetung der Könige?« Wasiljewski antwortete nicht. »Jetzt sehe ich es ganz genau – es ist die Madonna, und es sieht so aus, als sitze sie... nun schwebt sie in der Luft... Ich sehe genau die schwebende Madonna, aber da ist noch etwas unter ihr.« Wasiljewski: »Was sehen Sie ganz unten links?« – »Es ist ein älterer Mann mit einem weißen Bart, der aussieht wie ein Priester oder wie der Papst.« Wasiljewski war nicht fähig, sich aus dem Gedächtnis die Gestalt an der rechten Seite anschaulich vorzustellen. Miß B. erkannte, daß es eine menschliche Gestalt war, konnte aber keine Einzelheiten angeben.

Mit der Zeit wurde die Form der Versuche geändert: man legte sie so an, daß der »Agent« konzentriert auf irgendeinen Gegenstand schaute, den der »Perzipient« zu identifizieren hatte. Hierbei ergab sich als sehr naheliegende Alternative für eine telepathische Erklärung die Möglichkeit einer Erklärung durch Hellsehen: Die Versuchsperson konnte den Gegenstand, den sie bestimmen sollte, nicht nur indirekt durch »Lesen« in den Gedanken des Agenten erkennen, sondern auch direkt und unmittelbar. Bei manchen Versuchen waren die Gegenstände, die bestimmt werden sollten, in undurchsichtige Behälter eingeschlossen. Auch Versuche mit dem Lesen von Texten auf eingehüllten Papierstücken wurden damals sehr häufig angestellt. Schritt für Schritt fand das Bemühen, Hellsehen als von der Telepathie unabhängige Fähigkeit zu unterscheiden, seine Bestätigung.

So führte Wasiljewski Versuche mit Miß B. durch, bei denen er irgendeinen Gegenstand in einen Kasten legte, diesen mit Watte auspolsterte, so daß der Gegenstand sich darin nicht bewegen konnte; dann legte er ihn Miß B. zur Identifizierung vor. Diese Kästen bestanden aus steifer Pappe, bisweilen sogar aus Metall oder anderem Material und waren immer von verschiedener Größe, so daß niemals von ihnen aus geschlossen werden konnte auf die Form des in ihnen verborgenen Gegenstandes. Die Versuchsperson legte sich dann auf eine

Liege, stellte den Kasten seitlich neben ihren Kopf oder hielt ihn in der Hand. War sie gut disponiert, so erkannte sie für gewöhnlich den Gegenstand in dem Kasten innerhalb weniger Minuten; andernfalls erforderte der Vorgang des Erkennens zehn Minuten oder mehr. Der Vorgang des schrittweisen Erkennens war typisch. Miß B. erkannte regelmäßig nicht im ersten Augenblick den Gesamtgegenstand, sondern pflegte zuerst seine Eigentümlichkeiten zu beschreiben. So erkannte sie z. B. zuerst, daß der betreffende Gegenstand aus Metall war, dann sprach sie von seiner Größe und wußte zu berichten, daß er an einem Ende Ringe hatte; doch erfaßte sie erst gegen Ende das Ganze und damit den Gegenstand selbst – in diesem Falle eine Schere.
Häufig trat das letzte Stadium nicht ein. In einem solchen Fall erklärte Miß. B. nur die Eigenschaften des Gegenstandes, ohne ihn selbst zu identifizieren. Eine Zahnbürste wurde nicht als solche, aber als länglicher harter, glänzender Gegenstand erkannt, der an einer Seite breiter war und aus verschiedenen Materialien bestand; dann wurden die Borsten beschrieben, usw.
Bei einem anderen Versuch mit Miß B. wählten Tischner und Wasiljewksi aufs Geratewohl aus 20 gleichartigen Ansichtskarten eine aus, schlugen sie in schwarzes Fotopapier ein, ohne sie selbst anzusehen, und schoben das Ganze dann zusätzlich in einen Umschlag, der verschlossen wurde. Binnen fünf Minuten schrieb Miß B. auf ein Stück Papier, das an dem Umschlag mit der ausgewählten Ansichtskarte befestigt war, in einigen Worten, was sie von der Karte erkannt zu haben glaubte. Dabei wurden gute Ergebnisse erzielt.
Der Erfinder Edison unternahm einen ähnlichen Versuch mit einem anderen Hellseher jener Zeit, Bert Reese. Edison schrieb auf ein Stück Papier: »Gibt es für einen Nickel-Eisen-Akkumulator etwas Besseres als Kalilauge?« Reese beantwortete die geschriebene Frage, ohne den Zettel zu sehen: »Für Nickel-Eisen-Akkumulatoren gibt es nichts Besseres als Kalilauge.« Auch Ludwig Kan besaß eine ähnliche Fähigkeit wie Reese. Richet schrieb, auf vier Blätter verteilt, in Kans Abwesenheit einige Worte, faltete die Blätter mehrmals zusammen und verschloß sie sorgfältig. Erst dann betrat Kan das Zimmer. Richet mischte die Zettel, so daß er selbst nicht mehr wußte, was auf diesem, was auf jenem stand. Danach verbrannte er einen von ihnen, legte den zweiten unter einen Briefbeschwerer, nahm den dritten in die linke und den vierten in die rechte Hand. Nach zwei oder drei Minuten antwortete Kan ganz richtig: »Auf dem Zettel in Ihrer rechten Hand steht ›Vergilius Maro‹, auf dem in der linken Hand ›Verité aux Parénées (richtig: ›Pyrénées‹), auf dem Zettel unter dem Briefbeschwerer

›en avant‹ und auf dem verbrannten Zettel das englische Wort ›shocking‹.« Der überzeugende Eindruck der Leistungen Reeses und Kans aber wird dadurch beeinträchtigt, daß man beide beim Betrug ertappte. Das aber gilt nicht für den bekannten polnischen Hellseher Stephan Ossowiecki, mit dem C. Richet, G. Geley und andere Forschungen anstellten und von dem wir später noch zu sprechen haben werden. Ossowiecki konnte ebenfalls verborgene Texte lesen. Bei einer Gelegenheit schrieb ein Beobachter, der weit von Ossowiecki entfernt stand, mehrere Worte auf ein Stück Papier, das er in einen Umschlag steckte. Ossowiecki nahm den Umschlag in die Hand und erklärte: »Das ist in Englisch geschrieben ... Ich sehe einen einzelnen Buchstaben, dann kommt CONS ... und am Ende VENDREDI.« Auf dem Zettel stand: »I consider you are wonderful« (Ich finde Sie wunderbar). Hierbei ist Ossowieckis Irrtum interessant. Er bestätigt den visuellen Charakter der Bilder des Hellsehers in diesem Falle, und der war bei Ossowiecki oft gegeben. So las er einmal das Wort NON als dreistellige Zahl mit einer Null in der Mitte.
Bei einer anderen Gelegenheit wurde Ossowiecki ein Umschlag ausgehändigt, in dem auf einem Zettel ein Tintenfaß dargestellt war, darauf stand: SWAN (rot unterstrichen) und INK (blau unterstrichen). Der Zettel war gefaltet und in einen dunklen Umschlag gesteckt worden, diesen hatte man verschlossen und unauffällig markiert. In Gegenwart der Mitglieder eines Untersuchungsausschusses zeichnete Ossowiecki die Darstellung richtig nach und setzte auch die Aufschriften an die richtige Stelle; der einzige Irrtum, der ihm unterlief, war die Verwechslung der beiden farbigen Linien. Der Umschlag war ungeöffnet und die Kennzeichnung unberührt.
Bei den Versuchen mit Ossowiecki schrieben für gewöhnlich einige Leute Sätze nieder oder zeichneten Figuren, die den übrigen Teilnehmern unbekannt blieben. Das Papierstück wurde gefaltet, in einen dunklen Umschlag gesteckt, welcher anschließend verschlossen und Ossowiecki ausgehändigt wurde, der selbst während des ganzen Versuches überwacht wurde. Ossowiecki nahm den Umschlag in die Hand, konzentrierte sich, ging im Zimmer auf und ab und gab einige Minuten später den Inhalt der Sätze wieder oder machte eine Skizze der darin steckenden Zeichnung. Mit gleicher Leichtigkeit las Ossowiecki Texte, deren Inhalt dem Versuchsleiter bekannt waren, ebenso wie solche, die ihm unbekannt waren. Die größte Schwierigkeit hatte er einmal gerade bei einem Brief, dessen Inhalt Geley kannte und auf den er überdies seine Gedanken konzentrierte. Für gewöhnlich bat Ossowiecki die Versuchsteilnehmer dringend, sich ungezwungen zu unterhalten und sich nicht auf den Gegenstand zu konzentrieren, den

er zu bestimmen suchte. Er erklärte, das störe ihn. Hier stellen wir einen Gegensatz zu früheren ähnlichen Versuchen fest, bei denen eine starke gedankliche Konzentration als notwendige Voraussetzung für den Erfolg betrachtet wurde.
Eine andere, häufig verwendete Versuchsanordnung jener Zeit bestand darin: Man gab der Versuchsperson einen Gegenstand in die Hand mit der Aufforderung, die Eindrücke zu beschreiben, die dieser Gegenstand bei ihr hervorrufe. Dieses Verfahren wurde früher oft von Hellsehern angewandt. Das bezeugt der schwedische Botaniker Charles Linné in seiner Autobiographie; er berichtet da von einer Hellseherin, die von Zeit zu Zeit das väterliche Pfarrhaus besuchte und anhand eines einem Menschen gehörenden Gegenstandes das Schicksal dieses Menschen voraussagen konnte. Linné schildert einen solchen Fall: »... Mein Bruder Samuel war ein guter Schüler, während ich als einigermaßen schwerfällig galt... Die Hellseherin hatte nie zuvor einen von uns beiden gesehen. Sie bat die Mutter, ihr einige Kleidungsstücke von uns zu geben. Als sie diese bekommen hatte, erklärte sie über Samuel: Dieser Junge wird Pfarrer – und von mir: Dieser Junge wird Professor; er wird sehr weit reisen und berühmter werden als irgend jemand sonst in diesem Land. – Meine Mutter suchte sie durcheinanderzubringen und zeigte ihr ein anderes Kleidungsstück, das mir gehörte, mit der Erklärung, es gehöre meinem Bruder. Nein, erklärte die Frau daraufhin, das gehört dem anderen, der einmal Professor wird und lange Reisen machen wird.«
Im Laufe der Jahre wurden Versuche dieser Art so verbreitet, daß man das Phänomen als eine besondere Form der ASW ansah, die man Psychometrie oder Psychoskopie nannte. Dabei wurde angenommen, die Versuchsperson »lese« ihre Feststellungen aus einem gewissen »Fluidum« ab, das an dem Gegenstand hafte als Spur der Ereignisse, an denen es teilgenommen hatte. Heute neigen wir jedoch mehr zu der Annahme, der Gegenstand – der sogenannte Induktor – diene als Orientierungshilfe, als Anhaltspunkt, der den Sinn des mit der Fähigkeit der ASW Begabten auf das erkannte Ereignis lenke.
Hochinteressante psychoskopische Versuche hat der mexikanische Arzt G. Pagenstecher mit einer hypnotisierten Versuchsperson unternommen. So brachte ein Bruchstück römischen Marmors die Versuchsperson dazu, eine Beschreibung des Forum Romanum und seiner Tempel zu geben; ein Brief eines vom Schlaganfall Bedrohten rief bei der Versuchsperson eine dramatische Szene hervor, und ein anderes Stück Papier, das unbeschriftet war, weckte bei ihr den Eindruck der Fabrik, aus der es stammte. Interessant war vor allem ein Versuch, bei dem der Versuchsperson vier verschieden präparierte Stücke

Bimsstein vorgelegt wurden. Bei jedem einzelnen von ihnen schilderte die Versuchsperson dieselbe Meeresszenerie – Wasser, Fische – und gab jedesmal als Ergänzung eine genaue Beschreibung der zusätzlichen Behandlung des betreffenden Stückes. Das erste Stück, das in Enziantinktur und Asafötida getränkt worden war, rief starke Geschmackswahrnehmungen hervor; das zweite Stück, das wochenlang in unmittelbarer Nähe einer Uhr gelegen hatte, weckte den Eindruck rhythmischer Geräusche; das dritte Stück, das zuvor in einer Lösung von Saccharin und Zucker gelegen hatte, rief die Wahrnehmung von Süße hervor; und das vierte Stück schließlich, das in Schwefel geröstet worden war, ließ im Gefühlssinn einen starken Eindruck von Wärme und im Geruchssinn einen Eindruck von Schwefelwasserstoff entstehen. W. F. Prince, der einige der Experimente Pagenstechers kontrolliert hatte, legte der Versuchsperson einmal zwei gleiche Stücke Seidenband vor, von denen das eine von einem Altar in der Kirche stammte, während das zweite direkt aus der Fabrik kam. Beide Stücke waren in gleichartige Kästen eingeschlossen. Das eine weckte in der Versuchsperson mit großer Heftigkeit die Vorstellung einer mexikanischen Kirche, das zweite ein Bild einer französischen Seidenweberei.

Für ein anderes Experiment hatte der deutsche Parapsychologe K. Gruber von seinem Freund einen Gegenstand zugesandt bekommen, von dem er selbst nicht wußte, was es war. Er legte das Päckchen der Versuchsperson, Herrn H., vor, und diese erklärte: »Es kommt aus dem Ausland und hat Ähnlichkeit mit einer Schildkröte; etwas, das nicht zur heutigen Kultur gehört; eine Waffe, sie kommt nicht aus der Familie Gruber und ist kein Familienerbe; es ist ein Fund, aber nicht aus Deutschland; kein gewöhnliches Geschenk; es ist in einem fremden Land gefunden worden. Ich sehe keine Beziehungen zur Familie Gruber. Steinzeit. Es ist mit dem Schiff über das Meer gekommen.« Es war eine aus der Steinzeit stammende Axt, die in Südengland gefunden worden war. Die Begriffe »Waffe, Form einer Schildkröte, Steinzeit« charakterisierten den Gegenstand präzise. F. v. Liszt, Professor des Strafrechts in Wien, berichtet von der Leistung eines anderen Paragnosten mit Namen Reissig. Im Juli 1930 wurde Reissig in Liszts Haus gerufen. Er hatte die Augen mit einem breiten schwarzen Tuch verbunden. Liszt zog aufs Geratewohl den Brief eines seiner Klienten aus seinen Akten und gab ihn zusammengefaltet Reissig in die Hand. Dieser legte ihn auf seine Stirn, seine Augen, seine Schläfen und schließlich zusammengefaltet auf den Tisch, wo er ihn mit den Fingerspitzen berührte. Der Brief stammte von einem jungen Mann aus der Nähe von Warschau. In den Jahren 1923 bis

1926 war der Schreiber des Briefs bei einem Kaufmann S. als Rechnungsführer angestellt gewesen. Er freundete sich mit der jungen Frau des Kaufmannes an und glaubte an eine ehrliche Freundschaft. Als er später erfuhr, daß die junge Frau mit ihm ihren Scherz getrieben hatte, gab er, zutiefst beleidigt, seine Stellung auf, ging nach Hause und schrieb ihr einen Brief, in dem er ihr vorwarf, sie habe ihre Freundschaft verraten. Er bekam eine Antwort, die sehr unehrlich war. Er war daraufhin von der Idee besessen, er müsse den Verrat der Freundschaft bestrafen; so ging er nach Wien zurück, kaufte sich eine Pistole und feuerte in einem Geschäft aus nächster Nähe seiner früheren Freundin in den Rücken. Sie wurde ernstlich verwundet, erholte sich aber wieder. Er ließ sich widerstandslos verhaften und schrieb nun Liszt jenen Brief aus dem Gefängnis, in dem er ihn bat, seine Verteidigung zu übernehmen. Der Name S. kam in dem Brief nicht vor.
Reissig erklärte folgendes: »Er ist von einem Mann geschrieben worden. Dieser Mann braucht Ihre Hilfe ... Jetzt bin ich in einem Land, in dem es sehr flach und eben ist und wo viele Männer in langen Röcken gehen ... Jetzt bemerke ich den Namen S. (Reissig nannte den vollen Namen) ... Dieser Mann kann nicht handeln, wie er gern möchte. Er ist so hilflos. (Der Mann war zu dieser Zeit noch im Gefängnis) ... Das Ding ... der Brief ..., das, worum es darin geht, liegt vier Jahre zurück. Ich sehe Streitigkeiten mit einer Frau, Eifersuchtsszenen ... Ich sehe schreckliche Dinge ... Einen Mordversuch. Ich sehe jemanden, der von rückwärts angegriffen wird.«
Der Prager Psychiater Professor O. Fischer führte eine Reihe Experimente mit dem Sensitiven Otto Reimann durch. Unter anderem wurden ihm verschiedene Gegenstände aus dem Kriminalmuseum vorgelegt. Diese Gegenstände standen in Zusammenhang mit Strafverfahren, und Reimanns Aufgabe war es, die mit den einzelnen Gegenständen verbundenen Ereignisse zu schildern. Fischer selbst wußte nicht, was mit diesen Gegenständen geschehen war. Um die Bedingungen noch zu erschweren, hatte Fischer unter die Museumsstücke andere, bedeutungslose Gegenstände gelegt. Doch Reimann schied augenblicklich, als ihm die Dinge vorgelegt wurden, säuberlich die bedeutungslosen von denen aus dem Museum, über die er richtige Aussagen lieferte. Zum Abschluß des Versuches ließ Fischer sich die Geschichte jedes einzelnen Gegenstandes im Kriminalmuseum erklären. So konnte er die Richtigkeit der Angaben des Sensitiven prüfen. Reimann erklärte zum Beispiel von einem Revolver: »Das Ding hier war an einem bestimmten Ereignis beteiligt. Es war sogar ein ausgesprochenes Verbrechen, doch habe ich keine Vorstellung davon, welcher Art – ich habe nur den Eindruck, als wäre am Ende doch nichts gesche-

hen.« Der Revolver war für einen versuchten politischen Mord verwendet worden; aber die abgefeuerte Kugel blieb in der Brieftasche des Opfers stecken, ohne dieses selbst zu verletzen.
Ein besonderer Fall ist der des »Psychographologen« Raphael Schermann. Bei Versuchen mit ihm diente die Handschrift irgendeines Menschen als psychometrischer »Induktor«. Im Unterschied zur üblichen Graphologie, die es ermöglicht, durch eine detaillierte Untersuchung der Schriftmerkmale den Schreiber zu identifizieren oder gewisse Merkmale seines Charakters zu bestimmen, konnte Schermann, wenn ihm ein handgeschriebenes Schriftstück vorgelegt wurde, nicht allein den Charakter des Schreibers, sondern auch verschiedene Ereignisse aus dessen Leben bestimmen. Dazu brauchte er die Schrift selbst nicht in ihren einzelnen Merkmalen zu prüfen; ein rascher Blick darauf genügte, und oft war nicht einmal dies erforderlich. Schermann konnte zum Beispiel der Handschrift entnehmen, daß ihr Schreiber Dudelsack spielte; daß sein Vater Angst hatte vor einer Operation; daß dieser Vater Metzger war; und dergleichen mehr. In einem anderen Fall hat er zutreffend das Aussehen des Schreibers, seine Verhaltensweisen, seine verwandtschaftlichen Beziehungen und die Umwelt, in der er lebte, charakterisiert. Auch war er, wenn er die betreffende Person sah, fähig, ihre Handschrift zu imitieren; ebenso konnte er die Handschrift eines geschriebenen Dokumentes imitieren, das ihm in einem geschlossenen Umschlag vorgelegt wurde.
Bei diesen Versuchen mit Telepathie (oder Hellsehen) wurden die Versuchspersonen bisweilen hypnotisiert. Tatsächlich ermöglichte es der hypnotische Zustand, neue Aspekte in diese Versuche hineinzubringen. Während im allgemeinen »Hellseher« im Wachzustand zu arbeiten pflegen, zutreffender: in einer Art durch Konzentration bewirkten Entspannung, bedeutete die Verwendung von Hypnose eine Rückkehr zu Versuchen in »Trance«, wie sie bereits aus den spiritistischen Sitzungen bekannt waren, jedoch nun mit einem großen Vorteil: Das Verhalten der Versuchsperson sowie die Versuchsverfahren und -vorgänge waren nicht mehr von den unvorhersehbaren Impulsen aus dem Unterbewußtsein des Mediums abhängig, sondern wurden durch die Instruktionen bestimmt, die die Versuchsperson vom Hypnotiseur erhielt. Auch die Formen, unter denen die ASW auftrat, wurden vielfältiger. ASW-Eindrücke haben, im Unterschied zu Wahrnehmungen anderer Sinne, keine bewußte Erlebnisform, die für sie typisch wäre. Sie äußern sich für gewöhnlich in einer breiten Skala verschiedenartiger Erlebnisse, die von rein unwillkürlich-automatischen (erst nachträglich klar erkannten) Reaktionen über unbe-

stimmte Intuitionen bis zu mehr oder minder deutlichen (Pseudo)-Halluzinationen der klassischen Sinne reichen. Unter diesen Umständen hat die Hypnose, in der sich bei der Versuchsperson kontrollierbare Halluzinationen hervorrufen lassen, die Möglichkeit geboten, die bisher reichste und vollständigste Form von ASW in verschiedenen halluzinatorischen Erfahrungen zu erzielen. Außerdem gestattet die Möglichkeit, das subjektive Erlebnis der Versuchsperson in der Hypnose suggestiv zu modifizieren, eine Erweiterung der Versuchsmethoden. So konnte mit Personen im hypnotischen Zustand außer den auf den vorigen Seiten geschilderten gewöhnlichen Formen der ASW u. a. eine neue, besonders eindrucksvolle Form eingeführt werden, das sogenannte »reisende Hellsehen« (travelling clairvoyance). Gelegentlich war diese Art von Erlebnis auch in spontaner Form als »Seelenexkursion« (Erlebnis »außerhalb des Körpers«) zu beobachten (es wird bisweilen auch – nicht gerade glücklich – als »Astralprojektion« bezeichnet). Bei einem solchen Versuch wird der Versuchsperson in Hypnose suggeriert, sie reise an einen anderen Ort (entweder im Raum oder in der Zeit), die Versuchsperson hat dann das ganz konkrete Erlebnis, als befände sie sich körperlich an einem anderen Ort. Sie kann deutlich die Gegenstände und Vorgänge dieses anderen Ortes sehen und erleben.

Wir müssen annehmen, daß bei diesen Versuchen die kognitive Fähigkeit der Versuchsperson irgendwie virtuell an einen anderen Ort versetzt wird. So berichtet Mrs. Sidgwick von einer Versuchsperson namens Jane, die im »magnetischen« Schlaf die Fähigkeit der ASW zeigte. In einem Falle unterrichtete Dr. J., der Jane hypnotisiert hatte, einen seiner Patienten, Mr. E., der eben von einer Krankheit genesen war, von seiner Absicht, Jane zu fragen, was er, Mr. E., in der Zeit von 8–10 Uhr unternehme. Jane erklärte: »Ich sehe einen sehr kräftigen Mann; er hat ein hölzernes Bein und kein Gehirn. Er heißt E., er sitzt an einem Tisch, und eine Flasche Brandy steht vor ihm, aber er trinkt nicht.«

Die Wirklichkeit war so: Mr. E., der sehr hager war, hatte eine dicke, mit Kleidungsstücken bekleidete Puppe auf einen Stuhl gesetzt, so daß sie wie eine sehr kräftige Person wirkte. Diese Attrappe setzte er an den Tisch, auf den er eine Flasche Brandy stellte.

Eine ganze Anzahl Versuche dieser Art hat Richet unternommen. Er berichtet darüber: »Ich habe, nach Art der frühen Magnetiseure, mit mehreren Hypnotisierten, vor allem mit Alice, sogenannte ›Reiseversuche‹ (travelling experiments) unternommen. Manchmal waren die Ergebnisse erstaunlich. So stattete Alice im Geiste dem Hause von Mr. M. C. in Mans, das ich nicht kenne, wohl aber der bei der Sitzung

anwesende P. Renouard, einen Besuch ab. Alice sah einen Garten mit Mauern und einer Schaukel (ein wichtiges Detail, das P. Renouard unbekannt war, da die Schaukel erst nach seiner Abreise in Mans aufgestellt worden war). Sie sah eine Uhr, die sie so genau bis ins einzelne beschrieb, daß ich nach dieser Beschreibung eine Zeichnung anfertigen konnte. Nachdem ich diese Zeichnung gemacht hatte, skizzierte P. Renouard die wirkliche Uhr, die in Mr. M. C.'s Salon steht.« Beide Skizzen waren aneinander auffallend ähnlich.
Mit einer anderen Versuchsperson, Léonie B., führte Richet folgenden Versuch durch: Nachdem er einen ganzen Tag in seinem Laboratorium verbracht hatte, hypnotisierte er am Abend Léonie und fragte sie ganz unvermittelt: »Was ist Mr. L. widerfahren?« Léonie kannte Mr. L., da sie ihn zwei- oder dreimal in seinem Laboratorium gesehen hatte. Sie antwortete: »Er hat sich die linke Hand verbrannt. Aber nicht mit Feuer. Weshalb war er nicht vorsichtig, als er dieses Zeug ausgegossen hat? Es ist eine braune Flüssigkeit.« An diesem Tag hatte L. wirklich seine linke Hand mit Brom verbrannt, als er es von einem Gefäß in ein anderes umgoß. Richets Freund, der Psychologe Pierre Janet, experimentierte mit derselben Versuchsperson. Eines Tages forderte er in Le Havre Léonie auf, im Geiste eine Reise nach Paris zu unternehmen und Richet aufzusuchen. Plötzlich rief sie laut: »Feuer!« Janet vermutete, sie halluziniere nur, und versuchte, sie zu beruhigen. Doch sie beharrte darauf: »Nein, Monsieur Janet, ich versichere Ihnen, da ist Feuer.« Tatsächlich wurde Richets Laboratorium in Paris am selben Tage durch Brand zerstört.
Alfred Backman aus Kalmar (Schweden) berichtet ebenfalls von einer großen Zahl erfolgreich verlaufener Versuche, bei denen die Versuchspersonen an entfernten Plätzen stattfindende Ereignisse beschreiben konnten. Besonders interessant waren seine Versuche mit einem jungen Mädchen namens Alma Radberg. In einem Fall bekam Alma die Aufforderung, im Geiste in das Büro des Direktors einer Gesellschaft in Stockholm zu gehen, wo sie nie zuvor gewesen war. Sie sah, wie der Direktor an seinem Schreibtisch saß, und beschrieb bis ins kleinste das Zimmer. Dann erhielt sie die Instruktion, in ihrer Vorstellung einen Schlüsselbund in die Hand zu nehmen, den sie auf dem Tisch liegen sah, die Schlüssel zusammenzunehmen, die andere Hand dem Direktor auf die Schulter zu legen und so seine Aufmerksamkeit zu wecken. Alma erklärte daraufhin, der Direktor habe sie bemerkt. Der Geschäftsmann, der keine Ahnung davon hatte, daß mit ihm ein Versuch angestellt wurde, erklärte später, er habe am selben Tag und zur selben Stunde ein ganz eigentümliches Gefühl gehabt; er habe dagesessen, in seine Arbeit vertieft, als sein Blick plötzlich auf ei-

nen Schlüsselbund gefallen sei, der neben ihm auf dem Tisch an einem Platz lag, an den er ihn normalerweise nicht legte. Dann habe er undeutlich die Gestalt einer Frau erkannt, in der Annahme, es sei das Zimmermädchen, jedoch nicht weiter darauf geachtet. Doch als die Erscheinung blieb, habe er sie angerufen und sei aufgestanden, um zu sehen, was da vor sich gehe. Dabei habe er festgestellt, daß kein Mensch den Raum betreten hatte.
Als einmal ein Mann wegen Mordes verhaftet wurde, beschrieb Agda Olsen, eine andere Versuchsperson Dr. Backmans, ganz genau das Haus, in dem der Mord begangen worden war; obwohl sie den Mörder nie gesehen hatte, erklärte sie, er habe eine Narbe an seiner rechten Hand. Bei der ersten Vernehmung hatte der Polizeibeamte keine Narbe beobachtet. Erst nach Backmans Bemerkung wurde festgestellt, daß der Mörder wirklich eine Narbe an seiner rechten Hand hatte.
In früheren Jahren hatte John Björkhem in Schweden ebenfalls erfolgreiche Experimente in »reisendem Hellsehen« mit hypnotisierten Versuchspersonen durchgeführt. Bei einer Gelegenheit hypnotisierte er ein Fräulein namens Klaar und gab ihr den Auftrag, in Gedanken vom zweiten Stockwerk des Hauses aus, in dem der Versuch stattfand, in eine bestimmte Wohnung im ersten Stockwerk zu gehen. Die Versuchsperson konnte daraufhin die Einrichtung dieser Wohnung beschreiben, obwohl sie niemals in ihr gewesen war.

Björkhem hat den vollen Bericht von diesem Versuch mitgeteilt:

	Nachprüfung
Fräulein Klaar wurde hypnotisiert und anschließend aufgefordert, sich vorzustellen, sie verlasse ihren Körper, steige die Treppe hinab in das untere Stockwerk und gehe dort durch die Türe mit dem Namensschild W. Nachdem sie gesagt hatte, sie habe das Gefühl, an der richtigen Türe zu stehen, betrat sie im Geist das Zimmer und berichtete gemäß den ihr gestellten Fragen. Von Zeit zu Zeit gab sie auch spontan diese oder jene Beschreibung. Sie erklärte:	
»Ich betrete einen Vorraum. Links sehe ich Kleidungsstücke, darüber ein Ablagebrett, ein anderes darunter. Vor mir ist eine Türe. Sie ist grau mit einer eingelassenen Glasscheibe. An	Vorraum, Kleidungsstücke: richtig. Ablagebrett,

der Türe ist auch ein Spiegel ohne Rahmen von über einem Meter Höhe und knapp einem halben Meter Breite. Rechter Hand ist ein Vorhang.« – »Gehen Sie durch den Vorhang und beschreiben Sie, was Sie sehen.« – »Ich stehe in einem Zimmer. Es ist ein Empfangsraum. Rechts ist ein offener Kamin. Der Kaminsims ist aus Marmor. Auf ihm steht eine Uhr. Sie ist aus Gold und Marmor. In der Nähe steht auch noch eine Figur. Ich erkenne nicht, was für eine Figur es ist, es können mehrere Figuren sein, vielleicht auch einige liegende. Außerdem sind noch mehrere Gegenstände dort, die ich nicht genau erkennen kann.«	Türe: richtig. Spiegel ohne Rahmen: 84x41 cm. Scheibe, Farbe: richtig. Vorhang, Platz: richtig. Empfangsraum, offener Kamin: richtig. Marmorplatte: richtig. Buddha, Aschenbecher und allerlei verschiedene Gegenstände.
»Gehen Sie jetzt in das Zimmer, das Ihnen gegenüberliegt, wenn Sie sich umdrehen!« »Ja, das habe ich getan. Links steht eine Liege, bedeckt mit einer geblümten Plüschdecke. Davor steht ein rechteckiger Tisch mit abgerundeten Ecken. Auf ihm liegt ein dickes Album mit dunklem Ledereinband. Das Album ist an die 10 cm dick.«	Liege, Standort: richtig. Überdecke: richtig. Tisch mit abgerundeten Ecken: richtig. Familienbibel, 12 cm dick, mit Fotografien, ähnlich wie ein Album.
»Öffnen Sie es und sehen Sie sich die Fotografien an!« »Ja, das habe ich getan. Da ist zuerst ein Foto von Mr. W., ohne Hut; dann ein Foto der ältesten Tochter Ruth; beide sieht man zusammen auf einem weiteren Foto rechts davon. Rechts sehe ich ferner ein Bücherbrett.«	Personen, Kleidung: richtig Beide auf der rechten Seite: richtig. Bücherbrett: richtig. Auf der rechten Seite: richtig.

(Einige Ungenauigkeiten und Irrtümer ergaben sich, als die Versuchsperson aufgefordert wurde, in dem geschlossenen Buch zu lesen.)

»Bitte, beschreiben Sie den Raum weiter!« »Auf dem Boden liegt ein grüner Teppich. Vor dem Fenster steht ein gewinkelter Ecktisch. Ich sehe einen Blumentopf, kann aber nicht erkennen, ob er auf dem Fensterbrett oder auf einem schmalen Tisch steht. Auf dem Tisch vor dem Fenster liegt eine Decke.«	Teppich mit der Grundfarbe blaugrün. Tisch, bedeckt mit einer Glasplatte.
»Bitte, fühlen Sie auf dem Tisch nach, ob irgend etwas auf ihm liegt!« »Ja, aber es ist kein Tischtuch, es ist eine Glasplatte, vielleicht ist es ein Teetisch.«	Keine Decke auf dem Tisch.
»Ist jemand anwesend?« »Herr W. war vor kurzem im Salon, ist aber jetzt weggegangen. Ich weiß nicht, wo er ist.«	Zur Zeit des Versuchs, um 19.15 Uhr, führte Herr W. den Hund aus.

Bei einem dieser Versuche mit »reisendem Hellsehen« wurde, ebenso wie bei dem vorstehend beschriebenen Versuch Backmans, das Phantom der hypnotisierten Person an der Stelle gesehen, an der sie ihre Ermittlungen anstellte. Während seines Aufenthaltes in Uppsala hypnotisierte Björkhem eine junge Lappin und gab ihr den Auftrag, im Geiste zu ihren Eltern, einige hundert Kilometer entfernt, zu reisen. Das Mädchen beschrieb die Vorgänge in der Küche, erzählte, was der Vater und die Mutter gerade taten; sie fand den Artikel in der Zeitung, den ihr Vater im Augenblick las. Ein paar Stunden später riefen die Eltern des Mädchens in Uppsala an. Sie sagten, sie hätten die Gestalt ihrer Tochter in der Küche erscheinen sehen und seien nun in Sorge, dies bedeute, daß ihr etwas Schlimmes widerfahren sei. Björkhem führte auch interessante psychoskopische Versuche durch. Bei einem von ihnen legte er der Versuchsperson einen Nagel vor, der von einem der Schiffe stammte, die vor dem Zweiten Weltkrieg in Italien vom Grund des Nemisees gehoben worden waren. Man vermutete, sie stammten aus der Zeit des römischen Kaisers Caligula. Bei den Rückzugsgefechten des deutschen Heeres in Italien gegen Ende des Zweiten Weltkriegs wurden sie verbrannt. Den Induktor – also den Nagel – hatte man in der Asche gefunden. Die Versuchsperson erklärte: »Ich sehe Flammen ... aber es ist noch etwas dahinter ... Sind hier Flugzeuge? Hier fliegt irgend etwas ... Dieses Ding ist auf einem Feld gefunden worden. Nicht in Schweden, sondern weit von hier... Hatte das Boot Schiffbruch erlitten?... Es ist kein Schiff wie unsere heutigen und sieht nicht aus wie diese... Ich sehe breite Rippen... Hat das Fahrzeug gebrannt?... Derjenige, der Ihnen den Nagel gegeben hat, war nicht an Bord... Ein Eindruck aus sehr alter Zeit... Ein bestimmtes Ereignis hat das Schiff berühmt gemacht... Die Leute sind sehr dunkel... Sie haben hart gearbeitet und eine Menge getrunken... Ich sehe keine einzige Frau an Bord... Später ist das Schiff neu gebaut und verändert worden... War das Schiff gesunken und ist in späterer Zeit gehoben worden? Ich spüre den Geruch von Wasserpflanzen, aber auch von faulem Holz. Das Schiff muß unter Wasser gelegen haben... Eine sehr lange Zeit... Die Zeitungen haben von seiner Bergung berichtet... Einige Teile des Schiffes liegen jetzt in Museen...«

Wir könnten fast unbegrenzt weitere Beispiele solcher Versuche bringen. Manche von ihnen wurden durchgeführt mit dem Ziel, weitere Argumente zum Beleg für die Wirklichkeit der ASW zu liefern. Doch so zahlreich sie auch sein mochten: Es ist mit ihrer Hilfe nicht gelungen, die wissenschaftliche Öffentlichkeit zu überzeugen. Später werden wir sehen, daß sie tatsächlich nicht geeignet waren, einen schlüssigen Beweis für das Vorhandensein von ASW unter vorgegebenen Bedingungen zu liefern. Daher hing jahrzehntelang, von der Gründung der Londoner SPR an bis zur Zeit zwischen den beiden Weltkriegen, die Erforschung parapsychischer Phänomene nahezu vollständig von wissenschaftlichen Gesellschaften nach Art der SPR ab. Eine bedeutende Arbeit ist auch von einer Anzahl mehr oder weniger völlig auf sich gestellter Pioniere geleistet worden. Die Universitäten, als amtliche Zentren wissenschaftlicher Forschung, blieben dagegen für lange Zeit der Parapsychologie verschlossen.

Nur zögernd fand die Erforschung parapsychischer Phänomene Eingang in die Arbeitsräume der Universitäten. Vielleicht die erste offiziell im Raum der Universität durchgeführte Untersuchung war die von J. E. Coover von der Stanford-University in Kalifornien im Jahre 1912.

Weitere Pionierleistungen waren der von G. H. Estabrook im psychologischen Laboratorium der Harvard-Universität und der von Brugman an der Universität Groningen durchgeführte Versuch, den wir im Einleitungskapitel schon erwähnt haben.

Zu dieser Zeit wäre die Frage nach einer Erklärung der ASW noch verfrüht gewesen. Das Ziel bestand vorerst darin, überzeugende Beweise für ihre Existenz zu erbringen. Was ihre Mechanismen betrifft, so war diese Meinung vorherrschend: Wenn die Fähigkeit wirklich existiere, so bestehe sie höchstwahrscheinlich in der Übertragung (oder dem Lesen) von Gedanken anderer Menschen – ein Vorgang, den man sich analog der drahtlosen Telegraphie vorstellen könne. Und dann setzte zwischen 1920 und 1930 für die Forscher eine Krise ein: Überdurchschnittliche Versuchspersonen, die zumindest von Zeit zu Zeit auffallend gute Versuchsergebnisse erzielten, begannen seltener zu werden. Über die Gründe dafür lassen sich nur Vermutungen aufstellen. Natürlich ist es möglich, daß der Fortschritt in den Beobachtungstechniken eine Anzahl von Personen abgeschreckt hat, die anderenfalls versucht hätten, diese Fähigkeit zu simulieren. Doch viel wahrscheinlicher hing diese plötzliche Abnahme des Auftretens geeigneter Versuchspersonen mit einer Änderung in den Lebensbedingungen der Menschen zusammen: Die Aufmerksamkeit richtete sich mehr auf die technologischen Fortschritte, das Leben wurde betriebsamer und hektischer, und die Menschen hatten weniger Zeit für Entspannung und Muße.

Diese Entwicklung war bedauerlich. Etwa gleichzeitig begann sich die Überzeugung durchzusetzen, daß die Methoden der Vergangenheit, die nur in einer Registrierung einzelner eindrucksvoller Beobachtungen bestanden, unmöglich den erforderlichen Beweis liefern konnten. Bei solchen Beobachtungen oder Versuchen, die wir als »qualitativ« charakterisieren können, erhebt sich eine Frage: Wie läßt sich eine vorurteilslose Bewertung der Fakten sichern? Wie können wir exakt und objektiv das Zusammentreffen der jeweiligen Erfahrung mit der Wirklichkeit beurteilen?

Der Nachweis einer solch ungewöhnlichen und ihrem Wesen nach sehr unwahrscheinlich erscheinenden Fähigkeit wie der ASW müßte sehr überzeugend sein. Leider begegnen wir bei qualitativen Versuchen mehreren ernsten Schwierigkeiten, die die Schlüssigkeit der Ergebnisse zwangsläufig verringern. Zunächst einmal sind die Fähigkeiten der Versuchspersonen nicht gleichbleibend. Sie können an einem Tage außergewöhnliche Ergebnisse bringen und kurz danach unter scheinbar völlig gleichen Bedingungen absolut enttäuschen, wenn vielleicht irgendein banales Ereignis ihr inneres Gleichgewicht stört. Außerdem kann es uns nicht befriedigen, daß der Versuchsleiter in einer rein passiven Rolle bleibt, wie dies der Fall ist, wenn er warten muß, bis die Versuchsperson irgendwelche Aussagen macht, die er dann mit der Wirklichkeit zu vergleichen hat. Soweit die thematische Auswahl der Bereiche dieser Feststellungen von der Versuchsperson getroffen wird, besteht immer eine Gefahr, die trotz aller Vorsicht und Sorgfalt des Versuchsleiters nicht auszuschalten ist: die Gefahr, daß die Versuchsperson Angaben über Fakten macht, die sie möglicherweise auf außer-parapsychischem Wege erfahren hat, das heißt,

durch scharfe Beobachtung oder infolge irgendwelcher unwillkürlich gegebener Anhaltspunkte usw., und diese dann als auf dem Wege der ASW gewonnene Information ausgibt.
Eine weitere Schwierigkeit ist noch verhängnisvoller: Nicht einmal die Fähigkeiten der hervorragendsten Versuchspersonen sind vollkommen. Nicht immer befinden sich ihre Aussagen in voller Übereinstimmung mit der Wirklichkeit. Obwohl die Übereinstimmung oft sehr eindrucksvoll ist, sind auch Irrtümer recht häufig. Nicht selten wird auch der Sachverhalt in symbolhaft verzerrter Form wiedergegeben. Dann ergibt sich das Problem: Wie sind objektive Aussagen zu bewerten, die nur teilweise der Wirklichkeit entsprechen, oder Aussagen, die ein dramatisch abgewandeltes Bild der Wirklichkeit bieten? Hier liegt die größte Schwierigkeit in der Subjektivität bei der Bewertung von Teiltreffern. Ein der ASW positiv gesonnener Beobachter wird sicher mehr Übereinstimmung finden als jemand, der mit den Vorurteilen einer negativen Skepsis an sie herantritt. Und schließlich kann man durchaus annehmen, daß manche Übereinstimmungen Zufallsprodukte sind.
Es dürfte in diesem Zusammenhang interessant sein, an zwei Beispielen zu zeigen, welch unglaubliche Situationen sich durch reinen Zufall ergeben können. Beispiel eins: Ein deutscher Antiquitätenhändler schickte einer Verwandten in Amerika eine wertvolle Kette als Geschenk. Eben diese Kette war ihr gestohlen worden. Etwa 25 Jahre später wurde dieselbe Kette demselben Händler in München von einem Amerikaner angeboten, der sich in Geldknappheit befand. Noch überraschender erscheint ein anderes Ereignis. Eine Familie gab einen Film mit Familienfotos zur Entwicklung an eine Firma in Straßburg. Das geschah in den chaotischen Tagen zu Beginn des Zweiten Weltkriegs, und der Film ging verloren. Zwei Jahre später wurde er in Bad Soden entwickelt; dabei stellte sich heraus, daß er ein zweites Mal belichtet worden war mit Aufnahmen von derselben Familie, so daß dieselben Kinder auf den Fotos in verschiedenem Alter zu sehen waren. Die Familie hatte den Film in Frankfurt gekauft; irrtümlich hatte man ihn für unbelichtet gehalten.
Qualitative Experimente bergen die Gefahr, den paragnostischen (außersinnlichen) Charakter einer Erfahrung zu überschätzen. Anderseits können sie aber auch zur Unterschätzung des außersinnlichen Charakters führen. Wir haben schon darauf hingewiesen, daß außersinnliche Wahrnehmungen bisweilen in symbolischer Form ausgedrückt werden. Eine solche symbolische Umgestaltung kann bisweilen so weit gehen, daß sie den paragnostischen Charakter der Erfahrung vollkommen verhüllt, so daß er letztlich unerkannt bleibt. Das-

selbe kann bei spontanen ASW-Phänomenen geschehen, wenn die Wahrnehmung in symbolischer Weise entstellt oder, weil sie nicht deutlich ins Bewußtsein gelangt, nur als undeutliche »Intuition« erlebt wird.

Daher erwies es sich als notwendig, mehrere methodische Änderungen bei parapsychologischen Versuchen einzuführen:

1. Der Versuchsvorgang mußte so weit entwickelt werden, daß der Versuchsleiter alle Hauptbedingungen des Versuchs aktiv von sich aus bestimmen konnte.
2. Die Bewertung der Aussagen der Versuchsperson mußten vollkommen objektiv erfolgen.
3. Es mußte ein Standardverfahren für Versuche entwickelt werden, das sich wiederholen ließ, um einen Vergleich der Leistungen der Versuchsperson in verschiedenen Versuchen zu ermöglichen.
4. Es war zu bestimmen, in welchem Maß die erzielten Ergebnisse auf Zufall beruhen konnten.

Aus dieser Notwendigkeit entstanden die sogenannten »quantitativ-statistischen« Versuche, in denen der Versuchsperson eine lange Reihe gleichartiger und einfacher Standardaufgaben gegeben wird, die entweder richtig gelöst oder nicht gelöst werden. Bei solchen Aufgaben ist immer die Wahrscheinlichkeit des vollen Erfolgs bekannt und der Teilerfolg (Teiltreffer) ausgeschlossen. Das Ergebnis der Versuchsreihe wird dann statistisch ausgewertet.

Solche quantitativen Experimente wurden von Zeit zu Zeit auch von älteren Forschern (wie W. Barrett, O. Lodge, C. Richet und anderen) durchgeführt. Die Versuchsanordnung dabei war für gewöhnlich auf Telepathie abgestellt, das heißt, es gab »Agenten«, die sich auf verschiedene Farben, Zahlen, Namen, Spielkarten usw. konzentrierten, welche dann von den »Perzipienten« erkannt werden mußten. Solche Versuchsanordnungen, bei denen die Versuchsperson gleichsam eine Auswahl aus einer bekannten Anzahl von Möglichkeiten traf, mit anschließender statistischer Auswertung der Ergebnisse, gestattete nicht allein eine sachliche Berechnung des Zufallsfaktors bei jedem Einzelversuch, sondern gab auch einen quantitativen Maßstab für die Qualität der Leistung der Versuchsperson.

In früheren Zeiten wurden solche quantitativen Experimente aber nur gelegentlich und gleichsam vereinzelt durchgeführt, während die qualitativen in der Mehrzahl waren. Das Hauptverdienst für die systematische Einführung quantitativer Experimente in der Parapsychologie gebührt J. B. Rhine. Der ursprüngliche Botaniker begann mit der Bearbeitung parapsychologischer Probleme unter der Leitung des Psychologen W. McDougall, der zu den aktivsten Förderern der

parapsychologischen Forschung gehörte. Mit McDougalls nie ermüdender Hilfe hat Rhine das Parapsychologische Laboratorium an der Duke University in Durham, North Carolina, beginnend in den dreißiger Jahren, aufgebaut. Dieses Laboratorium war für mehr als drei Jahrzehnte eins der wichtigsten Zentren parapsychologischer Forschung. Seit der Gründung dieses Laboratoriums hat die Parapsychologie langsam, doch stetig, ihre Stellung in den Laboratorien der Universitäten gefestigt. Zunächst wurde sie als eine Art ausgefallenes Nebengebiet der Psychologie betrachtet, doch die Zahl der Wissenschaftler, die in ihr einen unabhängigen Wissenschaftszweig erblikken, wächst ständig. So ist zumindest an einigen wenigen Orten die parapsychologische Forschung in letzter Zeit zu einem Gegenstand der Forschungsarbeit eines Teams von Wissenschaftlern geworden, das sich ihr ausschließlich widmet, während sie vorher eher ein Hobby einzelner Forscher war, die sie neben ihrer Arbeit in anderen wissenschaftlichen Forschungsgebieten betrieben.
Im Jahre 1965 wurde das frühere Parapsychologische Laboratorium an der Duke University von der Universität getrennt und in ein Institut für Parapsychologie umgewandelt, das einen Teil einer privaten Forschungsorganisation, der »Foundation for Research on the Nature of Man« (Stiftung zur Erforschung der menschlichen Natur) bildet. Zum Glück haben inzwischen andere Zentren an Universitäten und Forschungsinstituten die Arbeit aufgenommen, wie zum Beispiel an der Universität Freiburg (Deutschland), an der Andhra University (Indien) oder an der University of Virginia (USA). Seit 1955 gibt es in New York eine weitere wichtige Organisation zur Förderung der parapsychologischen Forschung: die Parapsychology Foundation unter Leitung von E. J. Garrett, der sich schon Jahre vorher auch einen Ruf als Medium erworben hatte. Die alten Gesellschaften für (para)psychische Forschung, die amerikanische SPR, die Londoner SPR und ähnliche Organisationen in einer Anzahl anderer Länder liefern weiterhin ihre Beiträge zur Forschung, desgleichen eine wachsende Anzahl interessierter Einzelgänger überall in der Welt.
So war in den dreißiger Jahren des 20. Jahrhunderts die Parapsychologie in ein neues Stadium eingetreten, dessen Hauptmerkmal die Einführung quantitativer Experimente zum Nachweis der ASW war. In den ersten Jahren wurde Rhines Werk lebhaft diskutiert. Als Reaktion auf die Kritiken wurden die Versuchsmethoden weitestgehend vervollkommnet, so daß heute kaum noch Angriffe aus methodischen Gründen möglich sind. Dagegen neigen Kritiker der Parapsychologie heutzutage dazu, die Ehrlichkeit der Versuchsleiter in Frage zu stellen, wie dies kürzlich noch C. E. M. Hansel getan hat.

Die Grundidee bei diesen Versuchen ist folgende: Die Versuchsperson soll Karten, die in undurchsichtige Umschläge gesteckt sind, identifizieren. Dann wird die Anzahl der durchgeführten Proben mit der Anzahl der Erfolge (Treffer) und der Irrtümer (Fehler) verglichen. Die Wahrscheinlichkeitsrechnung gibt die wahrscheinliche Anzahl der Treffer – die Zufallserwartung – für jede verwendete Kartenserie an. Erreicht die Versuchsperson in einer größeren Zahl von Durchgängen beständig eine über der Zufallserwartung liegende Trefferzahl und geschieht dies unter Bedingungen, die zuverlässig normale Sinneswahrnehmung und Erkenntnisse durch schlußfolgerndes Denken ausschließen, so betrachten wir dieses über die Zufallserwartung hinausgehende Ergebnis als Anzeichen dafür, daß ein Fall von ASW vorliegt. In der Praxis kann bei quantitativen Versuchen jede beliebige Kombination von Versuchsobjekten (Karten mit verschiedenem Aufdruck, sonstige Gegenstände) verwendet werden. Aus psychologischen Gründen haben sich die ASW-Karten (»Zener-Karten«), die im Parapsychologischen Laboratorium der Duke University eingeführt wurden, allgemein durchgesetzt und werden mehr gebraucht als andere. Eine Serie solcher ASW-Karten besteht aus 25 Karten mit fünf verschiedenen Symbolen: Kreis, Stern, Viereck, Kreuz und Wellenlinien (also fünf Karten von jedem Symbol). Die Zufallserwartung beträgt in diesem Falle 20 Prozent Treffer, also fünf richtige Antworten in einer Reihe von 25 Einzelproben. Quantitative Versuche haben zwei voneinander unabhängige Aspekte, denen beiden Genüge getan sein muß, wenn die Versuche gültig sein sollen: den experimentellen Aspekt und den statistischen Aspekt. Was den statistischen Aspekt anbetrifft, so verwendet die Parapsychologie Methoden, die von Mathematikern entwickelt worden sind und auf verschiedenen wissenschaftlichen Gebieten wie im Alltagsleben Anwendung gefunden haben. Die Statistik ist aber nur ein Werkzeug zur Entscheidungsfindung in der Parapsychologie, ebenso wie in anderen Wissenschaften. Die Auswahl der geeignetsten statistischen Analysen der Versuchsergebnisse aber ist keine parapsychologische, sondern eine statistische Frage. Natürlich ist zu beachten, daß bei Versuchen, die den Beweis für die Existenz der ASW erbringen sollten, die elementarsten Verfahren der statistischen Berechnung Anwendung gefunden haben.
Der experimentelle Aspekt ist der kompliziertere. Es muß eine Anzahl unverzichtbarer Vorbedingungen erfüllt sein, wenn man aus der statistischen Auswertung korrekte Schlüsse ziehen will. Zuallererst muß die normale Sinneswahrnehmung ausgeschlossen sein. Soweit Karten in dunklen, undurchsichtigen Umschlägen das Versuchsobjekt darstellen, muß zunächst sichergestellt werden, daß die Um-

schläge vollständig dunkel und undurchsichtig und wirklich verschlossen sind. Es genügt nicht, der Versuchsperson einfach die Karten zur Bestimmung vorzulegen, indem z. B. deren Unterseite nach oben gekehrt wird, denn ganz unauffällige Kennzeichen auf ihnen, z. B. Schrammen, Fehler in der Oberfläche und dergleichen, können der Versuchsperson als Anhaltspunkt dienen. Im Verlauf des Versuches werden gleiche Karten mehrfach nacheinander abgefragt. Vor jedem Durchgang müssen daher alle Karten aus ihren Umschlägen genommen, gemischt und zufallsgemäß in neue Umschläge gelegt werden. Andernfalls könnten Unregelmäßigkeiten auf der Außenseite der Umschläge gleichfalls der Versuchsperson Fingerzeige geben. Ebenso ist es notwendig, sich gegen jede Möglichkeit unwillkürlicher Hinweise zu sichern, die der Versuchsperson die richtige Antwort mitteilen könnte. Soweit es die Versuchsbedingungen gestatten, gilt die Forderung, daß die Karten für den Versuch von einer dritten Person hergerichtet werden, so daß nicht einmal der Versuchsleiter den Inhalt der Umschläge kennt. Ist diese Möglichkeit nicht gegeben, so ist es ratsam, den Versuchsleiter oder die identifizierten Karten aus dem Raum, in dem die Versuchsperson sich aufhält, herauszubringen oder zumindest reichlichen Gebrauch von Abschirmungen zu machen, um alle Möglichkeiten sinnlicher (wie auch subliminaler) Wahrnehmungen auszuschalten.

Ein anderes notwendiges Erfordernis besteht in der Ausschließung der Möglichkeit, durch schlußfolgerndes Denken auf die richtige Antwort zu kommen. Wenn zum Beispiel die Versuchsperson erfährt, ob eine Einzelantwort richtig oder falsch gewesen ist, so kann dieses Wissen allein schon ihr helfen, bei den folgenden Durchgängen eine höhere Trefferzahl zu erreichen. Daher ist es ratsam, die Ergebnisse zurückzuhalten und die Versuchsperson erst nach Abschluß der Versuchsreihe zu informieren, oder aber jeden Durchgang so sehr von allen anderen unabhängig zu machen, daß das Wissen um ein Einzelergebnis nicht als Prämisse für eine Schlußfolgerung verwendet werden kann. Ferner sollte auch die Möglichkeit des Verschreibens beim Notieren der Ergebnisse in Rechnung gestellt werden. Vor allem motivierte Verschreibensfälle können verhängnisvoll werden, da sie die Tendenz haben, sich in einer Richtung zu häufen.

Die nächste Gruppe möglicher Fehlerquellen ist mehr theoretischer Art. Die Anwendung der statistischen Analyse verlangt, daß sämtliche Ergebnisse in Rechnung gestellt werden. Es ist unzulässig, nur positive Ergebnisse zugrunde zu legen oder zu registrieren und negative unbeachtet zu lassen, auch wenn sie für den einen oder anderen von geringerem Interesse sein mögen. Es sollte zur Regel werden, die

Dauer des Versuchs festzusetzen, ehe er begonnen hat. Damit läßt sich der mögliche Einwand entkräften, der Versuch sei in einem abgepaßten Augenblick beendet worden, nachdem die Zufallsschwankung eine Häufung positiver Resultate ergeben habe und bevor nachfolgende negative Resultate sie aufheben konnten. Ebenso ist es unzulässig, die Abfolge der Versuchsobjekte durch eine bestimmte willentliche Methode zu bestimmen. Manche Menschen haben psychisch begründete Vorlieben für gewisse Symbole oder Symbolgruppen. Sollten gleichartige Vorlieben bei der Versuchsperson und dem Versuchsleiter auftreten, so könnte die seelisch bedingte Parallelität ihres Denkens zu einer übergroßen Anzahl von Treffern führen und damit eine ASW simulieren. Daher muß die Bestimmung der Abfolge der Versuchskarten einem Zufallsprozeß unterworfen werden, der von der willentlichen Einwirkung irgendeines Menschen unabhängig ist, also dem Auslosen oder anderen verfeinerten Verfahren.
Die Frage der Erreichung einer adäquat zufallsgemäßen Verteilung ist beim quantitativen Versuch von größter Bedeutung. Schlüsse aus der Wahrscheinlichkeitsrechnung lassen sich tatsächlich nur dann ziehen, wenn sie auf eine Zufallsfolge voneinander unabhängiger Ereignisse angewandt wird. Um diese theoretische Vorbedingung zu erfüllen, ist es allgemein üblich geworden, schon eine Weile vor Beginn des Versuches für eine zufallsgemäße Abfolge der Versuchsobjekte zu sorgen, in der Regel auf der Grundlage von Tabellen mit Zufallsziffern. In allerneuester Zeit hat man in einigen Fällen die Herstellung einer Zufallsfolge der Versuchsobjekte durch Computer vornehmen lassen.
Abgesehen von ihrer Exaktheit haben quantitative Versuche einen weiteren wichtigen Vorzug: ihre größere »Sensibilität«. Wenn wir eine ausreichende Zahl von Versuchen durchführen, können wir schließlich selbst sehr schwache ASW-Fähigkeiten entdecken, die andernfalls unserer Aufmerksamkeit entgangen wären. Die Exaktheit der statistischen Analyse bildet eine zuverlässige Sicherung gegen jeden übereilten Schluß, und statistische Kriterien sind objektive Instanzen, die unzweideutig entscheiden, ob eine Hypothese anzunehmen oder abzulehnen ist. Dadurch hat sich auch die Tatsache feststellen lassen, daß ASW – und mag es im Einzelfall in noch so unvollkommener Form sein – in der Menschheit weit verbreitet ist. So war man nicht mehr darauf angewiesen, die Versuche nur mit seltenen, außergewöhnlich begabten Persönlichkeiten durchzuführen, sondern konnte ohne irgendeine vorherige Auswahl mit normalen Menschen und im normalen Wachzustand arbeiten. Deshalb wurde es endlich auch möglich, die Forschung unter echten Laboratoriumsbedingun-

gen durchzuführen mit Leuten, die sich frei und ohne alle Vorurteile für die Versuche zur Verfügung stellten und sich im normalen Wachzustand von sich aus allen von der experimentellen Seite her gebotenen Vorbedingungen unterwarfen.
Ein anderer Fortschritt war die Einführung mehrerer Standardtechniken, die die vielfältigen Versuchsverfahren früherer Zeit vereinfachten. Damit wurde das gesamte Versuchsverfahren erleichtert und mechanisiert und mit ihm die Registrierung und Auswertung der Ergebnisse. Einige Prüfungsverfahren testen die sogenannte »allgemeine außersinnliche Wahrnehmung« (= AASW), bei der kein Unterschied zwischen Hellsehen und Telepathie gemacht wird. Der Versuchsleiter nimmt von einem Stoß Karten eine Karte nach der anderen ab und schaut sie an. Dann kann die Versuchsperson entweder auf dem Weg der Telepathie (Ablesen des Symbols der Karte aus dem Geist des Versuchsleiters) oder des Hellsehens (Ermittlung des Symbols direkt von der Karte) ihre Aufgabe zu lösen suchen. Je nach den Erfordernissen des Einzelversuches läßt sich entweder der telepathische (der Versuchsleiter denkt nur an das Symbol, ohne auf die Karte zu schauen) oder der hellseherische Aspekt (die Versuchsperson nennt das Kartensymbol, das der Versuchsleiter nicht kennt) betonen.
Es hat sich herausgestellt, daß manche Versuchspersonen verbale, andere motorische Antworten vorziehen. So sind verschiedene Standardverfahren eingeführt worden, die diesen psychisch begründeten Vorlieben entgegenkommen:
Der BT-Test (Before Touching = vor Berührung): Eine Serie Karten in undurchsichtigen Umschlägen wird vor die Versuchsperson hingelegt. Diese nennt zuerst das Symbol der ersten Karte und legt sie dann beiseite, danach das Symbol der zweiten Karte und legt sie dann beiseite, danach das der dritten und legt sie dann beiseite, usw. – und in dieser Handlungsfolge von Anfang bis Ende der Serie.
Der DT-Test (Down Through = alle auf einmal): Der Vorgang ist ähnlich wie beim BT-Test, nur mit dem Unterschied, daß diesmal die Versuchsperson die Symbole aller Karten, in der Reihenfolge, in der sie liegen, nennt, ohne sie überhaupt zu berühren. Sie nimmt also nicht eine Karte nach der anderen von dem Packen herunter.
Der OM-Test (Open Matching = offen sortieren): Die Versuchsperson hat, wie bei den vorhergehenden Versuchen, eine Serie Karten vor sich liegen. Der Versuchsleiter legt der Versuchsperson offen die fünf Kartentypen vor – eine je Symbol –, mit der Bildseite nach oben, so daß die Versuchsperson die Symbole ganz normal sehen kann. Dann sortiert die Versuchsperson die unbekannten Karten von dem Packen und legt sie jeweils auf die passende Musterkarte.

Der BM-Test (Blind Matching = blind sortieren): Dieser Test ähnelt dem OM-Test, mit dem Unterschied, daß die Musterkarten mit der Bildseite nach unten (oder in undurchsichtigen Umschlägen) vor die Versuchsperson hingelegt werden, so daß sie nie weiß, bei welchem Symbol sie eine Karte einsortiert. In diesem Falle wird die ASW nicht in der Identifizierung des Versuchsobjektes als solches tätig, sondern im Erkennen der Gleichheit der Versuchsobjekte.

Der STM-Test (Screened Touch Matching = Kartenvergleich durch Berühren, abgeschirmt): Die Versuchsperson hat nur fünf Musterkarten offen vor sich liegen, ähnlich wie beim OM- oder BM-Test. Sie selbst sortiert die übrigen Karten nicht; sie hat gar keinen direkten Kontakt mit ihnen, da sie von ihnen durch einen Schirm getrennt ist. Sie zeigt nur jeweils auf die einzelnen Musterkarten, während der Assistent nach ihren Angaben die Karten sortiert.

Die statistische Auswertung des Ergebnisses ist dann eine Routineaufgabe, bei der nur die geeigneten statistischen Formeln zugrunde gelegt werden müssen. Im Prinzip erhalten wir dadurch Antwort auf die Frage: Wie gering ist die Wahrscheinlichkeit, daß das Ergebnis auf Zufall beruht? Dabei können wir nicht mit einem Wahrscheinlichkeitsgrad »null« rechnen, der eine »absolute« Gewißheit bedeuten würde. Ist die errechnete Wahrscheinlichkeit gering genug, dann können wir vernünftigerweise unseres Schlusses sicher sein. So ergibt in dem im Einleitungskapitel (S. 32) beschriebenen Kontrollversuch Rýzl-Pratt die statistische Berechnung des Ergebnisses (1133 Treffer bei 2000 Fragen mit 50 Prozent Treffern Wahrscheinlichkeit) einen Wahrscheinlichkeitswert von etwa $p = 10^{-8}$. Oder, in Worten ausgedrückt: Sie besagt, daß wir an die hundert Millionen solcher Versuche zu machen haben, ehe wir erwarten können, durch reinen Zufall eine solche – oder höhere – Abweichung von der mittleren Zufallserwartung zu bekommen. Von einem solchen Ergebnis aber wäre es absurd zu behaupten, bei dem Versuch seien keine anderen Kräfte als nur der Zufall beteiligt gewesen. So gibt uns die statistische Analyse die Möglichkeit, die Zuverlässigkeit unserer Schlüsse exakt zu bestimmen.

Ergebnisse quantitativer Kartenbestimmungstests werden für gewöhnlich nach einem mathematischen Modell der Wahrscheinlichkeitsverteilungen berechnet. Wir können sagen, daß das Ergebnis an diesem Modell gemessen wird. Ein solcher Vergleich mit dem theoretischen Modell ist hier berechtigt, da die einfache Anordnung dieser Versuche es ermöglicht, die entsprechende theoretische Verteilung adäquat zu definieren. Doch bei komplizierteren Versuchssituationen, und wenn die Verwendung komplizierterer Methoden der statistischen Analyse geplant ist, dürfte es oft geraten sein, einen Kontrollversuch zu machen und das Ergebnis mit diesem Kontrollversuch zu vergleichen. Bei komplizierteren Versuchsanordnungen ist es außerdem öfters nötig, das subjektive Element aus der Berechnung der Ergebnisse auszuschalten – sowohl beim Versuch selbst als auch bei der Kontrolle: Die Person, die die notwendigen Messungen durchführt, sollte weder den Zweck des Versuches noch die Hypothese kennen, um die es dabei geht.

Natürlich sind Kartenversuche nur *eine* der vielfältigen Versuchsmöglichkeiten, die für eine quantitativ-statistische Bewertung herangezogen werden können. Ihre Einfachheit in der Anlage ermöglichte uns, an ihnen Probleme zu erläutern, denen wir bei der Planung beweiskräftiger parapsychologischer Versuche begegnen. Natürlich sind bei verschiedenem methodischem Vorgehen auch verschiedene Sonderprobleme zu berücksichtigen, die sich aus den Eigenarten der einzelnen Versuchsanordnungen ergeben.

Doch die Hauptprobleme bleiben in allen Fällen die gleichen: die Notwendigkeit, außer-parapsychische Faktoren (sinnlich wahrnehmbare Anhaltspunkte, Erkenntnisse durch schlußfolgerndes Denken) beim Zustandekommen der Ergebnisse auszuschalten; eine geeignete Methode zur Schaffung zufallsgemäßer Anordnung der Versuchsgegenstände; die Konzipierung eines Kontrollversuches, wenn dies erforderlich ist; die Durchführung der Berechnungen der Ergebnisse ohne Kenntnis von Zweck und Zusammenhang; die Findung der geeigneten Methode statistischer Analyse.

Kartenversuche sind vor allem in den dreißiger Jahren häufig vorgenommen worden. Sie wurden vom Parapsychologischen Laboratorium der Duke University aus über die ganze Welt verbreitet und von anderen Forschungszentren bereitwillig übernommen.

Schon in den ersten Jahren der Tätigkeit des Parapsychologischen Laboratoriums der Duke University wurden mehrere sorgfältig durchgeführte Versuche angestellt, die als Beweis für die tatsächliche Existenz einer ASW zu betrachten sind. Beschreiben wir als Beispiel kurz eine Versuchsreihe, die von J. G. Pratt mit Hubert Pearce als Versuchsperson durchgeführt wurde:

In dem einen Raum legte der Versuchsleiter (Pratt) die Karten mit den Symbolzeichen nach unten auf der Mitte des Tisches aus, mit einer Geschwindigkeit von einer Karte pro Minute. Dabei sah er nicht auf die Symbolzeichen der Karten. In einem anderen Raum, der in einem anderen Gebäude gemietet worden war (bei Reihe I in einer Entfernung von etwa 90 m, in Reihe II in einer Entfernung von etwa 220 m), versuchte Pearce zur selben Zeit die Karten zu bestimmen. J. G. P.

notierte die Reihenfolge der Karten, während Pearce die Reihenfolge seiner Identifizierungen notierte. Dann wurden die beiderseitigen Notizen verglichen und die Anzahl der Treffer zusammengezählt. Die Notizen wurden mit einer Durchschrift angefertigt, und die Durchschriften wurden J. B. Rhine ausgehändigt, noch ehe Pratt und Pearce sich nach Abschluß des Versuches treffen konnten; so erhielt Rhine die Möglichkeit, den Fortgang des Versuchs zu kontrollieren. Insgesamt wurden 1850 Identifizierungen ausgeführt (74 Packen zu 25 Karten), bei denen die Zufallserwartung 370 Treffer betrug; die Notizen ergaben 558 Treffer, also 188 über der Zufallserwartung. Die statistische Bewertung dieses Ergebnisses ergibt einen Wahrscheinlichkeitswert von $p = 10^{-22}$. Es sei erwähnt, daß J. A. Greenwood und C. E. Stuart die Daten dieses Versuches als Grundlage für die empirische Bestätigung der Gültigkeit des Wahrscheinlichkeitsprinzips in dieser Versuchssituation verwendeten. Sie verglichen die Daten einer Versuchsreihe mit denen einer anderen Reihe. Dabei stellte sich heraus, daß die Daten, welche im Verhältnis zu den entsprechenden Symbolen hoch über die Zufallserwartung hinausgehende Ergebnisse zeigten, bei dieser Kontrollanalyse ein Ergebnis aufwiesen, das in der Nähe der Zufallserwartung lag (wie vom theoretischen Standpunkt aus erwartet).

Die Ergebnisse einer Anzahl quantitativer Experimente der oben beschriebenen Art erlauben die Feststellung, daß *die Existenz außersinnlicher Wahrnehmung bewiesen ist.* Allerdings fehlt der Evidenz der quantitativen Experimente die Eindruckskraft, die wir bei den qualitativen Phänomenen der ASW häufig antreffen. Wegen der mangelnden dramatischen Note interessieren die quantitativen Versuche den Laien nur wenig. Für den Forscher sind sie wertvoll, und ihre Ergebnisse überzeugen wegen der Strenge der Bedingungen, unter denen sie durchgeführt werden. Wenn sie sorgfältig geplant und durchgeführt werden, bilden die quantitativen Experimente einen formal unanfechtbaren Beweis für die Existenz von ASW. Wenn wir behaupten, daß es ASW gibt, so bedeutet das natürlich nicht, daß es sie immer und überall gibt; tatsächlich tritt sie nur bisweilen auf, wenn günstige Bedingungen für ihr Auftreten gegeben sind. Demnach kann nicht verlangt werden, daß wir fähig sind, ihr Auftreten zu jeder beliebigen Zeit auf Verlangen zu erzwingen, solange wir nicht alle Faktoren kennen, die für ihr Auftreten bestimmend sind, und nicht fähig sind, alle notwendigen günstigen Voraussetzungen in ihrer ganzen Komplexität herbeizuführen.

Ein anderes Verdienst von J. B. Rhine und seinen früheren Mitarbeitern ist die Einführung einer gewissen Ordnung in der Terminologie und Klassifizierung parapsychischer Phänomene. Die frühen Forscher suchten die falsch gestellte Frage zu lösen: Telepathie oder »Geister«? Nun aber ist, im Gegensatz dazu, der Begriff der *Außersinnlichen Wahrnehmung* eingeführt zur Bezeichnung einer Fähigkeit, die als ein Wahrnehmungsvorgang eigener Art verstanden wird. Zwei Typen dieser Fähigkeit sind klar definiert: Hellsehen und Telepathie (PC = pure clairvoyance = reines Hellsehen, und PT = pure telepathy = reine Telepathie), und es sind Methoden entwickelt worden, um sie experimentell zu unterscheiden, obwohl es schien, als bestehe ihr Unterschied mehr in äußeren Versuchsbedingungen als im inneren Wesen des Phänomens.

In diesem Zusammenhang können wir erwähnen, daß die exakte Unterscheidung des Hellsehens von der Telepathie keineswegs ein leichtes Problem war. Beim Versuch mit reinem Hellsehen sind Ermittlungen von Ereignissen erforderlich, die nachweislich niemand kennt. Wenn wir gründlich verfahren und selbst die Möglichkeit einer Beteiligung von Telepathie ausschließen wollen, müssen wir verlangen, daß das auf dem Wege des Hellsehens festgestellte Ereignis sich zu keiner Zeit im Geiste irgendeines lebenden Menschen vollzieht. Jede Partizipation einer lebenden Person muß selbst während des Vorgangs der Auswertung der Versuchsergebnisse ausgeschlossen bleiben. Anderenfalls ist es zumindest theoretisch möglich, daß die Versuchsperson ihre Information aus dem Geist der auswertenden Person während der Zeit der Überprüfung abliest. Und um andererseits reine Telepathie nachzuweisen, was formell noch schwieriger ist, muß jeder objektive, das heißt hellseherisch feststellbare Bericht über das festgestellte Ereignis eliminiert werden, nämlich jeder Bericht durch das gesprochene oder geschriebene Wort usw. Doch so paradox es scheinen mag: Es ist sogar notwendig, jede schriftliche Notiz von dem Versuch auszuschließen, da auch diese dem Hellsehen zugänglich ist. Dennoch ist das Problem gelöst worden. Man hat Geräte für Versuche mit reinem Hellsehen entwickelt, die ohne Beteiligung eines Menschen den Versuchspersonen Versuchsobjekte (farbige Kugeln) vorlegen, automatisch Antworten überprüfen (mit Hilfe von Fotozellen) und die Anzahl der Treffer zusammenzählen. Um den Nachweis reiner Telepathie zu liefern, ist ein komplizierter Versuch durchgeführt worden, bei dem die Experimentatoren einen besonderen Kommunikationskode erdacht haben, den nur sie kannten und der nur auf ihre gemeinsamen Erinnerungen Bezug nahm. So wurde es möglich zu erreichen, daß nicht einmal in den Notizen zum Versuch Elemente enthalten waren, die auf dem Weg des Hellsehens festgestellt werden konnten.

Im Gegensatz zur früheren Auffassung, die in der Telepathie eine »einfachere«, eher anerkennbare Fähigkeit sah als im Hellsehen, setzte sich schließlich die Überzeugung durch, daß beide äquivalente Formen einer einzigen Fähigkeit, der ASW, sind. Ja, wenn es wirklich einen Grund gibt, eine dieser beiden Formen als »einfacher« anzusehen, so trifft das allem Anschein nach eher auf das Hellsehen als Grundfähigkeit zu; die Telepathie muß dann als hellseherische Ermittlung geistiger Vorgänge verstanden werden.

In der folgenden Phase der Forschung ging es um den Nachweis einer anderen Form außersinnlicher Wahrnehmung, um die Existenz eines Phänomens, das die Volksüberlieferung seit ältesten Zeiten geahnt und vermutet hat: die Präkognition (Proskopie), also eine auf die Zukunft gerichtete ASW. Die bekannten Kartentests haben sich auch dabei als brauchbare Methode zur Erforschung der fraglichen Fähigkeit erwiesen. Bei einem solchen Präkognitionstest hat die Versuchsperson die Aufgabe, die zeitlich spätere Abfolge eines Satzes Testkarten zu bestimmen. In der einfachsten, unkompliziertesten Form geschieht das so, daß die Versuchsperson die – spätere – Kartenfolge eines Satzes Karten vorhersagt. Ist das geschehen, so werden die Karten gemischt und abgehoben. Anschließend wird die sich daraus ergebende Reihenfolge der Karten mit der Vorhersage der Versuchsperson verglichen.

Und schließlich haben seit 1942 Rhine und seine Mitarbeiter die Erforschung und Überprüfung von Berichten über paranormale Phänomene physikalischer Art in Angriff genommen, die aus den Sitzungen mit spiritistischen Medien unter der Bezeichnung Telekinese bekannt sind. Um Assoziationen mit der sensationsgeladenen Atmosphäre dieser Séancen möglichst weitgehend zu vermeiden, führte er einen neuen Begriff für dieses Phänomen ein: Psychokinese (= PK), und überprüfte durch Anwendung quantitativer Methoden, ob die menschliche Psyche Einfluß auf die Bewegung materieller Gegenstände nehmen kann. Die Versuchsperson bemühte sich, durch geistige Konzentration das Fallen eines Würfels so zu beeinflussen, daß eine vorher ausgemachte Anzahl von Augen erzielt wurde. Die Zahl der Treffer und Fehler wurden anschließend ebenfalls statistisch ausgewertet. Präkognition und Psychokinese bergen eine Anzahl neuer Fragen und Probleme, methodisch-experimentelle ebenso wie philosophische, von denen im nächsten Kapitel kurz die Rede sein soll. Es schien bei diesen Versuchen – ganz wie bei denen zu der reinen Telepathie und dem reinen Hellsehen – als ließen sich Präkognition und Psychokinese experimentell nicht leicht isolieren. Die Methoden für die quantitativen Versuche sind mehrfach und von verschiedenen

Autoren modifiziert worden. Diese Modifikationen waren notwendig, da die Kartentests neben unbestreitbaren Vorteilen wegen ihrer Einfachheit und der Exaktheit ihrer Resultate auch ihre Mängel hatten. So macht die ständige monotone Bestimmung geometrischer Figuren die Versuche zwangsläufig allzu leicht uninteressant und langweilig, was den grundlegendsten Erfordernissen für ihre erfolgreiche Durchführung widerspricht. Denn es hat sich bei den Laboratoriumsversuchen herausgestellt, daß Interesse an den Versuchen und Motivierung auf seiten der Versuchsperson die Leistungen bei den ASW-Tests steigern. Daraus folgt auf der anderen Seite mit einiger Wahrscheinlichkeit, daß die Monotonie quantitativer Versuche mitverantwortlich ist für ihre notorisch mageren Ergebnisse (nur leichte Abweichungen von mittleren Zufallserwartungen), die in so auffallendem Gegensatz stehen zu den eindrucksvollen Ergebnissen mancher qualitativer ASW-Leistungen. Aus diesem Grund und in dem Bemühen, die Versuche interessanter zu gestalten, ersetzten verschiedene Autoren die geometrischen Symbole der ASW-Karten durch ansprechendere und unterhaltsamere Zeichen. S. G. Soal verwandte bei seinen Versuchen zum Beispiel Karten mit Tierbildern: Löwe, Elefant, Zebra, Giraffe und Pelikan. J. Freeman verwendete emotionale Symbole, G. W. Fisk und D. J. West wählten erotische usw.
In einer anderen Arbeit machte G. W. Fisk den Vorschlag, Karten mit symbolisierten Zifferblättern, auf denen eine Linie den Uhrzeiger darstellte, der jeweils volle Stunden anzeigte, zu verwenden. Es gab also zwölf Arten von Karten, die nach der auf ihnen angezeigten Stunde, von 1 bis 12 Uhr, verschieden waren. Diese Anordnung hatte zwei Vorteile: Statt der fünf Typen von ASW-Karten wurden zwölf leicht im Gedächtnis zu behaltende Karten verwendet. Damit wurde die Trefferwahrscheinlichkeit bei jeder Einzelaufgabe verringert und die Möglichkeit geschaffen, mit einer kleineren Anzahl Einzelaufgaben signifikantere Ergebnisse zu erzielen. Außerdem bestand nun die Möglichkeit, auch zu bestimmen, ob Fehler in der Nähe von Treffern lagen, also ob zum Beispiel die von der Versuchsperson genannte Stunde nur eine oder zwei Stunden von der auf der Karte angezeigten entfernt war.
Ein speziell praktisches Ziel verfolgte S. D. Kahn, der an Stelle der üblichen Karten Leerstellen auf Datenkarten als Identifikationskarten verwendete. Die Analyse der Versuchsergebnisse wurde dann von Computern ausgeführt.
Eine andere Methode, den Reiz der Versuche für die Versuchsperson zu steigern, bestand darin, sich Neigungen der Versuchsperson anzupassen. Häufig spezialisieren die Versuchspersonen sich auf eine ge-

wisse für sie eigentümliche Form der ASW. So beobachtete G. N. M. Tyrrell, daß seine Adoptivtochter eine auffallende Fähigkeit besaß, verborgene Gegenstände zu finden. Um die Versuchssituation soweit wie möglich dieser Fähigkeit anzupassen, entwickelte er einen Apparat, der aus fünf verschlossenen Kästen bestand: eine elektrische Birne in jedem. Mit Hilfe eines Mechanismus, der für die zufallsgemäße Auswahl sorgte, ließ er jeweils eine der Birnen aufleuchten; die Versuchsperson hatte dann dic Aufgabe, herauszufinden, welche Birne eingeschaltet war, und von dem betreffenden Kasten den Deckel abzuheben. Später wandelte er seinen Apparat ab, um sicherzustellen, daß er selbst keine Ahnung hatte, welche der Birnen eingeschaltet war. Denn wenn er das wußte, bestand die Möglichkeit, daß die Versuchsperson es auf telepathischem Weg aus seinem Geist ablas; damit wären die Versuchsbedingungen auf die Erprobung reinen Hellsehens abgestellt gewesen.
Tyrrells Apparat ist nur ein Beispiel für viele andere. Gerade in jüngster Zeit haben viele Wissenschaftler ihre Aufmerksamkeit stark auf die Konstruktion automatischer ASW-Testanlagen gerichtet, bei denen die Versuchspersonen in der Regel ihre Antworten durch Drükken von Knöpfen zu geben hatten und mit denen sich sowohl AASW wie reines Hellsehen oder Präkognition feststellen ließen. Der Hauptvorteil dieser Geräte bestand darin, daß sie das Versuchsverfahren standardisierten und die Sammlung von Daten ebenso wie die Auswertung der Ergebnisse mit dem Computer erleichtern. Auf manche Versuchspersonen üben solche Anlagen auch einen gewissen Reiz aus, der ihre Leistungen steigert.
Beim Testen von Rutengängern und Pendlern (mit dem Siderischen Pendel) stellte K. Osis seine Versuchsbedingungen auf diese speziellen Formen von ASW-Leistungen ein. Diese Leute behaupten, sie besäßen die Fähigkeit, verschiedene Dinge, für gewöhnlich Wasserquellen und Mineralienlager, mit Hilfe ganz einfacher Mittel zu finden: Sie halten in den Händen eine Rute oder ein Pendel (bzw. einen Ring, der an einem Haar hängt), deren Bewegungen ihnen den Platz anzeigen, an dem sich das Gesuchte befindet. Diese Fähigkeit stellt – wenn und soweit sie echt ist – offenbar ein ASW-Phänomen in Gestalt einer automatisch-motorischen Reaktion dar, die subjektiv empfunden wird: als bewege sich die Rute in der Hand und nicht umgekehrt. Diese Menschen sind für gewöhnlich nicht bereit, ihre gewohnten Praktiken nach den Wünschen des Experimentators zu ändern; und wenn sie es tun, ist ihre Fähigkeit in der Regel geschwächt. Daher hat man in diesem Falle ein anderes Verfahren angewandt: Die Versuchsperson wurde aufgefordert, unter Verwendung ihrer Technik den

Versuchsgegenstand in einer bestimmten Anzahl möglicher Verstecke zu finden (zum Beispiel eine Münze in einer Anzahl von Kästen).
Verschiedene Autoren haben sehr erfolgreiche neue Versuchsanordnungen und -vorrichtungen entwickelt, bei denen die ASW-Fähigkeit zum Vorschein kommen sollte. So waren bei einem Versuch von H. H. J. Keil die Reizquellen für den Versuch verschiedene Melodien. H. Forwald bestimmte ASW-Karten durch Würfeln; jeder Augenzahl auf dem Würfel war ein bestimmtes ASW-Symbol zugeordnet. R. Hardy entwickelte einen Apparat mit einer runden Scheibe, eingeteilt in fünf Felder von verschiedener Farbe, mit einem kleinen Zeiger, der sich auf die Felder drehen ließ. Die Versuchsperson suchte durch Drücken eines Knopfes den Zeiger in dem Augenblick zum Stillstand zu bringen, in dem er auf die Farbe zeigte, auf welche der telepathische Sender sich konzentrierte. Bei einem weiteren Experiment, durchgeführt von A. E. H. Bleksley, lag die Versuchsperson in natürlichem Nachtschlaf; ihre Aufgabe bestand darin, genau zu dem Zeitpunkt aufzuwachen, der vom Versuchsleiter bestimmt wurde.
Gegen die quantitativen und vor allem die Kartenversuche hat man einen sehr ernsten und sachlichen Einwand erhoben: Sie erfassen den außersinnlichen Wahrnehmungsvorgang nicht in seiner ganzen Lebendigkeit und Komplexität, sondern vereinfachen ihn in einer inadäquaten Weise und schematisieren ihn zu einer reinen Auswahl aus einer vorgegebenen Anzahl von Möglichkeiten. Damit verliert das untersuchte Phänomen seinen dynamischen, lebendigen Charakter, der typisch ist für spontane Phänomene und qualitative Beobachtungen von Hellsehern. Bei quantitativen Versuchen haben wir keine wirkliche Wahrnehmungserfahrung mehr, daß heißt, keine charakteristische subjektive Erfahrung der Berührung mit einer unbekannten Wirklichkeit; vielmehr ist das Ganze sozusagen auf ein »Raten« reduziert, das die Versuchsperson nicht als Wahrnehmung erlebt. Hier ist der Unterschied so grundlegend, daß uns bisweilen ganz spontan die Frage kommt, ob es sich bei quantitativen Kartentests wirklich um dieselbe Fähigkeit handelt, die sich in qualitativen Versuchen in so vielfältigen Formen manifestiert. Es ist daher verständlich, daß manche Parapsychologen es ablehnen, die Untersuchung qualitativer ASW-Phänomene aufzugeben, sie vielmehr nicht selten den quantitativen Versuchen vorziehen. Doch der Wert einiger quantitativer Ermittlungen ist allgemein anerkannt. Daher hat man versucht, quantitative Bewertungen in qualitative Versuche einzubauen und diese unter Wahrung ihres typischen Charakters exakter zu gestalten. Hierzu sind von W. W. Carington, M. C. Marsh, J. Hettinger,

H. F. Saltmarsh und anderen, in jüngster Zeit auch von J. G. Pratt, verschiedene Methoden entwickelt worden. Eine eingehende Schilderung dieser interessanten Verfahren würde den Rahmen des Buches sprengen. Die Grundidee besteht darin, die qualitative Antwort in Einzelaussagen aufzulösen und die geeigneten Wege zu finden, wie sich für jede Einzelaussage korrekte Wahrscheinlichkeitswerte ermitteln lassen.

All diese manchmal recht schwierigen Probleme, die mit der Einführung quantitativer Auswertungsmethoden auftraten, ergaben sich aus der Notwendigkeit, einen wissenschaftlich überzeugenden Beweis für die Tatsächlichkeit der ASW zu liefern. Ohne einen solchen Beweis gab es keine sichere Grundlage für weitere Forschungen. Natürlich war der Beweis ohnehin schwierig angesichts der komplexen philosophischen, psychologischen und soziologischen Probleme, die wir im Einleitungskapitel erwähnt haben. Wenn wir uns darüber klar sind, werden wir den Wert quantitativer Versuche dennoch begreifen. Dank ihrer Exaktheit können wir, wie gesagt, heute behaupten, daß der Beweis für die Existenz der ASW geliefert ist. Nun brauchen die Parapsychologen keine Zeit mehr darauf zu verschwenden, immer neue Beweise für die ASW anzubieten, vielmehr können sie sich in Zukunft produktiveren Bereichen der Forschung zuwenden. So ist inzwischen die Erforschung der charakteristischen Merkmale der ASW und der Bedingungen, die ihr Auftreten begünstigen, zum Hauptziel der Parapsychologen geworden; sie hoffen, diese Fähigkeit laboratoriumsmäßig unter Kontrolle zu bekommen, eine Erklärung für sie zu finden und – nicht zuletzt – in der Praxis ausgiebig davon Gebrauch zu machen.

Heute, nachdem der quantitative Beweis für die ASW die Stichhaltigkeit der ursprünglichen formalen Einwände gegen die Beweiskraft spontaner parapsychischer Phänomene und qualitativer Versuche entkräftet hat, können wir in unserem Suchen nach besserem Verständnis parapsychischer Phänomene auch zu formal weniger strengen, dafür aber thematisch reicheren Erfahrungen zurückkehren. Von diesem Standpunkt aus haben jüngere Autoren, wie zum Beispiel L. E. Rhine, begonnen, spontane Phänomene zu sammeln und zu studieren. Und im Lauf der Jahre hat sich auch wieder eine Anzahl von Personen mit überdurchschnittlichen ASW-Begabungen gefunden, mit denen qualitative Experimente von grundlegender Bedeutung und in ganz neuen Bereichen durchgeführt worden sind. Mit Hilfe dieser Versuche konnte die innere psychische Dynamik der ASW näher untersucht werden, die sich durch quantitative Versuche nur schwer entdecken läßt. Nennen wir hier zum Beispiel Stephan Ossowiecki, Pascal Fortuny (der von E. Osty, R. Sudre und anderen Mitgliedern des Institute Métapsychique International in Paris überprüft worden ist) und aus den letzten Jahren den Holländer Gerard Croiset, der in Utrecht von W. H. C. Tenhaeff und in Freiburg (Br.) von Hans Bender überprüft wurde. Im Gegensatz zu den quantitativ ausgewerteten Massenversuchen mit einer Vielzahl von Versuchspersonen und routinemäßig wiederholten einfachsten Tests haben die Arbeiten dieser Autoren einzelne hervorragende Leistungen besonders Begabter in den Vordergrund gestellt; diese Leistungen wurden dann als Einzelfall genau analysiert und einer umfassenden psychologischen Prüfung unterworfen.

Auch die Anwendung mathematischer Verfahren hat sich im Lauf der Zeit auf einen anderen Bereich verschoben. Ursprünglich dienten sie zum Nachweis der Phänomene; heute sind sie zum Werkzeug ihrer Erforschung geworden. Nun haben statistische Methoden in der Parapsychologie eine Aufgabe, die der ihrer Rolle in anderen Wissenschaftsbereichen mit komplexen Forschungsgegenständen entspricht, wie zum Beispiel in der Biologie oder der Psychologie. Mathematische Verfahren ermöglichen es, die beobachteten Phänomene quantitativ zu formulieren und sie damit in eine meßbare Form zu bringen. Sie ermöglichen es ferner, die Versuchsergebnisse exakt auszuwerten – als Hilfsmittel zur Nachprüfung von Hypothesen. Und schließlich erweist die Mathematik sich als unerläßlich für die Lösung verschiedener Spezialprobleme der Parapsychologie, wie zum Beispiel der theoretischen Modelle des ASW-Prozesses, der Fragen, die mit der kontrollierten Anwendung von ASW zur Informationsübermittlung zusammenhängen, und dergleichen mehr.

Die Zahl der Arbeiten, die Problemen der parapsychologischen Forschung gewidmet sind, hat sich schnell vergrößert. In den folgenden Kapiteln werden wir einige der bisher gemachten Entdeckungen betrachten. Doch soviel sollte jetzt schon klar festgestellt werden: All diese Entdeckungen ergeben zusammen ein sinnvolles Bild, aus dem wir erkennen, daß die parapsychischen Fähigkeiten keine launenhaften Störungen der natürlichen Ordnung darstellen, sondern objektive, unter spezifischen Regeln stehende Phänomene sind, Phänomene, die sich in das wissenschaftliche Weltbild integrieren lassen und keineswegs im Widerspruch zu anderen Entdeckungen der Naturwissenschaften stehen. Zwar besitzen wir über diese Phänomene noch keine Kontrolle und können sie auch nicht hervorrufen, wenn und wann es uns beliebt, doch verfügen wir heute schon über ein beachtliches Wissen um sie.

Am auffallendsten an den parapsychischen Fähigkeiten ist, daß sie offenbar unabhängig sind von physikalischen Bedingungen. Nehmen wir als Beispiel einen Fall von ASW, der bisher am besten erforschten parapsychischen Fähigkeit: Der Abstand zwischen Versuchsgegenständen und Versuchspersonen, ihre Stellung im Raum, ihre Abschirmung gegeneinander durch materielle Hindernisse, ihre Ausmaße, die Art ihrer Oberflächen usw. – das alles hat offenbar für die ASW wenig oder keine Bedeutung. Dagegen sind die Äußerungen der ASW stark beeinflußbar durch seelische Faktoren, durch die Stimmung der Versuchsperson, deren Einstellung dem Versuch und den Versuchsbedingungen gegenüber, ihre Meinungen und Auffassungen und dergleichen. Fassen wir diese Entdeckungen zusammen, so können wir daraus den vorläufigen Schluß ziehen, daß die psychologischen Gesetzmäßigkeiten, von denen die Manifestationen der ASW bestimmt werden, offenbar identisch sind mit den Gesetzmäßigkeiten, die für die schöpferische geistige Tätigkeit maßgeblich sind. Damit können wir auch erklären, weshalb die parapsychischen Fähigkeiten so wenig stabil und so unabhängig von der Kontrolle durch den Willen sind. Und noch etwas erkennen wir immer deutlicher, je mehr Einsicht wir in die Gesetzmäßigkeiten gewinnen, die für das Wirksamwerden der parapsychischen Fähigkeiten bestimmend sind: daß gerade die von ihren Eigentümlichkeiten, gegen die früher am häufigsten von Skeptikern Einwände erhoben und die als Beweis gegen die Existenz echter parapsychischer Phänomene besonders betont wurden, in Wirklichkeit notwendige Folgeerscheinungen spezifischer Gesetzmäßigkeiten ihres Auftretens sind.

Auch heute hat die parapsychologische Forschung noch mit vielen Schwierigkeiten zu kämpfen. Die erste Schwierigkeit besteht darin, daß Menschen mit überdurchschnittlichen parapsychischen Fähigkeiten selten sind, die zweite in dem mangelnden Verständnis der wissenschaftlichen Öffentlichkeit für die Erfordernisse der Forschung auf einem so komplizierten Gebiet wie dem der Parapsychologie, die dritte in dem Mangel an Fachkräften und materiellen Mitteln für diesen Forschungsbereich. Das ist natürlich bedauerlich für ein Fachgebiet, das – wie wir sehen werden – uns zu vielen wertvollen Entdekkungen von theoretischer Bedeutung, aber auch zu einer ausgedehnten praktischen Anwendung in verschiedenen Wissenschaftszweigen sowie im Alltagsleben verhelfen kann.

KAPITEL III

Außersinnliche Wahrnehmung (ASW)

In den letzten Jahrzehnten haben sich bei der Untersuchung der charakteristischen Züge und Eigenschaften der ASW weitere experimentelle Beweise für ihre tatsächliche Existenz ergeben. In langen Versuchsreihen haben Wissenschaftler die Unwahrscheinlichkeit einer reinen Zufallserklärung ihrer Versuchsergebnisse bewiesen. Besondere Erwähnung verdienen in diesem Zusammenhang die systematischen Versuche von S. G. Soal, Mathematikprofessor an der Universität London. In den Jahren zwischen 1934 und 1939 führte er Kartenversuche ähnlich denen von J. B. Rhine durch. Doch nach der Auswertung von über 100000 Einzelproben mit mehr als 160 Versuchspersonen gelangte er zu dem Schluß, daß er nicht in der Lage sei, die von Rhine erzielten positiven Ergebnisse zu bestätigen. Dabei verhehlte er nicht seine Skepsis der ASW gegenüber. Später jedoch erfuhr er von W. W. Caringtons Versuchen: Carington legte jeden Tag in seinem Arbeitszimmer ein Bild offen auf den Tisch. Die räumlich entfernten Versuchspersonen erhielten die Aufforderung, diese Bilder zu erkennen und nachzuzeichnen. Bei diesen Versuchen zeigte sich die ASW-Fähigkeit; aber noch interessanter war bei ihnen die offenbare »Zeitverschiebung« (Verschiebungseffekt): Wurde der Versuch an mehreren aufeinanderfolgenden Tagen wiederholt, fand Carington auffallende Übereinstimmungen – nicht allein zwischen den Zeichnungen der Versuchspersonen und den Bildern, die am selben Tag aufgelegt worden waren, sondern auch zwischen den Zeichnungen der Versuchspersonen und den Bildern von den vorhergehenden und den folgenden Tagen.
Als Soal von dieser Beobachtung erfuhr, beschloß er, auch diese Ergebnisse zu analysieren und dabei die Möglichkeit der Verschiebung zu berücksichtigen. Tatsächlich fand er sie bei zwei Versuchspersonen (Gloria Stewart und Basil Shackleton), und er führte mit diesen beiden weitere Versuche unter strengen Bedingungen durch. Dabei

wandte er unter anderem folgende Maßnahmen an, um Anhaltspunkte durch Sinneswahrnehmungen bei diesen Versuchen auszuschließen, die ihrer Art nach telepathisch waren: Der Agent und der Perzipient saßen in verschiedenen Räumen, so daß die Wand zwischen ihnen war; sie konnten einander nicht sehen, auch wenn die Tür zwischen ihnen geöffnet worden war. Die Karten, die der Perzipient bestimmen sollte, lagen in einem Kasten mit einer schmalen Öffnung, den der Agent in den Händen hielt. Die Versuchsperson saß hinter einem Schirm. Auf jede Form der Spiegelung sowie die Möglichkeit, daß unbekannte Besucher auftreten konnten, war sorgfältig vermieden worden. Die Karten waren völlig zufallsgerecht gemischt worden. Wir haben eben schon erwähnt (S. 103), daß Soal, um die Versuche interessanter zu machen, nur fünf Kartenformen mit Tierbildern benutzte. Der Versuch verlief folgendermaßen: Nachdem der Agent die fünf Testkarten gemischt hatte, legte er sie, mit der Bildseite nach unten, in einen vor ihm stehenden Kasten. Der Versuchsleiter, der die Karten selbst nicht sah, gab ihm jedesmal durch ein Zeichen eine Karte an. Er tat das nach einer vorher aufgestellten Tabelle von Zufallszahlen, ohne dabei zu sprechen, nur, indem er dem Agenten die jeweilige Zahl der Karte zeigte. Daraufhin nahm dieser die betreffende Karte, drehte sie um und schaute sie an. Auf ein erneutes Zeichen des Versuchsleiters hin notierte der Perzipient, welches Tier ihm im Augenblick in den Sinn kam.
Im Lauf einer mehrjährigen Versuchstätigkeit sammelte Soal eine große Menge von Versuchsdaten, welche überzeugend die Tatsächlichkeit der ASW bestätigten. So wurden zum Beispiel in einer im Jahre 1941 durchgeführten Versuchsreihe, bei der Rita Elliott Agent und Basil Shackleton Perzipient waren, 1101 Treffer erzielt (präkognitiv mit Verschiebung +1) bei 3789 Einzelaufgaben, an Stelle der theoretisch erwarteten 776 Treffer. Statistisch analysiert ergibt dieses Resultat den Wert von 10^{-35} für die Wahrscheinlichkeit, daß das Ergebnis reiner Zufall war. Diese Zahl ist so gering, daß wir sie uns gar nicht vorstellen können. Doch spielen wir ein wenig mit den Zahlen: Nach der angegebenen Formel hätte Soals Versuch 10^{35}mal wiederholt werden müssen (das Ergebnis ist eine Zahl mit 35 Nullen!), ehe man damit hätte rechnen können, daß das Ergebnis durch Zufall einträte. Stellen wir uns vor, es wäre auf irgendeine Weise möglich, Soals sich über lange Zeit hinziehenden Versuch auf die Dauer einer einzigen Sekunde zu verkürzen, und alle Bewohner der Erde (schätzungsweise drei Milliarden) würden Tag und Nacht nichts anderes tun, als in fieberhafter Eile sein Experiment in Sekundengeschwindigkeit wiederholen, dann – so ergibt unsere Berechnung – würden sie

1 000 000 000 000 000 000 000 Jahre zu tun haben, um Soals Ergebnis durch Zufall zu erzielen; diese Zeit ist bedeutend länger als das geschätzte Alter des Sonnensystems. Wenn die Erklärung eines Zustandekommens durch Zufall so absurd ist wie in diesem Fall, kann man annehmen, daß das erzielte Ergebnis auf Grund einer Gesetzmäßigkeit erreicht wurde, das heißt, da Sinneswahrnehmung ausgeschlossen worden war, durch ASW.
Bei Soals Versuchen handelte es sich offenbar um reine Telepathie. Tatsächlich verliefen sie auch nur dann erfolgreich, wenn der Agent die Karten sah. Sobald auch er die Karten nicht zu sehen bekam, mißlangen die Versuche. Im Verlauf dieser Versuche ließen sich auch einige Eigentümlichkeiten der Telepathie entdecken: So setzte Soal zum Beispiel bei einer Versuchsreihe eine größere Anzahl von Agenten ein, die zugleich das gleiche Symbol (Agenten in Konjunktion) oder verschiedene Symbole (Agenten in Oppositon) »sendeten«. Das Ergebnis dieser Versuchsreihe führte zu dem Schluß, daß der Perzipient immer nur mit einem der Agenten in Kontakt kam, den er in einem gewissen Umfang bewußt auswählen konnte. Die Ergebnisse auf seiten des Perzipienten standen in einer üblichen Beziehung zu Bildern, die einer der Agenten sendete, während die übrigen unbeachtet blieben.
Später unternahm Soal weitere Telepathieversuche mit zwei Jungen, die in den Jahren 1955 und 1957 in Versuchen mit ASW-Testkarten in einer Reihe von 15 000 Einzelaufgaben einen Durchschnitt von fast 35 Prozent Treffern erzielten (bei einer Zufallserwartung von 20 Prozent). Soal beobachtete u. a. bei diesen Versuchen, daß die Leistung besser wurde, wenn der Perzipient sich im Zustand der Hypnose befand. Die posthypnotische Suggestion schien ebenfalls einen günstigen Einfluß auszuüben. Doch einmal ertappte Soal die Jungen beim Betrug: Um in den Genuß der für gute Ergebnisse ausgesetzten Belohnung zu kommen, versuchten sie sich insgeheim miteinander zu verständigen durch Husten, Knarren mit ihren Stühlen und ähnliche Zeichen. So mußten weitere Versuche mit ihnen als unzuverlässig gelten – ungeachtet der großen Erfahrung Soals als Versuchsleiter.
Auch einige quantitative Versuche verdienen besondere Aufmerksamkeit, da sie sich von den übrigen durch ungewöhnlich hohe Trefferzahlen unterschieden. So experimentierte zum Beispiel J. Langbon-Davies mit seinem Hausmädchen, einer 15jährigen vom Land, mit ASW-Karten. Dabei erreichte er bei einer Reihe von 1900 Fragen 855 Treffer, das heißt, fast 45 Prozent an Stelle der Zufallserwartung von nur 20 Prozent. Ein anderer Autor, B. F. Riess, führte Versuche mit ASW-Karten durch unter den Bedingungen eines AASW-Testes

(vgl. S. 97) bei einem Abstand von etwa 450 Metern. Bei 1850 Einzelaufgaben waren 370 Zufallstreffer zu erwarten; 1349 Treffer wurden erzielt, was einen Durchschnitt von 73 Prozent Treffern ausmacht. Der Versuch von Riess kann uns auch zeigen, eine wie große Rolle beim ASW-Test die innere Disposition der Versuchsperson spielt: Als er drei Monate später den gleichen Versuch mit derselben Versuchsperson zu einem Zeitpunkt wiederholte, als sie sich in einer völlig anderen seelischen Verfassung befand, wurden nur Zufallsergebnisse erzielt.
Auch bei den qualitativen Versuchen ergab sich eine immer größere Sicherheit für wirklich beachtliche Leistungen von Versuchspersonen. Diese Leistungen waren grundlegend gleicher Art wie die bei den im Kapitel II beschriebenen qualitativen Versuchen. Doch die Versuchspersonen hatten ein größeres Verständnis für wissenschaftliche Forschung und richteten sich in hohem Maße nach den Forderungen der Versuchsleiter. Damit verloren die festgestellten Phänomene nach und nach ihren willkürlichen unkontrollierbaren Charakter und ließen sich mit der Zeit in Versuchssituationen bringen, in denen sie weit sachgemäßer beobachtet werden konnten. Ein typisches Beispiel ist der Fall des französischen Hellsehers Pascal Forthuny, der in der Zeit zwischen den beiden Weltkriegen bekannt wurde. Pascal Forthuny fiel nicht in Trance, wie dies bei anderen Hellsehern häufig der Fall gewesen war. Seine paragnostischen Fähigkeiten zeigten sich in einem Zustand, der weitgehend an den normalen Wachzustand herankam. In ihm war er in der Lage, sich sehr wohl nach den Forderungen des Versuchsleiters zu richten, obwohl er seine übliche Routine beibehielt. Während des Versuchs versetzte er sich in einen Zustand geistiger Konzentration, der äußerlich nur durch eine gewisse Starrheit der Augen und Augenlider sichtbar war; von Zeit zu Zeit schloß er seine Augen und bedeckte sie mit den Händen. Häufig zeigte er seine Fähigkeit vor einer Gruppe ihm Unbekannter, indem er langsam zwischen ihnen hin und her ging und unter ihnen die Personen auswählte, die ihn am meisten ansprachen. Dann pflegte er verschiedene charakteristische Informationen aus dem Leben dieser Leute zu geben. Diese Aussagen waren nicht selten sehr detailliert und entsprachen in hohem Maße den Tatsachen. Für gewöhnlich wußte er im voraus, ob er fähig sein würde, über einige von den Teilnehmern viel oder wenig zu sagen. Es gab Personen, mit denen er nicht »in Kontakt« kommen konnte. Im allgemeinen war er sehr aufrichtig und bemühte sich gar nicht erst, zu raten oder unauffällig Informationen zu sammeln, wie das professionelle Hellseher häufig tun. Für gewöhnlich bat er die Anwesenden ausdrücklich, nichts zu sagen und ihm in

keiner Weise zu helfen. Nur bisweilen forderte er sie auf, ihn zu unterbrechen, falls er einer völlig falschen Fährte folge und fortwährend Falsches sage. Gelegentlich kam es vor, daß einige Teilnehmer die Richtigkeit seiner Aussagen bestritten – möglicherweise, weil sie sich schämten oder aus anderen persönlichen Gründen. Dann spürte er, daß der betreffende Teilnehmer Ausflüchte machte und ging zu einem anderen über.
Forthuny war sehr kritisch seinen informativen Visionen gegenüber, doch vermochte er nicht, durch Selbstbeobachtung den Mechanismus herauszufinden, dem er seine Informationen verdankte. Bisweilen empfand er sie als Visionen, in anderen Fällen als intuitive Ideen, sich aufdrängende Gedanken oder ähnliche Erscheinungen. Häufig hörte er wie von einer »inneren Stimme« Namen ausgesprochen oder sah sie nach Art von Inschriften auf Orientierungszeichen. Auch die Leistungen Forthunys waren nicht stets gleich gut; wie andere mit ASW-Fähigkeiten Begabte hatte auch er seine guten und seine schlechten Tage. Seine Fähigkeiten hingen sowohl von den Versuchsbedingungen wie von seiner jeweiligen Verfassung ab; Anfangserfolge verbesserten das Gesamtergebnis, ebenso zum Beispiel aber eine gute Mahlzeit und ein Glas Branntwein. Es war typisch, daß die Auswahl dessen, was er zu ermitteln gedachte, assoziativ erfolgte. Interessant ist ferner, daß viele seiner außersinnlichen Eindrücke ihm nicht als reale Erfahrungen wirklicher Dinge im strengen Sinne des Wortes kamen, sondern in Gestalt von Allegorien oder Symbolen. So empfing er Namen nicht selten nur mit dem Anfangsbuchstaben oder der Anfangssilbe. Die Symbole nahmen bisweilen die Form von Wortspielen an. So bat er bei einer Veranstaltung fortwährend eine Dame um Verzeihung (französisch »pardon«). Die Dame hieß Pardon. Er sah das Bild eines Mannes als Befehlshaber einer Armee vor sich; sein Name war Armas. Oder er sah eine Frau eine Menge Gold gewinnen (französisch »gagner«): ihr Name war Gagnerot. Einmal sagte er von einem jungen Mann, er sei als Wissenschaftler tätig und stehe in Verbindung mit einem Kardinal der römischen Kurie. Der Mann war Assistent von Madame Curie, der Entdeckerin des Radiums.
Als Beispiel für Pascal Forthunys Leistungen wollen wir einen Versuch vom 18. November 1925 anführen. Forthuny machte einem unbekannten Teilnehmer folgende Mitteilungen (wir bringen in Klammern jeweils die Bestätigung des Betreffenden): »Sie sind Ausländer. Ich sehe Sie in einem Land, in dem deutsch gesprochen wird. Ich sehe Sie auch in Zeitungen.« (Der Mann war ein österreichischer Journalist.) »Sind Sie nicht auf dem Weg nach Heidelberg?« (Zutreffend.)

»Ich sehe Sie in einem niedrigen Raum in einer Wirtschaft.« (Der Teilnehmer konnte sich nicht an die Wirtschaft erinnern.) »In Ihrer Nachbarschaft lebt ein Mädchen, eine Russin... Vera?« (Richtig, nur der Name war leicht vestümmelt.) »Es hat zu kämpfen und führt ein gefährliches Leben. Ich sehe es von einem Dolch bedroht.« (Die erste Angabe stimmte, doch wußte der Mann nichts Näheres zu der zweiten.) »Sie waren ernstlich erkrankt und haben eine schwere Operation hinter sich. Ich sehe Sie in einer Klinik; Ihr Körper trägt eine seltsame Bandage.« (Richtig, der Mann trug für einige Monate ein Röhrchen.) »Sie haben hier einen bestimmten Auftrag zu erledigen. Ich höre den Namen Ca... Cachin. Haben Sie etwas mit diesem Mann zu tun?« (Ja, ich wurde von meinem Blatt geschickt, um ihn zu interviewen, wir sind für übermorgen verabredet.)
Bei einer anderen Demonstration am 3. Juni 1924 erklärte Pascal Forthuny einer Frau: »Ich sehe den Buchstaben D. Sie beabsichtigen, Ihr Land zu verlassen und möchten dies sehr bald tun.« (Die Frau: Ja.) »Sie wollen ein Mädchen mitnehmen.« (Ja, sogar zwei.) »Dau... Daubray.« (Mein Name ist Daudier.) »Ich sehe, Sie denken an einen Verstorbenen auf dem Friedhof zu Hause. Es ist etwas Ernstes geschehen. Ich sehe zwei Gräber, eins hinter dem anderen.« (Ja.) »Sie haben einen Feind, der tot ist. Leopold?« (Nein.) »Claude?« (Ja.) »Er erzählt mir etwas von einem Zwischenfall mit einer Peitsche, den er bedauert.« (Ja, er hat damit ein Mitglied meiner Familie getroffen.) »Dieser Claude hatte eine Wiese am Fluß?« (Ja.) »Ich sehe diese Gegend. In der Nähe ist eine kleine Stadt.« (Ja.) »Wenn man nach Westen geht, kommt man an eine Straße, danach kommen Gärten, schließlich erreicht man eine Kreuzung. Die Straße führt in das Dorf C... Cor...« (Cortene.) »Wenn man noch weiter geht, gelangt man an eine alte Mühle, und dort liegt Claudes Wiese...« (Alles zutreffend.)
Eine weitere bemerkenswerte Leistung Pascal Forthunys: Im Frühjahr 1924 ließ er, von einem unwiderstehlichen Drang getrieben, dringende Geschäfte liegen und begab sich zu G. Geley vom Metapsychischen Institut in Paris. Er erzählte ihm erregt, er habe eben eine Vision von einer Flugzeugkatastrophe gehabt. Er habe einen Forscher in Polen mit seinem Flugzeug abstürzen und dabei das Leben verlieren sehen. Nach dem Namen befragt, antwortete Forthuny: »Woronow.« Er schränkte jedoch ein: Des Namens sei er sich nicht ganz sicher. Am 14. Juni 1924 verlor Geley sein Leben bei einem Flugzeugabsturz in der Nähe von Warschau.
Solche und ähnliche Beobachtungen erlauben jetzt schon, uns ein vorläufiges Bild vom Wesen der ASW zu machen. Es kann kein Zweifel mehr bestehen, daß es sich hier um eine Wahrnehmungsfähigkeit

handelt, die Teil des Menschen ist, der die betreffende Erkenntnis erlangt. Was den Vorgang der ASW selbst anbetrifft, so scheint es angebracht, ihn in zwei Phasen einzuteilen:
Phase 1: Die Gewinnung von Informationen über das erkannte Ereignis. Phase 2: Die Manifestation der gewonnenen Information durch Auftreten in der bewußten Erfahrung des Perzipienten oder durch Vergegenständlichung in einer Reaktion des Organismus des Perzipienten.
Diese Fakten sind schon geraume Zeit vorher von F. W. H. Myers, einem der Gründer der Londoner SPR, erkannt worden, der davon sprach, daß die Information zuerst in der subliminalen Sphäre (im Unterbewußten) aufaucht, worauf in einer zweiten Phase die eigentliche Kundgebung der Information erfolgt – entweder in der Form bewußter Erfahrung oder durch äußere Reaktion des Sensitiven. Auch E. Osty gliedert den Vorgang der ASW in zwei Phasen: 1. die Herstellung des Kontaktes mit dem wahrgenommenen Gegenstand (Osty veranschlagt die Dauer dieser Phase je nach den Umständen auf eine bis mehrere Sekunden); und 2. das Auftreten der die Information vermittelnden Bilder (visions) im Bewußtsein. Dazu Ostys sehr wesentlicher Kommentar: »Uns scheint das Phänomen der Paragnose an dem Punkt zu beginnen, wo es in Wirklichkeit endet; der eigentliche Vorgang der ASW vollzieht sich gänzlich außerhalb des Bewußtseins des Sensitiven.«
Bei diesem Vorgang hängt die erste Phase ganz offenbar von einer Gesetzmäßigkeit rein parapsychischen Charakters ab und ist typisch für den ASW-Vorgang. Sie schließt das eigentliche Erfassen der Information über den erkannten Gegenstand mit einem bisher hypothetischen Wahrnehmungsorgan, die Übertragung dieser Erkenntnis auf den Perzipienten und ihre Speicherung in seinem Unterbewußtsein ein. Das Wesen dieses Vorganges ist bisher völlig unbekannt. Wir können auf spekulativem Weg zu der Annahme kommen, daß es sich um einen Vorgang der Informationsübertragung handelt, der auf der Verbreitung irgendwelcher energetischer Signale beruht, doch kennen wir weder Art noch Wesen dieser Signale und auch nicht die Art und Weise, auf die sie erzeugt oder empfangen werden.
Die zweite Phase ist vom Standpunkt der Parapsychologie aus von sekundärer Bedeutung. Ihr Verlauf hängt von der seelischen Struktur der erkennenden Person, von ihren bisherigen Erfahrungen usw. ab und unterliegt im allgemeinen den psychologischen Gesetzen. Je nach der augenblicklichen geistigen Disposition der erkennenden Person kann die eintreffende Information sich auf verschiedene Art und Weise kundtun: Unter günstigen Bedingungen kann sie bis in den

Raum der Bewußtheit hineinreichen und, nachdem sie bewußt erfahren worden ist, in irgendeiner gebräuchlichen Kommunikationsform mitgeteilt werden: durch gesprochene oder geschriebene Worte, durch eine informatorische Skizze usw. Der Grad der bewußten Erkenntnis kann verschieden sein: eine vage Vorahnung; eine plötzliche intuitive Erfahrung nach Art eines unerklärlichen intuitiven »Erkennens«, begleitet von einem Gefühl der Gewißheit; ein lebhafter Traum; oder eine völlig klare Erfahrung halluzinatorischer Art (Pseudo-Halluzination) etwa in Gestalt einer Vision, einer Stimme oder dergleichen. In anderen Fällen reicht die Information gar nicht bis an das Bewußtsein des Perzipienten heran, sondern äußert sich durch eine objektive Reaktion des Organismus, die – sekundär – von der Versuchsperson durch Selbstbeobachtung bewußt erfaßt werden kann, aber nicht erfaßt zu werden braucht. Solche Reaktionen sind ebenfalls recht unterschiedlicher Art: reine unspezifische Gefühle innerer Unruhe oder des Unbehagens; drängende Antriebe, dies oder jenes zu tun; motorische Reaktionen (wie bei der Bewegung der Hand des Rutengängers, welche die Rute hält, oder dem automatischen Schreiben spiritistischer Medien), oder möglicherweise, z. B. bei bestimmten Versuchssituationen, vegetative Reaktionen des Organismus.

Das Auftauchen der Information in der bewußten Erfahrung hat oft den subjektiven Charakter blitzartiger Einfälle oder Erinnerungen. Bei quantitativen Kartenversuchen ist für gewöhnlich überhaupt keine eigene subjektive Erfahrung beteiligt; gleich, in welcher Art die Antwort der Versuchsperson erfolgt (motorisch oder verbal), sie wird als ein reines »Raten« erlebt. In der zweiten Phase wird die Information, namentlich soweit bewußte Erfahrung beteiligt ist, sehr häufig verarbeitet und je nach der psychischen Struktur der erkennenden Person symbolhaft verzerrt. Leider ist nur die zweite Phase unserer Beobachtung zugänglich. Damit beziehen sich unsere Erkenntnisse über die ASW, zu denen wir durch Beobachtung ihrer Einzelkundgebungen gelangen, mehr auf die Außenseite des ASW-Vorganges als auf ihr inneres Wesen.

Einige Erkenntnisse über die ASW sind aus der Beobachtung spontaner Äußerungen dieser Fähigkeit gesammelt worden. Sie betreffen in der Hauptsache die Bedingungen, unter denen ASW auftritt. Tatsächlich treten die spontanen Phänomene in der großen Mehrzahl nicht bei Perzipienten auf, die sich im normalen Zustand wacher geistiger Aktivität befinden: sie zeigen sich weit häufiger zuzeiten, in denen der Perzipient schläft oder in denen seine geistige Aktivität herabgesetzt ist und der vollen Klarheit entbehrt, zum Beispiel in Perioden der Müdigkeit oder Krankheit, in solchen der Entspannung nach anstrengender Arbeit, in einem Zustand geistiger Zerstreuung, des Wachtraumes oder des Halbschlafes. Ihr Gegenstand kann jedes beliebige Ereignis sein; doch sind Ereignisse dramatisch-tragischer Art: wie Tod, ernste Erkrankung, Unfälle usw. auffallend in der Überzahl. Bisweilen erweckt das Phänomen den Anschein telepathischer Kommunikation; in anderen Fällen läßt es mehr an Hellsehen denken; doch in der Regel gestatten uns die Bedingungen, unter denen die Beobachtung erfolgt, keine Scheidung zwischen diesen Möglichkeiten. Die übermittelte Information betrifft für gewöhnlich eine dem Perzipienten gefühlsmäßig nahestehende Person: einen nahen Angehörigen oder einen Freund; nur selten sind Fremde betroffen.

Spontane Phänomene treten nur selten als Folge eines bewußten Bemühens ein, wie dies in dem folgenden, oft zitierten Beispiel der Fall war:

Eines Abends beschloß S. H. Beard, ehe er zu Bett ging, im Schlaf seiner Freundin Verity und ihrer Schwester zu erscheinen. Er schlief ein im Gedanken an sie. Als er am anderen Morgen erwachte, wußte er nicht, ob der Versuch gelungen war; doch beide Frauen erzählten ihm später, sie hätten in der Nacht die Erscheinung seiner Gestalt gesehen und sich sehr davor gefürchtet. Der Versuch glückte ein zweites Mal: sein Erscheinen wurde von einer anderen, bereits verheirateten Schwester seiner Freundin Verity gesehen. Beim dritten Versuch ergriff er einige Kontrollmaßnahmen: Er informierte im voraus brieflich E. Gurney, daß er beabsichtige, sein »Double« zu den Geschwistern Verity zu senden. Hernach bestätigten diese, daß sie zu dem Zeitpunkt, zu dem der Versuch angesetzt war, Beards Erscheinung gesehen hatten. Ähnliche Versuche »gedanklicher Projektion« (»Seelenexkursion«) wurden von S. J. Muldoon durchgeführt. Zwölf Jahre lang unternahm er solche Versuche mit sich selbst, während er regungslos in seinem Bett lag, seine Sinne auf einen räumlich weit entfernten Ort projiziert. Während dieser »Reisen« des Geistes nahm er Dinge wahr, von denen er vorher keine Vorstellung gehabt hatte und die er nachträglich als zutreffend bestätigt fand.

Doch solche Fälle sind ziemliche Ausnahmen. Der größte Teil der spontanen Phänomene tritt unerwartet und absichtslos auf. Dieses Auftreten hängt weniger von willentlichem Bemühen als von einem emotionellen Element (Motivierung, Gefühlsregung) ab. Auch der Gegenstand (Thema) des spontanen Erlebnisses hängt von unbewußten Vorgängen im Geist des Perzipienten ab. Ausgangspunkt können z. B. Sorgen und Unruhe sein, wie im folgenden Fall: S. R. Wilmot fuhr mit dem Schiff von Liverpool nach New York. Als das Schiff auf hoher See war, hatte er eines Nachts gegen Morgen eine Erscheinung, in der er seine Frau in seine Kabine kommen sah. Sie ging auf seine Schlafkoje zu, küßte ihn und ging nach kurzer Zeit wieder fort. Die Gestalt wurde auch von den Mitpassagieren gesehen, die in derselben Kabine schliefen. Als er in New York ankam, war die erste Frage seiner Frau, ob er gemerkt habe, daß sie während der Überfahrt bei ihm in der Kabine gewesen sei. Sie nannte ihm den Zeitpunkt und erklärte, sie habe sich um ihn gesorgt. Danach habe sie das Gefühl gehabt, als gehe sie über das stürmische Meer, finde sein Schiff, komme in seine Kabine und küsse ihn. Anschließend beschrieb sie genau das Schiff, das sie nie vorher gesehen hatte, sowie die Ausstattung der Kabine.

Die emotive Gestimmtheit der Psyche des Perzipienten bestimmt ferner die Art, in der die ASW sich im Einzelfall zeigt. Im Schlaf ist es für gewöhnlich ein Traum, im Wachzustand entweder ein intuitives Erlebnis, ein plötzlicher innerer Antrieb zum Handeln, eine Sinnestäuschung beziehungsweise eine Halluzination. Ein Beispiel für den Empfang einer außersinnlichen Information in Gestalt einer optischen Täuschung haben wir bereits früher angeführt. L. L. Wasiljew beschreibt einen ähnlichen Fall: Ein Student sah das Bild seiner sterbenden Freundin in einem Flecken an der Wand. Ein weiterer Fall dieser Art ereignete sich, als Mrs. F. im Januar 1939 ihre Schwester besuchte. Dabei las sie ihr aus einem Brief von ihrer Tochter S. den Satz vor: »Nanny liegt im Bett mit Grippe.« Gleich anschließend schrieb sie ihrer zweiten Tochter, sie möge ihr von Nannys Krankheit berichten. Nach Hause zurückgekehrt, fragte sie plötzlich, ob Nanny noch krank sei. Ihre Tochter S. war davon sehr überrascht, denn sie war sicher, ihrer Mutter nicht von dieser Krankheit (die es tatsächlich gegeben hatte) geschrieben zu haben, weil sie sie nicht hatte ängstigen wollen. Gemeinsam gingen sie den Brief durch und stellten fest, daß Nannys Krankheit nicht erwähnt war.

Mrs. F. hatte also beim Lesen des Briefes eine Halluzination gehabt, durch diese Halluzination aber die Wahrheit erfahren. Wir könnten noch hinzufügen, daß auch verschiedene Wahrsagepraktiken, wie das Ablesen der Zukunft aus einer Kristallkugel oder aus dem Kaffeesatz und ähnliche Dinge, ihrem Wesen nach primitive Konzentrationstechniken sind, die als Träger von ASW durch visuelle Täuschungen dienen.

Für gewöhnlich ist die spontane außersinnliche Erfahrung keine exakte Reproduktion der Realität, sondern auf verschiedene Art und Weise verzerrt. Bisweilen erscheint sie dramatisch hochgespielt, wie in den beiden folgenden Fällen: Mr. X., der 1939 Maschinist an Bord

eines Dampfers war, sah beim Lesen einer Zeitung ganz plötzlich das Gesicht seiner Frau vor sich, die er zwei Jahre lang nicht mehr gesehen hatte. Zugleich hörte er sie mehrmals rufen: »Es ist nicht meine Schuld!« Danach erschien ihm das Bild eines unbekannten Mannes, an das er sich genau erinnern konnte.
Als er ein halbes Jahr später zu seiner Frau zurückkehrte, erzählte er ihr von seiner Vision, und sie bekannte ihm, daß sie zu eben dieser Zeit intimen Verkehr mit einem Mann gehabt habe, der genauso aussah wie jener, den Mr. X. gesehen hatte. Später konnte er sich selbst von der Übereinstimmung überzeugen. Der andere Fall ereignete sich im Dezember 1937. Mrs. West verlor einen Rubin aus ihrem Ring. Vergeblich suchte sie überall nach ihm und hielt ihn schließlich für unwiederbringlich verloren. Am folgenden Tag saß sie im Zimmer, als sie eine Stimme hörte: »Und was ist mit dem Rubin?« Zuerst war ihr gar nicht bewußt, daß sie sich allein in dem Zimmer befand, und sie antwortete hörbar, der Rubin sei nun einmal verloren. Dann erkannte sie, daß niemand außer ihr im Zimmer war, wandte sich um und sah auf dem Boden den verlorenen Rubin in einem Sonnenstrahl aufblitzen.
Spontane außersinnliche Erlebnisse sind häufig durch Traumphantasie und symbolische Formen verzerrt. Sie sind außerordentlich vielgestaltig, wie die folgenden Beispiele zeigen: Nicht weit von Irkutsk sah der Lokomotivführer eines mit voller Geschwindigkeit fahrenden Zuges plötzlich die Gestalt eines Mönchs mit erhobenem Arm ein Stück vor dem Zug auf den Schienen stehen. Der Lokomotivführer ahnte Schlimmes und zog daher die Bremsen. Es stellte sich heraus, daß ein kurzes Stück hinter der Stelle, an der er den Zug zum Stehen gebracht hatte, die Schienen aufgerissen waren. – Mr. R. L. sah sich im Traum in einem großen Raum stehen, bedroht von einem Mann in der Kleidung eines Fischers; er hatte keinen Kopf. Als die Gestalt ihm so nah gekommen war, daß sie gefährlich werden konnte, stieß er sie von sich. Am andern Tag geriet er aus unerwartetem Anlaß an seinem Arbeitsplatz – einem großen Raum – in einen Streit und wurde bedroht von einem Mann, den er mit der Schulter von sich stieß, genau so wie er es in seinem Traum gesehen hatte. Der Name dieses Mannes war »Fisherman« (Fischer); später erklärte er im Zusammenhang mit diesem Zwischenfall: »Für einen Augenblick hatte ich meinen Kopf verloren und mich daher vergessen.« – Mr. R. hatte einen alten Onkel auf dem Land, den er von Zeit zu Zeit besuchte. Wenn er ihn besuchte, mußte er für gewöhnlich an der Ziege des Onkels vorüber, die auf einer Wiese in der Nähe seines Hauses graste. Eines Nachts hatte Mr. R. die Vorstellung, als sei in seinem Schlafzimmer die Ziege sei-

nes Onkels. Am nächsten Tag erfuhr er, daß sein Onkel ganz unerwartet in der vergangenen Nacht gestorben war.
Ein besonderes Beispiel von Symbolismus ist der Fall, in dem die Information die Form der Erscheinung eines Phantoms, einer Gestalt annimmt. Ein Fall dieser Art war das oben erwähnte Erlebnis von Mr. Wilmot. Auf diese Weise werden häufig Nachrichten vom Tod einer bekannten Person empfangen, wie in den folgenden Fällen: Als Pierre Cotté im Jahre 1913 eines Abends zu Bett ging, sah er vor sich eine Gestalt an das Fußende seines Bettes gelehnt. Er erkannte in ihr seinen Stiefbruder und hörte eine Stimme: »Hallo, Pierre! Auf Wiedersehen! Leb wohl!« P. C. richtete sich in seinem Bett auf und sprach seinen Bruder an, aber da zerfloß die Gestalt. Diese Erscheinung fand zu der Zeit statt, da sein Bruder starb. – J. C. in Grenoble war eben zu Bett gegangen, als er sah, wie die Türe des Schlafzimmers sich langsam, fast geräuschlos, öffnete. Die Gestalt eines Mädchens, das er einmal geliebt hatte, trat ins Zimmer. Die Erscheinung kam nah an sein Bett heran und beugte sich leucht über ihn. J. C. griff nach der Hand des Mädchens; sie war kalt. Dann verschwand das Phantom. Als J. C. sich von seinem Schrecken erholt hatte, bemerkte er, daß er ein Glas Wasser in der Hand hielt. Das Mädchen, das er zu sehen geglaubt hatte, starb zur gleichen Zeit in Toulouse.
Erlebnisse dieser Art sind bisweilen so lebhaft, daß sie den Eindruck eines objektiven Phänomens, der Erscheinung eines objektiv existierenden Phantoms, eines »Doppels«, des »Astralleibes« eines menschlichen Wesens erwecken. In früheren Zeiten wurde Fälle dieser Art, bei denen ein Verstorbener erschien, häufig als Beweis für die spiritistische Hypothese mißdeutet, das heißt, als Erscheinung des »Geistes«. Für gewöhnlich aber lassen diese Erscheinungen sich unschwer als rein subjektive Erfahrungen erklären. Was ihnen eine besondere Note verleiht, ist nur ihre psychologische Dramatisierung. Die Subjektivität solcher Erfahrungen läßt sich deutlich aus den beiden folgenden Fällen ablesen. Im ersten Falle hatte nur eine der anwesenden Personen das betreffende Erlebnis, während im zweiten Falle zwei anwesende Personen verschiedene Erlebnisse hatten: Als Mr. Mouat sein Büro in London betrat, bemerkte er dort Mr. H. Dieser arbeitete zwar in seinem Büro, kam aber für gewöhnlich nicht so früh. Auch ein Besucher sah Mr. H., als er das Büro betrat, doch ging er wieder hinaus, als sein Versuch, ein scherzhaftes Gespräch anzuknüpfen, fehlschlug. So blieb Mr. Mouat mit Mr. H. allein. Er sah ihm ins Gesicht und war überrascht über dessen traurigen Ausdruck wie auch darüber, daß H. keine Krawatte trug. Daher fragte er: »Was ist los mit Ihnen? Sie sehen so verstört aus.« Aber Mr. H. antwortete nicht,

sondern blickte ihn weiter starr an. In diesem Augenblick betrat ein anderer Besucher das Büro. Dieser sah nichts, und Mr. H. verschwand. Mr. H. war an diesem Tag nicht in London. Mr. Mouats Erscheinung muß subjektiver Art gewesen sein, da weder der zweite Besucher noch der Pförtner Mr. H. gesehen hatten. – Mrs. E. erzählte auf dem Sterbebett ständig von ihrem Schwager, den sie »Onkel Done« nannte. Während sie im Todeskampf lag, hörte Mr. Done eine Stimme rufen: »Onkel, Onkel!« Zur selben Zeit hörte seine junge Nichte eine Stimme: »Rosy! Rosy!« Obwohl es Nacht war, verließ sie ihr Zimmer, denn sie glaubte, ihr Onkel habe sie gerufen. Sie fand den Onkel im Wohnzimmer; auch er war aus seinem Zimmer gekommen, weil er meinte, sie habe ihn gerufen.

Eine besonders interessante Form parapsychischer Spontanphänomene bilden die Erlebnisse der »Seelenexkursion«. Muldoons Erlebnisse (S. 117) waren von dieser Art. Doch muß gleich gesagt werden, daß diese Erlebnisse nicht alle von parapsychologischem Interesse sind. Bisweilen handelt es sich um Verzerrungen im normalen Wahrnehmungsprozeß; dann liegt eher ein Problem der Psychologie oder Psychiatrie vor. Doch manche dieser Erfahrungen sind ihrem Inhalt nach parapsychischer Art. Das ist zum Beispiel der Fall, wenn die betreffende Person nicht allein ihre körperliche Präsenz an einem zweiten Platz erlebt, sondern zugleich auch genaue Informationen über Geschehnisse erhält, die sich an diesem Platz abspielen. Berichte über Beobachtungen solcher Art erinnern uns an die Versuche mit der Projektion des Empfindungsvermögens (Übertragung bzw. Verlagerung von Sinneswahrnehmungen) und vor allem Versuche mit »reisendem Hellsehen« unter Hypnose. Solche Erlebnisse »außerhalb des Körpers« treten bisweilen ganz spontan auf, zusammen mit einer deutlich erlebten außersinnlichen Wahrnehmung.

Dafür zwei Beispiele:

Im Jahre 1913 lag der Perzipient in Aden mit einer ernsthaften Dysenterie darnieder. Er fühlte sich sehr schwach und entnahm in halbbewußtem Zustand dem Gespräch der um sein Bett stehenden Ärzte und Pfleger, daß sie bei ihm mit einem Kollaps rechneten und entsprechende ärztliche Maßnahmen trafen. Kurze Zeit darauf hatte er das Gefühl, als schwebe er etwa einen Meter über seinem Bett in horizontaler Lage, das Gesicht nach unten. Mit großer Aufmerksamkeit beobachtete er seinen Körper, den er genau sah, und wie die Behandlung durchgeführt wurde (rektale Infusion). Ebenso deutlich erkannte er die anwesenden Personen. Nach der Infusion fühlte er sich bedeutend besser. Er erlangte seinen normalen Bewußtseinszustand wieder und überzeugte sich davon, daß die Personen, die er während

der Krise an seinem Bett gesehen hatte (einschließlich einer von ihm bis dahin unbekannten Person), zu dieser Zeit wirklich dagewesen waren. – Rev. L. J. Betrand war ein begeisterter Bergsteiger. Während eines schwierigen Aufstiegs fühlte er sich erschöpft und beschloß, auf halbem Weg haltzumachen. Seine Kameraden setzten ihren Aufstieg fort; er wollte mit ihnen zusammen zurückkehren, wenn sie beim Abstieg wieder vorbeikämen. Er setzte sich in eine schmale Nische in dem steilen Felsen. Eine Zeitlang hatte er ein Gefühl tiefer Befriedigung durch den Ausblick auf die umliegenden Gipfel. Doch überkam ihn plötzlich ein Anfall von Erstarrung zusammen mit Furcht vor dem Tod durch Erfrieren, weil er sich nicht genügend bewegen konnte, oder durch Absturz. Bald darauf begann er zu fühlen, wie sein Körper dahinschwand, und schließlich hatte er das Empfinden, als sei er tot und schwebe über das Land dahin wie ein leichter Ballon. Voll Erstaunen sah er deutlich den Weg, den seine Freunde beim weiteren Aufstieg nahmen. Als sie auf dem Rückweg wieder bei ihm anlangten, riefen sie ihn ins Bewußtsein zurück, und er konnte ihnen in Erinnerung an seine Vision ganz genau einiges beschreiben, was sie auf dem Weg zum Gipfel erlebt hatten.
Fassen wir nun zusammen, was unsere Untersuchungen von Spontanphänomenen bisher an Erkenntnissen über die ASW ergeben haben, so müssen wir zweifellos feststellen, daß diese Kenntnisse vor allem die psychologischen Aspekte der ASW betreffen, das heißt die zweite Phase des Gesamtvorganges. Was den inneren Mechanismus des eigentlichen ASW-Prozesses anbetrifft, so erfahren wir nur sehr wenig, das heißt, wir bekommen nur einige wenige Andeutungen über die Gesetzmäßigkeiten, aber keine wirklichen Erkenntnisse. Zunächst einmal sahen wir, daß die Reizquelle für ASW offenbar in einer weitgespannten Skala von Ereignissen besteht: von Gedanken und Empfindungen von Einzelpersonen bis zu komplexen Szenen, bei denen eine Vielzahl von Menschen oder leblosen Dingen beteiligt ist. Was das ermittelte Ereignis anbetrifft, so haben wir bisher noch keine Begrenzung für die Anwendbarkeit der ASW gefunden. Bei den Spontanphänomenen sind die Fälle von Ereignissen dramatisch-tragischer Art mit einer stark emotionellen Note im der Überzahl, aber das läßt sich durchaus auf psychologische Gründe zurückführen: Einerseits neigt der Perzipient für gewöhnlich dazu, die erregendsten Ereignisse als Gegenstand der Ermittlung auszuwählen; und man erinnert sich auch eher an dramatische Ereignisse, während Spontanphänomene, bei denen es um Alltägliches geht, sehr leicht übersehen oder gar nicht registriert werden. Was die Eigenschaften der ASW angeht, so ist die auffallendste Entdeckung, daß sie offenbar von der räumlichen

Entfernung nicht in dem Maße beeinflußt wird wie normale Sinneswahrnehmungen. Es werden zahlreiche Spontanfälle berichtet, bei denen die Information über Strecken bis zu Tausenden von Kilometern übermittelt worden ist. So fand zum Beispiel der auf Seite 57 berichtete Fall zwischen England und Java statt. Und schließlich scheinen die Spontanphänomene darauf hinzuweisen, daß in der ersten Phase des ASW-Prozesses wahrscheinlich zwei Mechanismen beteiligt sind: a) ein einfaches Aufnehmen eintreffender Information, eine Art Eindrücken der Information in den Organismus des Perzipienten auf der unbewußten Ebene; und b) das aktive Suchen nach Information, das vor allem in Fällen der Verlagerung des Beobachtungspunktes an einen Platz außerhalb des Körpers sichtbar wird. In der zweiten Phase wird dann die Information zur Erfahrung, wann und wenn der Geist des Perzipienten bereit ist, sie zu erfahren; und sie wird in einer Form erfahren, für die der Geist im gegebenen Augenblick bereit ist.
Wichtig für die Theorie erscheinen uns einige Spontanphänomene von deutlich paragnostischem Charakter, deren Auftreten auf einen bestimmten Platz beschränkt ist. Sie haben einen gewissen Zug von Objektivität, da sie häufig von verschiedenen Personen wahrgenommen werden, aber für gewöhnlich von einigen besonders sensitiv Begabten. Oft hängen sie mit irgendeinem tragischen Ereignis zusammen, das an dem betreffenden Platz stattgefunden hat, wie etwa in den folgenden Fällen: Miß Bedford sah einen Mann von einem Punkt der Straße in der Nähe des Flusses aus verzweifelt ins Wasser starren. Ihre Freundin, Miß Locke, hatte einige Zeit vorher denselben Mann am selben Platz gesehen. Miß Lockes Mutter hatte diese Erscheinung ebenfalls mehrfach gesehen. Dazu wird berichtet, daß etwa 50 Jahre vorher sich ein Mann aus Liebeskummer an dieser Stelle des Flusses das Leben genommen hatte. – In ähnlicher Weise haben Miß Moberly und Miß Jourdain in den Gärten des Trianon in Versailles eine Szene von außerordentlicher Lebensnähe aus dem Jahre 1789 erlebt, deren Hauptfigur Marie Antoinette war. Später haben sie Einzelheiten der Szene in den Archiven aus jener Zeit als tatsächlich geschehen bestätigt gefunden. Mehrere Jahre später haben am selben Platz des Trianon zwei andere Mädchen das gleiche Erlebnis gehabt; von den beiden ersten hatten sie nichts gewußt.
Beobachtungen dieser Art lassen es als möglich erscheinen, daß an einem solchen Platz eine gewisse »Spur« zurückgeblieben ist, die wir in etwa »mentale Ablagerung« (mental impregnation) nennen können. Eine solche Spur könnte entweder eine Art Überbleibsel einer bei einem tragischen Ereignis einer früheren Zeit an dieser Stelle erlebten starken Emotion sein oder das Produkt wiederholter, gleichlaufender

Gedanken verschiedener Personen, die das Ereignis am selben Platz erlebt haben. In diesem zweiten Fall könnte eine Spur des tragischen Ereignisses geschaffen worden sein, ohne daß dieses Ereignis an dem betreffenden Platz überhaupt stattgefunden hat.
Bestimmte Versuchsergebnisse lassen es als möglich erscheinen, daß es solche »mentale Ablagerungen« gibt. Erinnern wir uns an die auffallende Ähnlichkeit der geschilderten Spontanerlebnisse mit – zum Beispiel – Versuchen von Kotik (erwähnt auf Seite 73), bei denen die Versuchsperson auf einem Stück Papier ein Bild sah, das vorher durch Gedankenkonzentration darauf »geheftet« worden war, oder an den Fall der Versuchsperson Chowrins (Seite 74), die den Inhalt eines verschlossenen Briefes »fühlte«. Erwähnen wir ferner in diesem Zusammenhang aus zeitlich weiter zurückliegenden Berichten den Fall des Rutengängers H. Mager, von dem es hieß, er habe durch seine Praktiken fiktive Quellen geschaffen, die im Boden gar nicht existieren: Quellen, die dann von anderen Rutengängern, die später und unabhängig von ihm das betreffende Gebiet untersuchten, wiederholt angezeigt wurden. In jüngerer Zeit beklagte sich W. H. C. Tenhaeff über die Tendenz von Versuchspersonen, denen ein psychoskopischer Induktor vorgelegt wurde, Angaben zu machen, die, ohne daß sie es wußten, andere Versuchspersonen vor ihnen gemacht hatten – auch in Fällen, in denen die Angaben der anderen falsch gewesen waren.
Eine größere Zahl von Erkenntnissen zur ASW ist in verständlicher Weise durch experimentelle Forschung zutage gefördert worden. Bei der Bewertung ihrer Ergebnisse dürfte es zweckmäßig sein, sich mit den Verfahren quantitativer und qualitativer Versuche getrennt zu befassen.
Qualitative Versuche sind durchgeführt worden mit folgenden grundlegenden Versuchsanlagen:

a) Versuche in der typischen Anlage für die Erforschung von Telepathie mit Agent und Perzipient, wobei der Übertragungsgegenstand für gewöhnlich Zeichnungen sind.
b) Versuche in der Anlage für die Erforschung des Hellsehens, bei denen die Versuchsperson die Aufgabe hat, Gegenstände zu erkennen, die in undurchsichtigen Umschlägen verschlossen sind oder hinter einem unmittelbar vor der Versuchsperson hingestellten Schirm liegen.
c) Versuche, die stärker denen zur Erforschung des Hellsehens gleichen, sich aber dadurch von diesen unterscheiden, daß die Wahrnehmung der Versuchsperson sozusagen außerhalb von deren Körper verlegt ist. Diese Versuche sind oft mit Versuchspersonen im Zustand der Hypnose durchgeführt worden. Das gilt sowohl

für Einzelversuche mit einer Verlagerung von Sinnesempfindungen auf die nähere Umgebung der Versuchsperson (nach Art der Versuche von Rochas, siehe S. 44) als auch für typische Versuche in »reisendem Hellsehen«.

d) Psychoskopische Versuche, deren Anlage eine gewisse Ähnlichkeit mit der der vorigen Gruppe aufweist. Die Versuchsperson hält einen Gegenstand, den Induktor, in der Hand und bekommt den Auftrag, Ereignisse aus der Geschichte des Gegenstandes, seinen Eigentümer oder Personen, die mit dem Induktor in Berührung gekommen sind, zu beschreiben. Wie wir sehen werden, können wir als sicher annehmen, daß wir es auch hier mit einer Art Verlagerung des Beobachtungspunktes außerhalb des Körpers zu tun haben, diesmal »an« den Induktor, zurück in die Vergangenheit. Doch das Übertragungserlebnis ist hier nicht so deutlich zu erkennen wie bei den Versuchen der vorigen Gruppe; das ist allgemein der Fall bei Versuchspersonen, die ihre Fähigkeit in einem Zustand produzieren, der dem Wachzustand sehr nah ist. Im Unterschied zu den Versuchen der Gruppe c), wo die Verlagerung des Beobachtungspunktes gemäß den Forderungen des Versuchsleiters erfolgt, geschieht sie bei psychoskopischen Versuchen mehr oder weniger spontan. Dann dient der Induktor als Orientierungsmittel. Diese orientierende Funktion des Induktors ist natürlich keineswegs vollkommen. Wenn der Induktor der Versuchsperson vorgelegt wird, besteht der implizite Versuchsauftrag darin, irgendein Ereignis festzustellen, das mit der Vergangenheit des Induktors verbunden ist, doch werden damit der Gegenstand oder die Situation, die ermittelt werden soll, nicht ausdrücklich spezifiziert. Daher braucht die Versuchsperson nicht unbedingt auf das Ereignis aus der Geschichte des Induktors zu reagieren, das vom Standpunkt des Versuchsleiters aus das hauptsächliche ist, sondern sie kann auf ganz andere Ereignisse stoßen, die dem Versuchsleiter unbekannt sein können oder nicht seinen Annahmen entsprechen.

Die drei ersten Versuchstypen haben auch einige Erkenntnisse über die erste Phase des ASW-Vorganges erbracht, während die psychoskopischen Versuche, bei denen die Versuchspersonen für gewöhnlich eine größere subjektive Freiheit hatten, vornehmlich Aufschluß über die psychologischen Eigentümlichkeiten der ASW in ihrer zweiten Phase lieferten. Die Erkenntnisse über die erste Phase bestätigten die Schlüsse, die wir schon bei der Bewertung der Spontanphänomene gezogen haben. Zum ersten haben, was den Einfluß des räumlichen Abstandes auf die ASW anbetrifft, zahlreiche Versuche gezeigt, daß sie über sehr große Entfernungen hin wirksam werden kann. Erin-

nern wir uns zum Beispiel an die telepathischen Versuche mit der Übertragung von Zeichnungen zwischen verschiedenen europäischen Städten, von der wir auf Seite 72 berichtet haben. Auch R. Warcollier unternahm einen Telepathieversuch über die Entfernung Paris–New York und Versuche über andere weite Entfernungen. Später (S. 166 f.) werden wir, bei entsprechender Gelegenheit, weitere experimentelle Belege dafür anführen, daß der räumliche Abstand für die ASW kein unüberwindliches Hindernis bildet.
Auch der Schluß, daß es möglich ist, den eigenen Beobachtungspunkt außerhalb des Körpers an einen anderen Platz zu verlagern, erfährt eine weitere Bestätigung. Vor dem Hintergrund weiter vervollkommneter Versuche in »reisendem Hellsehen« – vgl. Seite 84 ff. –, bei denen der Versuchsleiter die sinnliche Wahrnehmungsfähigkeit der Versuchsperson durch entsprechende Instruktion auf einen räumlich entfernten Platz verlegt, erhalten verschiedene Beobachtungen recht seltsamer Phänomene von Übertragung sinnlicher Wahrnehmungsfähigkeit ihre besondere Bedeutung. Solche Fälle finden wir hauptsächlich in der älteren Literatur, einige sogar schon in den Schriften der ersten »Magnetiseure«. Phänomenologisch gesehen stellen sie eine wechselnde Mischung von Beobachtungen dar. Dabei kann es sich durchaus um hysterische Symptome oder Wahrnehmungsstörungen ohne jeden parapsychischen Effekt handeln, wie es vermutlich bei jener Patientin Pétetins der Fall war, die nichts hören konnte, wenn man ihr laut in die Ohren sprach, wohl aber etwas, wenn man es, und sei es noch so leise, an ihren Fingerspitzen flüsterte. Daneben sind andere Fälle beobachtet worden, die wir wohl als ASW betrachten können – Fälle, in denen Versuchspersonen reagierten, als wären einzelne von ihren Sinnesorganen an anderer Stelle ihres Körpers, in den Körper des Versuchsleiters oder sogar in leblose Gegenstände ihrer Umgebung verlagert. So »sah« eine andere Patientin Pétetins mit dem Leib und konnte Karten identifizieren, die ihr unter einer Decke auf den Leib gelegt wurden. Sie konnte auch den Geschmack verschiedener Speisen mit den Fingerspitzen wahrnehmen. Ähnliche Übertragungen des Empfindungsvermögens auf ungewöhnliche Körperstellen werden von vielen anderen Autoren berichtet.
Interessante Fälle von Übertragung des Empfindungsvermögens auf den Versuchsleiter berichten die frühen Magnetiseure als besonders vollkommene Form hypnotischen Rapports (verbunden mit Telepathie). Die »magnetisierten« Personen empfanden den Geschmack von Substanzen, die der Magnetiseur im Mund hatte, sie fühlten Schmerzen, wenn sie dem Magnetiseur zugefügt wurden, und dergleichen

mehr. In jüngerer Zeit ist das gleiche Phänomen auch von J. Pagenstecher bei seiner Versuchsperson Maria Reyes de Z. geschildert worden. Befand sie sich in tiefer Hypnose, so war sie unfähig, die Umgebung mit den eigenen Sinnen wahrzunehmen, doch erlebte sie alle Sinneswahrnehmungen Pagenstechers als ihre eigenen. Wenn ihm Pfeffer oder eine andere Substanz mit recht charakteristischem Geschmack auf die Zunge gelegt wurde, hatte sie die gleichen Geschmacksempfindungen. Wenn Pagenstecher Ammoniak roch, hatte auch sie den Geruchseindruck von Ammoniak.
Ein besonders interessantes Phänomen ist die Verlagerung des Gesichtssinnes oder anderer Sinne in die Fingerspitzen; davon werden wir später noch sprechen (S. 199f.). So konnte Chowrins Versuchsperson Miß M. Farben durch Berührung unterscheiden. Sie erkannte die Farben von Papierstücken, die ihr in Reagenzgläsern unter einer Decke in die Hand gegeben wurden. Sie erkannte ebenfalls durch Berührung den Geschmack verschiedener Substanzen, die ihr in Flaschen ohne Aufschriften vorgelegt wurden: Zuckerlösung, Salz, Salzsäure, Zinksulfat, Chinin. Sobald sie die Flaschen berührte, empfand sie augenblicklich einen süßen, salzigen, sauren oder bitteren Geschmack beziehungsweise eine adstringierende Wirkung – je nach der Substanz, die sie berührte. Der Versuchsleiter prüfte selbst den Geschmack der vorgelegten Lösung erst, nachdem die Versuchsperson ihre Antwort gegeben hatte. Auch E. Boirac berichtet von der Versuchsperson Louis S., die es fertigbekam, mit den Fingerspitzen zu lesen, wenn sie den Text mit ihnen berührte; die Augen waren ihr verbunden. Dieses Experiment gelang auch dann noch, wenn Louis S. mit verbundenen Augen auf seinem Stuhl saß, den Rücken Boirac zugewandt, von ihm nur am Ellbogen festgehalten, während er die Finger über die Zeilen der Zeitung gleiten ließ: L. S. las also, was ihm durch Boiracs Finger angezeigt wurde.
Wir haben von dem Phänomen der Übertragung sinnlicher Wahrnehmungsfähigkeit auf Gegenstände in der näheren Umgebung der Versuchsperson erstmals bei der Schilderung der Versuche von de Rochas gehört (S. 44). Seine Versuche erinnern stark an magische Praktiken primitiver Völker. So legte er zum Beispiel eine kleine Wachspuppe für einige Zeit in die Nähe der »magnetisierten« Versuchsperson. Wenn er der Wachspuppe danach einen Stich mit einem Messer versetzte, spürte die Versuchsperson diesen Stich. Bei einem anderen Versuch schnitt er der Versuchsperson eine Haarlocke ab und befestigte sie am Kopf der Wachspuppe. Dann weckte er die Versuchsperson. Obwohl sie nichts von den abgeschnittenen Haaren wußte, hatte sie das Gefühl, als ziehe sie jemand an den Haaren, wenn

de Rochas an den an der Puppe befestigten Haaren zog. Ein weiterer Versuch: Eine photographische Platte wurde auf die Versuchsperson gelegt, die sich in »magnetischem« Schlaf befand. Einige Zeit später wurde sie in die Kamera geschoben, und von der Versuchsperson wurde eine Aufnahme mit ihr gemacht. Jedesmal, wenn der Versuchsleiter das Bild auf dem Negativ berührte, spürte die Versuchsperson dies. Ritzte der Versuchsleiter das Bild mit einem Stift an der Stelle, an der die Hand der Versuchsperson abgebildet war, erschien an der entsprechenden Stelle der Hand der Versuchsperson ein rotes Mal.

In jüngerer Zeit führte R. Tischner ähnliche Versuche durch. Er nahm drei völlig gleiche Gläser mit Wasser, die mit kleinen Zetteln markiert waren, an deren unteren Enden die Zahlen 1, 2 und 3 standen. Tischner nahm das Glas Nr. 3 und forderte die Versuchsperson, die sich in tiefer Hypnose befand, auf, ihre sinnliche Wahrnehmungsfähigkeit in dieses Glas zu verlegen. Fünf Minuten später stellte er es zwischen die beiden anderen und wechselte ihre Plazierungen; danach wurde die Plazierung noch einmal von seinem Assistenten verändert, der Handschuhe trug, so daß niemand mehr wußte, in welches von den Gläsern die sinnliche Wahrnehmungsfähigkeit der Versuchsperson verlegt worden war. Wenn einem bestimmten Glas Stiche versetzt wurden, spürte die Versuchsperson diese Stiche, während sie bei den beiden anderen unempfindlich blieb. Die spätere Nachprüfung ergab, daß es tatsächlich Glas Nr. 3 war, bei dessen Berührung sie reagierte. Auf diese Weise gelang es Tischner, die verschiedensten sinnlichen Wahrnehmungsfähigkeiten der Versuchsperson: Geschmack, Geruch usw. in die Gläser mit Wasser zu verlegen. Diese Versuche wurden auch von Jarl Fahler erfolgreich wiederholt mit Personen unter Hypnose.

Im Hinblick auf die oben genannten Fälle offensichtlicher Verlagerung der Sinneswahrnehmungen sollte gesagt werden, daß wir bei unserem gegenwärtigen Wissensstand nicht in der Lage sind, den Mechanismus dieses ASW-Vorganges in jedem einzelnen Fall exakt zu bestimmen. Vermutlich sind in den verschiedenen Versuchspersonen und bisweilen auch in ein und derselben Versuchsperson bei verschiedenen Fällen verschiedene Mechanismen beteiligt. Wir können sogar annehmen, daß eine Informationsquelle mit mehreren Kanälen eher die Regel als eine Ausnahme ist. So möchten wir annehmen, daß die Verlagerung von sinnlichen Wahrnehmungsfähigkeiten in die Fingerspitzen der Versuchsperson auf ein Mitwirken von hellseherischen Fähigkeiten hinweist, die in der subjektiven Erfahrung der Versuchsperson den Eindruck eines »Sehens mit den Fingern« wecken;

dagegen möchten wir in den Fällen, in denen das sinnliche Wahrnehmungsvermögen auf die Versuchsperson übertragen ist, eher mit einem telepathischen »Abzapfen« von Information aus dem Geist des Versuchsleiters rechnen. Daher neigen wir nicht selten dazu, diese Erfahrungen als einfache Fälle von Hellsehen oder Telepathie zu interpretieren, bei denen die Erfahrung der »Sinnesübertragung« durch subjektive Dramatisierung erfolgt, und zwar auf dem Weg einer psychisch begründeten Erlebnisverzerrung, die keine eigene innere Bedeutung besitzt. Doch vor allem in Fällen, in denen sich organisierte Informationskomplexe gebildet haben (für gewöhnlich um einen zentralen Kern herum), wie bei psychoskopischen Versuchen oder Versuchen mit »travelling clairvoyance«, liegt eine andere Möglichkeit der Erklärung nahe: In solchen Fällen scheint die Annahme der tatsächlichen Übertragung irgendeines »Faktors der Informationssammlung« (vielleicht können wir sagen: eines »Organs der ASW«) an den Platz, an dem die Feststellung erfolgt, einfacher und weniger weit hergeholt.

Die Frage nach der Informationsquelle ist zweifellos ein Kernproblem der ASW-Forschung. Ja es ist der Punkt, in dem Hellsehen sich von Telepathie unterscheidet. Im allgemeinen können wir feststellen, daß die experimentelle Forschung den Schluß bestätigt, den wir bereits aus der Betrachtung von Spontanphänomenen gezogen haben, nämlich daß die Informationsquelle bei der ASW jede beliebige Art von Ereignis sein kann. Bisher sind in dieser Hinsicht noch keine Begrenzungen entdeckt worden. Und es hängt ab von den Versuchsbedingungen und der seelischen Disposition der Versuchsperson, welcher von den vielen möglichen Mechanismen der ASW im jeweiligen Einzelfall betätigt wird.

Nicht recht geklärt ist das Phönomen der Psychoskopie, denn die Rolle, die der Induktor dabei spielt, erschien lange Zeit ziemlich rätselhaft. Vier Haupthypothesen zu seiner möglichen Rolle sind inzwischen entwickelt worden:

1. Der Induktor hat möglicherweise nur eine Suggestivbedeutung: Die Versuchsperson nimmt nur an, ein Induktor sei notwendig, während er in Wirklichkeit nicht notwendig ist.
2. Möglicherweise dient der Induktor als eine Art Konzentrationsmittel, als Hilfe zur Erreichung des erforderlichen geistigen Zustandes, in dem dann die ASW wirksam wird.
3. Es ist möglich, daß der Induktor Träger eines gewissen »Fluidums« unbekannter Art ist, in dem Gedanken und Empfindungen seines Besitzers sich konzentrieren, oder auf dem »Spuren« von mit ihm zuammenhängenden Ereignissen zurückgeblieben sind;

die Versuchsperson würde dann unmittelbar mit dieser dem Gegenstand anhaftenden »Imprägnation« (Ablagerung) in Berührung kommen.

4. Der Induktor lenkt die Wahrnehmungsfähigkeit der Versuchsperson auf das zu bestimmende Ereignis; irgendwie zeichnet die Versuchsperson die Geschichte des Induktors nach, stößt auf das Ereignis, das ermittelt werden soll, und stellt einen direkten Kontakt zu diesem Ereignis her.

Vor einer (noch folgenden) ausführlichen Darlegung wollen wir hier bereits erklären, daß die letzte dieser vier Hypothesen sich als richtig erwiesen hat. Bisweilen kommt auch ein »Lesen« einer »aufgeprägten« Information in Frage, wie es die dritte Hypothese besagt, doch mit der Einschränkung, daß es sich nicht um eine »Imprägnation« mit in der Vergangenheit liegenden Ereignissen handelt, die als solche wahrgenommen wird, sondern – wie wir später sehen werden – um eine »Imprägnation« mit gedanklichen Vorgängen, die in der Vergangenheit im Zusammenhang mit diesem Gegenstand stattgefunden haben.

E. Ostys Forschungen haben ganz wesentlich zur Erkenntnis der Rolle des Induktors bei der Psychoskopie beigetragen. Er gelangte zu dem Schluß, daß in seinen Versuchen die Informationsquelle unmittelbar in der erkannten objektiven Tatsache lag, das heißt, in Ereignissen, die mit dem Besitzer des Induktors zusammenhingen. Von seinen Beobachtungen aus konnte Osty bereits zu gewissen Verallgemeinerungen schreiten: Wenn die Person, über die der Sensitive seine Angaben macht, sich in seiner räumlichen Nachbarschaft befindet, ist die Informationsquelle ganz offenbar vornehmlich die betreffende Person selbst. Der Sensitive schildert meistens Einzelszenen aus dem Leben dieser Person. Dabei hält er oft die Hand des Betreffenden, und diese Berührung dient für ihn als Anhaltspunkt zur Herstellung des Kontaktes mit ihm. Ist die Person abwesend, über die, wie man annimmt, der Sensitive berichtet, läßt dieser sich für gewöhnlich einen Gegenstand geben, der der Person gehört, und dieser Gegenstand hilft ihm, den Kontakt herzustellen. Wird ein solcher Induktor verwendet, so sind die Ergebnisse der Ermittlung im großen und ganzen genauso, als wäre die Person anwesend. Ist der Kontakt einmal hergestellt, so könnte der Versuchsperson der Induktor fortgenommen werden, ohne daß dadurch die Richtigkeit weiterer Angaben beeinflußt werden würde. Von Zeit zu Zeit kommt es vor, daß der Sensitive sich in der Person täuscht und nicht den Besitzer des Objektes beschreibt, sondern eine andere Person, die zufällig mit dem Induktor in Berührung gekommen ist. Tatsächlich kann der Sensitive mit jeder

beliebigen Person Kontakt herstellen, die mit dem Induktor Kontakt gehabt hat. Wurde der Kontakt mit mehreren Personen aus der Geschichte des Induktors hergestellt, dann wurden die berichteten Dinge den Pesonen zugeschrieben, zu denen sie wirklich gehörten. Es ist wichtig festzustellen, daß es nicht so etwas wie eine Mischung der Eigenarten von Personen und Ereignissen gibt, die mit dem Induktor zu tun hatten; jede einzelne Person und jedes Ereignis bildeten eine von allen anderen völlig unabhängige, eigene individuelle Einheit. Manche besonders begabte Sensitive brauchten den Induktor gar nicht. So betätigte zum Beispiel Mrs. Morel ihre ASW-Fähigkeit im Zustand der Hypnose; doch in solchen Fällen mußte die Versuchsperson sorgfältig durch Instruktionen des Versuchsleiters an den näher zu ermittelnden und zu bestimmenden Punkt herangeführt werden.
Osty faßte seine Haupterkenntnisse über die Rolle des Induktors folgendermaßen zusammen:

1. Um über den Besitzer des Induktors berichten zu können, muß der Psychoskopist zunächst Kontakt mit ihm herstellen. Zu diesem Zweck erweist sich der Induktor als nützlich. Wenn er den Induktor zur Hand nimmt, gelangt der Psychoskopist fast augenblicklich zum Kontakt mit seinem Besitzer.
2. Jede beliebige Person, die mit dem Induktor in Berührung gekommen ist, wird dem Psychoskopisten zugänglich. Der Versuchsleiter ist für gewöhnlich nicht in der Lage, im voraus zu bestimmen, welche von diesen Personen vom Psychoskopisten ausgewählt wird.
3. Doch sind auch weitere Personen zugänglich, die mit der Person in Kontakt waren, die ihrerseits – zu irgendeinem Zeitpunkt – mit dem Induktor in Kontakt gewesen ist.
4. Auf Grund dessen ist der Psychoskopist in der Lage, Einzelheiten aus dem Leben aller dieser zugänglich gewordenen Personen, unabhängig voneinander, wahrzunehmen.
5. Ist der Kontakt mit einer Person bereits durch den Induktor hergestellt, dann kann der Induktor sogar zerstört werden, ohne daß dadurch die ASW irgendwie beeinträchtigt wird.
6. Wenn der Sensitive den Kontakt mit einer Person hergestellt hat, dann ist für ihn sowohl das gesamte vergangene wie auch das gesamte zukünftige Leben dieser Person zugänglich (also nicht allein die Zeitspanne, während der die betreffende Person mit dem Induktor in Kontakt war), gleich in welchem Abschnitt seines Lebens er mit dem Induktor Kontakt hatte und unabhängig von der seitdem verstrichenen Zeit. Es ist auch unwesentlich, ob die betreffende Person noch lebt oder schon gestorben ist.

7. Die physikalisch-chemischen Eigenschaften des Induktors, also das Material, aus dem er besteht, haben keinerlei Bedeutung. Doch ist es besser, als Induktoren Gegenstände zu wählen, mit denen die betreffende Person in ständigem Kontakt gewesen ist.
8. Die Periode, in der die Person mit dem Induktor in Kontakt war, steht in dem Reizeffekt, den sie auf den Sensitiven ausübt, in keinem proportionalen Verhältnis zur Länge der Dauer dieses Kontaktes. War der Induktor mit mehreren Personen in Kontakt, so wählt er nicht etwa bevorzugt »Imprägnationen« aus, die diesen Personen gemeinsam waren.[1)]
9. Die seit dem Kontakt verflossene Zeit scheint keinen Einfluß auf die Brauchbarkeit eines Gegenstandes als Induktor zu haben.
10. Kommen verschiedene Induktoren, die von verschiedenen Personen stammen, miteinander in Berührung, so wird dadurch weder die Brauchbarkeit eines von ihnen als Induktor noch die Qualität der durch sie gewonnenen Information irgendwie beeinflußt.
11. Irrtümer, die bei einer Sitzung vorgekommen sind, zeigen die Tendenz, sich auch in den folgenden Sitzungen zu wiederholen, selbst wenn der Versuchsleiter nicht von dem betreffenden Psychoskopisten oder den ursprünglich gemachten Angaben weiß.

Diese Beobachtungen sprechen ganz offenkundig zugunsten des Schlusses, daß der Induktor für den Sensitiven nur eine Hilfe darstellt, um mit der betreffenden Person in Kontakt zu kommen. Es gibt keine »Fluida« verschiedener Personen, die am Induktor haften, Fluida, die einander beeinflussen und möglicherweise von einem Induktor auf den anderen übergehen würden. Nur Punkt 11 deutet auf die Möglichkeit hin, daß der Induktor von einer früheren Fehlangabe »überlagert« wird (offenbar durch die Gedanken des betreffenden Sensitiven selbst.)

Die Rolle des Induktors besteht somit darin, den Sensitiven mit dem zu ermittelnden Ereignis, zum Beispiel mit dem Besitzer des Induktors, in Kontakt zu bringen. Sobald der Kontakt mit einer Person hergestellt ist, vermag der Sensitive durch ASW ihren gesamten Lebenslauf zu verfolgen. Diese Entdeckungen haben einen wichtigen

[1)] Das oben Gesagte bedarf einer weiteren Klärung: Je länger der Kontakt einer Person mit dem Induktor gewährt hat, desto größer ist die Wahrscheinlichkeit, daß der Sensitive speziell diese Person erfaßt. Im übrigen werden weder Informationsqualität noch -menge durch die Dauer dieses Kontaktes beeinflußt. Auch hier werden wir an einer späteren Stelle (S. 165) sehen, daß die Kontaktdauer nur eine sekundäre Rolle spielt und die Auswahl von Szenen oder Personen stark beeinflußt wird von Neigungen der Versuchsperson.

Aspekt, der uns an interessante in ihm enthaltende Folgerungen heranführt. Wiederholen wir: Der Induktor bringt den Sensitiven in Kontakt mit einer Person, die *in der Vergangenheit* einen Kontakt mit dem Induktor hatte (und das auch in Fällen, in denen diese Person inzwischen verstorben ist). Das veranlaßt uns zu der Annahme, daß die Wahrnehmungsfähigkeit der Versuchsperson nicht nur an verschiedene Orte im Raum, sondern auch an verschiedene Zeitpunkte verlagert werden kann (nämlich auf jenen Augenblick in der Vergangenheit, an dem die betreffende Person mit dem Induktor in Kontakt war). Mit anderen Worten: Die Versuchsperson kann die Fähigkeiten besitzen, mit Hilfe von ASW Information über Ereignisse – nicht allein an einem entfernten Punkt im Raum, sondern auch an einem zeitlich entfernten Punkt (in der Vergangenheit) – zu gewinnen. Das ist eine wichtige Entdeckung über den Mechanismus der ersten Phase der ASW: Nicht allein der räumliche, sondern auch der zeitliche Abstand (in der Vergangenheit) ist für die ASW ohne Bedeutung. Daß sich dies wirklich so verhält, wird durch zahlreiche Versuche mit »travelling clairvoyance« bestätigt, bei denen die Wahrnehmungsfähigkeit der Versuchsperson nicht nur an andere Orte im Raum, sondern auch auf eine andere Zeit verlegt wird. Diese Entdeckung weist außerdem darauf hin, daß Signale, die bei den ASW-Vorgängen als Informationsträger wirken, nicht allein im Bereich des Raumes, sondern auch in dem der Zeit »wandern« können, so seltsam dies auch angesichts der Tatsache sein mag, daß keine anderen bekannten energetischen Signale die Zeitschranke zu durchbrechen vermögen.
Weitere Entdeckungen zur ASW mittels qualitativer Versuche sind mehr psychologischer Art. Wir wollen versuchen, sie in einer systematischen Form in zwei getrennten Gruppen zusammenzufassen, obgleich sie sich in einem gewissen Umfang überschneiden:

1. Psychodiagnostische Forschungen mit dem Ziel, die günstigen Bedingungen für das Auftreten von ASW zu ermitteln.
2. Forschungen zur Psychodynamik von Formen des Auftretens der ASW, die unsere Kenntnis der psychologischen Charakteristika des Auftretens von ASW vor allem über die zweite Phase des Vorgangs der ASW erweitern.

Die erste Gruppe von Entdeckungen betrifft also die Bestimmung von Bedingungen, die zum Zustandekommen besonderer ASW-Leistungen beitragen. Verschiedene Autoren haben sich vor allem bemüht, bestimmende Charakteristika der mit überdurchschnittlichen ASW-Fähigkeiten Begabten zu finden, in der Hoffnung, dadurch die Auswahl solcher Personen aus der Gesamtbevölkerung zu erleichtern. Frühere Forscher, die die Leistungen spritistischer Medien untersuchten, haben deren seelische Struktur und Eigenart nicht systematisch studiert; doch lassen sich schon in ihren Schriften einige flüchtige Hinweise auf die häufigsten für die Medien typischen Charaktermerkmale finden: So weisen sie hin auf ihre gesteigerte Suggestivität, ihre emotionale Unstabilität, ihre Neigung zur Schrulligkeit, ihre Abhängigkeit von schlechten Stimmungen, ihr impulsives Verhalten usw. In neuerer Zeit hat eine Anzahl holländischer Autoren versucht, größere Gruppen von Sensitiven systematisch vom charakterologischen Standpunkt aus zu untersuchen, um Charaktereigenschaften festzustellen, die ihnen allen eigen sind. Diese Untersuchungen haben verschiedene psychologische Eigenarten der mit der Fähigkeit zur ASW Begabten erkennen lassen. So beobachtete man in diesem Zusammenhang bei ihnen recht häufig emotionale Labilität, Launenhaftigkeit, mangelndes Selbstvertrauen, das Gefühl der Schutzbedürftigkeit, geringe Anpassungsfähigkeit oder gewisse neurotische Züge; anderseits aber wurde nachgewiesen, daß die Fähigkeit der ASW nicht mit psychischen oder nervlichen Störungen im Zusammenhang steht. Auch in allem waren die Entdeckungen, die dabei gemacht werden konnten, nicht zahlreich und systematisch genug, um Grundlagen für eine leichtere Auswahl von ASW-Begabungen aus der Gesamtbevölkerung zu liefern. Vielmehr haben sie mit einer etwas entmutigenden Gewißheit gezeigt, daß eine solche Auswahl nach Charaktereigenschaften in Wirklichkeit kaum durchführbar ist. Jedenfalls ist nicht erkannt worden, ob die bei diesen charakterologischen Untersuchungen festgestellten Charakterzüge in sich bereits genügen, um mit Sicherheit sensitiv Begabte herauszufinden, oder ob sie in Wirklichkeit nur der betreffenden Einzelperson helfen, in einer bestimmten Zeit ihres Lebens die Bewußtseinslage zu erreichen, die für das Auftreten von ASW günstig ist. Wir werden noch sehen, eine wie wichtige Rolle bei der ASW die jeweilige Bewußtseinslage bietet.

Die zweite Forschungsrichtung umfaßte vor allem Bemühungen zur Bewußtseinslage und seelischen Verfassung, die für das Auftreten von ASW günstig sind. Es konnte festgestellt werden, daß auch solche Sensitive, die ihre Fähigkeit in einem scheinbaren Wachzustand betätigen, durch Selbstkonzentration in einen gewissen veränderten Bewußtseinszustand kommen. Wenn wir dazu noch berücksichtigen, daß ASW sehr häufig unter Hypnose auftritt oder in anderen Zuständen geminderter Bewußtheit, so legt sich uns der Schluß nahe, daß zum effektiven Auftreten von ASW ein irgendwie vom normalen abweichender Bewußtseinszustand als notwendig betrachtet werden kann. Damit ist die Frage auf die wesentlichen Züge dieses speziellen Bewußtseinszustandes reduziert.

Im Laufe der Zeit hat sich unter den Parapsychologen die Meinung durchgesetzt, daß ASW nicht eine nur wenigen besonders Begabten vorbehaltene Eigentümlichkeit darstellt, sondern daß sie vielleicht bei allen Menschen in einer latenten Form vorhanden ist. Doch ist es für das tatsächliche Auftreten von ASW vorteilhaft, wenn die betreffende Person geistig entsprechend vorbereitet wird. Bei Spontanphänomenen können eine seelische Spannung, eine innere Krise oder eine starke Gemütsbewegung dafür ausreichen. Experimentell stellt sich ASW ein in Zuständen der Hypnose, des Schlafes, der Versenkung, der Trance unter dem Einfluß gewisser Drogen, monotoner Reize, bei Entspannung und dergleichen. Offenbar ist das Wichtigste, daß die Versuchsperson einen spezifischen Zustand geistiger Konzentration (oder Gedankenruhe) und Loslösung von den Sinneseindrücken der Umwelt erreicht. Diese Geistesverfassung, in der das Bewußtsein gegen die gewohnten Sinnesreize abgeschirmt ist, öffnet den Weg für den Zutritt außersinnlicher Reize. Ein anderes Charakteristikum dieses Geisteszustandes ist der »Monoideismus«, das heißt: Der Bewußtseinsinhalt variiert nicht wie im normalen Wachzustand, sondern ein einziger Gedanke wird unverrückbar im Bewußtsein festgehalten. In diesem Zustand ist auch die normale Wachtätigkeit (logisches Denken) ausgeschaltet. Dieser notwendige Bewußtseinszustand wird für gewöhnlich mit verschiedenen Namen bezeichnet (Trance, Ekstase und ähnlichen), und den Autoren fällt es für gewöhnlich schwer, ihn in wirklich adäquater Weise zu schildern und zu definieren. Bei den heutigen Fällen von ASW wird er offenbar nur annähernd erreicht. Wäre es möglich, diesen zum Auftreten von ASW führenden Bewußtseinszustand exakt zu bestimmen und irgendeine willkürlich ausgewählte Person in ihn zu versetzen, so wäre man vermutlich in der Lage, bei jedem beliebigen Menschen ASW zu wecken, auch wenn der Betreffende scheinbar keine Spur von dieser Fähigkeit besitzt.
Das nach dem Ersten Weltkrieg sehr bekannte spiritistische Medium Mrs. Leonard äußerte in der Autobiographie folgende Meinung: »Die Entwicklung der Fähigkeit des Hellsehens oder Hellhörens besteht einfach darin: lernen, sich darauf ›abzustimmen‹. Selbst das beste Medium ist nach meiner Meinung keine Person mit einer besonderen Begabung, sondern ein Mensch, der entweder durch konzentrierte Bemühung oder unterstützt durch sein Temperament oder beides in die Lage versetzt worden ist, die Fähigkeit einer raschen und vollständigen Abstimmung (tune in) zu entwickeln.«
In etwa alle Wissenschaftler, die sich für diesen Aspekt interessiert haben, betonen übereinstimmend die Wichtigkeit eines so oder so ab-

gewandelten Bewußtseinszustandes für das Auftreten von ASW. Wir sagten schon (S. 38), daß selbst Plato im Altertum sich dessen bewußt war. Ebenso erwähnt Kant in seinem Bericht über Swedenborg, daß dieser seine hellseherischen Visionen in einer Art Grenzzustand zwischen Schlafen und Wachen hatte. Zitieren wir für Beobachtungen neueren Datums G. N. M. Tyrrell, der auch darauf aufmerksam macht, daß für das Auftreten von ASW »ein gewisser Traumzustand notwendig ist – ein leichtes Abweichen vom normalen Bewußtseinszustand – und (daß) dieser Zustand durch das geringste Maß an Befangenheit, Unbehagen, stimmungsmäßigen oder körperlichen Störungen gehemmt wird«. In seinen quantitativen Versuchen mit Miß G. J. hat Tyrrell gezeigt, daß diese bisweilen bei Testreihen Gruppen von sechs bis zehn Treffern hatte und unmittelbar davor oder danach nur auf die Zufallserwartung von Treffern und Fehlern kam. Miß G. J. hatte subjektiv ein besonderes Bewußtsein dieser Perioden erhöhter Trefferzahlen: Sie hatte dann ein Gefühl, als sei ihre Umgebung ihrem Bewußtsein entrückt. Auch empfand sie in solchen Augenblicken selbst, daß ihre Eindrücke sicher richtig seien. H. Bender ist zu ähnlichen Schlüssen wie Tyrrell gelangt. Auch C. Bruck bestätigte, daß ein Zustand eingeschläferter Bewußtheit für das Auftreten von ASW günstig ist. Ebenso weist R. Sudre darauf hin, daß für das Auftreten von ASW der Trancezustand von Bedeutung ist, und setzt diesen Zustand dem hypnotischen gleich. Bei Brugmans Versuchen wurde festgestellt, daß die Versuchsperson van Dam sich in einem »Zustand der Passivität« befand, in einem Zustand der Entspanntheit, der einem Halbschlaf nahekam. Daß dieser Zustand vorhanden war, wurde sogar durch Messung des elektrischen Hautwiderstandes bei der Versuchsperson festgestellt. Van Dam erklärte nach Selbstbeobachtungen, daß die Herbeiführung eines Zustandes der »Bewußtseinsleere« notwendig sei für den Erfolg des Versuches. Bisweilen gelang es ihm nicht, sich in diesen Bewußtseinszustand zu versetzen; dann verliefen die Versuche weniger erfolgreich.

Der Bewußtseinszustand, der zur ASW führt, läßt sich nur schwer exakt beschreiben; ebenso schwer lassen sich die subjektiven Erfahrungen der Versuchsperson genau charakterisieren. Auf Selbstbeobachtung beruhende Schilderungen von Personen mit überdurchschnittlicher Begabung zur ASW helfen uns, einiges Licht in diese Fragen zu bringen. So beschrieb der Sensitive de Fleurière, der von E. Osty untersucht wurde und in einem scheinbaren Wachzustand arbeitete, diesen Zustand folgendermaßen: »Ich bin mir völlig klar darüber, daß der Bewußtseinszustand, in dem ich mich befinde, nichts gemein hat mit meinem gewöhnlichen Bewußtseinszustand. Ich bin

nicht mehr derselbe Mensch; ich sehe oder fühle nicht mehr in der gleichen Weise wie vorher. Ich habe das Empfinden, als besäße ich eine zweite Persönlichkeit, oder vielmehr, als sei in meinem tieferen Innern eine andere Person verborgen, die nun plötzlich auftauche und an die Stelle meiner normalen Persönlichkeit träte. Dennoch habe ich nicht den Eindruck, als sei mein normales Denken vollkommen ausgeschaltet; das ist sicher nicht der Fall. Doch fühle ich, daß unter der Oberfläche meiner bewußten Intelligenz, die mein gewöhnliches Leben lenkt, eine unterbewußte Intelligenz lebt und wirkt, die beständiger und umfassender ist als die bewußte... Wenn dieser Zustand etwas länger andauert, habe ich buchstäblich das Gefühl, in diesem besonderen Zustand der Erhebung aufzugehen, den wir zum Beispiel erleben, wenn wir uns von einer musikalischen oder dichterischen Inspiration fasziniert fühlen. Ich erlebe das so stark, daß ich häufig vollkommen das Bewußtsein von dem Ort, an dem ich mich befinde, und von den Gegenständen, die mich interessieren, verliere. In diesen Zustand und aus ihm heraus gelange ich sehr schnell, fast so leicht, wie ich meine Augen öffne oder schließe, um mit der Außenwelt in Kontakt zu kommen oder diesen Kontakt zu unterbrechen. Nach langen Sitzungen fühle ich mich in einem Zustand, der der Betätigung meiner Fähigkeit entschieden nicht weniger günstig ist, sondern eher in höherem Maße. Ich fühle, wie meine Stimmung sich immer mehr hebt; und parallel damit steigert sich auch meine geistige Erhebung, die meine Fähigkeit zur paranormalen Wahrnehmung vergrößert.«
Oder nehmen wir das Beispiel des Bühnentelepathen Frederick Marion. S. G. Soal, der seine Fähigkeit gründlich überprüft hat, stellte fest, daß er einen Großteil seiner scheinbar paranormalen Erkenntnisse durch normale Mittel erhielt, nämlich durch visuelle Wahrnehmung unwillkürlicher Reaktionen im Gesicht anderer Menschen. Dennoch können wir annehmen, daß er wirklich einige telepathische Fähigkeiten besaß. Marion schreibt in seiner Autobiographie: »... jedermann kann parapsychische Phänomene hervorbringen, wenn er sich nur in sich selbst verlieren kann. Mit anderen Worten: In solchen Augenblicken muß der Geist die äußere Hülle seiner normalen, ans Materielle gebundenen Gewohnheiten und Verhaltensformen abstreifen und sich bemühen, in eine Einheit mit etwas zu gelangen, das jenseits von Zeit, Raum und Kausalität liegt. Es gibt kein Wort, das einen solchen Geistes- und Bewußtseinszustand völlig zutreffend umschreibt; in Ermangelung eines treffenderen Begriffes muß ich dafür das Wort ›Konzentration‹ wählen.« Über die Art und Weise, wie er seine außersinnliche Information empfängt, erklärt Marion: »Ich erhalte meine Kenntnis dadurch, wie der Gegenstand sich anfühlt. Das

Wort ›Fühlen‹ paßt hier ebenfalls nicht ganz, aber ich muß ungewöhnliche Erlebnisse mit gewöhnlichen Worten beschreiben ... Das Anfühlen vermittelt mir konkrete Eindrücke. Diese sind in sich logisch und zusammenhängend, obwohl ich nicht immer fähig bin, sie mit Worten wiederzugeben. Diese Eindrücke reichen über reine Wahrnehmung von Gestalt und Zustand des Gegenstandes hinaus, denn sie schließen auch Eigenschaften ein, die die normale Wahrnehmung durch unsere fünf Sinne übersteigen ... Viele Eindrücke kommen aus der umgebenden Welt. Manche von ihnen bedeuten eine Hilfe, andere sind Hindernisse. Man braucht eine Menge Erfahrung, um die störenden Faktoren auszuschließen und nur passenden Eindrücken den Zutritt zum Bewußtsein zu gestatten. Diese Fähigkeit zur Auswahl ist eine Sache der Praxis.« Eine Bemerkung in diesem Zusammenhang entspricht auch den Ergebnissen von Soals Überprüfung: »Natürlich gebrauche ich auch meinen normalen Gesichts- und Tastsinn, und ich halte immer die sinnlichen neben die außersinnlichen Wahrnehmungen, bis sie einander zu ergänzen beginnen.«

Hieran ist sicher interessant, daß dieses unkontrollierbare Verschmelzen sinnlicher und außersinnlicher Eindrücke einen der Gründe bildet, weshalb Bühnentelepathen für Experimente zur Erforschung der ASW wenig brauchbar sind. Doch Marions Selbstbeobachtungen lassen erneut an die Möglichkeit denken, ASW als einen zusätzlichen Sinn zu den anderen Sinnen und im Zusammenwirken mit ihnen einzusetzen.

Die Schilderungen, die wir wiedergegeben haben, machen uns verständlich, wie schwierig es ist, eine genaue Beschreibung des Bewußtseinszustandes zu geben, der zum akuten Auftreten von ASW führt. Dieser Zustand ist offenbar so ungewöhnlich, daß es unserer Sprache an geeigneten Wörtern zu seiner Bezeichnung fehlt. Etwas erfolgreicher scheint mir der Beschreibungsversuch von Mrs. Sinclair zu sein, mit der ihr Gemahl, der Schriftsteller Upton Sinclair, seine telepathischen Versuche mit der Übertragung von Bildern durchführte (Seite 72). Die ungewöhnliche Sprachbeherrschung des großen Schriftstellers hat offenbar dazu beigetragen, daß diese Beschreibung genauer wurde.

Mrs. Sinclair gibt folgende Anweisungen, wie man zu ASW gelangen kann: »Als erstes haben Sie die Kunst ungeteilter Aufmerksamkeit oder Konzentration zu erlernen. Damit meine ich etwas ganz anderes als das, was für gewöhnlich darunter verstanden wird. Man ›konzentriert sich‹ auf die Abfassung eines Kapitels in einem Buch oder auf die Lösung einer mathematischen Aufgabe; aber das ist ein komplizierter Prozeß der Aufmerksamkeitsverteilung, in dem die Aufmerksamkeit

auf ein Detail nach dem anderen gerichtet wird in der Funktion des Urteilens, Abwägens und Entscheidens. Die Art von Konzentration, die ich meine, besteht darin, die Aufmerksamkeit auf *einen* Gegenstand oder einen *unkomplizierten* Denkinhalt wie Freude oder Friede zu richten und ihn darauf festzuhalten. Das ist kein Denken; es ist ein Hemmen aller Gedanken außer dem einen Gedanken oder Denkgegenstand. Dabei müssen Sie die Regung zurückhalten dieses oder jenes *über* den Gegenstand zu denken, ihn zu prüfen, ihn zu bewerten oder von ihm aus Assoziationen aus der Erinnerung zu bilden.
Der Durchschnittsmensch hat niemals von einer solchen Form von Konzentration gehört und muß daher erst lernen, wie sie zustande gebracht wird.
Zugleich muß er lernen, sich zu entspannen, denn seltsamerweise besteht ein Teil der Konzentration in vollständiger Entspannung ... Um sich in dieser ungeteilten Weise zu konzentrieren, geben Sie sich selbst zuerst eine ›Suggestion‹ mit dem Ziel, Ihren Geist und Ihren Körper zu entspannen, den Körper empfindungslos und den Geist zu einem unbeschriebenen Blatt zu machen, sich dabei aber die Kraft zu erhalten, diese Konzentration in kurzer Zeit zu ›brechen‹. Mit ›den Körper empfindungslos machen‹ meine ich, daß Sie Ihren geistigen Einfluß auf alle körperlichen Empfindungen, ja Ihr Bewußtsein von ihnen, völlig entspannen. Wenn Sie sich diese Suggestion ein paarmal gegeben haben, gehen Sie weiter und beginnen, Körper und Geist zu entspannen. Das heißt, Sie dämpfen Ihre geistige Anteilnahme an allen Dingen Ihrer Umgebung; Sie hemmen alle Gedanken, die aus dem Unterbewußten (oder woher die Gedanken sonst kommen) ins Bewußtsein einzudringen suchen. Das ist natürlich eine bedeutend tiefer greifende Sache als ›eben entspannen‹ ... Vielleicht ist es gut für Sie, wenn Sie folgendermaßen anfangen: den Körper so vollständig wie möglich entspannen; danach sich eine Rose oder ein Veilchen, kurzum: irgend etwas Erfreuliches, Vertrautes vorstellen, das keine Elemente emotionaler Erinnerung birgt; ständig, aber mit innerer Gelassenheit, den ausgewählten Gegenstand anschauen, nur an ihn denken, keine Erinnerungen, die er vielleicht weckt, ins Bewußtsein dringen lassen; ständig die Aufmerksamkeit darauf gerichtet halten, geradezu die Farbe oder die Form der Blume sehen und sonst nichts; nicht über die Blume nachdenken, sondern sie nur anschauen. Wählen Sie nur eins, worauf Sie sich konzentrieren, also etwa die Form oder die Farbe der Blüte oder aber beide zusammengenommen in einem Anschauungsbild ›rosé und rund‹ ... Blumen sind im allgemeinen am besten als Ruhepunkt geeignet und lassen sich ihrem Wesen nach nicht so leicht in zerstreuende Erlebnisse einbeziehen. Im Un-

terschied dazu könnte ein Tintenfaß an die Mühe geistiger Arbeit erinnern, ein Löffel vielleicht an Medizin. Suchen Sie also einen Frieden einflößenden Gegenstand, den Sie anschauen. Haben Sie ihn gefunden, dann sehen Sie ihn mit ungeteilter Aufmerksamkeit an. Wenn Ihnen das gelingt, werden Sie finden, daß man dabei leicht einschlafen kann. Doch müssen Sie zwischen Schlaf und dem Zustand, den Sie erreichen wollen, klar unterscheiden ... Nachdem sie die Konzentration auf eine Blume geübt und dabei das Einschlafen vermieden haben, werden Sie fähig sein, jenen besonderen Zustand der Bewußtseinsleere zu erreichen, den Sie brauchen, um erfolgreiche telepathische Versuche durchzuführen. Anfangs kann es manche Spannung geben, doch dann erfolgt eine Lösung von der – körperlichen wie geistigen – Spannung; damit tritt die Entspannung oder Leere des bewußten geistigen Lebens ein. Die Praxis wird Sie lehren, was dieser Zustand ist, den Sie nach einiger Zeit ohne besondere Anstrengung erreichen.«
Zur Lösung der Aufgabe, mit Hilfe von ASW Zeichnungen zu erkennen, gibt Mrs. Sinclair die folgenden Richtlinien: »Schließen Sie Ihre Augen und entspannen Sie Ihren Körper. Entspannen Sie ihn vollständig. Machen Sie Ihr Bewußtsein vollkommen leer und halten Sie es leer. Denken Sie an nichts. Es werden Gedanken kommen. Halten Sie sie zurück. Weigern Sie sich zu denken. Und verharren Sie für einige Augenblicke in diesem Zustand. Es ist wesentlich, einen Zustand geistiger und körperlicher Passivität herbeizuführen. Ist der Geist nicht passiv, so empfindet er die körperlichen Sinneseindrücke. Ist der Körper nicht entspannt, so stören seine Sinnesempfindungen die notwendige Passivität des Geistes ... Wenn Sie nun völlig entspannt sind, halten Sie Ihr Bewußtsein leer ... Halten Sie es für einige Augenblicke in diesem Zustand und geben Sie dann Ihrem unbewußten Geist in Gedanken den Befehl, Ihnen zu sagen, was auf dem Papier steht, das Sie in der Hand halten. Halten Sie die Augen geschlossen und den Körper entspannt; geben Sie den Befehl wortlos und mit so wenig geistiger Anstrengung wie möglich. Notwendig ist dagegen, ihn klar und positiv zu geben, das heißt: sich darauf zu konzentrieren. Sagen Sie Ihrem unbewußten Geist: ›Ich möchte das Bild, das auf dieser Karte oder diesem Stück Papier steht, meinem Bewußtsein vorgelegt haben.‹ Und konzentrieren Sie sich dabei geistig auf das, was Sie sagen. Wiederholen Sie, als sprächen Sie direkt zu einem zweiten Selbst: ›Ich will sehen, was auf *dieser* Karte hier steht.‹ Dann entspannen Sie sich wieder zur völligen Leere und bleiben einige Augenblicke in dieser Leere; danach versuchen Sie sacht, ohne Anspannung, zu sehen, was für Formen in dem leeren Raum erscheinen, in den Sie mit geschlossenen Augen blicken. Suchen Sie nicht etwas vor Ihren Blik-

ken heraufzubeschwören; verharren Sie in Erwartung und lassen etwas kommen... Diese Technik erfordert Zeit und Geduld...«
Wir können demnach schließen, daß ASW nicht Sache einiger besonders begabter Einzelpersönlichkeiten ist, sondern vielmehr mit einem spezifischen Bewußtseinszustand zusammenhängt. Das seltene Auftreten dieser Fähigkeit läßt sich dadurch erklären, daß nur wenige Menschen diesen besonderen Bewußtseinszustand erreichen, gleich aus welchen Gründen.
Damit sind wir zu der Frage gekommen, ob ASW erlernbar ist. Sie wird unterschiedlich beantwortet. Frühere Autoren (wie zum Beispiel A. K. Schechowski) kamen zu dem Schluß, ASW sei durch Übung zu erlernen. Bei seinen Telepathieversuchen wurden die Leistungen der Versuchspersonen durch Übung verbessert. Es gibt eine umfangreiche spiritistische Literatur, die sich mit der Entwicklung von Medien befaßt und erkennen läßt, daß der Glaube, paranormale Kräfte ließen sich durch Übung erwerben, weit verbreitet war.
In neuerer Zeit aber neigt J. B. Rhine zur Annahme des Gegenteils. Rhine betont den unbewußten Charakter des ASW-Vorgangs in seiner grundlegendsten Phase, die jede Möglichkeit, diese Fähigkeit wirklich und bewußt zu erlernen, zweifelhaft macht. Abgesehen davon haben ASW-Gehalte keine eigentümliche Modalität ihrer bewußten Manifestation. Vergleichen wir zum Beispiel ASW mit visueller Wahrnehmung: Visuelle Wahrnehmungsinhalte haben ihre typische Modalität, durch die sie sich von Wahrnehmungen anderer Sinne – Gehör, Tastsinn usw. – unterscheiden, so daß der Empfänger der Wahrnehmung augenblicklich des eintreffenden visuellen Eindruckes gewahr wird und ihn als solchen erkennt. Außersinnliche Eindrücke entlehnen dagegen, wenn sie ihren Weg ins Bewußtsein finden, ihre Einkleidung irgendeiner bewußten Erfahrung. Dann nehmen sie verschiedene Formen an: wie Vorahnungen, Intuitionen, sich aufdrängende Gedanken, Träume oder (Pseudo-)Halluzinationen verschiedener Sinne. Haben wir einen außersinnlichen Eindruck, so erkennen wir ihn für gewöhnlich nicht mit Gewißheit, denn wir können ihn nicht ohne weiteres von anderen Erfahrungen unterscheiden. Das wird besonders typisch sichtbar bei quantitativen Versuchen mit der Identifizierung von Karten. Bei diesen Versuchen ist die Versuchsperson nicht in der Lage, auf der Grundlage von Selbstbeobachtungen zu sagen, welche ihrer Identifizierungen richtig und welche falsch sind. Die subjektive Erfahrung ist nur die eines »Ratens«.
Wenn die Sichtbarkeit bei visuellen Wahrnehmungen schlechter wird, zum Beispiel wenn die Beleuchtung nachläßt oder der beobachtete Gegenstand zu weit entfernt ist, erkennen wir augenblicklich die

verschlechterten Bedingungen. Wir können die Zuverlässigkeit unserer Wahrnehmung einschätzen und genau den Augenblick erkennen, in dem die Bedingungen keine zuverlässige Beobachtung des wahrgenommenen Gegenstandes mehr gestatten. Bei der ASW tritt dieses Merkmal nicht auf, offenbar als Folge ihrer andersartigen phylogenetischen Vergangenheit. Es kann vorkommen, daß normales Auftreten von ASW in eine entgegengesetzte Form des »Psi-missing« (PSI-bedingte Fehler) umschlägt (vgl. S. 177), und die Versuchsperson nicht fähig ist, es zu bemerken. In ähnlicher Weise sind Personen mit überdurchschnittlicher ASW-Begabung – Paragnosten, Hellseher und ähnliche – für gewöhnlich nicht in der Lage, richtige und falsche Eindrücke mit völliger Sicherheit auseinanderzuhalten. Jedenfalls wird der außersinnliche Charakter einer Erfahrung letztlich nur dann entdeckt, wenn seine Übereinstimmung mit der Realität überprüft wird. Vorher können wir nur eine gewisse Feststellung treffen, die aber möglicherweise vollkommen wertlos ist; sie erhält erst einen besonderen Charakter, wenn später eine erhebliche Übereinstimmung dieser Feststellung mit der Wirklichkeit erkannt wird. Anderseits ist dieser unbewußte Charakter glücklicherweise kein notwendiges Merkmal aller ASW. Manche Sensitive, wie zum Beispiel G. Croiset, Mrs. Sinclair und andere, hatten bisweilen ein absolut sicheres Gefühl, daß ihre außersinnlichen Eindrücke richtig waren. Auch Miß J. K., eine der Versuchspersonen des Autors dieses Buches, empfand einmal (und zwar in einem Zustand besonders gesteigerter Angeregtheit) die absolute Gewißheit, daß ihre ASW-Eindrücke richtig waren. Bei einem Versuch hatte J. K. die Aufgabe, ASW-Karten zu identifizieren, die in Umschlägen aus steifer undurchsichtiger Pappe verschlossen waren. Anstatt in der üblichen Weise die Karten zu bestimmen, wie sie ihr vom Versuchsleiter vorgelegt wurden, machte sie sich aus ihrer Aufgabe einen Scherz: Sie nahm einen Packen von Umschlägen mit Karten in die Hand und erklärte, sie wolle die ASW-Fähigkeit ihres Versuchsleiters prüfen. Um ihr eine Freude zu machen, riet der Versuchsleiter den Inhalt der Umschläge, während J. K. triumphierend seine Fehler korrigierte: ihren eigenen ASW-Eindrükken folgend. Der Versuchsleiter äußerte Zweifel über ihre »Korrekturen«, aber sie erwiderte: »Ich *weiß*, daß sie richtig sind.« Eine spätere Prüfung ergab, daß sie recht hatte: Alle Angaben, die sie mit dieser absoluten Gewißheit gemacht hatte, waren richtig.
Autoren, die gute Sensitive überprüft haben, wie Osty, Tenhaeff und andere, kommen zu dem Schluß, daß Erfahrung und praktische Fertigkeit letztlich dazu beitragen können, die Leistungen der Sensitiven zu steigern. Gewiß haben diese Personen ihre Fähigkeit nicht völlig

unter Kontrolle, und ihre ASW kann auch zeitweilig in ganz unvorhersehbarer Weise verschwinden. Doch bei genügender Praxis können sie schließlich lernen, die Bedeutung ihrer Visionen richtig zu interpretieren. Außersinnliche Eindrücke werden im Bewußtsein für gewöhnlich als eine Art wirklichkeitsgetreuer (Pseudo-)Halluzination verschiedener Sinne empfunden. Diese wirklichkeitsgetreuen halluzinatorischen Erlebnisse haben nicht selten eine große Ähnlichkeit mit gewöhnlichen Halluzinationen, bei denen kein außersinnliches Element beteiligt ist. Bisweilen fällt es sehr schwer, die beiden Phänomene auseinanderzuhalten. Auch kann es, wenn die außersinnliche Erfahrung einen in Symbole eingekleideten Inhalt hat, schwierig werden, die Symbole recht zu deuten. Viele Irrtümer von Sensitiven gehen zweifellos auf diese Schwierigkeit des Interpretierens zurück. Aber die Praxis scheint bei ihrer Bewältigung eine große Rolle zu spielen: Ähnlich wie der Mensch in seiner frühesten Kindheit lernen muß, seine Sinneswahrnehmungen zu koordinieren, kann der Sensitive durch beharrliche Selbstbeobachtung Kriterien finden, die ihm behilflich sein können, die Richtigkeit seiner einzelnen Erfahrungen zu beurteilen. Diese Beurteilung kann schwierig sein. Gewiß ist sie bedeutend schwieriger als die subjektive Beurteilung der Inhalte normaler Sinneswahrnehmungen und erfordert auf seiten der wahrnehmenden Person eine besonders konzentrierte Aufmerksamkeit. Möglicherweise steht die Gedankenleere, die eine der Voraussetzungen für das Auftreten der ASW ist, zu der für diese Beurteilung notwendigen geistigen Arbeit im Widerspruch. Dennoch scheint eine solche Beurteilung grundsätzlich möglich zu sein.
Dann aber dürfte die experimentelle Kontrolle über die ASW nicht allzuschwierig sein, wenigstens nicht im Prinzip. Es müßte genügen zu lernen, 1. wie man den Bewußtseinszustand erreicht, der zur ASW führt, und 2. wie sich in zuverlässiger Weise die Richtigkeit von (Pseudo-)Halluzinationen beurteilen läßt, in deren Gestalt die außersinnlichen Wahrnehmungen erlebt worden sind. Ließe sich das erreichen, so könnte ASW von allen Menschen erlernt werden. Doch auch dann hätten wir zweifellos mit unterschiedlichen Leistungen zu rechnen, je nach der Begabung des einzelnen.
Andere bei qualitativen Versuchen gemachte Entdeckungen betreffen die zweite Phase des ASW-Vorganges, also die äußere Bekundung der ASW-Information. Diese Entdeckungen vornehmlich psychologischer Art sind durch gründliche Untersuchung einzelner besonders eindrucksvoller Fälle von ASW zustande gekommen. Von besonderer Bedeutung sind hierbei die bewußt erfahrenen ASW-Eindrücke. (Diese lebendige, bewußte Erfahrung geht bei den rein quantitativen

Kartentests verloren.) Die umfassendsten Entdeckungen sind bei den visuellen Formen der ASW gemacht worden, bei denen die ASW-Eindrücke in der Form visueller (Pseudo-)Halluzinationen erlebt werden.

Einer der charakteristischen Züge bei bewußten Manifestationen von ASW ist *die langsame Entwicklung der Eindrücke.* Dieses Merkmal ist von vielen Parapsychologen hervorgehoben worden, so von E. Osty, R. Tischner, W. Wasiljewski und anderen. Wir hatten bereits bei früheren Schilderungen qualitativer Versuche (S. 74ff.) Gelegenheit, darauf aufmerksam zu machen. Nun können wir ein weiteres Beispiel aus eigener Beobachtung bringen: Bei einem Versuch am 10. März 1951 hatte die in Hypnose befindliche Versuchsperson Miß S. K. die Aufgabe, durch Hellsehen eine schwach glänzende Schere zu erkennen, die, leicht geöffnet, auf einem weißen Karton hinter einem dunklen, undurchsichtigen Schirm lag. Die Versuchsperson erklärte: »Zuerst ›sah‹ ich eine Reihe sich schnell verändernder Bilder, und die Einzelheiten tanzten mir vor den Augen, als führe man mir einen rasch laufenden Film vor. Dann erschienen mir eine metallische Farbe mit einem schwachen Schimmer, ein spitzer Winkel und ein stumpfer Winkel, aber ich vermochte weder die Farbe noch die Winkel im Raum einander zuzuordnen. Dann wurde in meiner Vision der spitze Winkel deutlicher. Ich bemerkte, daß zwei spitze Winkel da waren, die mit ihren Spitzen aufeinander zugingen. Das metallische Grau lokalisierte sich an den beiden seitlichen stumpfen Winkeln... Das Ganze erinnert mich an zwei gekreuzte Zeichenstifte... Wenn ich sagte, es sehe aus wie zwei gekreuzte Zeichenstifte, so habe ich jetzt den Eindruck, daß es in Wirklichkeit etwas ist, bei dem ein Teil den anderen kreuzt, aber sicher keine Bleistifte... Die von mir entfernt liegenden Enden sind spitz... aber die zu mir hin liegende Seite ist mir nicht klar. Ich sehe sie noch nicht deutlich genug... Es kommt mir vor, als ragten zwei Kreise aus einem dichten Nebel heraus... Es ist eine Schere.«

Das nächste ähnliche Beispiel zeigt uns auch, wie die Versuchsperson möglicherweise ihre Fähigkeit der ASW als zusätzlichen Sinn gebrauchen und mit ihrem kritischen Verstand ihre ASW-Eindrücke interpretieren und bewerten kann. Die Versuchsperson – wiederum Miß S. K. – hatte die Aufgabe, einen Hammer zu erkennen, der hinter einem dunklen, undurchsichtigen Schirm lag. Der Hammer hatte einen alten, durch langen Gebrauch abgenutzten Stiel und am Ende des Stieles, wo der eiserne Kopf befestigt war, eine etwa einen Zentimeter breite Kerbe. Diese Kerbe stach durch die Helle des Holzes an dieser Stelle beträchtlich von dem schmutzigen Stiel und dem dunklen Eisenkopf ab. Die Versuchsperson erklärte: »Jetzt sehe ich einen langen dunklen Streifen (ihre Längenangabe kam der tatsächlichen Länge des Hammerstiels beträchtlich nah), und in der Nähe ist ein anderer, dunklerer Fleck, der fast wie der Schatten dieses Streifens aussieht. Der Streifen gleicht einem Lineal... aber ich habe ihn jetzt von der Seite gesehen. Er ist doch kein Lineal, er ist dicker, es könnte eine Art Stange sein, und der dunkle Fleck darüber ist auch kein Schatten... Es ist ein Hammer... Aber oben am Stiel sehe ich eine Art hellen Streifen, der mit der Grundfläche verschmilzt, und dadurch bekam ich den Eindruck, als ständen die beiden Flecke nicht in direktem Zusammenhang miteinander.«

Ein anderes typisches Merkmal qualitativer ASW-Eindrücke ist ihr *fragmentarischer Charakter.* Der Hellseher (Paragnost) empfängt normalerweise keine so genaue Wiedergabe des wahrgenommenen Ereignisses oder Gegenstandes, wie man sie in einem Spiegel sähe. Ja er erkennt für gewöhnlich die wahrgenommene Wirklichkeit nicht in ihrer Ganzheit. Er greift nur Teile, Teileindrücke heraus, und es kann für ihn sehr schwierig werden, diese Einzelteile in ein richtiges Ordnungsgefüge einzubauen. Die richtige Lokalisierung und Deutung dieser Eindrücke erfolgt nachträglich an Hand anderer, begleitender Eindrücke. Dabei geschieht es nicht selten, daß der Hellseher die Bedeutung seiner Eindrücke falsch interpretiert. Daher treffen wir sehr häufig auf Mißverständnisse, die durch falsches *Verschmelzen von Teileindrücken* zustande kommen: Der Hellseher hat verschiedene fragmentarische Eindrücke erhalten, die einander in mancher Hinsicht ähnlich sind – beispielsweise, wenn sie zwei verschiedene, aber irgendwie ähnliche Ereignisse wiedergeben. Deutet er nun diese richtigen, wenngleich unvollständigen Eindrücke zusammengefaßt als Darstellung eines einzelnen Ereignisses, so kann er in seinen abschließenden Ergebnissen zu einem völligen Mißverständnis kommen.

Ein weiteres typisches Merkmal der bewußten Darstellung außersinnlicher Eindrücke ist ihre *symbolische Gestalt.* Symbolhafte Ausdrucksformen sind bei qualitativen Versuchen mit Sensitiven so häufig, daß E. Osty erklären konnte, er habe bei seinen Versuchen nie das Glück gehabt, wirklich realistische Eindrücke zu beobachten, also Eindrücke, die in exakter Weise die Wirklichkeit wiedergeben. Seine Paragnosten hatten immer symbolhaft eingekleidete Eindrücke, und die Form der Symbole war durch die seelische Struktur des jeweiligen Sensitiven bedingt. Sie sind individuell verschieden, und der Sensitive muß seiner persönlichen Erfahrung nach die richtige Deutung finden. Die Vielfalt der symbolischen Verschlüsselung läßt sich an

mehreren Beispielen aus der experimentellen Praxis Ostys aufzeigen. So etwa an der Aussage: »Das Leben dieses Mannes kommt mir vor wie ein dunkler Streifen, der in letzter Zeit immer dünner wird... Und er wird in Zukunft noch dünner... Jetzt höre ich ihn zerbrechen... Das bedeutet den nah bevorstehenden Tod.« – Oder: »Diese Dame hat etwas ganz Ungewöhnliches in ihrem Kopf. Sie sieht nicht wie die übrigen Menschen... Ich sehe ein schwarzes Loch in ihrem rechten Auge... Sie kann mit dem rechten Auge nicht sehen.«
Eine ganze Anzahl interessanter Symboldarstellungen hat Tenhaeff beschrieben. So sah zum Beispiel ein Paragnost sechs Glas Bier über dem Kopf eines Klienten; das Bier verwandelte sich plötzlich in Rum. Der Paragnost glaubte zuerst, sein Klient habe etwas mit einer Wirtschaft oder einem Restaurant zu tun. In Wirklichkeit war er in einem Dorf namens Sexbierum geboren. Ein anderer Paragnost sah bei einer seiner Klientinnen Soldaten marschieren und schloß daraus, die Klientin habe etwas mit der Armee zu tun. Die Dame verneinte dies, aber der Paragnost erklärte: »Ich habe ein Bild vor Augen, das an ein Militärlager erinnert.« Der Mädchenname der Klientin war van den Harskamp (holländisch: harskamp = Militärlager). Bei einem anderen Versuch hatte ein Sensitiver die Vorstellung von einer Mühle, und immer wieder drängte sich ihm der Gedanke an Mehl auf. Schließlich stellte sich heraus, daß der Name des Klienten »Meel« (holländisch: Mehl) lautete. Bei anderer Gelegenheit wurde dem Paragnosten das Porträt eines Mannes gezeigt, den er nicht kannte. Er fragte: »Kommt dieser Mann oft nach Belgien?« (Negative Antwort.) Die nächste Frage des Sensitiven lautete: »Ist dieser Mann kürzlich bei einer Prozession mitgegangen?« (Wieder eine negative Antwort.) Bei einer flüchtigen Bewertung dieses Ergebnisses könnten wir schließen, daß der Paragnost hier zweimal erfolglos nur »geraten« hatte. Doch gab er nicht nach, da er das sichere Empfinden hatte, auf der richtigen Spur zu sein. Er erklärte: »Das kann ich nicht verstehen: Das Bild weckt in mir den Gedanken an den belgischen Marktflecken Hoogstraten, wo ich als Junge einmal eine Prozession gesehen habe. Und jetzt sehe ich die Prozession ganz deutlich.« Der Name des Mannes auf dem Bild war Hoogstraten. Der Sensitive G. Croiset hat seine eigene charakteristische Symbolik; wenn er zum Beispiel im Zusammenhang mit einem Klienten einen Pfirsich sieht, ist das für ihn immer ein Zeichen, daß der Betreffende krebskrank ist. Die Assoziation hat ihren Ursprung darin, daß Croisets Mutter an Krebs gestorben ist; im letzten Stadium ihrer Krankheit aß sie besonders viele Pfirsiche.
Wenn auch Symbolausdrücke sehr häufig sind, so ist es doch nicht die

Regel, daß außersinnliche Eindrücke *immer* in symbolischer Form erscheinen. Das geschieht in der Hauptsache bei Sensitiven, die ihre Fähigkeit ohne Anleitung entwickelt haben. Doch gibt es viele Beobachtungen – zum Beispiel bei Versuchen in der Hypnose –, in denen die außersinnlichen Eindrücke ein genaues Bild der beobachteten Ereignisse ergeben. Doch wenn wir die weniger vollkommenen Formen der Darstellung außersinnlicher Wahrnehmungen im bewußten Zustand, wie sie vornehmlich bei spontanen Paragnosien auftreten, näher untersuchen, so erhalten wir wichtige Erkenntnisse über die psychisch bedingten Merkmale dieser Phase des ASW-Vorganges. Verallgemeinernd können wir sagen: Die ASW-Eindrücke stellen sich im Bewußtsein in einer Form dar, für die der Geist des Perzipienten disponiert ist. Die außersinnlichen Erfahrungen werden in ihren konkreten Einzelheiten durch die seelische Struktur des Perzipienten geformt: durch seine persönliche Erfahrung in der Vergangenheit, seine Erinnerungen, seine augenblickliche Geistesverfassung und dergleichen.

Das oben Ausgeführte betraf den Einfluß der seelischen Struktur des Perzipienten auf die abschließende Form seiner ASW-Erfahrung. Aber bei spontan Sensitiven, die für gewöhnlich nur wenig durch Instruktionen des Versuchsleiters in ihrer freien Betätigung der ASW eingeengt werden, die eine große Freiheit in der Auswahl der zu ermittelnden Gegenstände und Ereignisse haben, ergibt sich ein weiteres interessantes Problem: Wodurch wird die faktische Auswahl der ASW-Eindrücke bestimmt? Wenn der Paragnost über einen Klienten Aussagen macht, so ist ihm eine Fülle verschiedener Ereignisse und Szenen aus dessen Leben zugänglich. Die einen werden bevorzugt registriert, andere völlig ignoriert. Nach welchen Gesetzen erfolgt die Selektion unter den Visionen des Sensitiven?

Dieses Problem hat W. H. C. Tenhaeff eingehend untersucht. Mit dem bekannten Sensitiven Gerard Croiset hat er öffentliche Vorführungen veranstaltet, ähnlich den Versuchen Ostys mit Pascal Forthuny (S. 112ff.) Während der Vorführungen ging Croiset unter die Teilnehmer und suchte sich Personen aus, über deren Leben er zu berichten wünschte. Tenhaeff beobachtete, daß Croiset mit Vorliebe solche Leute aussuchte, deren persönliche Geschichte eine assoziative Beziehung zu Ereignissen zeigte, die er selbst in seiner Vergangenheit mit besonderer emotionaler Anteilname erlebt hatte. Ebenso wählte Croiset aus dem Leben der Betreffenden mit Vorliebe solche Ereignisse aus, die einen assoziativen Zusammenhang mit Ereignissen seines eigenen Lebens hatten, vor allem mit Ereignissen, die für ihn besonders wichtig gewesen waren und die in ihm eine emotionale Spur oder ein Trauma hinterlassen hatten. Dasselbe war der Fall bei anderen Sensitiven.

Ein sehr aufschlußreiches Beispiel kennen wir von Croiset. Als er etwa zehn Jahre alt war, brauchte er einmal dringend zehn Cent, um ins Kino gehen zu können. Es war schon dunkel, da begegnete er einem Mädchen, das mit ihm zusammen zur Schule ging. Seine Mutter hatte es einkaufen geschickt, und es zählte gerade sein Geld. Dabei fiel ein 10-Cent-Stück aus seinem Portemonnaie und rollte auf Croiset zu. Er tat, als wolle er dem Mädchen helfen, das verlorene kleine Geldstück wiederzufinden, stellte aber in Wirklichkeit den Fuß darauf und nahm es in einem unbeobachteten Augenblick an sich. Doch heftige Gewissensbisse veranlaßten ihn, dem Mädchen das Geld zwei Tage später zurückzugeben. Nun wurde Croiset, als er schon weltbekannter Hellseher war, eines Tages zu einem Kranken gerufen, der wegen irgendeines organischen Leidens in ärztlicher Behandlung war, bei dem aber die Therapie nicht anschlug. Als er ihn besuchte, erschien ihm ein Bild des Mädchens aus Middelburg über dem Kopf des Patienten. Daraufhin fragte Croiset ihn geradeheraus, wem er Geld gestohlen und welcher Frau er es nachher gegeben habe. Nach einer Weile bekannte ihm der Mann, er habe einem seiner Freunde Geld gestohlen und es seiner Freundin geschenkt. Danach erzählte Croiset ihm noch andere zutreffende Einzelheiten aus seiner Vergangenheit. Am Ende stellte sich heraus, daß die Krankheit des Patienten psychisch bedingt war. Nachdem der Diebstahl wiedergutgemacht war, konnte ein Neurologe ihn vollends wiederherstellen.

Bei einem anderen Anlaß, einem öffentlichen Auftritt im Oktober 1953, berichtete Croiset, daß einer der Anwesenden einige Wochen zuvor in einer großen Stadt ein unerfreuliches Erlebnis gehabt habe: Als er über die Straße gegangen sei, habe er plötzlich bemerkt, daß einer seiner Schnürsenkel sich gelöst hatte. Als er anhielt und sich niederbeugte, um ihn wieder zuzuschnüren, stolperte ein hinter ihm gehender Mann über ihn und stürzte. Der Mann war wirklich einige Wochen zuvor in London gewesen, wo ihm dies widerfahren war. Croiset konnte auch irgendwie den psychologischen Hintergrund seines Eindrucks erklären: Er berichtete, etwas ganz Ähnliches sei ihm in seiner Kindheit widerfahren. Als er etwa zwölf Jahre alt war, kam er eines Tages mit einem seiner Schulkameraden in ein Haus, in dem jemand gestorben war. Sein Kamerad, ein Katholik, kniete plötzlich nieder, und Croiset, der damit nicht gerechnet hatte, stolperte über ihn und stieß mit dem Kopf gegen den Sarg.

Eine derartige psychisch motivierte Auswahl unter den sich bietenden Eindrücken führt bei manchen Paragnosten zu einer ausgeprägten

Spezialisierung auf bestimmte Gegenstände und Themen der Ermittlung. So beobachtete Tenhaeff, daß eine Psychoskopistin, Miß V. K., die ein paar Jahre zuvor ein Verhältnis mit einem verheirateten Mann gehabt hatte, besonders leicht ähnliche Dreiecksverhältnisse unter ihren Klienten herausfand. Oder: da sie eine Zeitlang beabsichtigt hatte, nach Australien zu emigrieren, erkannte sie bevorzugt ähnliche Wünsche bei ihren Besuchern. Einen anderen Paragnosten veranlaßten seine unbefriedigten sexuellen Wünsche, bevorzugt Eindrücke mit sexuellen Motiven auszuwählen. Der Paragnost, den Tenhaeff mit dem Pseudonym Alpha bezeichnet, hatte die Spezialität, Ertrunkene zu suchen. Das hing mit einem dramatischen Erlebnis seiner Jugend zusammen, bei dem er selbst beinahe ertrunken wäre. Aufträge, bei denen es darum ging, einen Dieb zu entdecken, übernahm Alpha nicht gerne. Er erklärte dies damit, daß er selbst einmal irrtümlich des Diebstahls verdächtigt worden sei und die Vorstellung nicht ertragen könne, irgend jemand werde möglicherweise seiner Aussagen wegen ungerechtfertigt als Dieb verdächtigt. Der Paragnost Beta dagegen, der in seiner Kindheit ebenfalls einmal in den Verdacht des Diebstahls geraten war, übernahm gern solche Aufgaben, weil er hier die Möglichkeit sah, den wirklich Schuldigen zu finden. Der Paragnost Delta, der, wie bei einer psychodiagnostischen Analyse festgestellt worden war, unter dem Gefühl der Einsamkeit litt und sich verschiedentlich schon mit Selbstmordgedanken getragen hatte, übernahm mit Vorliebe und mit ungewöhnlichem Erfolg die Nachforschung nach den Leichen von Vermißten, bei denen sich hernach herausstellte, daß sie Selbstmord begangen hatten.

Dieser vom Paragnosten unwillkürlich getroffenen Auswahl zufolge kann es vorkommen, daß Paragnosten von manchen Personen eine Fülle von Einzelheiten zu berichten wissen. Werden sie aber Personen gegenübergestellt, deren Erfahrungen und Erlebnisse sich nicht zu denen des betreffenden Paragnosten in assoziative Beziehungen bringen lassen, so können sie wenig oder gar nichts über sie sagen. Das wurde bereits sehr früh von F. W. H. Myers beobachtet, der zwischen solchen Menschen unterschied, deren Anwesenheit ASW fördert, und solchen, die sie behindert (»good sitters« und »bad sitters«). Er erklärte das durch die Annahme, der Hellseher könne auf telepathischem Weg mit verschiedenen Personen mehr oder weniger leicht Kontakt bekommen. Auch E. Osty unterschied »personnes favorisantes« (= Personen, die günstige Vorbedingungen bieten) und »personnes stérilisantes« (= Personen, die ungünstige Voraussetzungen bieten).

Hier liegt der Grund für die bescheidenen Ergebnisse mancher Versu-

che letzten Endes in dem Mangel an genügend ansprechenden Ereignissen im Leben des Klienten. Doch können die wenig stabilen Fähigkeiten des Paragnosten auch auf andere, direktere Art und Weise im positiven oder negativen Sinn beeinflußt werden. So gibt es Menschen, die allein durch ihre Anwesenheit (ihr Verhalten, ihre Blicke, ihre Zwischenbemerkungen usw.) die innere Harmonie der Versuchsperson stören, selbst wenn sie die beste Absicht haben, eine möglichst günstige Atmosphäre zu schaffen. Ein wie geringes Maß an derartigen Störungen schon genügt, zeigt ein quantitativer Versuch, der von D. J. West und G. W. Fisk durchgeführt wurde. Die beiden organisierten gemeinsam einen Versuch der Kartenidentifizierung; dabei stellte sich heraus, daß die Versuchspersonen signifikante, über die Zufallserwartung hinausgehende Trefferzahlen nur mit Karten erzielten, die von Fisk hergerichtet worden waren, während ihre ASW bei Karten, die West hergerichtet hatte, nicht funktonierte. Die Versuchspersonen wußten übrigens nicht, welche Karten von Fisk und welche von West präpariert worden waren.
Wir können also feststellen, daß das aktuelle Auftreten von ASW sehr unstabil ist. Das hat Osty sehr gut formuliert, wenn er die Bedingungen für dieses Auftreten der ASW folgendermaßen zusammenfaßt: »Alles, was in ungünstiger Weise auf das Gehirn einwirkt, kann die Qualität der ASW-Fähigkeit stören: starke anhaltende Emotionen (Unruhe, seelischer Schmerz, starke Gemütsbewegungen usw.), körperliche Schwäche (geistige oder körperliche Überarbeitung usw.), Krankheiten aller Art, namentlich Störungen der Verdauungsorgane... Außer durch diese gewichtigeren körperlichen und seelischen Einflüsse, die anhaltende starke Leistungsschwankungen hervorrufen, ändert sich die Fähigkeit des Paragnosten in ihrer Qualität von Tag zu Tag, von Stunde zu Stunde, auch unter dem Einfluß nicht wahrnehmbarer innerer und äußerer Faktoren alltäglichster und banalster Art: eine unpassende Zeit für den Versuch, ungenügender Schlaf, Eintreffen unerfreulicher Nachrichten, eine leichte Erregung, geringfügige Verdauungsstörungen usw. sind von Belang. Solche Kleinigkeiten rufen seelische Störungen hervor, die groß genug sind, um die ASW-Fähigkeit von einem Augenblick zum anderen zu verändern, und zwar in einem Umfang, der in seiner Größenordnung keineswegs der Ursache entspricht. Eine Versuchsperson mit einer ausgezeichneten Fähigkeit kann urplötzlich vollkommen ins Durchschnittliche absinken oder bisweilen sogar ihre ASW-Fähigkeit völlig verlieren... Doch diese in der psychophysischen Disposition der Versuchsperson liegenden Gründe für Schwankungen in der ASW-Fähigkeit sind nicht die einzigen. Hinzu kommen andere: z. B. Ein-

flüsse, die von den Menschen ausgehen, auf die sich der Vorgang der ASW richtet. Wenn die Haltung oder eine Äußerung irgendeiner beteiligten Person auch nur Spuren von Böswilligkeit zeigen, so wird die hochsensible Psyche der Versuchsperson davon beeinflußt, und ihre ASW-Fähigkeit arbeitet schlecht oder bleibt völlig aus. Das Antipathiegefühl wird nicht unbedingt durch offen erkennbare Eigenarten oder Merkmale geweckt. Die Antipathie des Paragnosten bestimmten Personen gegenüber ist oft intuitiv, unmittelbar und spiegelt sich in seiner seelischen Aktivität... Auf seiten der Person, die Gegenstand der ASW ist, dürfte der Hauptgrund für solche Schwankungen in einer bestimmten psychophysischen Eigenart zu suchen sein. Diese Eigenart ist zwar als solche heute noch unbekannt, zeigt sich aber durch Auswirkungen und hat zur Folge, daß – unter sonst gleichbleibenden Bedingungen – verschiedene Menschen für den Paragnosten in unterschiedlichem Ausmaß zugänglich sind.«

Bisweilen ist auch anzunehmen, daß das Versuchsergebnis von gewissen inneren Hemmungsmechanismen beeinflußt wird, die verhindern, daß gewisse Erkenntnisse bis ins Bewußtsein dringen. Tenhaeff spricht in diesem Zusammenhang von einer »unbewußten Abwehr« gegen manche Erkenntnisse. Das gleiche Phänomen hat auch Osty beobachtet und dazu bemerkt, die Paragnosten unterließen es häufig, den nah bevorstehenden Tod eines Klienten vorauszusagen. Das heißt: Auch wenn sie eine große Anzahl richtiger Angaben über den Betreffenden gemacht haben, selbst wenn sie eine Anzahl richtiger präkognitiver Aussagen bringen, unterlassen sie es oft, den Tod des Klienten vorauszusagen, obwohl dieser ein so außerordentliches Ereignis ist, daß man erwarten kann, daß sie ihn erkennen. Zur Erklärung gibt es zwei Möglichkeiten: Entweder erkennt der Paragnost den baldigen Tod des Klienten wirklich nicht – das wäre ein echter Fall von »unbewußter Abwehr« –, oder aber er zieht es vor, die gewonnene Erkenntnis für sich zu behalten, um dem Betreffenden den Schock zu ersparen.

In Zusammenhang mit diesem Phänomen steht auch eine interessante Beobachtung von N. Fodor, der eine ganz ungewöhnliche Form von Telepathie entdeckte, die er als »inhibitiv« (inhibitorisch) bezeichnete. Sie hängt offenbar mit dem Phönomen des »PSI-bedingten Fehlers« (psi-missing, vgl. S. 177) zusammen und ist eine Art von »Telepathie in umgekehrter Abfolge«. Während sich im Normalfall die telepathische Wahrnehmung schließlich in einer bewußten Erfahrung äußert, beobachtete N. Fodor Fälle, die offenbar telepathisch bedingt waren, wo aber der angenommene telepathische Einfluß sich so auswirkt, daß er die bewußte Erfahrung mancher Erinnerung oder

Wahrnehmung behindert. Er nennt einen Fall, in dem er nicht in der Lage war, sich an einen Namen zu erinnern, der für einen anderen Anwesenden eine unerfreuliche Bedeutung hatte: In einem Gespräch nach dem Essen während einer Abendgesellschaft wollte er ein Gedicht von Thomas Lake Harris zitieren. Trotz aller Bemühungen war es ihm plötzlich unmöglich, sich an den Namen Harris zu erinnern, während der Name Lake ständig in seinen Gedanken auftauchte. Dieser Zustand blieb, bis die Gäste heimgegangen waren; erst danach fiel ihm der vergessene Name wieder ein. Er forschte nach der Ursache, indem er sich bei einer befreundeten Dame und einem befreundeten Herrn, die auch an der Gesellschaft teilgenommen hatten, erkundigte, welche Bedeutung der Name Harris für sie habe. Die Dame antwortete: Harris ist der Name eines Mannes, mit dem ich einmal gut befreundet war, doch hatte ich Gründe, die Verbindung mit ihm abzubrechen: seine Anträge waren mir nicht angenehm. Der Herr entgegnete: Harris ist der Name eines Mädchens, das ich einmal gekannt habe. Doch höre ich den Namen nun nicht mehr gern.
Der Sensitive erlebt den Empfang von Informationen über andere Personen häufig als ein »Sich-in-den-anderen-versetzt-Fühlen« (Einfühlen). Es läßt sich nicht ohne weiteres entscheiden, ob das nur das subjektive Erleben eines Gefühles der Entpersönlichung ist, oder ob wir es hier mit einer Art von wirklichem intensivierten telepathischen Kontakt mit der anderen Person zu tun haben. So erklärte der Psychoskopist S. Ossowiecki, wenn ihm zum Beispiel ein Brief als Induktor gegeben werde, brauche er sich nicht darum zu kümmern, was darin geschrieben stehe. »Ich nehme den Umschlag in die Hand und halte ihn fest in dem Wunsch, mit der Person in Kontakt zu treten, von der der Brief kam. In einem bestimmten Augenblick habe ich dann das Gefühl, ich sei die Person, die auf das Papier geschrieben hat; dann taucht in meinen Gedanken auf, was diese Person gedacht hat, der Sinn dessen, was sie geschrieben hat, und die Unterschrift, die sie unter den Brief gesetzt hat – ganz, als wäre es eine eigene Erinnerung. Und es ist wie eine Erinnerung... Das Wichtigste dabei ist, daß ich mit der betreffenden Person in Kontakt komme. Es gibt Personen, mit denen ich ziemlich leicht Kontakt aufnehmen kann, daneben aber auch solche, bei denen es mir nicht gelingt. Das Papier selbst bedeutet nichts. Ich muß Kontakt bekommen mit dem Schreiber. Der Umschlag mit seinem Inhalt ist nur eine Hilfe, die es mir möglich macht, mit der Person in Kontakt zu treten, die nicht persönlich anwesend ist.«
Dieselbe Beobachtung hat auch Tenhaeff bei vielen seiner Sensitiven gemacht. Der Paragnost kann die Krankheit (Schmerzen usw.) eines

Klienten häufig dadurch erkennen, daß er sich in dessen Person versetzt fühlt. Tenhaeff beschreibt einen Fall, in dem ein Paragnost einen Induktor bekam, der von einer Frau stammte, die einen Autounfall gehabt hatte. Der Sensitive durchlebte alle Befürchtungen, Ängste und Schrecken, die die Frau im Augenblick des Unfalls durchlebt hatte, sowie alle Schmerzen ihrer Verletzungen. Ja er erlebte sogar die Symptome der Gehirnerschütterung, die die Frau erlitten hatte.
Ein anderer von Tenhaeff mitgeteilter Fall: Im Oktober 1951 erkärte Croiset, wenn er an seinen Freund N. denke, dann empfinde er jedesmal starke Schmerzen in der Herzgegend und Angstgefühle; dabei erfreute dieser Freund sich bis dahin einer guten Gesundheit. Croiset sagte, der Mann werde bald ins Krankenhaus kommen, vermutlich wegen eines Herzanfalls. Er werde wieder gesund werden, aber danach nicht mehr länger als zwei Jahre leben. Im Dezember 1951 wurde der Freund nach einem Herzanfall ins Krankenhaus eingeliefert. Seine Beschwerden waren die gleichen, die Croiset vorher erlebt hatte. Der Mann wurde wieder gesund, starb aber ganz plötzlich im August 1953.
Derartige Erlebnisse stellen sich bisweilen auch ganz spontan im Alltagsleben ein. So berichtet zum Beispiel der Psychiater B. E. Schwarz davon, daß er plötzlich starke Zahnschmerzen bekam. Er suchte einen Zahnarzt auf, der ihm erklärte, seine Zähne seien vollkommen in Ordnung. Später stellte sich heraus, daß zur selben Zeit, da er diese Schmerzempfindungen hatte, seiner Mutter unter großen Schmerzen ein Zahn gezogen wurde.
In Fällen wie den oben genannten, die eindeutig telepathischen Charakters sind, kann oft ein typischer Zug der Telepathie beobachtet werden: *Telepathie aus den Randzonen des Bewußtseins.* Normalerweise stellt sich der Laie die Telepathie so vor, daß der Gegenstand der telepathischen Übertragung in den meisten Fällen solche Gedanken, Eindrücke und Gefühle sind, auf die der Sender sich intensiv konzentriert und die damit im Zentrum seiner Aufmerksamkeit stehen. Das ist aber keineswegs immer der Fall. Vielmehr geschieht es nicht selten, daß gerade solche Elemente psychischer Aktivität, die nicht im Zentrum der Aufmerksamkeit stehen, bevorzugt übertragen werden: Gedanken, Empfindungen und Gefühle, die man einmal erlebt hat, die dann aber vergessen oder durch andere, nachfolgende Erlebnisse überlagert wurden. Starke geistige Konzentration und Willensanstrengung mindern bisweilen sogar die Ergebnisse telepathischer Experimente.
Telepathie aus den Randzonen des Bewußtseins ist auch von früheren Autoren schon recht häufig berichtet worden. Von neueren Autoren

teilt z. B. S. G. Soal mit, daß er, wenn er das spiritistische Medium Mrs. Blanche Cooper nach einem Namen gefragt habe, dieses Medium nur selten in dem Augenblick geantwortet habe, in dem er an den Namen dachte. Doch etwas später, wenn er an etwas ganz anderes dachte, habe es den gefragten Namen richtig genannt. Auch W. H. C. Tenhaeff hat bei seinen Versuchen mit Sensitiven das Phänomen der Telepathie aus den Randzonen des Bewußtseins beobachtet. Während einer öffentlichen Vorführung z. B. erwähnte ein Paragnost gerade jenes Ereignis aus der Vergangenheit eines Mannes (ein Verhältnis zu einer Frau), das dieser niemals vor der Öffentlichkeit bekannt hätte und an das er deshalb den ganzen Abend über nicht zu denken versuchte in der Befürchtung, der Paragnost könne es auf telepathischem Wege erfahren.
Gute Beispiele für telepathische Übertragungen aus Randzonen des Bewußtseins haben auch Burt und Usher bei ihren Telepathieversuchen auf große Entfernungen beobachtet. So war zum Beispiel bei dem Telepathieversuch zwischen Prag und Paris ausgemacht, der Sender solle um 20:30 Uhr von Prag aus ein telepathisches Signal senden, und der Perzipient (Empfänger) solle versuchen, dieses Signal zur selben Zeit in Paris aufzufangen. Zur Zeit des Versuches befand sich der Sender in einem Prager Restaurant. Mehrere Leute waren dort, und sie aßen Brathähnchen. Dabei ging es ziemlich geräuschvoll zu; außerdem wurde in dem Gastzimmer Klavier gespielt. Vor den Fenstern waren grüne Vorhänge. Da er noch etwas Zeit hatte, begann der Sender, Schach zu spielen. Dabei vertiefte er sich vollkommen in das Spiel. Plötzlich fiel ihm der Versuch ein, und er beeilte sich, in einen ruhigeren Raum zu kommen, um seine Gedanken zu beruhigen und das telepathische Signal senden zu können. Zur selben Zeit zeichnete der Perzipient in der Nähe von Paris aus einer Anzahl sich überkreuzender Linien ein schachbrettartiges Muster und erklärte: »Brathähnchen, Bratensoße, drei Leute, es wird viel gesprochen, grüne Vorhänge, jemand bearbeitet ein Klavier.«
Telepathische Übertragungen aus den Randzonen des Bewußtseins sind von dem französischen Parapsychologen R. Warcollier experimentell untersucht worden. Bei einem seiner Versuche konzentrierte er sich auf ein Bild, das einen ägyptischen Sarkophag darstellte. Beiläufig nahm er auch ein vor ihm an der Wand hängendes Bild wahr. Nach und nach wurde seine Aufmerksamkeit stärker von dem Bild an der Wand angezogen. Das erste, was er darauf näher zu erkennen begann, war ein Punkt, von dem eine große Anzahl Strahlen ausging, ferner eine Anzahl von in einem Punkt zusammenlaufenden Linien, was bei ihm den Gedanken an einen Kometen weckte: ein fünfstrahli-

ger Stern mit sechs annähernd parallel laufenden Kurven. Das übertragene telepathische Signal wurde von mehreren Perzipienten aufgefangen. Zwei von ihnen skizzierten als übermittelte Vorstellung einen Sarkophag (telepathische Übertragung aus dem Bewußtseinszentrum). Die Zeichnungen der sechs übrigen ließen erkennen, daß sie das Bild des Kometen empfangen hatten (Telepathie aus den Randzonen).

Sehr wichtig für jede eventuelle bewußte Beherrschung und praktische Anwendung der ASW ist das *Problem der Fehlleistungen.* Wir können sie in Analogie zu den Sinnestäuschungen und anderen Fehlleistungen der klassischen Sinne verstehen. Doch um sie näher zu erklären, müssen wir den Vorgang der ASW stärker in seine Einzelteile zerlegen, als wir es bisher getan haben. Wir können dann unterscheiden:

Eine erste Phase:

a) Spiegelung der Information über das ermittelte Ereignis in einem angenommenen tragenden Medium[1], in dem sich nach unserer Hypothese die ASW-Signale fortpflanzen.
b) Weiterleitung der Information über das ermittelte Ereignis (das heißt der ASW-Signale, die sich durch das hypothetische tragende Medium verbreiten) bis hin zum Perzipienten.
c) Das Eintreffen der Information (ASW-Signale) im Organismus des Perzipienten und die Stimulierung des Gehirns (unbewußte Ebene).

Eine zweite Phase:

a) Auftreten der Information in der bewußten Erfahrung des Perzipienten.
b) Objektivierung der bewußt aufgenommenen Feststellung (durch gesprochenes und geschriebenes Wort, Zeichnung usw.) oder – unter Auslassung der Phase 2 a) – Objektivierung durch eine unbewußte Reaktion. So differenzieren sich Telepathie und Hellsehen offenbar in Phase 1 a). Phase 1 b) ist für jene Fälle verantwortlich, in denen ASW auf große Entfernung wirksam wird oder in denen sie die Zeitschranke überschreitet. Die Untersuchung dieser Phase wird uns vermutlich auch helfen, einige Fragen zu beantworten, die der Parapsychologie fern zu liegen scheinen, zum Beispiel bestimmte Probleme der theoretischen Physik und der Kosmologie (über die Struktur des Raum-Zeit-Kontinuums u. ä.). Und schließlich kann die Untersuchung von Phase 1 c) neues Licht

[1] »Medium« an dieser Stelle wie auch unter b) natürlich nicht im parapsychologischen, sondern im physikalischen Sinne. (Der Übersetzer).)

auf das alte Problem des Verhältnisses zwischen Geist und Körper werfen. Leider sind uns sämtliche möglichen Beschränkungen des ASW-Vorganges sowie alle Gründe für die Verzerrung eintreffender Information, soweit sie in der ersten Phase liegen können, gegenwärtig noch im wesentlichen unfaßbar. Aus diesem Grund haben sich die Parapsychologen auch mehr der Untersuchung derjenigen Irrtümer und Fehlleistungen zugewandt, die in der zweiten Phase eintreten können. Diese sind, wie wir sehen werden, psychologischer Art.

Irrtümer bei ASW sind von den frühesten Zeiten der Forschung an immer wieder berichtet worden. So beobachtete man bei frühen Versuchen mit telepathischer Übertragung von Zeichnungen, daß verschiedene Perzipienten dahin tendierten, die übertragenen Zeichnungen zu vereinfachen, während, im Gegensatz dazu, andere die Tendenz zeigten, nicht vorhandene Einzelheiten hinzuzufügen. Der wohl erste, der Irrtümer in der telepathischen Übertragung methodisch untersucht hat, war Ya. Zhuk. Bei Versuchen mit der telepathischen Übertragung von Zeichnungen verglich er die Zeichnungen, welche Versuchspersonen a) im Rahmen eines telepathischen Versuches und b) nachdem ihnen die übermittelte Zeichnung für eine ganz kurze Zeitspanne offen gezeigt worden war, angefertigt hatten, mit den »gesendeten« Vorlagen. Dabei ergab sich, daß die Zeichnungen durch blitzartig projizierte Bilder stimulierter Versuchspersonen den Vorlagen weniger glichen als die auf Grund telepathischer Eindrücke erstellten.

Bei qualitativen ASW-Phänomenen sind Irrtümer visueller Art recht häufig. Das hängt offenbar damit zusammen, daß die außersinnlichen Eindrücke im Bewußtsein oft als visuelle (Pseudo-)Halluzinationen auftreten. Ist das halluzinatorische Erlebnis undeutlich, so erscheint der Irrtum als Sinnestäuschung oder als Versehen. Das war zum Beispiel der Fall bei dem bei Ossowiecki beobachteten Irrtum, als er statt »wonderful« (wunderbar) »vendredi« (Freitag) las (vgl. S. 79). Auch Tischner machte bei seinen Versuchen mit Miß B. ganz ähnliche Beobachtungen: Sie sollte Texte lesen, die in undurchsichtige Umschläge gelegt waren, war aber nicht in der Lage die Gesamttexte zu lesen, sondern konnte nur einzelne Wörter oder Wortstücke wiedergeben. Irrtümer visuellen Ursprungs sind auch bei quantitativen Versuchen in den Fällen von systematischem Irrtum (»consistent missing«) festgestellt worden: So war bei Versuchen mit ASW-Karten mehrfach zu beobachten, daß Versuchspersonen dazu neigten, den Stern als Kreuz zu mißdeuten (da das Charakteristikum beider Figuren darin besteht, daß mehrere Strahlen von einem zentralen Punkt ausgehen) und einen Kreis als Viereck (gemeinsames Merkmal: ein schwarz umrandeter weißer Raum). Und der Autor dieses Buches konnte bei Versuchen, gedruckte Texte in der Hellsehsituation zu lesen, wiederholt beobachten, daß Versuchspersonen die Großbuchstaben O als C und P als R (oder auch die Zahl 8 als 3) mißdeuteten u. ä. Bei Versuchen, in denen die Aufgabe gestellt war, durch Hellsehen auf Uhren die Stunde festzustellen, waren bisweilen undeutliche Vorstellungsbilder die Ursache für Irrtümer mit den Zeigern. Gleichfalls interessant ist eine andere, relativ häufig vorkommende Form des Irrtums. Dabei erscheint der in der Hellsehsituation wahrgenommene Gegenstand um 90° oder 180° gedreht oder in spiegelbildlicher Form.

Eine restlos überzeugende Erklärung für diese Beobachtung haben wir nicht. Pagenstecher wollte sie damit in Zusammenhang bringen, daß auch beim normalen Sehen das Bild umgekehrt auf die Netzhaut projiziert wird. Doch können wir in diesem Phänomen ebensogut ein Anzeichen dafür erblicken, daß der ASW-Vorgang jenseits unserer dreidimensionalen Welt verlaufen kann, vielleicht in dem, was wir als zusätzliche »Dimension« des Raumes verstehen können.

R. Dufour hat die Irrtümer, die er bei Versuchen beobachtete, in denen die Versuchsperson die Aufgabe hatte, mit Hilfe von ASW komplizierte Zeichnungen nachzuzeichnen, systematisch analysiert. Dabei entdeckte er folgende Gruppen und Formen von Irrtümern:

A) Entstellungen rein geometrischer Art:
   1. Drehung der Gesamtzeichnung oder eines ihrer Teile.
   2. Vergrößerung oder Verkleinerung der Gesamtbilder oder eines ihrer Teile.
   3. Vestümmelung einzelner Teile.
   4. Verlegung einzelner Teile.

B) Entstellungen psychologischer Art:
   1. Analogie und symbolische Darstellung.
   2. Schematisierung.
   3. Schöpferische Veränderung und Eingliederung in einen größeren Zusammenhang.
   4. Wiederholung (bisweilen seltsame und ungenaue) desselben Bestandteils.
   5. Verdichtung, Verschmelzung zweier oder mehrerer Teile zu einem.

Nach Dufour ist beim Erkennen von Zeichnungen auf dem Wege des Hellsehens das, was zuerst aufgegriffen wird, die Form der Zeichnung; erst in zweiter Linie wird der Bedeutungsgehalt des Bildes erfaßt. Als Hauptquellen der Irrtümer und Ungenauigkeiten bezeichnet

Dufour: 1. Konfabulation; 2. Eindringen fremder, telepathisch oder hellseherisch gewonnener Wahrnehmungen, die nicht zum Thema gehören, das gestellt worden ist; 3. unbewußtes Bemühen der Versuchsperson, Erfolg um jeden Preis zu erzwingen.

Die vermutlich detaillierteste Untersuchung der Irrtümer bei ASW hat der französische Wissenschaftler E. Osty durchgeführt. Dabei machte er vor allem auf die Irrtumsquellen aufmerksam, die bei Versuchen auftreten, bei denen die Paragnosten Angaben über ihnen unbekannte Personen machen. Er klassifizierte sie folgendermaßen:

1. Irrtümer auf Grund psychischen Versagens des Paragnosten:
   a) Dem Paragnosten gelingt es nicht, Erkenntnisse über die betreffende Person aufzufangen. Daraufhin erklärt er sich entweder nur für unfähig, Eindrücke aufzunehmen, oder – und das ist bedeutend unerfreulicher – er füllt die Lücke in seinen Eindrücken durch Konfabulieren. Diese Konfabulation ist entweder vollständig oder ergänzt bruchstückhafte, durch ASW gewonnene Eindrücke. Auch Vermutungen, Wünsche und Pläne von Teilnehmern können aufgefangen werden und stören den Erfolg des Versuches.
   b) Der Paragnost empfängt Erkenntnisse über die betreffende Person, doch diese werden durch seine Phantasie entstellt.
   c) Ferner können Irrtümer entstehen durch falsche Interpretation des Paragnosten, wenn er symbolhafte, allegorisierende Anschauungsbilder übersetzen will in ihre reale Bedeutung. Wegen der ungeheuren Komplexität von Symboliken kann eine derartige Interpretation bisweilen sehr schwierig werden.
   Osty unterscheidet hierbei: *Irrtümer durch Approximation* (= der Paragnost erreicht in seiner Aussage die Wirklichkeit nur annäherungsweise), *Irrtümer in der Anwendung* (= der Paragnost wendet in sich richtige Erkenntnisse am falschen Platz an) und *Irrtümer in der Zeitbestimmung.* – Als Beispiel für einen Irrtum in der Anwendung berichtet er folgenden Fall: Seine Versuchsperson de Berly beschrieb in allen Einzelheiten den Tod ihres Klienten; sie nannte das Alter des Betreffenden, seine Schmerzen und die Situation, in der der Tod eintreten sollte. Die Voraussage erfüllte sich – aber nicht an dieser Person selbst. Fünf Jahre später starb deren Vater unter Bedingungen, die genau der Voraussage entsprachen.
   d) Eine absichtlich falsche Aussage: Will der Paragnost dem Klienten Angst und Kummer ersparen, so gibt er ihm bewußt eine weniger schlimme, unrichtige Information.
   e) Irrtümer dieser Kategorie entstehen ferner, wenn wir versu-

chen, den Paragnosten zu einer Leistung zu drängen, zu deren Bewältigung er nicht in der Lage ist.

f) Weitere Irrtümer haben ihren Ursprung in dem ASW-Vorgang selbst. Auf Grund des fragmentarischen Charakters der ASW-Eindrücke oder der Spezialisierung verschiedener Paragnosten – das heißt, wenn sie gewisse Kategorien von Fakten aus dem Leben ihrer Klienten nach ihren eigenen »Vorlieben« auswählen – können leicht wichtige Tatsachen ausgelassen werden.

2. Irrtümer, die durch die Person des Klienten hervorgerufen werden. Bei manchen Personen ist der Paragnost unfähig, Eindrücke von ihnen zu empfangen. Abgesehen davon können Gedanken, Wünsche und Mutmaßungen anderer Personen ihn beeinflussen und Irrtümer verursachen.
3. Irrtümer, die ihren Ursprung in dem Versuchsleiter haben. Der Versuchsleiter kann einen Irrtum hervorrufen, wenn er den Paragnosten nicht richtig behandelt, zum Beispiel wenn er von ihm Angaben über Dinge verlangt, die der Paragnost nicht ermitteln kann; oder wenn er ihn drängt, unter ungünstigen Bedingungen zu arbeiten; oder wenn er sich durch unpassende Fragen oder Mitteilung eigener Vermutungen in die Arbeit des Paragnosten störend einschaltet. Natürlich kann er den Wert der Leistung des Paragnosten auch dadurch herabsetzen, daß er dessen Aussage nicht genau und sofort niederschreibt und somit die Möglichkeit schafft, daß sie durch Gedächtnisfehler entstellt wird.

In neuerer Zeit hat W. H. C. Tenhaeff die Gründe von Fehlleistungen bei psychoskopischen Versuchen sorgfältig untersucht. Er zählt folgende Fehlerquellen auf:

1. Suggestiver Einfluß. Verschiedene Bemerkungen, Erklärungen oder unrichtig ausgewählte Fragen können sehr störend wirken, ebenso wie Ermüdung und starke Wünsche des Paragnosten (seine augenblickliche Geistesverfassung). Auch ein falsch gewählter Induktor (= Gegenstand, der dem Klienten gehört und dem Paragnosten ausgehändigt wird) kann zur Quelle von Schwierigkeiten werden. So kann etwa ein Messer als Induktor Eindrücke irgendwelcher mörderischer Stechereien hervorrufen. Solche Phantasieprodukte lassen sich häufig nur schwer von echten ASW-Eindrücken unterscheiden. Daher empfiehlt Tenhaeff, neutrale Induktoren zu verwenden oder die Induktoren zumindest in eine neutrale Hülle einzuschlagen, die den betreffenden Gegenstand, der störende Assoziationen hervorrufen könnte, unkenntlich macht.

2. Telepathische Beeinflussung durch den Klienten. Bei der Verwendung von Sensitiven für polizeiliche Zwecke stellte Tenhaeff häufig fest, daß der Betreffende die Skepsis beteiligter Beamten spürte. Daher rät Tenhaeff, daß nur solche Personen bei der Konsultation anwesend sein sollen, die so wenig wie möglich mit den zu ermittelnden Dingen zu tun haben. Tenhaeff beobachtete ferner: Wenn ein gewisser Induktor nacheinander zwei Paragnosten vorgelegt wurde, beschrieb der zweite häufig dieselben Szenen wie der erste (auch wenn dieser sich geirrt hatte).
3. Falsche Interpretation von Visionen und Eindrücken.
4. Bildhaftes Denken. Paragnosten befinden sich bei Versuchen allgemein in einem Zustand verminderter Wachheit. Diese Reduzierung der geistigen Spannung variiert bei den einzelnen Psychoskopisten von einer nahezu unmerklichen Gedankenversunkenheit bis zur tiefen Trance. Auch die geistigen Vorgänge in ihnen während dieses Zustandes sind unterschiedlich. Sie folgen nicht exakten Gesetzen der Logik wie im Wachzustand, sondern kommen eher einer phantasiehaften, traumähnlichen, stärker zum Assoziativen neigenden Denkweise nahe. In einem solchen Bewußtseinszustand treten nach Tenhaeffs Meinung »entwicklungsgeschichtlich frühere Denkformen auf«, nämlich das Denken in Bildern und bildlichen Vorstellungen.

Wir erwähnten schon, daß Sensitive es bisweilen ablehnen, unerfreuliche oder peinliche Informationen zu geben. Selbst das braucht nicht immer ein bewußter Vorgang zu sein. Bisweilen werden unangenehme Feststellungen bereits auf der unbewußten Ebene ausgeschaltet.

So sagte zum Beispiel in einem von Osty durchgeführten Versuch Mlle. Laplace einem Admiral im Ruhestand für die nächste Zukunft eine lange Reise voraus; sie konnte ihm aber keine Information darüber geben, welches Land er besuchen werde. Seiner Frau sagte sie voraus, sie werde bald Trauer tragen, was diese auf ihre Mutter bezog, die zu der Zeit ernsthaft erkrankt war. Wenige Stunden nach dem Besuch bei der Psychoskopistin fühlte der Admiral sich unwohl, und Minuten später starb er. Darauf kam die Witwe zu der Psychoskopistin und machte ihr den Vorwurf, sie habe ihr nicht die volle Wahrheit über die Zukunft gesagt. Dieser Vorwurf war ungerechtfertigt; die Psychoskopistin hatte ihre Eindrücke über die Zukunft in einer allegorischen Form empfangen, und das einzige, was sie wirklich erkannt hatte, war die »Abreise« des Admirals.

In einem ähnlichen Fall, ebenfalls unter Tenhaeffs Leitung, machte der Psychoskopist Mrs. X eine Reihe richtiger Angaben aus ihrer Vergangenheit und erklärte ihr dann, sie würde binnen kurzem verheiratet sein. Er machte ihr sogar ins einzelne gehende Angaben über ihre künftige Umwelt, beantwortete ihr aber nicht die Frage, weshalb sie wieder heiraten werde; er erklärte ihr, das erkenne er nicht. Etwa zwei Jahre später starb Mrs. X.s Mann an den Folgen eines Verkehrsunfalles. Einige Zeit danach heiratete Mrs. X Mr. Y. Die neue Umgebung, in der sie dann lebte, entsprach der Vorhersage.

Eine nachweislich absichtliche Fehlvoraussage war bei folgendem von Tenhaeff berichteten Fall im Spiel: Auf einer öffentlichen Versammlung erklärte der Sensitive G. Croiset über einen Induktor, er gehöre einer Frau, die sich sehr nach einem Kind sehne. Er nannte aber keine weiteren Details. Erst als er mit der Frau unter vier Augen sprechen konnte, machte er ihr weitere richtige Detailangaben: Einige Jahre vorher hatte sie eine Abtreibung vornehmen lassen; seither war sie unfruchtbar, hatte aber immer starke Reuegefühle, wenn sie eine Mutter mit einem Kinderwagen sah.

Beispiele *telepathischer Einflüsse* auf Paragnosten werden in der Literatur ebenfalls häufig erwähnt. So beobachtete zum Beispiel der schwedische Arzt A. Backman bei einem Versuch mit der 14jährigen Ann S. folgenden Vorgang: Das Mädchen beschrieb richtig und bis in die Einzelheiten Backmans Haus, das etwa zwanzig Kilometer entfernt lag, und ebenso seine Frau, obwohl es diese noch nie gesehen hatte. Hinterher fragte B. es, ob es da nicht noch eine andere Frau sehe. Er dachte dabei an eine alte Frau, die in seinem Haus lebte. Ann beschrieb ein Mädchen, in dem B. Miß W. erkannte. Seine Frau teilte ihm später mit, daß sie an dem Tag und zu der Stunde, in der der Versuch stattfand, tatsächlich mit Miß W. gesprochen hatte, aber nur telefonisch über eine Entfernung von etwa 35 Kilometern. G. Pagenstecher berichtet von einem Fall, in dem er seiner Versuchsperson einen Brief gab mit der Aufforderung, seinen Schreiber zu beschreiben. Die Versuchsperson beschrieb ganz genau eine Dame aus seiner Bekanntschaft und erklärte dabei, diese trage ein Medaillon, das die aber in Wirklichkeit gar nicht besaß, sondern sich nur sehr innig wünschte.

Wie solche Irrtumsquellen die Richtigkeit außersinnlicher Feststellungen stören und eine eventuelle praktische Verwendung von ASW behindern können, zeigt folgender ebenfalls von Tenhaeff berichteter Fall: Mr. Y, ein ausgeprägter Hypochonder, fürchtete, er sei herzkrank und werde eines Tages plötzlich daran sterben. Zwei Psychoskopisten bestätigten diese Befürchtung. Aus lauter Angst unterzog er sich einer ärztlichen Untersuchung, bei der sich herausstellte, daß sein Herz vollkommen gesund war. Voll Mißtrauen suchte er einen anderen Psychoskopisten auf, der ihm ebenfalls bestätigte, sein Herz sei nicht in Ordnung. Zu der Zeit, als Tenhaeff diesen Fall berichtete, waren seit diesen Voraussagen bereits 15 Jahre verflossen. Die ganze Zeit über hatte Mr. Y ganz normal gearbeitet, und nach Aussage seines Hausarztes befand sein Herz sich in bester Gesundheit.

In einem weiteren Fall, der ebenfalls aus Tenhaeffs Praxis stammt, geschah folgendes: Mr. S.' Vater war gestorben. In Mr. S. erwachte der Verdacht, die Stiefmutter haben den Vater vergiftet. Er suchte einen Psychoskopisten auf. Dieser machte ihm eine Anzahl richtiger Angaben und bestätigte ihm auch seinen Verdacht – telepathisch beeinflußt durch Mr. S.' eigenen Verdacht. Später konsultierte er dann auch noch G. Croiset. Dieser stellte fest, daß Mr. S.' Vater an einem Herzleiden gestorben war, konnte dabei aber auch nicht den unerklärlichen Eindruck loswerden, bei dem Tod sei doch auch eine Vergiftung mit im Spiel gewesen.

Und schließlich kann es, da der Paragnost unter seinen Visionen eine psychisch motivierte Auswahl trifft, sehr gut vorkommen, daß er Eindrücke empfängt, die zwar richtig sind und damit vom parapsychologischen Standpunkt aus von Bedeutung, die aber keine Antwort auf das jeweils akute Problem bilden und damit für die Praxis wertlos bleiben. Tenhaeff beobachtete dies bei Experimenten, in denen er versuchte, Paragnosten für Zwecke der Polizei einzusetzen: Die Eindrücke des Paragnosten gaben häufig die Gedanken und Vermutungen des Kriminalbeamten wieder. In anderen Fällen waren zwar die Eindrücke richtig, betrafen aber nicht den Verbrechensfall, der geklärt werden sollte, und blieben damit ebenfalls für die Polizei wertlos.

Tenhaeff beschreibt noch eine weitere Irrtumsquelle: *Die Verwechslung eines Induktors mit einem anderen.* So fühlte sich zum Beispiel bei einem Vortrag G. Croiset gedrängt, einer anwesenden Frau zu sagen, er habe sie mit einem mehrere Monate alten Kind im Schoße gesehen. Mrs. C. bestätigte, sie habe vor einigen Monaten ein Kind geboren. Croiset fragte weiter, ob sie noch ein anderes Kind zu Hause habe, ein Mädchen, das sich an diesem Morgen eine ernsthafte Verletzung an der Hand zugezogen habe: »Das Kind muß sich die Hand in der Tür gequetscht haben oder irgend etwas Ähnliches.« Mrs. C. verneinte diese Frage. Etwa zwei Stunden später kehrte Croiset zu Mrs. C. zurück und erklärte ihr: »Ich sehe immer noch das Kind, das sich verletzt hat, bei Ihnen. Es muß irgend etwas mit Ihnen zu tun haben.« Wiederum antwortet Mrs. C. verneinend. Daraufhin stand Mrs. L., die bei dem ersten Gespräch zwischen Mrs. C. und Croiset nicht zugegen gewesen war, auf und erklärte, ihre kleine Tochter habe sich beim Zusammenklappen eines Klappbetts die Hand gequetscht.

Das Kind hatte längere Zeit auf dem Stuhl gesessen, auf dem nachher Croiset Platz genommen hatte bei dem Vortrag.
Während einer anderen Vorführung ergriff Croiset das Bild einer Frau, das von einem der Anwesenden auf den Tisch gelegt worden war. Nachdem er es eine Zeitlang angeschaut hatte, erklärte er, es erinnere ihn an einen deutschen Soldaten; er vermute, die betreffende Dame habe etwas mit diesem Soldaten zu tun gehabt. Der Mann, der das Bild ausgehändigt hatte, bestritt solche Zusammenhänge. Croiset erklärte, daß das Bild des deutschen Soldaten bei ihm einen so starken Eindruck verursacht habe, daß er sicher sei, der Eindruck entspreche den Tatsachen. Als der Besitzer des Bildes wiederum eine verneinende Antwort gab, unterbrach ihn Croiset plötzlich mit den Worten: »Jetzt hab' ich es! Sie haben das Bild des deutschen Soldaten in Ihrer Brieftasche, und das Bild, das ich jetzt in der Hand halte, hat darauf gelegen.« Das konnte der Mann bestätigen.
Diese Irrtumsquelle, die an Ostys Kategorie der *»Irrtümer bei der Anwendung«* (empfangener Information) erinnert und die letztlich eine Folge des bruchstückhaften Charakters der ASW-Eindrücke ist, wurde von D. v. Uslar als »Bedeutungs- oder Sinnverschiebung« (displacement of meaning) dargestellt. Bei seinen Versuchen geschah es öfters, daß ein Bedeutungsgehalt richtig empfangen, dann aber zu einem Objekt in Beziehung gesetzt wurde, das zwar falsch war, aber zeitlich, räumlich oder sinngemäß dem richtigen nahekam. So konnte es vorkommen, daß nach telepathischer Übermittlung der Anweisung, »ein (bestimmtes) Bild von der Wand (zu) nehmen und auf den Tisch (zu) legen«, zwar das Abnehmen und Auf-den-Tisch-Legen aufgenommen, aber zu einem anderen Bild in Beziehung gesetzt wurde, das in der Nähe des gemeinsamen Bildes hing.
Rückblickend können wir als Hauptirrtumsquellen bei den qualitativen Äußerungen der ASW folgende feststellen:

1. Suggestion durch den Versuchsleiter, vor allem wenn er seine Versuchsperson zu möglichst schneller Durchführung einer Aufgabe drängt. Dadurch wird die Versuchsperson gezwungen, vorzeitig über etwas zu berichten, dessen sie sich nicht sicher ist; damit wird sie zur Konfabulation verleitet.
2. Der Einfluß von Autosuggestion und Vermutungen der Versuchsperson. Außersinnliche Wahrnehmung wird durch frühere Erfahrungen, Befürchtungen, Annahmen und selbst akzidentelle blitzartige Gedanken der Versuchsperson beeinflußt.
3. Mangelnde Unterscheidung von Eindrücken, häufig hervorgerufen durch Indisposition, Ermüdung usw. Sie macht die Versuchsperson geneigt, fehlende Einzelteile ihrer Visionen durch Halluzi-

nationen oder Konfabulation zu ergänzen. Diese Irrtumsquelle ist vor allem dann verhängnisvoll, wenn die Versuchsperson nicht aufmerksam und kritisch genug ihre eigenen Eindrücke bewertet und interpretiert.

4. Sinnestäuschungen und Halluzinationen analog denen, die wir bei normalen Sinneswahrnehmungen beobachten.
5. Folgeerscheinungen des traumartigen Denkens in dem Bewußtseinszustand, der zur ASW führt: Bruchstückhaftigkeit von Erkenntnissen, Verschmelzung von Eindrücken, phantasiehafte Umformung von Wahrnehmungen usw.
6. Empfang unerwünschter Eindrücke, zum Beispiel telepathischer Einflüsse auf den Paragnosten bei psychoskopischen Versuchen, Orientierungsfehler usw.
7. Irrtümer in der Interpretation, wenn der empfangene Eindruck grundsätzlich richtig, aber falsch gedeutet ist. Diese Irrtümer sind speziell in solchen Fällen unangenehm, in denen die außersinnlichen Eindrücke in Symbolform erlebt werden.
8. Irrtümer in der Wiedergabe, wenn die Versuchsperson zwar einen richtigen Eindruck empfängt, aber den Versuchsleiter falsch informiert, indem sie sich schlecht und ungenau ausdrückt, ungeschickte Skizzen anfertigt und dergleichen mehr. Dann wird sie falsch verstanden, und aus der richtig festgestellten Tatsache zieht der Versuchsleiter einen falschen Schluß.

Wenden wir uns nach dieser eingehenden Betrachtung der qualitativen Versuche wieder den *quantitativen Versuchen* zu. Sie stellen einen grundsätzlich neuen Versuchstyp dar. Es geht bei ihnen nicht allein um methodische Präzision und mathematische Auswertbarkeit der Versuchsergebnisse. Die systematische Einführung quantitativer Kartenbestimmungstests hat zugleich eine grundlegende Änderung in die Behandlung der untersuchten Probleme gebracht – eine Änderung, deren Bedeutung leicht übersehen werden kann. Bei qualitativen Versuchen ist die erste Vorbedingung für den Erfolg, daß man eine gute Versuchsperson findet, deren individuelle Leistungen dann unter verschiedenen Gesichtspunkten untersucht werden. Der Versuchsleiter ist von seiner – nicht selten launenhaften – Versuchsperson abhängig; sie bestimmt die Versuchsbedingungen; ihre speziellen Neigungen begrenzen den Beobachtungsbereich. Die quantitativen Kartenbestimmungstests gehen, im Gegensatz dazu, von der Voraussetzung aus, daß die Fähigkeit der ASW, zumindest in unvollkommener Form, in der Menschheit weit verbreitet ist. Bei der Anlage quantitativer Versuche stehen die experimentell zu lösende Frage und der detaillierte rationale Aufbau des Versuches an erster Stelle.

Dabei wird von der Annahme ausgegangen: Ist die Aufgabe festgelegt und eine angemessene Methode zu ihrer Lösung bestimmt, so wird die Antwort auf die betreffende Frage gefunden, gleich, was für Versuchspersonen wir verwenden, auch wenn sie nicht ausgesucht sind. Dieses Verfahren hat die quantitativen Versuche von dem unangenehmen Angewiesensein auf geeignete Versuchspersonen befreit.
Die quantitativen Versuche haben noch einen weiteren Vorteil, der ebenfalls leicht übersehen wird. Die Versuchsperson erlebt ihre Aufgabe zum größten Teil als reines »Raten« und hat keine bewußte subjektive Empfindung des Empfangs außersinnlicher Eindrücke. Außerdem werden bei diesen Versuchen Schlußfolgerungen für gewöhnlich aus der Analyse einer großen Masse von Daten gezogen, die von einer großen Zahl von Versuchspersonen stammen. Sie bilden sozusagen eine Durchschnittsleistung. Folglich ist die ASW-Leistung, so wie sie bei ihnen registriert wird, nicht oder zumindest nur wenig verzerrt durch individuelle Unterschiede in den psychischen Tätigkeiten der Versuchspersonen, welche die Ergebnisse der qualitativen Versuche so stark beeinflussen.
Wenn wir die Geschichte der quantitativen Versuche der Schule von J. B. Rhine verfolgen, stellen wir fest, daß von Anbeginn der Forschung die Forscher zwei Ziele verfolgt haben: Zum ersten kam es ihnen darauf an, die tatsächliche Existenz von ASW und anderen parapsychischen Fähigkeiten mit einer Masse überzeugenden Belegmaterials zu beweisen. Zugleich wurden charakteristische Züge des Ausdrucks dieser Fähigkeit untersucht durch Vergleich der unter verschiedenen Bedingungen durchgeführten Versuche. So wurde der Einfluß verschiedener physiologisch wirkender Faktoren – Ermüdung, Drogen usw. – auf psychologische Faktoren studiert, das heißt auf die Stimmung der Versuchsperson, deren Haltung, Interesse am Versuch, Honorierung, Ermutigung oder (im Gegenteil) »Bestrafung« für Irrtümer. Studiert wurde auch der Einfluß physikalischer Faktoren: der Einfluß von Abstand, Größe oder räumlicher Anordnung von Karten. Dabei wurde von Anfang an sichtbar, daß die ASW kaum oder gar nicht von physikalischen Versuchsbedingungen abhängig ist, daß sie aber höchst beeinflußbar ist durch Änderungen der psychologischen Bedingungen, durch die charakterliche Veranlagung und augenblickliche Disposition der Versuchsperson. Bald stellte sich ein Zusammenhang zwischen parapsychischen Fähigkeiten und höheren psychischen Funktionen, namentlich der der schöpferischen Tätigkeit, heraus. Diese Entdeckungen wurden in der Folgezeit immer und immer wieder durch weitere Versuche bestätigt.
Bei diesen Untersuchungen ergaben sich mehrere besonders empfeh-

lenswerte Bedingungen, deren Beobachtung für die Bestätigung der ASW besonders günstig und deren konsequente Einhaltung bei ASW-Versuchen anzuraten ist:

1. Es ist wichtig, die Versuchsperson dafür zu gewinnen, daß sie ein aktives Interesse an der Erzielung eines guten Ergebnisses hat.
2. Eine ruhige und freundliche Atmosphäre und eine angenehme Umgebung sind immer vorteilhaft sowie allgemein alles, was eine gute Konzentration gestattet und für den Lernprozeß förderlich ist.
3. Alles, was den Versuch interessant macht (Faktor der Neuheit, kurze Versuchssitzungen usw.), verbessert das Ergebnis.
4. Die ASW-Leistung wird stark gemindert durch innere Unruhe der Versuchsperson, Angst, seelische Spannung und durch sie bedingte Zerstreuung.
5. Belohnung, Tadel, Ermutigung und andere motivierende Faktoren beeinflussen die Leistung des ASW-Tests ebenso, wie sie schwierige psychische Leistungen beeinflussen.
6. Unterhalb der Zufallserwartung bleibende Ergebnisse sind am wahrscheinlichsten bei besonders skeptischen und introvertierten, über der Zufallserwartung liegende bei enthusiastisch extravertierten Menschen zu erwarten, die sozial gut gestellt sind und über ein ausgeprägtes Selbstbewußtsein verfügen.

Überraschend ist bei der ASW, daß sie offenbar von den physikalischen Bedingungen der Versuchssituation unabhängig ist. So ergab sich beispielsweise, daß bei der Verwendung verschiedener undurchsichtiger Schirme zur Sichttrennung zwischen Versuchsperson und Versuchsgegenstand weder das Material noch die Form des Schirmes irgendeinen Einfluß auf die ASW hatte und daß die ASW-Fähigkeit im allgemeinen nicht durch materielle Hindernisse beeinträchtigt wird. Auch der Winkel der räumlichen Lage des Versuchsgegenstandes zur Versuchsperson erwies sich als irrelevant.

Die ASW läßt sich auf eine Vielzahl von Reizquellen richten. Gedanken, Sinneseindrücke, Schmerzempfindungen, Karten, Zahlen und Farben, verschiedene Gegenstände oder Szenen können gleich gut ermittelt beziehungsweise bestimmt werden. Ja, bisher sind keinerlei Beschränkungen entdeckt worden, die auf diese oder jene Weise die Kategorien von Gegenständen begrenzten, die sich durch ASW ermitteln lassen.

Ein besonders interessantes Problem ist das des Einflusses, den der räumliche Abstand des zu ermittelnden Gegenstandes auf die ASW ausübt. Damit hängt einerseits die Frage zusammen, wie Informationen über weite Strecken außersinnlich übertragen werden können, anderseits die Frage nach der Möglichkeit einer Ausrichtung des Perzipienten auf einen räumlich weit entfernten Ort. Qualitative Versuche und Laboratoriumsversuche zeigen gleichermaßen deutlich, daß ASW auf große Entfernungen möglich ist. Mehrere Autoren haben die Ergebnisse quantitativer Versuche auf kurze und auf lange Entfernung miteinander verglichen, ohne einen Anhaltspunkt dafür zu finden, daß räumlicher Abstand auf irgendeine Weise die ASW wesentlich beeinflußt. Diese Beobachtungen führten zur vorherrschenden Ansicht, ASW sei in keiner Hinsicht von räumlicher Entfernung abhängig.

Doch kürzlich hat K. Osis frühere Versuche dieser Thematik von neuem analysiert. Diese Neuauswertung bereits vorliegenden Materials hat zu einem überraschenden Schluß geführt: Sie ergab, daß Versuche, die einen Vergleich zwischen Leistungen der Versuchsperson über unterschiedliche Distanzen unter sonst vergleichbaren Bedingungen gestatten, recht selten sind und daß, wo sich ein zuverlässiger Vergleich durchführen ließ, die Leistungen der Versuchsperson bei Distanzversuchen für gewöhnlich doch schlechter ausfielen. Der Unterschied war indessen in der Regel so gering, daß er bei Einzeluntersuchungen gar nicht festzustellen war. Kombinierte man jedoch die Ergebnisse aller Versuche dieser Themenstellung, so wurden die Unterschiede deutlicher. Obwohl die abschließende Antwort noch aussteht, können wir wohl vorausgreifend sagen, daß mit der Feststellung eines gewissen Einflusses der räumlichen Distanz auf den ASW-Vollzug zu rechnen ist.

Einige uns vorliegende Beobachtungen zeigen offenbar an, daß wir zwei verschiedene Arten des ASW-Vorganges unterscheiden sollten: 1. ASW auf kurze Entfernung (innerhalb weniger Zentimeter oder Meter) und 2. ASW auf weite Distanz. Die erste dieser beiden Formen, bei der der Faktor der Übertragung durch den Raum nahezu ausfällt, scheint leichter und zuverlässiger zu sein.

Während in den oben genannten Untersuchungen der Einfluß der Entfernung an Hand der Leistungen der Versuchsperson (ausgedrückt in der registrierten Höhe der über die Zufallserwartung hinausgehenden Ergebnisse) gemessen wird, hat der russische Wissenschaftler I. M. Kogan kürzlich dasselbe Problem vom Standpunkt der Informationstheorie aus angegangen. Er hat dabei auch den Zeitfaktor (Dauer des Einzeltests) mit berücksichtigt und die Geschwindigkeit telepathischer Informationsübermittlung auf kurze und auf lange Entfernungen miteinander verglichen. Wohlgemerkt: Es kam ihm nicht auf die Geschwindigkeit der Verbreitung telepathischer Signale an, sondern auf den – in bit pro Sekunde gemessenen – Informations-

betrag, der je Zeiteinheit übertragen wird. Dabei fand er, daß der telepathische Prozeß generell sehr wenig leistungsfähig war, da der übermittelte Informationsbetrag sich in der Größenordnung von Hundertsteln und Tausendsteln eines bit pro Sekunde bewegte. Darüber hinaus stellte er fest, daß die Leistungskraft der Informationsübermittlung mit der Zeit abnahm.
Recht beachtenswert waren auch Untersuchungen über den Einfluß verstümmelter Symbole, wie sie von MacFarland und George vorgenommen wurden. Sie gingen von der Annahme aus, Schwierigkeiten bei der Identifizierung verstümmelter Symbole und speziell die ästhetische Abneigung auf seiten der Versuchsperson könnten Versuchsergebnisse beeinflussen. Doch stellten sie in der Praxis keinen registrierbaren Unterschied zu den Leistungen mit den gebräuchlichen ASW-Karten fest. Ebensowenig Einfluß auf das Ergebnis des ASW-Tests übte die Größe der Identifikationskarten aus. Allerdings bemerkte nach ihnen R. Chauvin beim Vergleich von Standard-ASW-Karten mit Miniatur-ASW-Karten, die in einem mikrophotographischen Verfahren hergestellt worden waren, eine negative Abweichung bei den letzteren; doch dieses Ergebnis kann durchaus seinen Grund in psychologischen Versuchsbedingungen haben.
Die offenbare Unabhängigkeit der ASW von den physikalischen Versuchsbedingungen und materiellen Eigenschaften der zu ermittelnden Gegenstände steht in einem starken Gegensatz zu der ungeheuren Beeinflußbarkeit der ASW durch psychologische Faktoren, die auf die wahrnehmende Person einwirken. Als wir die Entdeckungen bei den qualitativen Versuchen zusammenfaßten, haben wir den positiven Einfluß eines für ASW-Leistungen günstigen Bewußtseinszustands betont. In ähnlicher Weise ist immer und immer wieder auf die Wichtigkeit geistiger Entspannung bei quantitativen Versuchen hingewiesen worden. So betonte Brugmans, daß bei seinen Versuchen (vgl. S. 136) die Versuchsperson sich in einem »geistigen Zustand der Passivität« befinden solle. Eine freundliche Stimmung, eine erfreuliche Motivierung und eine lebhafte innere Beteiligung an dem Versuch haben ebenfalls einen entscheidend positiven Einfluß. Darauf hat vor allem J. B. Rhine nachdrücklich aufmerksam gemacht; doch schon lange Zeit vor ihm hat auch Guthrie einen Leistungsabfall bei seiner Versuchsperson festgestellt, wenn deren Interesse an dem Versuch sehr gering war. Demnach wird die ASW-Leistung positiv beeinflußt von allen Faktoren, welche die Motivierung und das Interesse der Versuchsperson heben – sei es eine psychologisch oder sozial angemessene Form, der Versuchsperson gegenüberzutreten, sei es die Wirkung einer Belohnung oder einer Wettbewerbssituation.

Aus demselben Grund kommt ein negatives Ergebnis zustande, wenn wir lange Versuchsreihen durchführen, der Versuchsperson die Ergebnisse vorenthalten oder den Versuchsvorgang mechanisch, stereotyp und langweilig werden lassen. Aus demselben Grund werden für gewöhnlich auch bei Einzeltests bessere Ergebnisse als bei Gruppentests erzielt. Anderseits können aber Gruppentests auch positive Ergebnisse liefern, zum Beispiel bei Versuchen mit Schulkindern im Klassenzimmer, wo sich unschwer eine Wettkampfsituation herstellen läßt.

Enttäuschungen haben auf die Versuchsperson einen deutlich negativen Einfluß. J. B. Rhine beschreibt einen Fall, in dem seine Versuchsperson, A. J. L., bei 600 Ansagen einen Durchschnitt von 9,9 Treffern je 25 ASW-Karten erzielte. Die Zeit der Beendigung des Versuches nahte, als der Versuchsleiter die Versuchsperson drängte, sie solle noch bleiben und den Versuch fortsetzen. Unter diesen Bedingungen ergab sich bei den folgenden 400 Ansagen ein Durchschnitt von nur vier Treffern.

Im Gegensatz dazu hat die Neuartigkeit von Versuchsbedingungen einen deutlich positiven Einfluß, der darauf zurückzuführen ist, daß jeder neue Zug, der in die Versuche hineingebracht wird, diese interessanter und ansprechender macht. Der Einfluß von Neuheiten in der Versuchssituation auf den Erfolg der ASW-Leistung ist zum Beispiel von W. B. Scherer studiert worden.

W. B. Scherer führte einen Versuch durch, bei dem jede Versuchsperson nur eine einzige Ansage zu machen hatte (sie sollte die Farbe einer Kugel bestimmen, die danach durch eine entsprechende Vorrichtung ausgeworfen wurde). Während dieses Versuches beobachtete er einen »Anfangsvorsprung«: Bei den ersten Ansagen ergab sich eine bedeutend über der Zufallserwartung liegende Trefferzahl. Als seine Versuchspersonen dann aufgefordert wurden, weitere, zusätzliche Ansagen zu machen, verschwand diese anfängliche Steigerung.

In dem Bemühen, für die ASW günstige Bedingungen zu ermitteln, wurde dem Einfluß der Haltung der Versuchsperson dem Versuch selbst und dem Versuchsleiter gegenüber eine besondere Aufmerksamkeit gewidmet. Dabei ergab sich, daß ein Verhältnis gegenseitiger Sympathie die ASW-Leistung beträchtlich anregte, während ein entgegengesetztes Verhältnis zu schlechten Ergebnissen führte. Diese Beobachtung ergänzte in rationaler Form die frühere Entdeckung (vgl. S. 149ff.), daß nicht allein die Persönlichkeit der Versuchsperson für den Erfolg eines ASW-Versuches maßgeblich ist, sondern auch die des Versuchsleiters. Offenbar besitzen manche Versuchslei-

ter die Fähigkeit, ihre Versuchspersonen zu guten Ergebnissen anzuregen, während andere die Leistungen der Versuchspersonen geradezu beeinträchtigen. Es hat sich gezeigt, daß auch die eigene positive Haltung des Versuchsleiters dem Versuch gegenüber, seine »ansteckende Begeisterung«, die unwillkürlich auf die Versuchsperson übertragen wird, von Bedeutung ist. Abgesehen davon haben manche Versuchsleiter einen besseren Sinn für die Schaffung einer angenehmen, ungezwungenen Versuchssituation, die die Stimmung der Versuchsperson günstig beeinflußt.
G. R. Schmeidler hat untersucht, welchen Einfluß die persönliche Überzeugung der Versuchsperson von der Existenz oder Nichtexistenz der ASW auf das Ergebnis der Versuche ausübt. Personen, die die Möglichkeit außersinnlicher Wahrnehmungen anerkannten (Schmeidler gab ihnen den Kennamen »Schafe«), zeigten eindrucksvollere Ergebnisse als die anderen, die eine Möglichkeit von ASW bestritten (die »Böcke«). Außerdem waren bei den »Schafen« Ergebnisse zu verzeichnen, die für gewöhnlich die Zufallserwartung überstiegen. Bei den »Böcken« dagegen war die Tendenz zu beobachten, mit ihrer Trefferzahl unterhalb der Zufallserwartung zu bleiben. Zwar gingen Schmeidlers Ergebnisse nur wenig über die Zufallserwartung hinaus, doch waren sie außerordentlich systematisch und wurden überdies von anderen Forschern bestätigt. Sie lassen sich in folgender Übersichtstafel zusammenfassen:

Zahl der VP		Anzahl der Reihen (zu je 25 ASW-Karten	Abweichung von der Zufallserwartung	Durchschnittl. Zahl der richtigen Antworten Bei Reihen von 25 Ansagen
Einzeltests:				
Schafe	111	1055	+ 242	5,23
Böcke	40	853	− 116	4,86
Gruppentests:				
Schafe	692	5985	+ 614	5,10
Böcke	465	4050	− 301	4,93

Die Tafel zeigt, daß auch bei nur geringen Abweichungen von dem Zufallswert ein deutlich signifikantes Ergebnis erzielt werden konnte. Außerdem haben wir hier eine Veranschaulichung der oben erwähnten Entdeckung, daß Einzeltests für gewöhnlich bessere Ergebnisse bringen als Gruppentests. Im Laufe der Jahre ist auf diese Weise eine ganze Anzahl von Entdeckungen zu den Bedingungen für das Auftreten von ASW zusammengetragen worden, so daß wir uns bereits eine gewisse allgemeine Vorstellung davon machen können, wie wir die Versuchssituation gestalten müssen, um eine möglichst große Aussicht auf gute Leistungen zu bekommen. Unser Wissen ist noch nicht so vollständig, daß es uns die Möglichkeit gibt, ASW zu jeder beliebigen Zeit hervorzubringen, doch kennen wir immerhin eine Anzahl Faktoren, die eine vorhandene ASW-Fähigkeit augenblicklich zunichte machen und die wir folglich zu vermeiden suchen. Man hat beobachtet, daß selbst ein scheinbar unberechenbares Absinken von ASW-Leistungen der Versuchsperson fast unveränderlich begleitet ist von irgendeinem Wandel in der psychischen Disposition der Versuchsperson: sei es, daß der Versuch selbst sie nicht mehr interessiert, daß ihre ursprüngliche Motivierung schwindet, daß schwerwiegende Ereignisse in ihrem Leben Probleme schaffen können, die ihre Aufmerksamkeit ablenken. So muß als Grundregel bei der Konzipierung eines ASW-Versuches gelten, daß das psychische Wohlbefinden der Versuchsperson gesichert, eine angenehme Versuchsatmosphäre geschaffen und, wenn möglich, die Wünsche der Versuchsperson hinsichtlich der Zeit und der Anlage des Versuches berücksichtigt werden.

K. R. Rao hat die bedeutendsten Entdeckungen über die psychologischen Faktoren, von denen die ASW beeinflußt wird, folgendermaßen zusammengefaßt: »Die verschiedenen die PSI-Fähigkeit berührenden Umstände... scheinen zu besagen, daß der Hauptfaktor... die Motivierung ist und daß geeignete Maßnahmen für eine gute Motivierung das Funktionieren der PSI-Fähigkeit zu wecken scheinen... Zu den psychologischen Schlüsselfaktoren, welche die Reaktion des Menschen beeinflussen, gehören seine Einstellung und seine inneren Überzeugungen, seine Gefühle und Empfindungen, seine Motive sowie sein Identifikations- und Einfühlungsvermögen. Was wir über die PSI berührenden Bedingungen entdeckt haben, scheint in den allgemeinen Kontext der Motivforschung hineinzupassen, wie sie auch für Werbung und Verkauf verwendet wird. Um es durch einen etwas massiven Vergleich zu veranschaulichen: Erfolge bei PSI-Tests erzielen, ist etwas Ähnliches wie ein Produkt verkaufen. Der Versuchsleiter ist der Verkäufer, der sein Produkt – den Versuch – verkauft. Seine Versuchsanlage stellt den gesamten Komplex der Werbung dar, die attraktiv, wirksam und ansprechend sein muß.«

Aus den oben geschilderten Untersuchungen haben sich einige Bedingungen und Umstände ergeben, die die Qualität der ASW-Leistung beeinflussen. Außerdem ist in ihnen auch eine Anzahl psychologischer Charakteristika entdeckt worden, die zu dem ASW-Prozeß gehören. Eines der auffallendsten von ihnen ist der unbewußte Charakter der ASW, zumindest soweit sie sich in Kartenbestimmungsversuchen äußert: Die Versuchspersonen sind sich subjektiv nicht klar darüber, welche ihrer Ansagen Treffer und welche Fehler sind; auch können sie in zuverlässiger Weise bei sich selbst Perioden guter von solchen schlechter Leistungen nicht unterscheiden. Die ASW tritt unregelmäßig auf und arbeitet nur selten für eine längere Zeitspanne perfekt und störungsfrei. An schlechten Tagen geht sie zeitweilig ganz verloren; Perioden mit ASW wechseln ab mit anderen Perioden ohne sie. Die ASW ist unberechenbar: Bisweilen verschwindet sie ganz plötzlich, sogar unmittelbar nach einer ausgezeichneten Leistung. Und die Versuchsperson kann offensichtlich nichts daran tun. In der Praxis entdecken wir das Auftreten von ASW erst nachträglich: wenn die Angaben der Versuchspersonen mit der Wirklichkeit verglichen worden sind und eine über die Zufallserwartung hinausgehende Anzahl von Übereinstimmungen festgestellt ist.

Doch wenn sich auch beim Kartenbestimmungstest der gesamte ASW-Vorgang auf der unbewußten Ebene abspielt, ist er selbst hierbei von bewußtem Wollen der Versuchsperson abhängig: Er richtet sich auf einen bestimmten Versuchsgegenstand, der nach dem Willen der Versuchsperson ausgewählt ist. Die Willensabhängigkeit der ASW konnte aber auch experimentell beobachtet werden, wenn man Tests, bei denen die Versuchsperson mit Hilfe ihrer ASW eine höchstmögliche Trefferzahl erzielen sollte, mit anderen Tests verglich, bei denen die Aufgabe im Gegenteil darin bestand, möglichst wenige Treffer zu erzielen. Solche Versuche haben J. B. Rhine, M. Pegrams und verschiedene andere durchgeführt. Wenn die Versuchspersonen willentlich Fehler erzielen wollten, blieben die Leistungen tatsächlich unterhalb der Zufallserwartung. Ähnliche Beobachtungen bei PK-Tests machte B. M. Humphrey: Beim gleichzeitigen Werfen roter und weißer Würfel erzielte die Versuchsperson nach ihrem Willen eine signifikante, über die Zufallserwartung hinausgehende Trefferzahl bei den roten Würfeln und eine unter der Zufallserwartung bleibende Anzahl bei den weißen.

Als J. B. Rhine mit seinen Kartenbestimmungstests begann, lautete eines der ersten Probleme: Welches ist die für quantitative Versuche geeignetste Anzahl verschiedener Versuchsobjekte (etwa an Symbolfiguren auf den Testkarten)? Bei einer zu geringen Anzahl zur Auswahl stehender Möglichkeiten besteht bei jedem Einzelversuch eine relativ hohe elementare Wahrscheinlichkeit, und das bedeutet: Vergeudung experimenteller Bemühungen. Denn um eine gewisse Höhe von Signifikanz zu erreichen, müssen wir unter solchen Voraussetzungen längere Versuche mit größeren Anzahlen von Einzeltests organisieren. Wenn dagegen eine allzu große Anzahl von Auswahlmöglichkeiten angeboten wird, kann es vorkommen, daß die Versuchsperson nicht mehr ohne weiteres alle im Gedächtnis behält. Nachdem er die Ergebnisse von Versuchen mit verschiedenen Symbolreihen analysiert hatte, schloß Rhine, die günstigste Kombination von Versuchsobjekten für quantitative ASW-Versuche müsse etwa fünf Möglichkeiten enthalten.

ASW läßt sich auch auf komplexe Versuchsgegenstände anwenden. Das führt zu interessanten Überlegungen über den Mechanismus des ASW-Vorganges, nämlich zu der Frage: Verläuft dieser Vorgang diametrisch oder zirkumferential? Diese beiden Begriffe sind von A. A. Foster vorgeschlagen worden und bedeuten, daß das Erkennen komplexer Beziehungen mit Hilfe von ASW entweder als einzelne Erkenntnishandlung oder als Reihe von mehreren unabhängigen Ermittlungen vor sich geht. Nehmen wir zur Veranschaulichung den Fall, daß einer Versuchsperson die Aufgabe gestellt ist, zwei unbekannte Karten miteinander zu vergleichen. Zur Lösung dieser Aufgabe mit Hilfe von ASW können wir uns zwei verschiedene Mechanismen vorstellen:

1. Zuerst wird eine Karte identifiziert, sodann die andere, und schließlich werden – bewußt, möglicherweise auch unbewußt – beide Karten im Geist der Versuchsperson miteinander verglichen. Oder:
2. Der Gesamtvorgang besteht aus einer einzigen Erkenntnishandlung, dergestalt, daß die beiden Einzelkarten nicht unabhängig voneinander erkannt werden, sondern nur in ihrer größeren oder geringeren »Ähnlichkeit«.

Arbeitet die ASW nach dem ersten Muster (zirkumferentialer Vorgang), so umfaßt jede Erkenntnishandlung praktisch zwei voneinander unabhängige Ermittlungen und ist damit schwieriger. Daraus ließe sich eine Begründung für den Unterschied zwischen den mit verschiedenen Versuchstechniken erzielten Ergebnissen ableiten. Vergleichen wir zum Beispiel die Ergebnisse bei den Versuchssituationen OM, BT, AASW und BM (siehe Seite 97f.)! Die drei ersten Testmethoden sind in dieser Hinsicht gleichwertig, und von den Versuchspersonen kann erwartet werden, daß sie bei allen dreien im großen und ganzen gleiche Ergebnisse erzielen. Das haben die Versuche auch ergeben. Doch der BM-Test ist grundsätzlich anders. Hier erwarten wir:

1. Wenn die ASW-Funktion diametrisch verläuft, müßte das Ergebnis beim BM-Test im großen und ganzen gleich wie bei den übrigen Tests sein.
2. Ist die ASW-Funktion zirkumferential mit zwei voneinander unabhängigen Ermittlungsvorgängen, müßte beim Test des Typs BM das über der Zufallserwartung liegende Ergebnis geringer sein. Theoretisch müßte es der Quadratwurzel der über der Zufallserwartung liegenden Ergebnisse von Versuchen unter den drei vorhergehenden Testbedingungen entsprechen. Doch deuten die bisher experimentell gewonnenen Erkenntnisse darauf hin, daß die ASW wahrscheinlich ein *diametrisch* verlaufender Vorgang ist: Die Ergebnisse von Tests in der BM-Situation waren zwar geringer als in den übrigen Testsituationen, aber nicht soviel geringer, wie man es theoretisch erwarten müßte.

Daneben haben wir Versuchsergebnisse, die anzeigen, daß auch das Verhältnis zwischen ASW und PK diametrisch ist, das heißt: In der Versuchssituation, in der das Wirksamwerden von ASW wie von PK angenommen wird, erweisen beide Funktionen sich als einphasiger Vorgang. Wir sehen dies etwa bei einem Versuch von K. Osis, in dem eine Versuchsperson einen Würfel so werfen sollte, daß er eine festgesetzte, aber ihr selbst unbekannte Augenzahl erreichte. Damit hatte sie zwei Aufgaben: a) mit Hilfe von ASW die festgesetzte Punktzahl zu erkennen; b) mit Hilfe von PK das Fallen des Würfels zu beeinflussen. Das Ergebnis dieses Versuchs glich in etwa dem Ergebnis anderer PK-Tests, was zugunsten einer diametrischen Relation beider Funktionen spricht.

Was den ASW-Vorgang anbetrifft, so sei daran erinnert, daß ASW-Eindrücke sich nur langsam entwickeln, wie wir bei unseren Ausführungen über quantitative Versuche festgestellt haben. Im Gegensatz dazu wirkt bei quantitativen Kartenbestimmungsversuchen die ASW augenblicklich. Das ergab sich aus Versuchen, bei denen die Versuchspersonen Karten in verschiedener Schnelligkeit bestimmten. Die zunehmende Geschwindigkeit der Bestimmung schien die Versuchsergebnisse nicht zu beeinträchtigen, solange sie nicht eine psychologisch ungünstige Atmosphäre erzeugte. Ähnlich gibt es Hinweise darauf, daß sich auch paraphysikalische Phänomene nur langsam entwickeln, zumindest wenn und soweit wir an die Beobachtung mediumistischer Phänomene denken. Auch hier haben wir die gegensätzliche Wirkungsweise bei psychokinetischen Versuchen mit Würfeln, bei denen der PK-Faktor augenblicklich wirksam werden muß, da der PK-Effekt nur während des kurzen Augenblickes ansetzen kann, in dem der Würfel fällt. Wir können annehmen, daß die Ver-

suchsperson die Lage des Würfels in jedem Augenblick mit Hilfe von ASW feststellt und dann den PK-Effekt einsetzt.
Obwohl die eben geschilderten Beobachtungen einander widersprechen, stehen sie grundsätzlich nicht in einem Gegensatz zueinander. Zunächst stützen sich die Schlüsse über den momentanen Charakter der PSI-Fähigkeit nur auf sehr unvollkommene Formen von ASW, wie sie bei den quantitativen Kartenbestimmungs- und Würfelversuchen auftreten. Zum zweiten können wir gegenwärtig begründetermaßen nur schließen, daß die erste Phase des ASW- und die analoge Phase des PK-Vorganges vermutlich außerordentlich schnell verlaufen, während die Interaktion zwischen parapsychischem Faktor und der Psyche der Versuchsperson (d. h. die zweite Phase des ASW-Vorganges, die bewußte Äußerung des durch ASW Wahrgenommenen) recht langsam vor sich geht. Daß die zuletzt erwähnten ASW- und PK-Leistungen so außerordentlich schnell erfolgen, dürfte daran liegen, daß sie sich vollkommen auf der unbewußten Ebene abspielen.
Bei der experimentellen Isolierung reiner Telepathie und reinen Hellsehens erwies es sich als notwendig, das Verhältnis zwischen den beiden Funktionen zu klären. Es ergab sich, daß kein grundlegender Unterschied zwischen ihnen besteht, daß es vielmehr auf die Anlage des Versuches ankommt, der die Reizquelle bestimmt, auf die die ASW-Fähigkeit gerichtet wird. Es wurde nachgewiesen, daß wir es mit zwei Formen ein und derselben Fähigkeit zu tun haben, die wir als ASW bezeichnen. Die Identität beider Funktionen zeigt sich auch darin, daß eine Anzahl charakteristischer Merkmale beiden gemeinsam ist. So sind beide unabhängig von physikalischen Bedingungen, während die Faktoren, welche sie beeinflussen (seelische Dispositionen usw.), bei beiden die gleichen sind. Außerdem können Telepathie und Hellsehen nicht durch Selbstbeobachtung voneinander unterschieden werden. Auch beobachtete man bei quantitativen Versuchen, daß unter Bedingungen, die ein gleichzeitiges Wirksamwerden von Telepathie und Hellsehen gestatten, nämlich bei den sogenannten AASW-Tests, keine besseren Ergebnisse erzielt werden, als wenn Hellsehen und Telepathie voneinander getrennt auftreten. Richtig bleibt das Verhältnis $(T+H)=T=H$ und nicht das Verhältnis $(T+H)=2T=2H$. Mehrere Autoren haben daraus den Schluß gezogen, daß die Begriffe »Telepathie« und »Hellsehen« möglicherweise nur für verschiedene Versuchsbedingungen stehen und keine voneinander grundsätzlich verschiedenen Vorgänge bezeichnen. Heute jedenfalls betrachten wir Hellsehen, Telepathie und Präkognition nur als verschiedene Formen ein und derselben Fähigkeit, der ASW, die wiederum in einer engen Beziehung zur PK steht.

Ein weiteres wichtiges Problem steht hinter der Frage: Wirkt die ASW bei quantitativen Versuchen gleichmäßig über den gesamten Versuchsverlauf hin, so daß sie die Wahrscheinlichkeit einer richtigen Ansage in jedem Einzelfall steigert – oder wirkt sie nach dem Gesetz des »Alles oder nichts«; mit anderen Worten: Tritt sie auf und ruft dann einen völlig richtigen Eindruck hervor oder tritt sie überhaupt nicht auf? Die Antwort auf diese Frage gibt uns die Beobachtung langer kontinuierlicher Trefferreihen bei den Versuchswerten auf der Grundlage reiner Zufallsbedingungen (S. 32ff.). Das spricht zugunsten des Wirkens nach dem Prinzip »Alles oder nichts«. Bei der Standardisierung der ASW-Testmethoden durch Rhines Schule ergaben sich aus der inneren Analyse des Datenmaterials auch einige neue Erkenntnisse über die ASW. So entdeckte man dabei zum Beispiel einen *Absinkungs-Effekt (decline effect):* Wenn die Kartenbestimmungen in Durchgängen zu 25 Ansagen erfolgten, fanden sich in der ersten Hälfte der Durchgänge für gewöhnlich mehr Treffer als in der zweiten. Diese »Absinkung« ist offenbar psychisch bedingt – darauf sind wir bereits wiederholt eingegangen.
Eine andere Besonderheit ist der bereits auf Seite 109 erwähnte *Verschiebungseffekt (displacement effect),* der eine Art Präkognition darstellt, falls er auf Tatsachen beruht. Dieses Phänomen hat S. G. Soal studiert. Bei seinen Telepathieversuchen bestand die Mehrzahl der Übereinstimmungen nicht zwischen den vom Perzipienten angesagten und vom Agenten übermittelten Symbolen, sondern zwischen den Ansagen des Perzipienten und dem nachfolgend »gesendeten« Symbol des nächsten Tests. Diese Feststellung legte den Gedanken an eine präkognitive Telepathie nahe, deren Existenz eine Anzahl Komplikationen in der Theorie mit sich brachte. Daher wandelte Soal sein früheres Versuchsverfahren ab. Anstatt die Karten nach einer vorher aufgestellten Tabelle von Zufallszahlen auszuwählen (vgl. S. 109f.), zog er die Zahlen, nach denen sie bestimmt wurden, immer erst kurz vor jeder Einzelfrage aus einem Beutel. So wurden durch die Verschiebung Karten identifiziert, die zum Zeitpunkt ihrer Ansage noch nicht bestimmt waren, und der Versuch konnte als Beweis für die präkognitive Form der ASW dienen. Als Soal diesen Versuch mit verschiedenen Geschwindigkeiten durchführte, beobachtete er, wenn die Intervalle zwischen den einzelnen Signalen 2,6 Sekunden betrugen, eine Verschiebung von +1 (Ansage des nächstfolgenden Signals), bei Intervallen von 1,38 Sekunden eine Verschiebung von +2 (Ansage des übernächsten Signals). Dieses Ergebnis ließ erkennen, daß die Verschiebung bei seinen Versuchen sich auf einen Wert zwischen 2½ und 2¾ Sekunden belief.

Ein weiteres interessantes und wichtiges Phänomen ist der Differenzierungseffekt *(differential effect)*, bisweilen auch Bevorzugungseffekt *(preferential effect)* genannt. Wird der Versuch unter verschiedenen Bedingungen durchgeführt, erzielt man für gewöhnlich unter der Bedingung, die für die Versuchsperson angenehmer und ansprechender ist, bessere Ergebnisse als bei der anderen. Dieses Phänomen wurde bei der ASW und der PK beobachtet. In neuerer Zeit haben K. R. Rao und B. K. Kanthamani sich sehr eingehend der Untersuchung dieses Phänomens gewidmet. Bei einem Versuch wurde mit Karten, die von der Versuchsperson gewählte Symbole trugen, zu besseren Ergebnissen angeregt als mit ASW-Standardkarten. In einem anderen Versuch, bei dem Wörter in verschiedenen Sprachen als Reizquelle dienten, wurden über die Zufallserwartung hinausreichende Ergebnisse nur mit Wörtern aus der der Versuchsperson bekannten Sprache erzielt.

Eine weitere interessante Eigentümlichkeit der ASW, die sich mit der Sinnestäuschung bei den normalen Sinneswahrnehmungen vergleichen läßt, ist der *consistent missing effect* (der Effekt der konsequenten Fehlleistung). Manche Versuchspersonen zeigen die Tendenz, ständig bestimmte Karten miteinander zu verwechseln. Im Falle der Standardkarten handelt es sich für gewöhnlich um die Symbole Kreis und Viereck oder Kreuz und Pentragramm, die verwechselt werden. Wir können annehmen, daß dieser Effekt durch die Ähnlichkeit des visuellen Eindruckes der betreffenden Figuren hervorgerufen wird.

Derartige systematisch auftretende Fehler bilden einen Spezialfall des recht allgemeinen Phänomens des *psi-missing-effect* (PSI-bedingter Fehler-Effekt), einer Folgeerscheinung der Unbewußtheit der ASW. In seinem äußeren Erscheinungsbild gleicht dieses Phänomen den Versuchen, bei denen die Versuchsperson mit Erfolg eine unter der Zufallserwartung bleibende Trefferzahl zu erreichen sucht (Seite 170). Doch im Gegensatz zu dieser gewollten Wirkung tritt hier dasselbe Ergebnis ungewollt, ja oft völlig unerwartet nach Perioden guter Leistungen auf und verringert so die Signifikanz der erzielten Versuchsergebnisse. Ausgelöst werden kann dieser Effekt durch ein ganz alltägliches Ereignis, das den Versuch für die Versuchsperson weniger attraktiv macht. Im allgemeinen ist er ein Anzeichen für eine – bisweilen auch unbewußte – negative Einstellung der Versuchsperson, die – sozusagen – ihre ASW-Fähigkeit verwendet, um der Reizquelle (Identifikationskarte) auszuweichen. Bevor es als solches entdeckt wurde, hat dieses Phänomen den Parapsychologen beträchtliche Schwierigkeiten bereitet, da es den positiven Beweis, den man gefunden hatte, aufhob. Heute können wir jedoch, gerade dank dieser Entdeckung, aus der negativen Abweichung von der Zufallserwartung einen schlüssigen Beweis für die Existenz der ASW ableiten, wenn wir mit Versuchspersonen arbeiten, die nicht an die Möglichkeit einer ASW glauben und dem Versuch oder dem Versuchsleiter gegenüber eine negative Einstellung haben.

Auch hat die ASW-Forschung sich sehr darum bemüht, Menschen ausfindig zu machen, von denen anzunehmen ist, daß sie eine über dem Bevölkerungsdurchschnitt liegende ASW-Fähigkeit besitzen. So haben Forscher wie G. R. Schmeidler, B. M. Humphrey und viele andere versucht, bei ihren Versuchspersonen irgendwelche Persönlichkeitskorrelate der ASW festzustellen, wie sie sich durch verschiedene »projektive Tests« (Rorschach usw.) ermitteln lassen. Auf Grund der Ergebnisse dieser Tests dürfen wir schließen, daß die größten Abweichungen von der Zufallserwartung von extravertierten, expansiven und gut angepaßten Personen erzielt werden. Schlecht angepaßte Persönlichkeiten tendieren zu Ergebnissen in der Nähe der Zufallserwartung, während gut angepaßte, die an die Möglichkeit von ASW glauben, über der Zufallserwartung liegende, und Skeptiker unter ihnen unter der Zufallserwartung liegende Ergebnisse erzielen.

Überdies haben diese Forschungen ganz allgemein gezeigt, daß ASW eine durchaus normalmenschliche Fähigkeit ist, die nichts Pathologisches an sich hat. Positive Ergebnisse bei ASW-Tests waren durchaus mit Versuchspersonen zu erzielen, die Selbstvertrauen, emotionale Stabilität, Extraversion und das Fehlen von neurotischen Zügen zeigten.

Auch den Beziehungen zwischen ASW und Intelligenz hat man nachgespürt; doch ließen sich hier keine merklichen Korrelationen feststellen. Einige Autoren berichten von Ergebnissen, die darauf hinzuweisen schienen, daß intelligentere Versuchspersonen bessere Ergebnisse erzielten, andere dagegen haben auch bei Personen mit sehr niedrigem Intelligenzquotienten (= IQ) gute ASW-Leistungen gefunden.

Diese psychodiagnostischen Untersuchungen im Zusammenhang mit quantitativen Versuchen sind durch charakterologische Untersuchungen ganzer Gruppen von hellseherisch und medial Begabten, deren ASW-Fähigkeiten in qualitativen Versuchen festgestellt worden waren, bestätigt worden. Sie bestätigen, daß parapsychische Fähigkeiten weder mit nervlichen noch mit geistigen Störungen zusammenhängen. Frühere Forscher haben bisweilen auf neurotische Züge im Charakter von Medien und Hellsehern aufmerksam gemacht und auf ihre Impulsivität, ihre Stimmungslabilität, ihre recht häufig leichte Reizbarkeit und ihre gesteigerte Suggestibilität hingewiesen.

Doch diese Züge sind offenbar kein konstituierender Faktor ihrer ASW-Fähigkeit. Vielleicht können sie bei dem einen oder anderen dazu beitragen, daß er leichter in eine Bewußtseinslage gelangt, die für das akute Auftreten von ASW günstig ist. Doch deutet alles darauf hin, daß ASW eine normale Fähigkeit darstellt, die in einer latenten Form weit verbreitet ist. Man hat auf vielerlei Weise versucht, Personen mit überdurchschnittlicher ASW-Fähigkeit in der Gesamtbevölkerung herauszufinden, aber ohne besonderen Erfolg. Man hat Personen, die durch ihre Erfolge mit ASW in qualitativen Versuchen bekannt waren – Medien, Rutengänger, Pendler usw. – durch Kartenbestimmungstests geprüft, ebenso aber auch Blinde, Angehörige verschiedener Volksgruppen, verschiedener Altersklassen usw. Doch die Ergebnisse waren bei der einen Gruppe nicht besser als bei der anderen. Ebensowenig konnte festgestellt werden, daß ASW-Fähigkeit bei einem der beiden Geschlechter intensiver auftritt. Das auffallend häufige Versagen von Medien und Sensitiven bei Kartentests läßt sich leicht damit erklären, daß diese Tests für sie letzten Endes uninteressant sind.

Auch bei Kindern im Schul- und Vorschulalter hat man nach ASW-Begabungen geforscht, mit deshalb, weil Kinder allgemein leicht verfügbare Forschungsobjekte sind. Doch das Interesse an ASW-Forschungen bei Kindern war bereits lange vorher geweckt, da eine Anzahl qualitativer Beobachtungen den Hinweis ergeben hatte, daß Kinder möglicherweise eine stärkere außersinnliche Ausdrucksfähigkeit besitzen als Erwachsene. Schon der frühe Spiritist A. N. Axakow schildert Fälle von mediumistischen Leistungen noch sehr junger Kinder. In neuerer Zeit hat der Psychoanalytiker B. E. Schwarz von einer Reihe von Beobachtungen über die ASW-Fähigkeit eines Kindes berichtet, aus denen er den Schluß zog, daß recht häufig telepathische Beziehungen zwischen Eltern und Kindern vorkommen können und daß sie möglicherweise sogar eine funktionale Bedeutung für den Verlauf der kindlichen Entwicklung besitzen. Andere Psychoanalytiker haben sich ebenfalls für die Erforschung von ASW bei Kindern interessiert, jedoch spezieller im Hinblick auf die angenommene telepathische Beziehung zwischen Kind und Mutter. Dahinter stand bei ihnen die Auffassung, die auch S. Freud geteilt hatte: daß Telepathie eine Art von archaischem Kommunikationsprozeß sei und daher bei Kindern häufiger als bei Erwachsenen vorkommen könne. Es wäre sicher ein interessantes Thema für die Forschung festzustellen, ob in früher Kindheit, wenn das Kind noch zur sprachlichen Kommunikation unfähig ist, eine telepathische Kommunikation nachgewiesen werden kann.

Untersuchungen zur ASW in einer Schulklasse können dort sogar eine indirekte praktische Bedeutung bekommen. Unter diesem Aspekt untersuchten M. Anderson und R. White ASW-Leistungen im Zusammenhang mit dem Verhältnis zwischen Lehrer und Schüler. Gefühle gegenseitiger Sympathie regten zu über die Zufallserwartung hinausgehenden Ergebnissen an, während Antipathie die Ergebnisse unter die Schwelle der Zufallserwartung absinken ließ. In ähnlicher Weise zeigte der holländische Pädagoge J. G. van Busschbach in einer Reihe von Versuchen, daß in einer Klasse bisweilen telepathische Beziehungen zwischen Lehrer und Schülern bestehen. Diese Entdeckungen könnten möglicherweise sogar für die künftige pädagogische Praxis wichtig werden. Methodisch interessant sind die Bemühungen, bei ASW-Versuchen durch Schaffung einer Wettbewerbssituation bessere Ergebnisse zu erzielen. Dabei hat es sich als vorteilhaft erwiesen, den ganzen Versuch in Form eines Spiels aufzuziehen. In dieser Form läßt er sich unschwer auch mit Schulkindern durchführen. N. Louwerens hat den quantitativen ASW-Test sogar für eine Verwendung in Kindergärten bearbeitet. Als Reizquelle hat sie dazu Gegenstände aus der geistigen Welt des Kindes ausgewählt (verschiedenes Spielzeug); die Instruktionen für den Versuch wurden in ein Märchen eingekleidet. Nach dieser Methode hat sie Kinder zwischen 4 und 6½ Jahren getestet und sehr beachtliche Ergebnisse erzielt.

Wenn auch die ASW als entschieden normale Funktion anzusehen ist, so haben doch viele Psychiater (vor allem viele Psychoanalytiker) bei ihren Patienten nicht selten Fälle von Telepathie beobachtet. Was sie interessierte, waren nicht so sehr quantitative Versuche, sondern vielmehr die häufigen Fälle von telepathischen Träumen, die sie von den Patienten berichtet bekamen. Die Situation der Analyse ist für das Studium telepathischer Träume sehr günstig, zum Teil, weil in ihrem Verlauf eine emotionale Beziehung zwischen Arzt und Patient entsteht, zum Teil, weil die vom Arzt der Analyse der Träume des Patienten gewidmete Aufmerksamkeit eine leichte Entdeckung solcher Phänomene von ASW möglich macht. Nehmen wir folgende Fälle von telepathischen Träumen als Beispiel für viele andere: Der Chirurg Dr. G. konnte wegen heftiger Zahnschmerzen nicht einschlafen. Er entschloß sich, am andern Morgen den in der Nähe seines Hauses wohnenden Zahnarzt aufzusuchen. Das war nicht der Zahnarzt, den er gewöhnlich aufsuchte, der wohnte zu weit entfernt. Außer an seine heftigen Zahnschmerzen dachte er die ganze Nacht über nur an Einzelheiten seiner chirurgischen Abhandlung über Magenkrebs, die kurz vor der Fertigstellung stand. Als er am andern Morgen zu dem

Zahnarzt kam, begrüßte dieser ihn mit der Erklärung, er habe in der Nacht von ihm geträumt: man habe bei ihm Magenkrebs vermutet und er, Dr. G., habe ihn operieren sollen.

In einem von Servadio berichteten Fall hatte einer seiner Patienten geträumt, Servadios Finger blute, und er erklärte dazu: »Es war genauso wie im Labor, wenn sie einem in den Finger stechen, um Blut zu entnehmen.« Am selben Tag unterzog sich Servadio zum erstenmal in seinem Leben einer ärztlichen Untersuchung, in deren Verlauf aus seinem Finger Blut entnommen wurde.

In einem anderen, ebenfalls von Servadio berichteten Fall hatte ein 16jähriges Mädchen, L., einen Traum, in dem es sah, wie die Mutter seines Verlobten einen silbernen Ring an ihrem Finger trug; auf diesem Ring sah es ganz eigenartige Zeichen, ähnlich wie Hieroglyphen. Daneben war in dem Ring eine kleine Ausbohrung für Parfüm. Einige Stunden nach dem Aufwachen rief das Mädchen seinen Verlobten, G., an und erzählte ihm den Traum. G. antwortete, er sei eben von Mailand nach Rom zurückgekehrt und habe seiner Mutter einen Ring mitgebracht, der genau der Beschreibung entspreche. Mehrere Punkte aus diesem Traum sind vom psychoanalytischen Standpunkt aus interessant: L. und G. waren sehr verliebt. Da sie noch recht jung waren, hatte man ihre Verlobung noch nicht offiziell bekanntgegeben, aber L. wünschte sehr, daß das bald geschehen möge und sie einen Verlobungsring tragen könne. Von seiner Reise nach Mailand hatte G. seiner Mutter den erwähnten Ring mitgebracht, während L. nur ein paar Ohrringe bekommen hatte. Das Thema des Traumes wurde zum Teil dadurch bestimmt, daß ein Ring im Zentrum von Ls. Interesse stand, zum Teil durch Ls. Eifersucht auf die Mutter des Verlobten, die ein viel bedeutenderes Geschenk bekommen hatte als sie selbst, wie L. vermutlich mit Hilfe von ASW erkannt hatte, obwohl diese Erkenntnis nicht bis ins Bewußtsein gedrungen, sondern nur auf der unbewußten Ebene wirksam geworden war.

Dieser und ähnliche Fälle bestätigen, was wir im Zusammenhang mit den Psychoskopisten ausgeführt haben, nämlich, daß die Auswahl unter den außersinnlichen Eindrücken von der seelischen Verfassung des Perzipienten abhängt. So werfen die Beobachtungen der Psychoanalytiker über telepathische Träume neues Licht auf die unterbewußten Tiefenvorgänge des menschlichen Geistes, welche die Auswahl außersinnlicher Eindrücke sowie die Form ihrer bewußten Äußerung beeinflussen. Doch haben Psychoanalytiker auch noch andere Beobachtungen zur Telepathie berichtet, wie zum Beispiel folgenden interessanten Fall, der zeigt, daß Entdeckungen der Parapsychologie auch für die psychiatrische Praxis ihre Bedeutung haben können.

Mrs. S., die an Frigidität litt, wurde von dem Psychoanalytiker J. Ehrenwald behandelt. Sie erinnerte sich an einen Einzelfall von Bettnässen im Alter von etwa 15 Jahren, über den sie sich sehr geschämt hatte. Während der Untersuchung zeigte sie neurotische Züge, die um die Vorstellungen von Reinlichkeit und der Kontrolle des Schließmuskels kreisten. Das Symptom der Frigidität stammte aus der Furcht, sie könne während des Koitus urinieren, was ihr in der Hochzeitsnacht geschehen war. Ihr einziger Sohn, ein sonst intelligentes und durchaus normal entwickeltes Kind, war gewohnheitsmäßiger Bettnässer bis zum Alter von 8 Jahren. Zu eben dieser Zeit setzte Ehrenwalds Behandlung ein. Mrs. S. hatte bald danach einen Traum, in dem ihre neurotischen Probleme sich Audruck schafften: Sie befand sich in ihrem elterlichen Hause, drehte den Wasserhahn auf, und es lief immer mehr Wasser heraus, während sie nicht fähig war, den Hahn zuzudrehen. Nachdem Ehrenwald ihr diesen Traum erklärt hatte, erhielt sie einen besseren Einblick in ihren Gesundheitszustand, der sich rasch normalisierte. Bemerkenswert dabei ist, daß zugleich mit der Besserung des Gesundheitszustandes der Mutter auch bei ihrem Sohn das nächtliche Bettnässen aufhörte.

Diesen Fall führten wir an, um darauf hinzuweisen, daß die Psychiatrie eins der Hauptgebiete sein könnte, auf dem sich parapsychologische Entdeckungen in der Praxis anwenden lassen. Die geschilderten Fälle telepathischer Träume ließen das Vorhandensein des telepathischen Faktors im Kontakt zwischen Patienten und Arzt erkennen; diese Beziehung könnte in der Psychotherapie ausgewertet werden. Die Parapsychologie erweitert auch den Bereich der Möglichkeiten, unter denen der Psychiater nach pathogenen Einflüssen suchen kann. Durch Telepathie kann ein Mensch direkt geistige Vorgänge bei einem anderen Menschen beeinflussen; auch solche Einflüsse müssen als mögliche pathogene Faktoren in Rechnung gestellt werden. Ferner besteht die Möglichkeit, Paragnosten zu Zwecken der Diagnose einzusetzen: Sie könnten behilflich sein, Probleme des Patienten aufzudecken, die er möglicherweise seinem Arzt zu verbergen versucht. Ein solcher Einsatz Sensitiver – wie fern er auch im Augenblick noch liegen mag – ist zum Beispiel von E. Osty und W. H. C. Tenhaeff angeregt worden.

Das Studium der ASW-Fähigkeit bei Kindern oder Naturvölkern hat seine Entsprechung in der Theorie der ASW: in der Frage der phylogenetischen Geschichte der ASW. Diese Frage wartet bis heute auf Beantwortung. Mehrere Autoren, wie zum Beispiel Wasiljew, Tenhaeff und andere, wollen in der ASW eine atavistische (phylogenetisch regressive) Fähigkeit sehen, die möglicherweise unter unseren frühen Vorfahren sehr verbreitet war, in der Folgezeit aber, wahrscheinlich im Zusammenhang mit der Weiterentwicklung der menschlichen Psyche (der Entwicklung des Gehirns, des logischen Denkens, des sprachlichen Ausdrucks usw.), mehr und mehr verdrängt und ausgeschaltet worden ist. Man könnte sich also vorstellen, daß die ASW in der Frühzeit der menschlichen Entwicklung als Übermittlung von Hilferufen in Not eine lebenerhaltende Rolle spielte. Nach einer anderen Ansicht kann man den Zustand der herabgesetzten Bewußtheit, der für das Auftreten der ASW besonders günstig ist, als entwicklungsgeschichtlich ältere Phase der psychischen Entwicklung schlechthin interpretieren. Überdies tritt die ASW bedeutend häufiger als in Gestalt verbalisierter Begriffe und Ideen in der Form einer Übertragung visueller oder motorischer Bilder als unbestimmter Vorboten von Gefahren usw. auf. Auch das könnte ein Beweis für den archaischen Charakter dieser Funktion sein. Andrerseits aber ergeben entsprechende Versuche bei primitiven Völkern und Kindern keine besseren ASW-Leistungen als bei anderen Menschen. Ja die Eigentümlichkeiten der ASW, vor allem die offenbare Verwandtschaft ihrer Funktionsweisen mit den höheren psychischen Funktionen, sprechen gegen einen atavistischen Charakter. Daher wollen manche Autoren in der ASW geradezu eine entwicklungsgeschichtlich fortschrittliche Fähigkeit erblicken, die in der künftigen Entwicklung des Menschengeschlechtes eine weitere Entfaltung und Vervollkommnung finden könnte. Diese Wissenschaftler sind davon überzeugt, daß die Menschheit im Lauf ihrer weiteren Entwicklung zu einer Beherrschung der ASW gelangen wird. Eine ziemlich isoliert dastehende, aber dennoch interessante Annahme äußerte der Zoologe Alister Hardy, nach dessen Meinung parapsychische Fähigkeiten auch als den Lauf der Entwicklung direkt bestimmende Funktion wirken könnten.

Im Zusammenhang mit den oben genannten Problemen hat man auch nach der Möglichkeit von ASW bei Tieren gesucht. Es liegt eine Anzahl von Gelegenheitsbeobachtungen vor, die darauf hinzuweisen scheinen, daß Tiere Dinge wahrnehmen können, die den normalen Sinnen unzugänglich sind, und somit über ASW verfügen. Nennen wir einige solcher Fälle:

Mr. Burks Hund ging am 1. Dezember 1948 verloren. Er kehrte nicht zurück. Bald danach verzog die Familie an einen etwa 2000 km entfernten Ort. Am 27. November 1949 stellte sich an ihrem neuen Wohnort ein Hund ein, und sie konnten ihn als ihren verlorenen Hund identifizieren an Hand einer Reihe sicherer Zeichen: einer besonderen Narbe an einem Bein, seiner Abneigung gegen zischende

Laute, seiner Vorliebe, im Auto hinter dem Fahrer zu sitzen, die Vorderpfoten auf dessen Schulter gelegt, usw. Es gab keinerlei sinnlich wahrnehmbare Reize, die dem Hund hätten helfen können, seinen Weg zu finden. – Ähnliches erlebte Mrs. Lundark, die im Mai 1949 die Wohnung wechselte. Bevor sie die alte Wohnung verließ, gab sie ihre Katze an ihre Freundin. Bald danach lief dieser die Katze fort und erschien im September in Mrs. Lundarks neuer Wohnung, die etwa 2700 km von der früheren entfernt war. Mrs. Lundark erkannte ihre Katze zuverlässig an folgenden Zeichen: einer Narbe an einer Körperseite, sieben Zehen an einem Vorderfuß, einem auffallenden Flecken auf dem Fell usw.

Ein Arbeiter einer Fabrik, in der Sprengstoffe hergestellt wurden, hatte einen schönen Collie, der ihn täglich auf seinem Weg zur Fabrik zu begleiten pflegte. Eines Tages sträubte sich der Hund, weiter mitzugehen als bis zum Stadtrand. Der Arbeiter war erstaunt über dieses ungewöhnliche Benehmen des Hundes und sprach darüber mit einem Freund, der zufällig ein Stück Wegs mit ihm ging. Seine Frau rief ihn in der Fabrik an, beunruhigt darüber, daß der Hund zurückgekommen war und sich so seltsam benahm. Der Mann erklärte ihr beruhigend, es sei alles in Ordnung, nur habe er heute den Hund durch nichts dazu bewegen können, weiter als bis an den Rand der Stadt mitzugehen. Etwa eine Stunde später wurde die Fabrik durch eine gewaltige Explosion zerstört. Hunderte von Tonnen Sprengstoff explodierten, und alle, die gerade in ihr waren, wurden getötet.

An einem Abend während des Zweiten Weltkrieges saß Mr. W. H. ruhig zu Hause. Plötzlich wurde sein Hund aufgeregt und versuchte mit Gewalt, seinen Herrn aus dem Haus zu ziehen. Mr. W. H. glaubte, der Hund habe die Tollwut, ging mit ihm aus dem Haus und erschoß ihn. Kurz danach stürzte sein Haus unter einer Fliegerbombe zusammen. Der Hund hatte offenbar das Unheil vorausgesehen.

Berichte dieser Art lassen bisweilen den starken Eindruck entstehen, daß Tiere ASW haben können. Es gibt auch noch andere Leistungen von Tieren, die uns an ASW denken lassen. Nehmen wir nur den Orientierungssinn der Brieftaube, die zu ihrem Schlag zurückfliegt, und das Geheimnis des Vogelzuges. Doch müssen wir hier mit Schlußfolgerungen sehr vorsichtig sein. Wir haben schon (siehe S. 10f.) darauf hingewiesen, daß Tiere sinnliche Wahrnehmungsfähigkeiten haben, die von denen der Menschen sehr verschieden sind und in ihrer normalen (oft bis heute unerforschten) Betätigung ASW imitieren können. Manche Tierarten können elektrische und magnetische Felder, polarisiertes Licht und andere Reize wahrnehmen, für die die Menschen unempfindlich sind.

Doch wenn wir es aus bekannten Gründen (siehe S. 90) ablehnen, Spontanphänomene als voll beweiskräftig anzuerkennen, und versuchen, unsere Schlüsse auf experimentelle Beweise zu gründen, so schaffen die Unsicherheiten gerade bei der genauen Bestimmung des Umfangs der normalen sensorischen Wahrnehmungsfähigkeiten bei den Tieren schwerwiegende Probleme. So könnten wir zum Beispiel, wie mehrere Autoren dies bereits getan haben, zur Prüfung der Leistungen von Tieren einen quantitativen Versuch in Gestalt eines Irrgartens aufbauen, in dem die Tiere mehrere Wege zu ihrem Futter wählen können und die Aufgabe haben, den einen richtigen zu wählen.

Doch wie genial auch die Konstruktion der Versuchsanlage sein mag, es bleibt das Problem, eine überzeugende Sicherheit zu schaffen, daß alle den Geruchssinn ansprechenden Reize dabei ausgeschaltet sind. K. Osis hat sich bei einem Versuch mit Katzen bemüht, diese Schwierigkeit auszuschalten, indem er Katzen durch einen Gang gehen ließ, an dessen Ende zwei kleine, mit gleichem Futter gefüllte Schüsseln standen. Dann versuchte er die Katzen auf telepathischem Weg zu beeinflussen, daß sie aus einer bestimmten Schüssel zu fressen begannen.

Das vielleicht überzeugendste Experimente zur Erforschung von tierischer ASW – in diesem Fall von Präkognition – unter Laboratoriumsbedingungen war der kürzlich unternommene Versuch der französischen Wissenschaftler J. Meyer und R. Chauvin mit Laboratoriumsmäusen. Die Mäuse wurden in einen Käfig gesperrt, der durch eine Schranke, die sie überspringen konnten, in zwei Teile geteilt war. Die Böden beider Hälften waren aus Draht. Mit Hilfe eines Zufallsverteilers und eines Generators wurde dafür gesorgt, daß immer die Mäuse in einem Teil des Käfigs einen Elektroschock erhielten. Die Abfolge, in der die Teile des Käfigs unter Strom gesetzt wurden, war zufällig. Dabei stellte sich heraus, daß die Mäuse eine zwar geringe, aber durchaus statistisch signifikante Tendenz zeigten, aus dem gefährlichen Teil des Käfigs zu fliehen und in dem anderen Zuflucht zu suchen. Wird diese Beobachtung durch weitere Forschungen bestätigt, so könnte sie einen Hinweis dafür bieten, daß Tiere wirklich ASW besitzen können.

Der oben geschilderte Versuch kann zugleich als Beispiel für eine neue Richtung in der Parapsychologie dienen. Mehrere Jahrzehnte lang waren die quantitativen ASW-Versuche fast ausschließlich auf Kartenbestimmungstests beschränkt. Zweifellos hatten diese Tests zu ihrer Zeit eine Bedeutung. Sie stellten eine einfache Anordnung dar, die einen weiten Verwendungsspielraum besaß, bei den Versuchspersonen Anklang fand und eine einfache mathematische Auswertung gestattete. Auf ihnen basierende Versuche waren auf der einen Seite für die Versuchsabsicht wie für die mathematische Auswertung genau genug und anderseits einfach genug, um weithin verstanden zu werden. So konnten sie sehr wohl als stichhaltiger Beweis für die Existenz der ASW dienen. Doch im Laufe der Zeit wurde die Verwendung von Karten – obwohl sie immer noch als eine mögliche Versuchsmethode ihre Bedeutung behält – immer langweiliger. Die neueste Periode in der Geschichte der Parapsychologie ist durch das Suchen nach neuen methodischen Verfahren bestimmt. Am notwendigsten für die Parapsychologie ist heute nicht so sehr die ständige Wiederholung alter Versuche und das Angebot immer neuer Beweise für die tatsächliche Existenz von ASW, für ein immer anderes, neues Auditorium. Wir sollten lieber mehr über die Bedingungen für das Auftreten von ASW und die Möglichkeit ihrer Kontrolle in Erfahrung bringen, und wir brauchen eine Vielzahl neuer Versuchsmethoden, die für neue und komplexere Forschungsaufgaben der modernen Parapsychologie geeignet sind.

Ein Hauptmerkmal der gegenwärtigen Bemühungen ist der gesteigerte Einsatz verfeinerter Anordnungen und Geräte. Zugleich beobachten wir einen deutlichen Übergang von den früheren, der Psychologie entlehnten Methoden (wie z. B. dem Kartentest) zu spezifisch physiologischen Methoden, die sich mehr und mehr durchsetzen.

Ein auf der gleichen Linie liegender Forschungsbereich war das Suchen nach physischen Korrelaten zur ASW. Das heißt, man hat nach physischen Veränderungen im Organismus der Versuchsperson gesucht, während man zugleich nach den gebräuchlichen psychologischen Methoden ihre ASW-Leistung getestet hat. Diese Untersuchungen dienen im wesentlichen zwei Zielen: a) Sie geben Aufschluß über physische Vorgänge, welche die ASW begleiten, und b) sie können helfen, den Zustand näher zu bestimmen, in dem die ASW auftritt. Normalerweise kann die Versuchsperson nicht jederzeit mit Sicherheit sagen, ob ihre ASW-Fähigkeit wirksam ist oder nicht. Hier ergäbe sich die Möglichkeit, durch physiologische Aufzeichnungen Hilfe zur Bestimmung der Perioden zu geben, in denen sie für ASW-Leistungen gut disponiert ist.

Schon 1921 hat H. J. F. W. Brugmans nach einem Zusammenhang zwischen dem psychogalvanischen Reflex und der ASW gesucht. In jüngerer Zeit hat sich eine Anzahl von Untersuchungen mit den Beziehungen zwischen ASW und im Elektroenzephalogramm (= EEG) registrierten Vorgängen befaßt. So haben zum Beispiel C. C. Evans und E. Osborn das EEG des Mediums Eileen Garrett in der mediumistischen Trance und im Zustand der Hypnose studiert, doch fanden sie dabei keinen Unterschied. Im allgemeinen haben sich bei diesen Untersuchungen überhaupt keine bemerkenswerten Entdeckungen ergeben. Erst in jüngster Zeit durchgeführte Versuche scheinen Hinweise darauf zu geben, daß es irgendeinen, doch bisher noch nicht klar erkannten Zusammenhang zwischen ASW und dem Alpha-Rhythmus gibt. Jedoch bedeutet dies, selbst wenn es sich bestätigen sollte, natürlich keineswegs, daß nun unbedingt eine Kausalbeziehung zwischen der ASW und dem Alpha-Rhythmus bestehen müßte. Die Beobachtung kann als Hinweis darauf interpretiert werden, daß das Vorhandensein des Alpha-Rhythmus möglicherweise den Bewußtseinszustand bestimmt, der für die ASW besonders günstig ist (ein Zustand der Entspannung).

Eine diametral entgegengesetzte Verfahrensweise ist das Bemühen, physische Reaktionen direkt zur Entdeckung der ASW zu verwenden und nicht die als Begleitphänomene einer anderweitig entdeckten ASW-Fähigkeit auftretenden physischen Reaktionen zu registrieren. Der logische Weg zu diesem Verfahren ist einfach: Wir haben schon gesehen, daß die ASW-Information, wenn sie ins Bewußtsein aufsteigt, für gewöhnlich verschiedenen Verzerrungsfaktoren unterworfen ist, die von der psychischen Struktur des Perzipienten abhängen. Wir können nun den Schluß ziehen: Wenn es uns gelingt, diese Information auf einer unbewußten Ebene zu entdecken, noch ehe sie Zeit hat, bewußt erlebt und damit verzerrt zu werden, können wir sie vielleicht auf eine zuverlässige Weise registrieren. Außerdem können wir annehmen, daß manche ASW-Reize so schwach sind, daß sie nicht bis ins Bewußtsein des Perzipienten dringen. Doch obwohl sie zu schwach sind, eine bewußte Antwort auszulösen, dürfen wir annehmen, daß sie sich möglicherweise mit Hilfe sehr empfindlicher physiologischer Meßgeräte entdecken lassen, was den zusätzlichen Vorteil mit sich bringen würde, daß auf diese Weise eine bleibende objektive Registrierung des Versuchsverlaufes gegeben wäre.

Von diesen physiologischen Methoden kann die Anwendung der Plethysmographie, wie sie der tschechische Physiologe S. Figar zur Erforschung der Telepathie angeregt hat, möglicherweise eine Bedeutung bekommen. Die Plethysmographie ist eine physiologische Prüfungsmethode, basierend auf der Registrierung von Änderungen im Volumen der Blutgefäße. Normalerweise läßt sich das Volumen von Blutgefäßen nicht volitional kontrollieren, doch bildet es einen hochempfindlichen Anzeiger jeder geistigen Tätigkeit. Bei Figars Versuch wurden zwei Versuchspersonen an zwei plethysmographische Geräte angeschlossen (die besten Ergebnisse wurden mit Personen erzielt, zwischen denen eine gegenseitige emotionale Beziehung bestand, zum Beispiel Mutter und Sohn). Die Personen wurden durch schwere undurchsichtige Stoffvorhänge voneinander getrennt, so daß sie sich nicht sehen konnten. Einer von ihnen wurde wortlos eine Rechenaufgabe gegeben, indem der Versuchsleiter auf ein Stück Papier wies, auf dem sie geschrieben stand. Die Versuchsperson löste diese Aufgabe »im Kopf«; dabei wurde eine entsprechende plethysmographische Reaktion registriert. Soweit war an dem Versuch nichts Ungewöhnliches: Es handelte sich um eine normale physische Reaktion auf die Ausübung einer geistigen Tätigkeit. Vom parapsychologischen Standpunkt aus aber war bemerkenswert, daß eine vollkommen analoge Reaktion von dem Plethysmographen der anderen Person registriert wurde, die nichts von dem wissen konnte, was die erste Person gerade tat. Figar hat damit die – wie er es nannte – »nicht-spezifischen Gehirnimpulse« registriert, deren Übertragung als eine Form von Telepathie betrachtet werden kann. Bei späteren Wiederholungen dieses Versuches traten sogar Perioden ein, in denen die Plethysmographen beider Personen einen Parallellauf zeigten und damit zu erkennen gaben, daß die Gehirntätigkeit beider Versuchspersonen irgendwie »synchronisiert« war. Die Ergebnisse dieser Versuche lassen den Schluß zu, daß die geistige Tätigkeit einer Person direkt und ohne einen Kontakt über die Sinne das Nervensystem der anderen Person beeinflussen kann. Die wissenschaftliche Bedeutung des Versuches besteht darin, daß damit eine Methode gefunden ist, mit deren Hilfe es möglich war, eine telepathische Verbindung zwischen zwei Personen auf einem bleibenden Dokument zu registrieren – und auch darin, daß die große Sensitivität der plethysmographischen Methode es ermöglichte, die telepathische Verbindung zu entdecken, auch wenn ihr Vorhandensein von den beiden Versuchspersonen nicht bewußt registriert wurde. Daneben ermöglicht es die Untersuchung nicht-spezifischer Gehirnimpulse, Telepathie in einer der einfachsten Formen ihres Auftretens zu untersuchen und ihre Entdeckung bei verschiedenen Versuchspersonen leichter zu gestalten. Bis heute haben die Parapsychologen nur die komplexen Formen mit einem spezifischen Begriffsgehalt erforscht, und das kann der Grund sein, weshalb es ihnen nicht gelungen ist, entsprechend begabtere Versuchspersonen zu finden.

Figars Verfahren hat das Interesse anderer Wissenschaftler erregt, und seine Versuche sind inzwischen erfolgreich wiederholt worden. So verwandte um Beispiel D. Dean zwei physiologische Registriertechniken als Detektoren der Telepathie: den Plethysmographen und die Aufzeichnung schneller Augenbewegungen, die sogenannte

»REM-Technik«. Als Reizquellen dienten Papierzettel, auf welche die Namen von Personen geschrieben waren, zu denen der Perzipient eine emotionale Beziehung hatte. Als Kontrollstimuli dienten weiße Papierzettel.

Auch andere physiologische Methoden sind als mögliche Telepathie-Detektoren genannt worden, zum Beispiel die Elektroenzephalographie (EEG): Zwei Personen wurden in zwei verdunkelte Räume gesetzt; eine von ihnen wurde blitzartigen Lichtreizen ausgesetzt; dann suchte man Entsprechungen in den Elektroenzephalogrammen, die gleichzeitig von beiden Personen gemacht wurden. In einer solchen Versuchssituation beobachteten die Physiologen T. Duame und T. Behrandt ein gleichzeitiges Auftreten von Alpha-Rhythmen in den Elektroenzephalogrammen eineiiger Zwillinge. Eine Gruppe russischer Physiologen berichtet von vorläufigen Ergebnissen bei einem anderen ähnlichen Versuch: Der Sender wurde Lichtblitzen ausgesetzt (jedes Auge mit einer leicht abweichenden Frequenz); schlagartig nahm dadurch die Gehirntätigkeit zu. Das konnte den Aufzeichnungen in dem EEG des Perzipienten ebenfalls entnommen werden.

Bei einem anderen, von C. T. Tart durchgeführten Versuch erhielt der Agent einen elektrischen Schock. Eine entsprechende Reaktion im Elektroenzephalogramm und im Hautwiderstand des Perzipienten konnten in einer bemerkenswert hohen Anzahl von Fällen registriert werden. Die zur selben Zeit durchgeführten Kontrollversuche, bei denen die Perzipienten aufgefordert wurden, den Augenblick des Elektroschocks durch eine bewußte Reaktion – das Drücken eines Knopfes – anzuzeigen, gaben kein Vorhandensein von ASW zu erkennen.

Eine andere Anwendung der Plethysmographie, diesmal mit dem Ziel, präkognitive Vorgänge zu entdecken, ist von I. J. Good angeregt worden: Die Versuchsperson wird in einen verdunkelten Raum gesetzt und dem Reiz von Lichtblitzen ausgesetzt, die in unregelmäßigen Abständen aufleuchten. Das EEG wird dann analysiert, um festzustellen, ob die Lichtblitze sich nicht irgendwie zeitlich vor dem Aufleuchten in der Gehirntätigkeit darin spiegeln.

Besonders interessant sind auch jüngste Bemühungen, das Auftreten von ASW im Schlaf, vor allem im Traum, zu studieren. M. Ullman und S. Krippner haben Versuche durchgeführt, bei denen die Perzipienten in ihrem Laboratorium schliefen, und sie dabei mit EEG und REM-Technik überwacht. Inzwischen versuchten die Agenten, ihnen telepathische Signale zu senden und so ihr Träumen zu beeinflussen. Wenn die physiologischen Aufzeichnungen anzeigten, daß der Perzipient träumte, wurde er geweckt und aufgefordert, seinen Traum zu berichten. Dabei wurden häufig auffallende Übereinstimmungen zwischen dem gesendeten Bild und dem Traum des Perzipienten festgestellt. Im Zusammenhang mit diesen Versuchen sei noch erwähnt, daß man sich bemüht hat, die Übertragung telepathischer Signale durch Verwendung multisensorischer Stimuli zu verstärken: Die Agenten konzentrierten sich auf Aufgaben, deren Inhalt Erlebnisse mit Beteiligung mehrerer Sinne waren (wenn zum Beispiel die Vorstellung von Regen gesendet wurde, bekam der Agent wirklich einen Schauer).

In neuerer Zeit hat man der Verbindung von Hypnose und ASW besondere Aufmerksamkeit geschenkt. Tatsächlich aber ist das keineswegs eine neue Thematik. Die Tradition des Glaubens an die Möglichkeit, parapsychische Fähigkeiten durch Hypnose zu aktivieren, läßt sich durch die gesamte Geschichte der Forschung unter Hypnose verfolgen, ja bis zurück in die Zeiten des »animalischen Magnetismus«. Auch die Trance des spiritistischen Mediums ist nah verwandt mit der Hypnose. Und doch bestand keine einheitliche Auffassung über das Verhältnis zwischen Hypnose und ASW. Gleichzeitig mit sehr optimistischen Berichten über hervorragende ASW-Leistungen unter Hypnose waren auch entgegengesetzte Feststellungen von Autoren zu hören, die betonten, daß sie trotz aller Bemühungen bei ihren hypnotisierten Versuchspersonen keine ASW entdecken konnten. So erklärt zum Beispiel A. Moll, der Pionier der Forschung unter Hypnose, der zugleich eine klassische Autorität für dieses Gebiet ist, ausdrücklich in seinem Buch »Hypnotism«: »Trotz aller Bemühungen, bei denen ich jedoch immer unter streng wissenschaftlichen Bedingungen gearbeitet habe, konnte ich niemals auch nur das geringste Anzeichen okkulter Phänomene feststellen. Die Annahme von animalischem Magnetismus, Telepathie, Hellsehen und dergleichen mehr erwies sich bei all diesen Forschungen als völlig überflüssig.«

Im Anschluß an diese Behauptung herrschte für geraume Zeit die Meinung, die ASW-Fähigkeit sei, wenn es sie überhaupt als echtes Phänomen gebe, nur eine Begabung einiger weniger und lasse sich durch äußere Beeinflussung kaum ändern. Zwar hypnotisierte man hin und wieder spiritistische Medien und Hellseher oder »magnetisierte« sie in der Hoffnung, ihre hellseherische Fähigkeit werde dadurch verbessert oder stabilisiert. Doch im großen und ganzen wurden ASW und Hypnose als zwei Dinge angesehen, die nichts miteinander zu tun hatten. Bestärkt wurde diese Auffassung noch dadurch, daß das berühmteste Medium der Zeit um die Jahrhundertwende, Mrs. Piper, überhaupt nicht hypnotisierbar war. Erst der berühmte französische Physiologe C. Richet schuf mit seinen Versuchen unter Anwendung von Hypnose den wissenschaftlichen Hintergrund für unsere gegenwärtige Auffassung, daß alle Zustände, in denen ASW auftreten soll – die Trance spiritistischer Medien, mystische Ekstase, der Zustand der Hellseher, die in die Kristallkugel schauen, wie der Augurn bei magischen Beschwörungen usw. –, nur Variationen des einen Themas: hypnotischer Zustand – sind. Richets Versuche mit der Suggestion in Hypnose befindlicher Versuchspersonen haben als erste überzeugend nachgewiesen, daß die »Geister«, die sich angeblich bei spiritistischen Séancen manifestieren, nur autosuggestive Entpersönlichung (depersonification) in Trance befindlicher Medien waren.

In der jüngsten Vergangenheit hat das Interesse der Parapsychologen an der Hypnose wieder nachgelassen, gleichzeitig mit dem Nachlassen des Interesses an der Hypnose auch auf anderen Gebieten, so zum Beispiel in der Psychiatrie und der klinischen Psychologie. So versuchten J. B. Rhine und seine Mitarbeiter bisweilen, bei ihren Versuchen Hypnose anzuwenden, aber die Versuchsergebnisse mit Hypnotisierten waren nicht besser als die mit Personen im Wachzustand; und so wurde der Gebrauch der Hypnose aufgegeben. Nach ihrer Meinung konnte Hypnose nur dazu verhelfen, auf suggestivem Weg das Selbstvertrauen der Versuchsperson zu steigern, ihre Stimmung oder Haltung zu heben, und damit von der Motivseite her ihre Leistung anzuregen. So führte zum Beispiel J. J. Grela ASW-Tests mit Hypnotisierten durch, denen er verschiedene Suggestionen zu geben pflegte. Die Personen, denen günstige Suggestionen gegeben worden waren (zum Beispiel wurde ihnen suggeriert, daß sie an dem Versuch interessiert seien und ASW haben wollten), hatten bessere Versuchsergebnisse als die, welche ungünstige Suggestionen bekommen hatten (denen man gesagt hatte, ASW seien unmöglich und sie wollten folglich diese Fähigkeit gar nicht haben).

In einer noch jüngeren Vergangenheit haben immer neue Beobachtungen über ASW-Leistungen unter Hypnose den Parapsychologen ihre Bedeutung wieder zu Bewußtsein gebracht. G. N. M. Tyrrell, einer der ersten Parapsychologen der neueren Zeit, äußerte folgende Überzeugung: »... Wir sollten unsere Hauptbemühungen auf eine gründliche Erforschung hypnotischer und ähnlicher Zustände richten, die Reichweite der Sinneshalluzinationen testen und versuchen, unter Hypnose oder in ähnlichen Zuständen außersinnliche Wahrnehmungen hervorzurufen. Die Hypnose ist von den Psychologen vornehmlich unter therapeutischem Aspekt betrachtet worden, und man hat sie anscheinend niemals vom Standpunkt der psychischen Forschung aus untersucht.«

Die Unterschiede in den Meinungen über die Rolle der Hypnose beim

Entstehen der ASW rühren daher, daß Hypnose nicht immer ein und dasselbe ist: Sie ändert sich je nach der Versuchsperson, aber auch nach dem Hypnotiseur. Es ist daher verständlich, daß hypnotische Zustände, die von verschiedenen Autoren beobachtet worden sind, keineswegs immer gleiche hypnotische Zustände waren. Und vor allem aus der ASW-Forschung wissen wir (siehe S. 149f.), wie die Persönlichkeit des Versuchsleiters den Erfolg des Versuches beeinflussen kann.

Wir wissen aus früheren Ausführungen (siehe Seite 116), daß es einen Bewußtseinszustand gibt, der für das Auftreten von ASW günstig ist. Dieser Bewußtseinszustand hat viele Eigentümlichkeiten mit dem durch Hypnose herbeigeführten Zustand gemeinsam und kann geradezu durch Hypnose herbeigeführt werden. Das ist eine sehr wichtige Entdeckung, die uns dem Ziel, die ASW unter Kontrolle zu bekommen, näherbringt. Wir können Hypnose verwenden, um den Bewußtseinszustand der Versuchsperson für eine gute ASW-Leistung zu konditionieren. Bei diesem Vorgang wird die Hypnose gegenwärtig mit einer doppelten Zielsetzung angewandt:

1. Um die Versuchsperson in den Zustand der Bewußtseinsminderung zu bringen, der für das Auftreten von ASW günstig ist.
2. Um auf dem Weg der Suggestion die Überzeugung der Versuchsperson von der Tatsächlichkeit der ASW, ihr Selbstvertrauen, ihr Interesse am Versuch, ihre Bereitschaft zur Mitarbeit, ihre Motivierung usw. zu verbessern, zusätzliche günstige psychische Bedingungen zu schaffen und damit ihren eigenen Bemühungen einen Anreiz zu geben.

Dieser Zielsetzung liegt einer Methode der ASW-Einübung mit Hilfe von Hypnose zugrunde, von der an einer späteren Stelle ausführlicher die Rede sein soll (Seite 254).

Für eine ganz moderne Forschungsrichtung ist das Bemühen charakteristisch, das Auftreten von ASW durch Verwendung verschiedener Drogen zu stimulieren. Wir können annehmen, daß verschiedene pharmakologische Mittel uns helfen können, die Versuchspersonen in einen der ASW günstigen Bewußtseinszustand zu bringen. Vor allem die Phantastika (Meskalin, Psilocybin, LSD usw.) sind als in dieser Hinsicht besonders verheißungsvoll betrachtet worden. Manche dieser Drogen werden bei Naturvölkern zur Erzeugung verschiedener ekstatischer, halluzinatorischer und wahrsagerischer Zustände verwendet. Daher wurden optimistische Hoffnungen geweckt, als mehrere Autoren berichteten, daß zum Beispiel die Eindrücke ihrer Versuchsperson nach Verabfolgung der Droge bisweilen sehr gut mit dem wirklichen Inhalt undurchsichtiger Schachteln usw. übereinstimmten. Doch sind letztlich keine besonders auffallenden Ergebnisse zu verzeichnen, und der – zugegebenermaßen eher dürftige – experimentelle Beweis in dieser Richtung bietet keinen Grund für eine größere Hoffnung auf die Wirksamkeit dieser Drogen als Stimulatoren der ASW.

Heben wir jedoch zum Abschluß dieses Kapitels eine wichtige Entdekkung hervor: Im Laufe von Jahrzehnten hat unser Wissen um die ASW beträchtlich zugenommen. Wir können nicht behaupten, daß wir alles über sie wissen. Wir sind immer noch nicht in der Lage, diese Fähigkeit zu erklären. Doch je mehr wir über sie lernen, desto offenbarer wird es, daß es sich um eine normale Fähigkeit handelt, die in völlig gesetzmäßiger Weise auftritt. Und der Anschein ihrer Unberechenbarkeit ist nur die natürliche Folge unserer mangelnden Kenntnis der ihr eigenen Gesetzmäßigkeiten. Diese Fähigkeit ist in keiner Weise über-natürlich, und wir können sicher sein, daß wir, wenn wir noch mehr über ihre Gesetzmäßigkeiten gelernt haben, fähig sein werden, sie unter unsere Kontrolle zu bekommen, sie zu erklären und sie schließlich auch in der Praxis einzusetzen. So ist die Erforschung der ASW in ihren Zielsetzungen mit den Zielsetzungen aller anderer wissenschaftlicher Bereiche identisch.

KAPITEL IV

Die ASW-Forschung in der Sowjetunion

Daß wir der ASW-Forschung in Sowjetrußland ein eigenes Kapitel widmen, hat seinen Grund nicht in irgendwelchen auffallenden Unterschieden zwischen der sowjetischen ASW-Forschung und der ASW-Forschung in der übrigen Welt. Der Grund ist vielmehr, daß Berichte über Telepathieforschungen, die in aller wissenschaftlichen Korrektheit in den russischen Universitätslaboratorien durchgeführt wurden, großen Einfluß auf die parapsychologische Forschung des Westens ausgeübt haben. Natürlich hat in kommunistischen Ländern auch die parapsychologische Forschung Züge, die sie von der der westlichen Welt unterscheidet: weniger theoretische Ambitionen, stärkeres Interesse an der praktischen Verwertbarkeit der Erkenntnisse; weniger supranaturalistische Vorstellungen, statt dessen ein nüchtern-sachliches Herantreten an unbekannte wissenschaftliche Probleme; eine gewisse Vorliebe für die Verwendung verschiedener Forschungsmethoden. Die Wissenschaft selbst und die wissenschaftlichen Fakten sind dieselben wie in allen anderen Ländern der Erde. Daher kann auch mit keiner wirklich grundlegenden Verschiedenheit gerechnet werden. Die hervorragendste Persönlichkeit in der russischen Telepathieforschung der ersten Jahre nach der kommunistischen Machtergreifung war W. L. Durow, ein Varietékünstler mit einem aufgeschlossenen Sinn für wissenschaftliche Erfordernisse. Er war berühmt wegen seiner Fähigkeit, Hunde abzurichten, so daß sie telepathisch erteilten Befehlen folgten. Bis zu seinem Tod im Jahre 1934 war er Direktor des Tierpsychologischen Laboratoriums in Moskau, wo er seine telepathischen Versuche in Zusammenarbeit mit einigen namhaften russischen Forschern, unter anderen dem berühmten Physiologen W. M. Bechterew, fortsetzte. Durow beschrieb seine Methode der Abrichtung von Hunden auf telepathische Signale in seinem Buch »Abrichten von Tieren«. Die langwierige Abrichtung bestand zuerst in der Schaffung einer emotionalen Bindung zwischen

Mensch und Hund. Sie mußten einander tief lieben lernen. Sodann besteht die Notwendigkeit, daß vor jedem Versuch der Versuchsleiter irgendwie die Aufmerksamkeit des Hundes erregen muß (Durow erreichte das, indem er den Kopf des Hundes in beide Hände nahm und ihm regungslos in die Augen schaute). Dann werden dem Hund telepathisch Befehle gegeben, bestimmte Handlungen auszuführen. Diese Befehle werden durch geistige Konzentration erteilt und nicht als verbale Kommandos. Es kommt darauf an, daß im Geist des Versuchsleiters ein lebendiges motorisches oder visuelles Bild der gewünschten Handlung geschaffen wird. Abschließend werden erfolgreiche Leistungen durch ausgewählte Leckerbissen belohnt.

Die Hunde waren bisweilen fähig, auch komplizierte Handlungen erfolgreich durchzuführen, wie etwa in dem folgenden Versuch: Dem Hund wurde der telepathische Befehl erteilt, einen ihm unbekannten und in einem Raum, in dem mit ihm bisher noch keine Versuche durchgeführt worden waren, versteckten Gegenstand zu finden und herzubringen. Um den Versuch noch schwieriger zu gestalten, mußte ein Gegenstand gewählt werden, der nicht im Blickfeld des Tieres lag, wenn es sich in seiner normalen Körperstellung befand. Außerdem war der Gegenstand niemals mit Durow oder dem Hund in Berührung gekommen (zur Vermeidung von Geruchsreizen). Man bestimmte als Versuchsgegenstand ein Telefonbuch, das zwischen mehreren anderen Büchern und unter vielen anderen Gegenständen auf einem von drei Tischen in einem Raum lag, der an das Laboratorium anstieß, in dem die Versuche stattfanden. Durow nahm den Kopf des Hundes in seine Hände und sah ihm regungslos in die Augen. Nach einer Weile lief der Hund schnurstracks durch die offene Tür in den Nachbarraum und stellte sich dort auf die Hinterpfoten, um einen der Tische zu erreichen. Als er dort das Gesuchte nicht fand, lief er zum zweiten Tisch. Dort stellte er sich wieder auf die Hinterpfoten, schien aber trotz der vielen Gegenstände, die auf ihm lagen, nicht zu finden, was er suchte. Erst als er am dritten Tisch angekommen war und sich dort zum drittenmal aufgerichtet hatte, packte er das darauf liegende Telefonbuch mit den Zähnen und brachte es in den Versuchsraum.

Wir möchten ein weiteres Beispiel aus den Arbeiten in Durows Laboratorium bringen, um zu zeigen, wie ein Durchschnittsversuch dieser Art aussah: In Abwesenheit des Hundes einigten sich die Anwesenden auf eine Reihe von Aufträgen, die dem Tier auf telepathischem Weg übermittelt werden sollten. 1. Der Hund sollte sich auf einen Stuhl vor dem Klavier setzen und mit den Pfoten auf die Tasten schlagen. 2. Der Hund sollte ein Bonbon von einer in der ersten Reihe sitzenden Frau nehmen und es dem Komponisten G. bringen, der auf der anderen Seite des Zimmers saß. 3. Der Hund sollte unter den Flügel kriechen und dort bellen. Einige der Anwesenden rieten später, diese letzte Aufgabe folgendermaßen abzuwandeln: Der Hund sollte laut bellend auf den Studenten N. zurennen, der in einer Gruppe anderer Studenten saß. Diese Abwandlung wurde als endgültige Aufgabe akzeptiert. Dann ließ man den Hund in den Raum, und der Versuch begann: 1. Durow setzte den Hund auf einen Stuhl vor sich und sah im regungslos in die Augen. Das Tier erstarrte gleichsam für einige Sekunden, machte sich dann aber los, sprang von dem Stuhl und ging unter den Flügel. Durow rief es zurück und schaute ihm noch einmal starr in die Augen. Wieder lief der Hund zu dem Flügel, aber diesmal sprang er auf den Stuhl und schlug mit seinen Pfoten mehrmals auf die Tasten. 2. Durow schaute erneut starr in die Augen des Hundes; wieder machte der Hund selbst sich los, schnappte der Dame ein Bonbon aus der Hand und lief einige Schritte in Richtung auf G. Doch anstatt diesem das Bonbon zu geben, zerbiß er es. 3. Nach einigen Sekunden der Konzentration lief der Hund auf den Studenten N. zu, kehrte dann aber um, ohne gebellt zu haben. Die Konzentration wurde wiederholt, und diesmal erfüllte der Hund seine Aufgabe fehlerlos: Bellend rannte er auf den Studenten zu. Während des ganzen Versuchs wurde Durow selbst sorgfältig von mehreren Anwesenden kontrolliert, die bestätigten, daß er dem Tier keinerlei Zeichen gab mit den Augen, durch Gebärden oder eine Körperbewegung. Wenn der Hund anwesend war, vermied er es, die als Zielobjekte ausgewählten Gegenstände anzusehen oder ihn irgendwie zu berühren. Bei diesen Versuchen fungierte für gewöhnlich Durow selbst als Sender der telepathischen Signale, doch wurden auch verschiedentlich in seiner Abwesenheit erfolgreiche Versuche mit anderen Versuchsleitern durchgeführt. Manche dabei festgestellten Irrtümer waren besonders interessant, da sie stark an verschiedene Irrtümer bei qualitativen Telepathieversuchen mit Menschen erinnerten. Fälle von Telepathie aus den Randzonen des Bewußtseins waren sehr häufig, obwohl sie nicht als solche erkannt wurden. So erhielt der Hund zum Beispiel einmal den Auftrag, mit seinen Zähnen die Uhrkette von Dr. R. zu fassen. Bei der Diskussion der Anwesenden über die Wahl des Gegenstandes war auch der Vorschlag gemacht worden, eine auffallende Goldplakette zu nehmen, die Durow auf dem Rockaufschlag trug; doch schließlich war die Uhrkette gewählt worden. Während des Versuchs lief der Hund fortwährend um Dr. R. herum, zögerte aber und faßte schließlich mit den Zähnen Durows Plakette. Ein andermal geschah es, daß der Hund nicht die Aufgabe ausführte, die ihm eben aufgetragen worden war, sondern eine andere, die zwar schon festgesetzt, aber

erst für den nächsten Versuch vorgesehen war. Bechterjew beobachtete bei diesen Versuchen auch die Abhängigkeit der Telepathie von der psychischen Struktur des Perzipienten, in diesem Falle also des Hundes. So hinterließen stark emotional gefärbte Aufgaben (für einen Hund zum Beispiel ein wildes Bellen) oder Aufgaben, die er bei dem vorhergehenden Versuch nicht erfüllt hatte, sozusagen eine Spur im Gehirn des Hundes, die ihn dazu brachte, diese Aufgabe beim nächsten Versuch zu erfüllen, wenn er eigentlich einen ganz anderen Auftrag zu erfüllen hatte.
Nach Durows Tod gelang es niemandem mehr, Hunde zu gleichen Leistungen abzurichten, aber das Interesse an ASW bei Tieren blieb. So wurde im Jahre 1942 im tierärztlichen Institut von Charkow ein Experiment mit einer Hündin durchgeführt, die man daran gewöhnt hatte, daß ihre Kleinen ihr von Zeit zu Zeit weggenommen wurden. Als sie diesen Vorgang ohne Protest zu akzeptieren begann, wurden die Kleinen in einen anderen Raum gebracht, wo man ihnen absichtlich Schmerzen zufügte. In diesem Augenblick wurde die Hündin unruhig, begann zu bellen und wandte ihren Kopf in die Richtung, in der ihre Kleinen waren.
Ein großer Teil der Telepathieforschung russischer Autoren galt der Übertragung von Verhaltensimpulsen. Offenbar betrachteten die russischen Wissenschaftler ein solches Projekt als wichtig genug, um ihm sogar einen neuen Namen zu geben: Sie nennen dieses Verfahren »Mentalsuggestion« und unterscheiden es von »Telepathie«, bei der der Wahrnehmungsakt betont wird.
Experimentelle Forschungen zur telepathischen Übertragung motorischer Impulse wurden mehrere Jahre vorher von L. A. Wodolazski und T. V. Gurstejn (Signale zur Verrichtung meherer Bewegungen mit den Händen usw.) und später von S. Ja. Turlygin durchgeführt (Signale an einen stehenden Perzipienten mit dem Auftrag, sich rückwärts fallen zu lassen, wo ihn ein hinter ihm stehender Assistent auffing). Dieser Versuch Turlygins wurde später von dem russischen Physiologen Wasiljew wiederholt. Dieser gewährleistete die objektive, automatische Registrierung des Versuchsverlaufes dadurch, daß er den Perzipienten auf ein dreieckiges Brett stellte, von dem zwei Ecken fest gelagert waren, während die dritte auf einem dickwandigen Gummiball ruhte. Jeder Druck, der auf diesen Ball ausgeübt wurde – auch die geringste, anders gar nicht wahrnehmbare Bewegung der Versuchsperson – übertrug sich durch einen Gummischlauch auf die Registrierapparatur der Anlage. Die Einführung einer automatischen schriftlichen Registrierung bedeutete eine wichtige Neuerung, die bei der weiteren Entwicklung der russischen Parapsychologie in verschie-

denen Abwandlungen immer und immer wieder Verwendung fand. Die wichtigsten von diesen Versuchen sind jedoch L. L. Wasiljews Experimente mit telepathischer Hypnose; er führte sie in den dreißiger Jahren durch, doch erst 1960 wurden sie veröffentlicht. Diese Veröffentlichung gab der weiteren Entwicklung der russischen Parapsychologie starken Auftrieb. Im Grunde waren diese Versuche allerdings nur Wiederholungen älterer, ähnlich konzipierter Versuche der französischen Forscher C. Richet und P. Janet gegen Ende des 19. Jahrhunderts, jedoch unter weiterentwickelten Versuchsbedingungen.
Im Jahre 1932 entdeckte Wasiljew drei besonders suggestible Personen. Mit ihnen führte er Versuche durch, bei denen die Versuchsperson auf eine gewisse Distanz durch rein telepathische Impulse in Hypnose versetzt wurde. Der Vorgang des Eintretens in den hypnotischen Zustand wurde automatisch durch Registriergeräte aufgezeichnet, durch Messung der galvanischen Spannung auf der Haut sowie durch einen mechanischen Schreibstift, der von der Versuchsperson in Bewegung gesetzt wurde, wenn sie auf einen Gummiball drückte (dabei wurde jeder Druck in der graphischen Darstellung als Zacke aufgezeichnet). Sobald die Versuchsperson hypnotisiert war, hörte sie auf, auf den Ball zu drücken, und die Aufzeichnung ergab eine gerade Linie. Dann wurde nach einer gewissen Zeit die Versuchsperson aus der Hypnose geweckt. Häufig genügte ein entsprechender telepathischer Impuls, um die Versuchsperson aufzuwecken.
Bemerkenswert waren jedoch die Fälle, in denen der ausgesandte telepathische Impuls nicht für ein vollständiges Aufwecken ausreichte. In einem solchen Fall zeichnete das Registriergerät zumindest ein Bemühen der Versuchsperson auf, wach zu werden, das heißt: die Versuchsperson übte mehrmals einen Druck auf den Gummiball aus, der in Form mehrerer Zacken in der Linie aufgezeichnet wurde, dann aber ließen die Impulse nach, und die Versuchsperson schlief weiter.
Diese Versuche wurden weiterentwickelt. Dabei wurde zum Beispiel der selektive Charakter des telepathischen Faktors sichtbar. Wenn die drei Versuchspersonen zusammen gesetzt wurden, gelang es dem Hypnotiseur immer, die eine Versuchsperson, die er als erste ausgewählt hatte, zu hypnotisieren. Außerdem bemerkte die hypnotisierte Versuchsperson immer, welcher von den drei sich abwechselnden Hypnotiseuren den telepathischen Impuls gesendet hatte. Auch Versuche über weite Entfernungen wurden erfolgreich durchgeführt, so zum Beispiel zwischen Leningrad und Sebastopol (über 1700 km).
Als man die Manifestationen der Telepathie soweit beherrschte, konnten neue Versuche durchgeführt werden, in denen geprüft werden sollte, ob die Erklärung der Telepathie als elektromagnetisches

Phänomen richtig war. Wie die Forscher anderer Länder versuchten auch viele russische Wissenschaftler, die Telepathie, in Analogie zur Radiosendung, als Aussendung elektromagnetischer Signale zu erklären. Ungeachtet vieler Argumente, die dagegen sprachen (zum Beispiel das Argument der ungeheuren Schwachheit der elektrischen Vorgänge im Gehirn; die Probleme des Codierens der übermittelten Information; die Probleme des Auffindens der richtigen Sendung usw.), war diese Hypothese so verführerisch einfach:
Elektrische Vorgänge im Gehirn können – das kann man sich gut vorstellen – elektromagnetische Signale aussenden, die von einem anderen Gehirn aufgefangen werden können; das Gehirn des Senders würde sozusagen als Radiosender wirken, das Gehirn des Perzipienten als Radioempfänger.
Falls diese Hypothese einer elektromagnetischen Übertragung richtig war, mußte es möglich sein, die telepathische Übertragung zu unterbinden, indem man den Agenten oder den Perzipienten in einen Faradayschen Käfig setzte, der keine elektromagnetischen Wellen durchläßt. Wasiljew setzte also den Hypnotiseur in eine sorgfältig aus dikken Bleiplatten gebaute Kabine. Das Dach der Kabine war so konstruiert, daß seine Seiten in mit Quecksilber gefüllten Rinnen lagen. Doch obwohl die Wände der Kabine elektromagnetische Wellen über einen breiten Bereich von Wellenlängen vollkommen abschirmten, funktionierte die telepathische Übermittlung genausogut, als gäbe es gar keine Abschirmung. Dieses Ergebnis zeigt, daß die *Telepathie nicht auf elektromagnetischen Signalen beruht.* Kürzlich hat sich der bulgarische Psychiater G. Lozanow bemüht, das Verfahren der »Mentalsuggestion« auf die kontrollierte Übertragung von Sendungen anzuwenden. Er experimentierte mit seinen im Zustand der Hypnose befindlichen Patienten. Neben dem Perzipienten waren zwei Morsetaster, einer auf jeder Seite. Eine einfache Sendung wurde mit Hilfe des Morsealphabets in eine Abfolge von Kürzen und Längen verschlüsselt, die dann durch telepathisch gesendete Impulse dem Perzipienten übermittelt wurden: Druck auf einen Knopf bedeutete einen kurzen, Druck auf einen anderen Knopf einen langen Impuls. Bei der Konferenz der Parapsychologen in Moskau im Jahre 1966 berichtete Lozanow, daß es ihm auf diese Weise gelungen sei, telepathisch eine einfache Botschaft zu übermitteln.
Zu Beginn der sechziger Jahre erregte ein neues Phänomen das Interesse der Öffentlichkeit in der Sowjetunion und später auch in anderen Ländern: das »Lesen mit den Fingern«. Es tauchten Leute auf, die behaupteten, mit verbundenen Augen Farben erkennen oder geschriebene und gedruckte Texte durch Berührung des Blattes mit ihren Fin-

gerspitzen lesen zu können. In Wirklichkeit ist auch diese Fähigkeit nichts völlig Neues. Schon in der ersten Hälfte des 19. Jahrhunderts behaupteten die Anhänger von F. A. Mesmer, ihre »magnetisierten« – wir würden heute sagen: hypnotisierten – Patienten seien fähig, mit verbundenen Augen zu lesen, und ihre Sinne, vor allem der Gesichtssinn, seien in ihre Fingerspitzen oder ihre Stirne (o. ä.) übertragen. Etwa hundert Jahre später übte der russische Physiologe A. N. Leontjew seine Versuchspersonen ein, Lichtstrahlen mit der Hand zu erkennen. Und 1920 veröffentlichte Jules Romains (Pseudonym) in Frankreich ein Buch mit dem Titel »Sehen ohne Augen«, in dem er eine Anzahl erfolgreich verlaufener Versuche mit dem »Fingerlesen« schildert.

Doch all diese Beobachtungen fielen in Vergessenheit. Das Problem tauchte erneut auf mit der Entdeckung von Rosa Kuleschowa aus Nischni Tagil im Uralgebiet der Sowjetunion. Rosa arbeitete, als sie im Alter von 22 Jahren bekannt wurde, einige Zeit in einem Blindeninstitut. Dort wurde sie mit der Brailleschrift vertraut. Dabei kam ihr der Gedanke, sie könne vielleicht auch normale Druckschrift mit Hilfe des Tastsinns »lesen« lernen. Nach jahrelanger Übung hatte sie Erfolg. In der wissenschaftlichen Welt wurde ihre ungewöhnliche Fähigkeit im Jahre 1962 bekannt, als sie wegen epileptischer Störungen in eine Nervenklinik eingewiesen wurde. Sie wurde einer Wissenschaftlerkonferenz vorgestellt und später zur Überprüfung nach Moskau geschickt.

Einige mit ihr in Moskau unternommene Versuche – so die unter Leitung von M. S. Smirnow – erbrachten den Beweis, daß sie tatsächlich die Fähigkeit besaß, Farben ohne Verwendung des Gesichtssinns zu erkennen. In den äußerst sorgfältig durchgeführten Versuchen Smirnows zeigte sie sich z. B. fähig – als geschehe dies durch Berührung mit ihren Fingern –, auf einen Milchglasschirm projizierte Bilder zu erkennen, Farben von Strahlen monochromatischen Lichtes zu erkennen, das durch ein Prisma zerlegt und durch Filter geschickt war, um die heißen Strahlen zu absorbieren. Später verschwand diese Fähigkeit wieder. Aber es bleibt die wissenschaftliche Evidenz, daß sie zumindest für eine Zeit ihres Lebens über die Fähigkeit verfügte, mit den Fingern zu lesen, die wir als eine Form von ASW betrachten.

Eine Anzahl russischer Wissenschaftler interessierte sich für die weitere Erforschung des Phänomens des »Fingerlesens«. Die vielleicht verheißungsvollsten von den in diesem Zusammenhang unternommenen Bemühungen werden von A. A. Nowomejski berichtet, der mit seinen Studenten der Pädagogischen Hochschule experimentierte. Er brachte seine normal sehfähigen Studenten durch Übung dahin, farbige Flächen ohne Verwendung des Gesichtssinnes, nur durch Berührung zu erkennen. Die Flächen konnten sogar mit Tüchern oder anderem Material (Glas, Papier usw.) bedeckt sein, so daß der direkte Kontakt der Finger der Versuchsperson mit der Fläche selbst unmöglich gemacht war. Nowomejski behauptet, er sei in der Lage, durch seine Methode diese Fähigkeit in etwa 20 Prozent der Bevölkerung zu entwickeln, vorausgesetzt, die Leute brächten die Geduld auf, sich dem langwierigen Training zu unterziehen.

Nowomejskis Methode läßt sich leicht nachmachen. Erforderlich dazu sind lediglich zwei Blätter verschiedener Farbe, sonst aber völlig gleicher Art. Wir können sie zum Beispiel dadurch erhalten, daß wir zwei Stücke empfindliches Fotopapier nehmen, eines davon belichten, das andere unbelichtet lassen, und dann beide entwickeln. So bekommen wir zwei Karten mit gleicher Oberfläche: die eine weiß, die andere schwarz. Und nun kann die Übung beginnen: Wir lassen uns die Augen verbinden, entspannen uns und suchen durch Berührung der Oberflächen beider Karten eine Farbe von der anderen zu unterscheiden. Normalerweise brauchen wir dabei jemanden, der uns bei der Prüfung helfen und uns sagen kann, ob unsere Ansagen der Farben richtig sind oder nicht. Seine Hilfe gestattet uns, in einem Zustand der Entspannung zu bleiben, der nicht unterbrochen wird durch die geistige Anstrengung des nachträglichen Hinsehens auf die Karten und Prüfens der Farben. Es ist notwendig, mit großer Ausdauer immer und immer wieder die Farben der Karten zu bestimmen, die der Helfer uns in einer Zufallsordnung aushändigt, um uns danach zu sagen, ob wir die Farbe richtig bestimmt haben oder nicht. Im Falle zweier gleichartiger Oberflächen können wir annehmen, daß unsere Tastempfindungen von ihnen gleich sind. Doch versichert Nowomejski uns, daß wir, wenn wir nur Geduld genug haben, bestimmte Tastempfindungen entdecken, die uns die wirkliche Farbe zu erkennen geben, trotz der Gleichheit beider Oberflächen. Diese Empfindungen sind halluzinatorischen Charakters und im höchsten Maße individuell. Für gewöhnlich muß jeder die Empfindungen entdecken, die ihm eigen sind: So kann zum Beispiel der eine die schwarze Farbe als wärmer empfinden als die weiße; ein anderer empfindet die eine Farbe als rauher oder klebriger usw. als die andere. Wenn wir die Farben in direkter Berührung unterscheiden gelernt haben, kommen wir zu schwierigeren Aufgaben: Grenzen zwischen Farbfeldern zu unterscheiden; oder wir bedecken die Flächen mit irgendeinem anderen Material (Glas, Papier usw.), das einen direkten Kontakt verhindert, und versuchen die Farben durch dieses Abdeckmaterial hindurch zu erkennen.

Eine wichtige Frage zur ASW, nämlich ihre theoretische Erklärung, bleibt natürlich nach wie vor ein Rätsel. Wir wissen nichts vom Wesen des Wirkprinzips, das für die ASW verantwortlich ist. Unser Wissen ist leider nur negativer Art. So können wir zum Beispiel, wenn wir Wasiljews Versuche nehmen, sagen, daß die ASW (im Falle seiner Telepathieversuche) *nicht* in vollem Umfang auf der Grundlage elektromagnetischer Ströme erklärt werden kann.
Dennoch müssen wir zugeben, daß die Telepathie eine Übermittlung von Information tragenden Signalen ist. Solche Signale müssen notwendig energetischer Art sein. Weil die Telepathie ein so von allen anderen Kommunikationsmitteln verschiedenes Verhalten zeigt, müssen wir schließen, daß der Träger solcher Signale von allen bisher bekannten Energieformen völlig verschieden ist. Diese Überlegung läßt vermuten, daß es eine neue, bisher unbekannte Form von Energie gibt – die »PSI-Energie« (psi: von »psychologisch«), die sich in einem hypothetischen »PSI-Feld« fortpflanzt.
Die Darstellung der PSI-Energie hat ebenfalls eine lange Geschichte. Bereits 1940 wies der Entdecker der EEG-Wellen, H. Berger, darauf hin, daß elektrische Vorgänge in der Gehirnrinde zu schwach sind, um für Wirkungen über so große Entfernungen, wie wir sie bei telepathischen Übertragungen beobachten können, als Ursache in Frage zu kommen. Er legte den Gedanken nahe, sie könnten mit Hilfe einer anderen Art von Energie zustande kommen, die er »psychische Energie« nannte. Er stellte sich vor, diese Energie könne durch physikalisch-chemische Prozesse in der Gehirnrinde geschaffen werden und nach außen dringen, ungehemmt durch materielle Hindernisse. Nach Berger würde der Vorgang der telepathischen Übertragung aus folgenden Phasen bestehen: a) physikalische und chemische Prozesse im Gehirn des Senders werden in psychische Energie umgesetzt; b) diese psychische Energie pflanzt sich durch den Raum fort; c) wenn sie auf das Gehirn des Perzipienten trifft, löst sie in ihm Vorgänge aus, die denen im Gehirn des Senders entsprechen. Berger stellte das Postulat auf, daß das Hauptcharakteristikum der »psychischen Energie« ihr Zusammenhang mit dem Bewußtsein ist: Sie kann nur in einem lebenden Gehirn auftreten.
Nach der Auffassung russischer Parapsychologen verbreitet diese »psychische Energie« sich durch ein sogenanntes »PSI-Feld«. Unter diesem PSI-Feld verstehen sie eine Art bisher unbekanntes physikalisches Feld. Dabei stellen sie sich dieses Feld gern in einer gewissen Analogie zum elektromagnetischen Feld vor, das wir uns als aus zwei senkrecht zueinander stehenden Vektoren – einem elektrischen und einem magnetischen – zusammengesetzt denken. Entsprechend stellt

man sich das hypothetische PSI-Feld als multidimensionales Feld vor, bestehend aus dem elektromagnetischen Feld als der einen und dem PSI-Vektor als der anderen Komponente. Russische Parapsychologen schließen, daß sich in dem PSI-Feld bewegende Signale an der Stelle ihres Auftretens (wo sie entsprechende elektrische Änderungen im Gehirn des Perzipienten hervorrufen) auch elektromagnetische Änderungen hervorrufen, in einem der elektromagnetischen Induktion ähnlichen Vorgang. Natürlich kann diese Vorstellung nicht als gültige Erklärung eines in seinem Wesen unbekannten Vorganges betrachtet werden. Wir können sie aber durchaus als brauchbare Arbeitshypothese annehmen, die uns eine rationale Erklärung der ungewöhnlichen Eigenschaften der ASW gestattet, aber in der künftigen Forschung noch gründlich geprüft werden muß.

KAPITEL V

Paraphysikalische Phänomene

Aus den bisherigen Ausführungen konnten wir schon eine gewisse Vorstellung von dem Vorgang der ASW gewinnen. Wir haben ihn als eine Übertragung von Information verstanden, welche durch Signale bewirkt wird, die von einer unbekannten Art von Energie getragen werden.

Bei der ASW werden die Signale in zentripetaler Richtung übertragen: aus der Außenwelt zu dem Perzipienten. Doch besteht kein Grund für die Annahme einer solchen Asymmetrie in der Natur, der zufolge der für die ASW verantwortliche Faktor nur in dieser einen Richtung wirkte. Wir sehen uns daher zu der Annahme veranlaßt, daß ähnliche energetische Signale sich auch in entgegengesetzter Richtung bewegen können. Daher müßte es Fälle geben, in denen der Mensch fähig ist, die Außenwelt auf parapsychischem Weg zu beeinflussen. Solche Wirkungen müßten unter ähnlichen Bedingungen eintreten wie die ASW. Untersuchen wir daher Vorgänge in der Natur, um festzustellen, ob wir wirklich Spuren einer solchen unkonventionellen Einwirkung von Menschen auf energetische Vorgänge in der Außenwelt finden.

Ein gewisser Hinweis darauf, daß der Effekt des für parapsychische Phänomene verantwortlichen Faktors wirklich zwei Richtungen hat, läßt sich bereits bei der Untersuchung der Telepathie erkennen. Wir haben festgestellt, daß wir zwei Typen von Telepathie unterscheiden können: die »eigentliche Telepathie«, die durch die Wahrnehmungstätigkeit des Perzipienten zustande kommt, und die »Mentalsuggestion«, bei der offenbar der Agent die Hauptrolle spielt. Von dieser Beobachtung ausgehend unterscheiden die Parapsychologen zwei verschiedene telepathische Mechanismen: a) *die Gamma-Telepathie* mit der Aktivität des Perzipienten und b) *die Kappa-Telepathie* mit der Tätigkeit des Agenten. Die Gama-Telepathie ist als eine Form der ASW zu verstehen, während die Kappa-Telepathie zwar in der Form

stark an ASW erinnert, aber als den paraphysikalischen Phänomenen verwandtes Phänomen zu verstehen ist.
Doch ein Einzelfall von Telepathie ist seinem Wesen nach ein stark subjektives Phänomen. Suchen wir nach einem direkten, nach außen wirkenden Einfluß geistiger Konzentration, so müssen wir nach *objektiven* Effekten in der Außenwelt Ausschau halten, die über einen räumlichen Abstand ohne Vermittlung der Muskelkraft und anderer bekannter physikalischer Kräfte erregt werden. Hinweise auf das Vorkommen solcher Effekte können schon bei Beobachtungen verschiedener *Spontanphänomene* entdeckt werden.
Von Zeit zu Zeit, im ganzen aber seltener als das Auftreten von ASW, werden Beobachtungen ungewöhnlicher Effekte berichtet, deren Erklärung durch normale physikalische Prinzipien nicht möglich ist. Zu ihnen gehören unerklärbare Geräusche, Bewegungen von Gegenständen, bisweilen sogar Erscheinungen von Phantomen in Menschengestalt. Die wissenschaftliche Beurteilung dieser Berichte über »Spukhäuser« oder »Poltergeister« begegnet noch größeren Schwierigkeiten als entsprechende Berichte über spontane ASW. Die Phänomene treten, den Berichten zufolge, immer unerwartet auf. Daher kann an Fehlbeobachtung, übertriebene Schilderung oder auch Betrug gedacht werden. Häufig haben die beobachteten Phänomene auch normale physikalische Gründe, die übersehen worden sind.
Der Fall des »Spukhauses« in Hydesville, von dem die spiritistische Bewegung ausging, kann als Veranschaulichung eines solchen Spontanphänomens dienen, das an paraphysikalische Wirkungen denken läßt. Schildern wir einen weiteren, häufig genannten Fall: Miß Morton (= Pseudonym), eine Medizinstudentin, bezog im Jahre 1882 ein Haus in Clifton (England). In diesem Haus war es mehrere Jahre vorher zu einer Familientragödie gekommen. Eines Abends hörte Miß Morton ein Rascheln an der Tür ihres Zimmers. Sie ging hinaus auf den Flur und sah dort im Treppenhaus eine große schlanke Dame in schwarzem Wollkleid mit einem Trauerschleier. In den Jahren 1882 bis 1884 sah sie diese Gestalt etwa fünf- bis sechsmal. Auch ihr Bruder, ihre Schwester, das Hausmädchen und andere konnten diese Gestalt sehen, sowohl Mitglieder der Familie Morton als auch Besucher: insgesamt etwa 20 Personen. Auch zwei Hunde, die im Haus waren, scheinen das Phantom bemerkt zu haben, denn sie ließen Anzeichen von Angst erkennen. Eine recht interessante Beobachtung ergab, daß die Erscheinung keine in vollem Umfang objektive Existenz besaß: Es kam vor, daß Miß Morton und ihr Bruder das Phantom ganz deutlich sahen, während andere, ebenfalls in der Nähe stehende Personen es zur selben Zeit nicht sahen. Doch wurde das Phantom einmal von vier

Personen zugleich gesehen. Mehrmals versuchte Miß Morton, das Phantom anzusprechen, erhielt aber nie Antwort auf ihre Fragen. Ebenso versuchte sie, die Gestalt zu berühren, aber jedesmal entzog sich diese ihrer Berührung. Einmal versuchte Miß Morton, das Phantom am Verschwinden zu hindern, indem sie es in eine Ecke drängte; da verschwand das Phantom durch die Mauer hindurch. Ein andermal wollte sie seine Körperlichkeit feststellen, indem sie Fäden über die Treppe spannte, über die das Phantom für gewöhnlich ging. Doch es ging durch die Fäden hindurch, ohne sie zu zerreißen. Am häufigsten wurde die Gestalt in den Jahren 1884 bis 1885 beobachtet. Von 1886 an wurde sie immer undeutlicher. 1889 wurde sie nicht mehr gesehen, aber Schritte waren bis 1892 zu hören. Das Phantom wurde als Gestalt von Mrs. S. erkannt, die einige Zeit vorher in dem Haus gewohnt hatte. Es erschien zumeist an der Stelle, die Mrs. S. besonders geliebt und wo sie sich zu Lebzeiten am häufigsten aufgehalten hatte. Ein seltsamer Zug im Verhalten des Phantoms mag von theoretischer Bedeutung sein: Es verrichtete wie im Traum immer dieselbe Handlung. Es ging immer in der gleichen Weise die Treppe hinauf, in den Salon zum Sofa. Es zeigte niemals deutliche Symptome einer vernunftgemäßen Reaktion.

Oder berichten wir einen Fall aus neuerer Zeit. Im November 1967 wurden in Rosenheim in Süddeutschland seltsame Phänomene in einem Anwaltsbüro beobachtet: Neonröhren, die an der zweieinhalb Meter hohen Decke angebracht waren, erloschen ein ums andere Mal. Elektriker stellten fest, daß sie um etwa 90 Grad aus ihren Sockeln gedreht waren. Scharfe Knalle wurden gehört. Automatische Sicherungen sprangen heraus ohne feststellbaren Grund, Lichtkugeln explodierten, Schubladen öffneten sich von selbst, Bilder bewegten sich an der Wand usw. Es wurden Telefonanrufe notiert, die niemals erfolgt waren. Polizei und Fachleute wurden herbeigerufen, aber es ließ sich kein normaler Grund für das Phänomen finden. Später stellte sich dann heraus, daß die Phänomene mit einer Angestellten des Anwalts zusammenhingen: der 19jährigen Annemarie Sch., die sie allem Anschein nach unbeabsichtigt bewirkt hatte.

Wie interessant indessen solche Beobachtungen bisweilen erscheinen, sie lassen sich nicht als schlüssige Beweise für die Existenz paraphysikalischer Phänomene werten. Die Beobachter neigen häufig dazu, solche Phänomene als Auswirkungen »okkulter« Spuren irgendwelcher dramatischer Ereignisse zu deuten, die vor Zeiten einmal an dem Platz ihres Auftretens stattgefunden haben. In mehr wissenschaftlich beobachteten Fällen wurde an der Stelle des Auftretens häufig eine mediumistisch begabte Person gefunden, und es wird vermutet, daß die Phänomene in solchen Fällen durch die mediumistischen Kräfte der betreffenden Person verursacht wurden. Häufig handelte es sich bei solchen Personen um Jungen oder Mädchen im Alter von etwa 15 Jahren; in einem solchen Fall gilt es sehr sorgfältig festzustellen, ob die betreffenden Phänomene sich nicht als absichtliche Täuschung oder Schabernack erklären lassen.

Ein anderer Beobachtungsbereich, der für die Existenz paraphysikalischer Phänomene spricht, ist der der sogenannten *»physikalischen« Medien*. Während der ganzen Geschichte des Spiritismus und vor allem in seinen Frühphasen wurde von Medien berichtet, welche in Trance die verschiedensten Phänomene physikalischer Art bewirkten, die keine normale Erklärung zuließen. In Anwesenheit dieser Medien wurden Gegenstände durch unsichtbare Kräfte bewegt (Telekinese) oder vom Boden hochgehoben (Levitation). Bisweilen erschienen auch unwirkliche sichtbare Gebilde und Gestalten (Materialisation). Man schrieb ihnen eine unterschiedliche Konsistenz zu, von nebelhaften Formen bis zu festen Körpern, die bisweilen toter Materie glichen, sich in anderen Fällen aber zu Händen, Gesichtern, ja ganzen menschlichen Gestalten ausformten.

Diese drei Hauptphänomene waren häufig von einer Anzahl Sekundärphänomenen begleitet. Es wurden unerklärliche Töne, Klopfen, Geräusche, bisweilen sogar Stimmen gehört; es erschienen vielfarbige Lichter, man spürte einen kalten Hauch in dem Raum, in dem die Séance stattfand, usw. In der Frühzeit der Photographie gelang es angeblich verschiedenen Medien, photographische Platten ohne normale Belichtung zu beeinflussen (sogenannte »Geisterphotographie«). Dieses Phänomen, das in neuerer Zeit auf eine besser kontrollierbare Weise unter Verwendung von Polaroidkameras beobachtet wurde, würde auf die Möglichkeit hindeuten, daß chemische Prozesse an lichtempfindlichen Materialien auf paraphysikalischem Weg beeinflußt werden können.

Am häufigsten wurde vom Auftreten der Phänomene der Telekinese, der Levitation und der Materialisation berichtet. In einer gewissen Periode in der Geschichte des Spiritismus wurde den Phänomenen physikalischen Charakters mehr Aufmerksamkeit gewidmet als den Beobachtungen der ASW. Von den physikalischen Medien des 19. Jahrhunderts war das berühmteste D. D. Home (1833 bis 1886), von dem bekannt war, daß er seine Leistungen an den Fürstenhöfen ganz Europas vorführte, und dessen Fähigkeit, mechanische Wirkungen aus einem beträchtlichen räumlichen Abstand hervorzubringen, von dem berühmten Physiker W. Crookes bestätigt wurde. Ein anderes Medium war eine einfache italienische Frau, Eusapia Palladino (1854

bis 1918), deren Wirken über mehr als ein Vierteljahrhundert von einer Anzahl wissenschaftlicher Ausschüsse untersucht wurde.
Die Untersuchung physikalischer Medien stellte hohe Anforderungen an die Forscher. Die Phänomene traten für gewöhnlich unerwartet ein, und der Forscher konnte kaum mehr tun als ihr Auftreten registrieren. In der Regel wurden die Beobachtungsbedingungen vom Medium bestimmt und waren für jede fachliche Beobachtung denkbar ungünstig. Für gewöhnlich herrschte in den Räumen, in denen die Séancen stattfanden, völlige Dunkelheit, im besten Falle gedämpftes rotes Licht, da, wie man erklärte, stark sichtbares Licht die Phänomene zerstöre. Außerdem war für gewöhnlich eine große Anzahl Teilnehmer anwesend; dazu machte die mysteriöse Atmosphäre der spiritistischen Sitzungen die Bedingungen für wissenschaftliche Beobachtungen zweifellos nicht günstiger. Solche Bedingungen reizten direkt zu betrügerischen Imitationen von Phänomenen, und manche Medien nutzten durchaus diese Gunst der Lage. Bisweilen war der Betrug geradezu genial, und angesichts der ungeheuren Schwierigkeiten bei der Beobachtung wie des häufig fragwürdigen Charakters der Medien fragen viele Parapsychologen mit einigem Recht, ob hier überhaupt echte Phänomene beobachtet worden sind.
Gleich, wie die Antwort lauten mag – Tatsache ist, daß diese Beobachtungen nur die Frage nach den Phänomenen aufwerfen konnten. Einen Beweis für ihre Tatsächlichkeit vermochten sie nicht zu liefern, vor allem, da später, parallel mit der schrittweisen Verbesserung der Beobachtungstechniken, die Phänomene ihren sensationellen Charakter verloren und besonders begabte Medien offenbar immer seltener wurden. Es kam nur zu wenigen sporadischen Bemühungen – so zum Beispiel in Frankreich von E. Osty und seinem Medium Rudi Schneider –, mediumistische Phänomene paraphysikalischer Art unter Laboratoriumsbedingungen, kontrolliert durch verfeinerte Geräte, zu untersuchen. Diese Untersuchungen zeigten immerhin, daß es tatsächlich gewisse echte Effekte gab. Leider konnten diese Forschungen in Ermangelung begabter Medien nicht zu einem abschließenden Ergebnis gebracht werden.
Auch außerhalb der mediumistischen Zirkel wurden Berichte über das Auftreten paraphysikalischer Phänomene laut, aber sie waren ungleich bescheidener. So berichteten mehrere Autoren (H. Baradue, E. K. Müller usw.) von der Beobachtung von Lichtkörpern, die auf Wasserflächen schwammen oder an Fäden hingen, und ähnlichen Dingen. Diese Körper schienen auf den Blick des Beobachters zu reagieren durch eine Art regelmäßiger Bewegung. Doch die Bemühungen um solche Phänomene waren geringfügig und nicht systematisch

genug. Außerdem war es in der Praxis immer sehr schwierig, sie unter Bedingungen vorzuführen, die jede Art physikalischer Effekte mit einiger Zuverlässigkeit ausschlossen. Tatsächlich konnten diese bescheideneren Effekte im allgemeinen unschwer durch rein physikalische Faktoren hervorgerufen werden, wie zum Beispiel durch Molekularbewegungen, Strahlungsdruck, Luftströmungen, elektrostatische Kräfte, Vibrationen im Organsystem usw.

Alles in allem war es nicht möglich, unter Laboratoriumsbedingungen in vorbereiteten Versuchen irgendwelche physikalischen Effekte zu erzielen, die eindeutig als Phänomene parapsychischen Charakters zu bezeichnen sind. Zwar haben sich Anzeichen ergeben, die stark an solche Phänomene denken ließen, aber ein definitiver Beweis ihrer Existenz konnte nicht geführt werden. In diesem Stadium gingen J. B. Rhine und seine Mitarbeiter das Problem von einer anderen Seite her an und bemühten sich, die Tatsächlichkeiten dieser Effekte auf der Grundlage einer statistischen Evidenz nachzuweisen.

Der neue Begriff *»Psychokinese« (= PK)* wurde zur Bezeichnung der Fähigkeit eingeführt, mechanische Wirkungen auf parapsychische Weise durch rein geistige Kraft hervorzubringen, während das Vorhandensein dieser Fähigkeit schon lange vorher postuliert worden war. Ähnlich wie man bei der Erforschung der ASW die Kartenbestimmungstests einführte, um eine statistische Auswertung der Ergebnisse zu ermöglichen, wurden die angenommenen mechanischen Wirkungen durch Verwendung von Spielwürfeln getestet.

Die Grundidee bei diesen Versuchen bestand darin, einen oder mehrere Würfel zu werfen, wobei die Versuchsperson sich bemühte, durch Gedankenkonzentration den Fall des Würfels zu beeinflussen, so daß er die gewünschte Augenzahl ergab. Wenn mehrere Würfel zugleich geworfen wurden, strebte man eine bestimmte Kombination von Punkten an. Die Ergebnisse langer Versuchsreihen wurden anschließend statistisch ausgewertet. Ähnlich wie bei den Reihen von 25 Identifikationskarten, die man bei den quantitativen ASW-Versuchen zu einer elementaren Versuchseinheit zusammenfaßte, bildete man in diesem Falle eine Versuchseinheit aus einer Reihe von 24 einzelnen Würfen. Natürlich mußte man auch hier so strenge Versuchsmethoden erarbeiten, daß alle normalen Möglichkeiten eines Einflusses auf den Fall der Würfel, die einen PK-Effekt vorgetäuscht hätten, ausgeschlossen blieben. Ein solcher Einfluß konnte in unkontrollierten Luftströmungen, in einer Ungenauigkeit der Schwerpunktlage oder der Würfelform usw. bestehen. Bei einem nicht genau gefertigten Würfel kann es sehr leicht möglich sein, daß eine Zahl häufiger fällt als die anderen. Der Einfluß von Unregelmäßigkeiten am Würfel selbst kann unschwer ausgeschaltet werden, wenn man die Würfelseiten wechselt, so daß alle Seiten gleichmäßig als Zielseiten vertreten sind.

Nach der 1943 erfolgten Veröffentlichung der ersten Berichte über PK-Versuche im parapsychologischen Laboratorium der Duke University wurden bei Versuchen anderer Parapsychologen auch außerhalb der USA bestätigende Ergebnisse erzielt (in England von R. H. Thouless, in Schweden von H. Forwald usw.). Die aufgezeichneten über die Zufallserwartung hinausgehenden Ergebnisse der PK-Tests waren für gewöhnlich sehr gering, bedeutend geringer als entsprechende Ergebnisse bei den ASW-Tests. Daher gründet sich die überzeugendste Form des experimentellen Nachweises des PK-Effekts nicht so sehr auf die Abweichungen der erzielten Ergebnisse von der Zufallserwartung, sondern auf eine besondere Eigentümlichkeit, die sich bei den Aufzeichnungen der PK-Tests herausstellte: die sogenannte *Viertelung (quarter distribution)* der Treffer. Wenn man die Aufzeichnungen von PK-Tests nach Einheiten zu 24 Würfen analysierte, jedoch so, daß bei einer Anzahl von Einheiten die Ergebnisse in vier Parteien aufgeteilt wurden, fand sich für gewöhnlich die stärkste Abweichung von der Zufallserwartung in der ersten und die schwächste in den letzten Partien. Dieses Phänomen, das offenbar mit dem Absinkungs- oder »decline«-Effekt bei ASW-Werten verwandt ist, ergab sich bei PK-Werten immer und immer wieder.

Im Laufe der Zeit hat man manches über die PK gelernt, und man entdeckte ihre Entsprechungen zur ASW in allen wesentlichen Zügen. So stellte man zum Beispiel fest, daß – in dem bis dahin untersuchten Umfang – die PK unabhängig war von den physikalischen Eigentümlichkeiten der Versuchssituation: von der Form der Würfel (unterschiedliche Ausgeprägtheit ihrer Ecken und Augen), von ihrer Größe und ihrem Gewicht, von dem Abstand zwischen der Versuchsperson und dem Würfel usw. (Die einzige Ausnahme von dieser Regel war eine Beobachtung von H. Forwald, der den Standpunkt vertrat, das Material der Würfeloberflächen könne eine gewisse Rolle spielen; doch diese vereinzelte Beobachtung ist von anderen Autoren nicht bestätigt worden.) Der Einfluß von psychischen Faktoren auf die PK ist ähnlich wie ihr Einfluß auf die ASW. Eine angenehme Versuchssituation, eine gute Motivierung (zum Beispiel in Gestalt einer Wettkampfsituation), Entspanntheit, positive Suggestionen in Hypnose usw. verbessern die Versuchsergebnisse. Ferner war auch PK in der Form einer negativen Abweichung zu beobachten. So führte zum Beispiel H. Forwald einen Versuch durch, bei dem er zwei Würfel warf: In der ersten Reihe mit dem Willen, so oft wie möglich dieselbe

Punktzahl zu erzielen, in der zweiten mit dem Willen, sie so selten wie möglich zu erreichen; tatsächlich gelang es ihm, in der ersten Reihe ein bedeutend besseres Resultat zu bekommen.

Die ursprünglichen Würfelversuche sind im Lauf der Zeit in verschiedener Weise abgewandelt worden. So wurde zum Beispiel vorgeschlagen, an Stelle von Würfeln andere Gegenstände durch PK beeinflussen zu lassen: zum Beispiel geworfene Münzen, Roulettescheiben und dergleichen. Außerdem wurden bald bedeutend verfeinerte Methoden eingeführt. So arbeitete beispielsweise N. Richmond mit einer sehr interessanten Abwandlung. Es gelang ihm durch PK, schwimmende Pantoffeltierchen unter dem Mikroskop in ihrer Richtung zu beeinflussen. Der französische Ingenieur R. Hardy hat eine komplizierte Anlage konstruiert, in welcher ein Elektronenfluß durch PK-Effekt beeinflußt werden sollte. Der Effekt wurde mikroskopisch entdeckt durch rotes Aufleuchten grüner Birnen. In den USA hat W. E. Cox die Wirkung von PK auf komplizierte mechanische Systeme untersucht.

In einer anderen Versuchsanordnung haben W. E. Cox und später auch H. Forwald den sogenannten *»Richtungseffekt« (placement-effect)* untersucht. Sie ließen einen Würfel ein abwärts geneigtes Brett hinablaufen, das durch eine Linie der Länge nach in zwei Hälften geteilt war. Die Versuchsperson bemühte sich, durch PK den Lauf des Würfels abzulenken und ihn auf eine bestimmte Seite der Linie rollen zu lassen. Oder man ließ Tropfen von Flüssigkeit auf eine Messerschneide fallen, die sie in zwei Teile teilte. Die Flüssigkeitsmengen wurden auf beiden Seiten der Schneide aufgefangen. Mit Hilfe des PK-Effekts sollte der Fall des Tropfens abgelenkt und die Flüssigkeitsmenge in einem der beiden Behälter vergrößert werden. Natürlich sind derartige Versuchsanordnungen äußerst empfindlich für unkontrollierte physikalische Einflüsse: z. B. geringfügige Ungenauigkeiten im Verlauf der Trennungslinien oder in der Lage der Messerklinge, Luftströmungen usw.

Obwohl der Beweis zugunsten physikalischer Phänomene weniger überzeugend ist als die Menge des Beweismaterials, das zugunsten der ASW gesammelt wurde, können wir doch den Schluß aufrechterhalten, daß unsere Annahme vom Anfang dieses Kapitels (S. 204) bestätigt ist. Wie erwartet, hat sich wirklich ein Argument gefunden, welches die Tatsächlichkeit von Wirkungen nachweist, die in sehr ähnlicher Form verlaufen wie die ASW und in der entgegengesetzten – zentrifugalen – Richtung wirksam werden. Die Feststellung, daß es Funktionen (ASW und PK) gibt, die gleiche Charakteristika haben und in ihrem Wesen offenbar verwandt sind, hat eine große theoretische Bedeutung: Sie zeigt uns an, daß die *Parapsychologie sich mit einer ganzen Gruppe von Phänomenen verwandten Charakters, beherrscht von verwandten Gesetzmäßigkeiten, befaßt.* Diese Gesetzmäßigkeiten sind zugleich diametral verschieden den von anderen Wissenschaftszweigen studierten Gesetzmäßigkeiten. Diese Tatsache *berechtigt uns dazu, die Parapsychologie als eigenen Wissenschaftszweig anzuerkennen* (vgl. S. 9ff.)

Vor Abschluß dieses Kapitels aber soll noch eine große Gruppe von Phänomenen biologischer Art erwähnt werden: die sogenannten parabiologischen Phänomene, die die Möglichkeit einer Beeinflussung des Verlaufs biologischer Vorgänge durch PK nahelegen. Das vielleicht bekannteste von diesen Phänomenen ist die unorthodoxe Heilung, auch »Glaubensheilung« genannt – eine seltsame heilende Kraft, die angeblich von bestimmten Personen oder Plätzen ausgeht. Außerdem kennt die Volkstradition viele andere seltsame Phänomene biologischer Art, die z. B. im Zusammenhang mit verschiedenen Leistungen indischer Fakire oder Stammeszauberer von Naturvölkern genannt werden (die das Wachstum von Pflanzen, Stoffwechselprozesse in lebendigen Organismen usw. durch reine »Kraft des Willens« beeinflussen). Die Berichte von all diesen angeblichen Phänomenen werfen zwei voneinander unabhängige Fragen auf:

a) Existiert das betreffende Phänomen wirklich?
b) Haben wir genügend Grund für die Annahme, daß es sich dabei um ein Phänomen paraphysikalischen Charakters handelt? Mit anderen Worten: Können wir sicher sein, daß das Phänomen keine normale biologische Ursache hat?

Der Beweis für die Existenz des Phänomens ist häufig in sich schwierig. Für gewöhnlich sind keine exakten Beobachtungen verfügbar. Wegen der Kommunikationsprobleme ist es schwierig, in Primitivkulturen irgendwelche Beobachtungen zu machen. Selbst bei dem noch am meisten zugänglichen Fall, dem der unorthodoxen Heilung, bestehen nahezu unüberwindliche Probleme. Um auch nur das Phänomen als solches zu entdecken, ist eine zuverlässige, detaillierte ärztliche Untersuchung des Patienten vor und nach der Heilbehandlung erforderlich, um objektiv nachweisen zu können, ob überhaupt eine Besserung eingetreten ist. Doch selbst wenn diese Besserung nachgewiesen wird, ist es bei der außerordentlichen Komplexität und Variabilität allen biologischen Materials nahezu unmöglich, alle normalen biologischen Ursachen auszuschalten, die für das Phänomen in Frage kommen könnten. Wir haben diese Schwierigkeiten bereits im Einleitungskapitel besprochen.

Es sind bisher auch nur wenige Bemühungen unternommen worden,

parabiologische Phänomene unter Laboratoriumsbedingungen zu studieren. Doch hat zum Beispiel der französische Mediziner J. Barry seine Versuchsperson veranlaßt, auf geistigem Wege eine Hemmung des Wachstums krankheitserregender Pilze zu versuchen. Er kontrollierte den Fortschritt des Wachstums mit den üblichen biologischen Methoden und stellte fest, daß die in dieser Weise unter Einfluß genommenen Kulturen wirklich langsamer gewachsen waren als die Kontrollkulturen.
Das sorgfältigste von allen war vielleicht das Experiment von B. Grad. Er versuchte zum Beispiel, den Einfluß von PK auf das Keimen von Pflanzen oder die Heilung von Wunden zu untersuchen. Er nahm Gerstensamen und begoß ihn mit Wasser, das von einem Glaubensheiler unter Einfluß genommen worden war. Dabei stellte er wirklich fest, daß Pflanzen aus dieser Saat stärker wuchsen als Pflanzen in der Kontrollgruppe, die mit normalem Wasser begossen wurden. Oder er nahm zwei Gruppen von Mäusen, brachte ihnen kleine Wunden in der Haut bei und prüfte, wie rasch diese Wunden heilten. Dabei stellte er fest, daß die vom Heiler behandelten Mäuse schneller wiederhergestellt waren als die Tiere der Vergleichsgruppe.
Versuche dieser Art stellen methodisch gesehen sehr hohe Anforderungen. Jedes biologische Material läßt sich ungemein verschiedenartig beeinflussen. Bei den Mäusen zum Beispiel können latente Erbfaktoren, Ernährung usw. eine Rolle gespielt, bei den Pflanzen oder Pilzen könnten winzige Unterschiede in der Feuchtigkeit oder Temperatur eine Wirkung verursacht haben, die dem Einfluß des Heilers zugeschrieben wurde. Selbst wenn wir mit biologischem Material unter strengen Laboratoriumsbedingungen arbeiten, bleiben immer noch zahlreiche Ursachen für Irrtümer, die in seiner Variabilität liegen. Wir müssen so viele Faktoren wie möglich unter perfekte Kontrolle nehmen, einschließlich der genetischen Reinheit des Versuchsmaterials, und mit einer großen Anzahl von Individuen arbeiten, so daß unvermeidliche individuelle Unterschiede ausgeglichen werden. Das stellt natürlich an die Versuche bedeutend höhere Ansprüche als bei Versuchen mit unbelebten Gegenständen. Es ist daher nicht erstaunlich, daß in dem Bereich der parabiologischen Phänomene bisher nur sehr wenig zuverlässige Laboratoriumsforschung geleistet worden ist. Und selbst wenn die oben genannten Untersuchungen anzeigen, daß es parabiologische Phänomene gibt, so bedeutet das nicht, daß irgend jemand, der Glaubensheilungen betreibt, wirklich diese Kraft besitzt, ebensowenig wie wir von vornherein annehmen können, daß jeder professionelle Hellseher wirklich die Fähigkeit der ASW besitzt.

KAPITEL VI

Präkognition

Eine der seltsamsten Eigentümlichkeiten der ASW ist ihre offensichtliche Fähigkeit, die Zeitschranke zu durchbrechen. Durch ASW können wir Kenntnis über vergangene Ereignisse (= Retrokognition) und bisweilen sogar über künftige Ereignisse (= Präkognition) erhalten. Gerade diese zweite Fähigkeit, künftige Ereignisse ohne irgendeine Möglichkeit der Einschaltung sinnlicher Wahrnehmung oder rationalen, schlußfolgernden Denkens vorauszusagen, wird als seltsamste, zugleich aber auch kostbarste Eigentümlichkeit der ASW betrachtet.

Die Präkognition hat die besondere Aufmerksamkeit der Menschen aller Zeiten und Kulturen erregt. Der Mensch hat immer schon den Wunsch gehabt, sein künftiges Geschick vorauszuwissen. Er wollte immer mehr über die Zukunft wissen, als er von seiner gegenwärtigen Kenntnis aus erschließen konnte. Wir haben zahlreiche Berichte über Spontanphänomene von Präkognition in Form hellseherischer Träume oder vager Vorahnungen und ähnlicher Erlebnisse, die im voraus irgendwelche zukünftigen Ereignisse anzukündigen schienen. Doch wie alle Spontanphänomene können solche Erfahrungen nicht als überzeugender Beleg für die Existenz der Präkognition dienen. Ihre Entsprechung zur Wirklichkeit kann akzidentell oder künstlich konstruiert sein. Außerdem kann ein subjektiv bedeutsames Ereignis Ergebnis von Befürchtungen oder Wünschen der betreffenden Person sein und sich später auf eine normale, nicht-parapsychische Weise erfüllen, zum Beispiel durch bewußte Bemühungen dieser Person.

Mit der Präkognition hängt ein interessantes Erlebnis zusammen: der Eindruck des »déjà vu« (= schon einmal gesehen). Es kommt gelegentlich vor, daß wir in irgendeiner Situation plötzlich das Empfinden haben, wir hätten sie vorher schon einmal erlebt oder gesehen. Solche Erlebnisse können Folgen einer falschen Erinnerung sein. So erinnern wir uns zum Beispiel möglicherweise eines vergangenen Ereignisses oder eines Traumes in unvollständiger Weise, und wenn wir nachher etwas Ähnliches noch einmal erleben, kommt uns nur das Empfinden der »Vertrautheit« zu Bewußtsein. Außer solchen »déjà-vu«-Erfahrungen nicht-parapsychischen Ursprungs gibt es Fälle, die eine Beteiligung von Präkognition vermuten lassen. Bei manchen Erlebnissen dieser Art ist die »Erinnerung« so lebendig, daß die sie erlebende Person sich sogar einiger zusätzlicher, von ihr im Augenblick nicht gesehener Details »entsinnt« und sie dann auch bestätigt findet. So berichtete zum Beispiel ein Perzipient: Als ich mit einer Gruppe von Freunden bei einer Reise nach Heidelberg kam, galt mein erster Besuch der Ruine des Schlosses. Als ich dort war, kam mir die Vorstellung, es müsse im unzugänglichen Teil des Gebäudes einen ganz bestimmten Raum geben. Man gab mir Papier und Bleistift, und ich zeichnete den Plan dieses Raumes auf. Meine Skizze stimmte mit der Wirklichkeit überein, wie ich nachher beim Besuch des Raumes bestätigt fand.

In einem ähnlichen Fall hatte Mr. F. im August 1910 den Traum, er sei auf dem Land. Auf dem Weg über eine breite Straße kam er an ein umzäuntes Grundstück, auf dem ihn ein Bauer begrüßte. Dann betrat er mit diesem zusammen den Stall, danach das Haus, wo zwei Frauen waren – eine ältere und eine jüngere – sowie ein Kind. Er bemerkte auch einen Maulesel am Eingang des Stalles sowie viele Tomaten, Zwiebeln und vor allem ein hohes, ganz ungewöhnlich aussehendes Bett im Schlafzimmer. Nachdem er aufgewacht war, erzählte er seiner Frau diesen Traum und ebenso mehreren Freunden. Im Oktober des Jahres wurde er von einem Freund in ein Dorf in der Nähe von Neapel eingeladen, das ihm vollkommen fremd war. Dort erkannte er die große Straße und das umzäunte Feld. Er erzählte diesem Freund von dem Traum und beschrieb ihm das Haus in der Nachbarschaft und dessen Inneneinrichtung. Der Traum hatte sich in allen Einzelheiten erfüllt: Er identifizierte die Personen, den Maulesel, die gelagerten Tomaten und Zwiebeln und das ungewöhnliche Bett. Viele präkognitive Erlebnisse qualitativer Art sind von früheren Autoren aufgezeichnet worden. Nehmen wir als Beispiel die Voraussage, die der 31 Jahre alte Mr. R. P. im Mai 1914 auf einer Sitzung mit der französischen Hellseherin de Berly erhielt: »Seien Sie vorsichtig... Ich sehe Sie in großer Gefahr... Aber Sie werden gut herauskommen...« Als er im Juni 1914 Mlle. de Berly um ihren Rat für seine beabsichtigte Heirat fragte, antwortete sie: »Sie werden diese Person nicht heiraten... Ich sehe, daß Sie ihr den Rücken kehren... Bestimmte Ereignisse werden Sie von ihr fortführen... Ich sehe Sie eine Uniform tragen... Eine Zeitlang werden Sie Reiter sein... Und Sie werden Leuten den Befehl geben, unterirdische Gänge zu graben... Sehr lange Gänge... Und Sie werden nicht heiraten, ehe diese Arbeit beendet ist... Aber das wird der Fall sein, ehe Sie Ihr 35. Lebensjahr vollendet haben... Sie werden ein junges Mädchen mit braunen Haaren und fremdem Blut in den Adern heiraten.« Als der Erste Weltkrieg ausbrach, wurde R. P. einberufen, wurde Offizier und nahm teil am Bau der Schützengräben. Dreimal wurde er ernstlich verwundet (eine Kugel riß ihm die Nase auf, und er verlor ein Auge). Nach dem Krieg, im Alter von 36 Jahren, heiratete er ein junges Mädchen mit braunem Haar aus einer Familie, deren Vorfahren zum Teil aus Italien stammten.

Bisweilen sind auch Voraussagen aufgezeichnet worden, die erst lange Zeit später Erfüllung fanden. C. Richet nennt ein gutes Beispiel dieser Art: Sein Freund, der französische Kriegsminister Maurice Berteaux, konsultierte in jungen Jahren (1874) einen Hellseher. Er erhielt die Voraussage, er werde reich und berühmt werden; eines Tages werde er das Heer führen und von einem »fliegenden Wagen« getötet werden. Er war zu dieser Zeit Bankbeamter. Später widmete er sich der Politik und wurde schließlich Kriegsminister. Im Jahre 1907 wurde er bei einer Besichtigung seiner Einheiten durch ein abstürzendes Flugzeug getötet. Die Voraussage erfüllte sich also nach 37 Jahren. (Besonders erwähnenswert ist dabei, daß die sehr unwahrscheinlich klingende Todesart zu einer Zeit vorausgesagt wurde, als es noch keine Flugzeuge gab.)

Der französische Parapsychologe E. Osty untersuchte derartige qualitative Fälle von Präkognition eingehender. Aus dem Vergleich verschiedener Beobachtungen konnte er sogar einige allgemeine Erkenntnisse ableiten. So weist er zum Beispiel darauf hin, daß präkognitive Visionen um so deutlicher und detaillierter werden, je näher die Zeit ihrer Erfüllung liegt. Er veranschaulicht das an dem folgenden Beispiel: Die Hellseherin de Berly sagte einmal zu ihm: »Oh, in welcher Lebensgefahr werden Sie sich eines Tages befinden! Vielleicht ein Unfall... Aber Sie werden wohlbehalten durchkommen, und Ihr Leben wird weitergehen.« Eineinhalb Jahre später, im März 1911, gab sie nähere Einzelheiten an: »Seien Sie vorsichtig. Sie werden bald einen ernsten Unfall haben... Ich höre ein scharfes Krachen... einen großen Lärm... Sie sind in Gefahr, das Leben zu verlieren... Aber, welch ein Glück! Sie werden ohne Schaden davonkommen... Ich sehe einen Mann auf dem Boden liegen, blutend und stöhnend... um ihn herum liegen Gegenstände verstreut, die ich nicht näher beschreiben kann.« Fünf Monate später, am 15. August 1911, ereignete sich folgender Unfall: Der Pferdewagen eines betrunkenen Bäckers stieß mit Ostys Wagen so heftig zusammen, daß die Deichsel des Bäckerwagens an der Karosserie von Ostys Wagen zersplitterte, der schwer beschädigt wurde. Das Pferd riß sich los und rannte davon, und der Bäckerwagen blieb auf der Seite im Graben liegen. Mitten auf der Straße lag der Bäcker, blutend und stöhnend, und rund um ihn zehn Laib Brot, die aus dem Wagen gefallen waren. Osty und sein Begleiter waren nicht einmal verletzt.

Symbolische Verzerrungen, die charakteristisch sind für qualitative Fälle von ASW bei Hellsehern, sind auch bei präkognitiven Visionen immer wieder beobachtet worden. Derartige Symboliken gestatteten bisweilen sogar, die visionär gesehenen Ereignisse zeitlich zu lokalisieren. So sah zum Beispiel Mme. Morel, Ostys Hellseherin, die im Zustand der Hypnose zu arbeiten pflegte, zukünftige Ereignisse so, als spielten sie sich räumlich vor ihren Augen ab. Aus dem räumlichen Abstand, in dem sie die Vision sah, konnte sie den zeitlichen Abstand des vorhergesehenen Ereignisses abschätzen.

Offenbar aber ist die Präkognition – und das ist eine wichtige Erkenntnis über dieses Phänomen – bestimmten Beschränkungen unterworfen. So scheint es zum Beispiel, als sei der Hellseher nur selten fähig, seine eigene Zukunft vorauszusagen. Folgender Fall, in dem ein Mensch doch fähig war, den eigenen Tod vorauszusehen, gehört zu den seltenen Fällen dieser Art, die aufgezeichnet sind. Er trat überdies bei einer Frau mit vollständiger posthypnotischer Amnesie auf. Die junge Schauspielerin I. M. wurde in Hypnose befragt, was sie in der Zukunft erwarten werde. Sie antwortete: »Meine Karriere wird kurz sein. Ich wage nicht einmal zu sagen, wie ich enden werde. Es wird schrecklich sein.« Nachdem sie aufgewacht war, erinnerte sich I. M. an nichts, und die Versuchsleiter eröffneten ihr aus naheliegenden Gründen ihre Voraussage nicht. Das geschah am 30. Januar 1908. Etwa ein Jahr später, am 22. Februar 1909, war sie bei ihrem Friseur. Auf einmal wurden brennbare kosmetische Präparate durch den glühend heißen Ofen entzündet. Das Feuer ergriff sofort Miß I. M.s Kleider. Wenige Stunden später starb sie im Krankenhaus an den schweren Verbrennungen.

Viele Autoren, die sich mit der Präkognition befaßt haben, weisen auf das Fehlen direkter Voraussagen allgemeinen Charakters hin. Die Versuchspersonen machten regelmäßig keine allgemeinen Voraussagen über abstrakte Dinge; ihre Visionen bezogen sich immer auf irgendwelche konkreten Szenen, charakterisierten Personen, denen der Klient begegnen würde, oder beschrieben den weiteren Verlauf seines Lebens. Diese Eindrücke waren bruchstückhaft. Sie hatten den Charakter isolierter Einzelszenen, die aus jedem größeren Zusammenhang herausgelöst waren. Unter diesen konkreten Szenen befanden sich aber auch solche, die auf Grund unpersönlicher, allgemeiner Ereignisse eintraten und aus denen diese allgemeinen Ereignisse daher abzuleiten waren. Doch solche Voraussagen großer, allgemeiner Ereignisse ließen sich niemals direkt erzielen, sondern immer nur aus der Interpretation symbolischer Aussagen oder durch Rückschlüsse aus den Berichten von Visionen konkreter Szenen. So sagten zum Beispiel Versuchspersonen E. Ostys in der Zeit vor dem Ersten Weltkrieg nicht voraus, daß der Krieg ausbrechen werde; aber sie sahen verschiedene Menschen in Situationen, in die sie im Lauf der Kriegsereignisse hineingeraten sollten. So sah zum Beispiel in dem eben berichteten Fall (S. 215 f.) der Hellseher Mr. R. P. diesen beim Graben von Schützengräben und beim Erteilen von Befehlen an Soldaten. Das konnte ein Hinweis darauf sein, daß der Krieg ausbrechen werde, ließ sich aber auch interpretieren als Tätigkeit während eines Manövers.

Das Thema der möglichen Beschränkung der Präkognition bringt uns auf die Frage nach der Rolle des freien Willens im Verhältnis zur Präkognition. Mrs. L. E. Rhine suchte diese Frage durch das Studium von Spontanphänomenen zu beantworten, bei denen die Beteiligten auf das vorausgesagte Ereignis Einfluß zu nehmen suchten. Verschiedene Autoren haben eine Anzahl Berichte von solchen Fällen gesammelt. Doch entspricht es dem Wesen des Problems, daß von all diesen Fällen nur die wenigen als Fälle von Präkognition wirklich überzeugend sind, in denen das vorausgesagte Ereignis sich ungeachtet aller Bemühungen, es zu beeinflussen, erfüllte.

Nehmen wir einen Fall dieser Art: Mr. B. Morris, Agent einer Schifffahrtsgesellschaft, fuhr auf einem Schiff. In der Nacht vor der Landung träumte er, ein Splitter von einer zu seinen Ehren abgefeuerten Geschützladung werde ihn schwer verwunden. (Die Landung seines Schiffes sollte durch Abfeuern eines Kanonenschusses begrüßt werden.) Der Traum erschreckte ihn, und er befahl dem Kapitän, diesmal keinen Willkommensschuß abzugeben. Später überlegte er es sich noch einmal und gestattete den Schuß, machte aber zur Bedingung, daß der Schuß erst abgefeuert werden dürfe, wenn er nach Erreichung eines sicheren Platzes dem Kapitän den Befehl dazu geben werde, der seinerseits das Signal zum Abfeuern durch Erheben seines Armes weitergeben sollte. Im kritischen Augenblick setzte sich eine Fliege auf die Nase des Kapitäns. Die Handbewegung, mit der er sie verjagte, wurde als Feuerbefehl aufgefaßt. Ein Splitter der Ladung traf Mr. B. Morris und verwundete ihn schwer, so daß er einige Tage später starb.

In einem ähnlichen Fall träumte ein Schotte, er habe gesehen, wie sein Leichnam aus dem Wasser des benachbarten Sees gezogen wurde. Um den Leichnam standen Leute, in denen er seine Freunde erkannte. Der sehr lebhafte Traum beeindruckte ihn so stark, daß er beschloß, nicht mehr mit dem Schiff auf dem See zu fahren. Nur einmal, bei einer Gesellschaft mit mehreren Leuten, sah er sich gezwungen, seinem Entschluß untreu zu werden. Doch willigte er nur unter der Bedingung ein, daß sie auf dem kürzesten Weg den See überquerten. Den Rest der Fahrt, den die Gesellschaft per Schiff machte, bewältigte er, indem er zu Fuß am Seeufer entlangging. Das Boot überquerte glücklich den See und landete an der ausgemachten Stelle am Ufer, wo er bereits auf die Gesellschaft wartete, um zu ihr zu stoßen. Die Leute im Schiff lachten über seinen Aberglauben. Da brach das unterspülte Ufer unter ihm zusammen. Er stürzte ins Wasser und ertrank, ehe ihm jemand helfen konnte.
Mrs. Rhine untersuchte Fälle dieser Art und schloß daraus, daß die versuchte Einflußnahme auf den Ablauf der vorhergesagten Ereignisse für gewöhnlich mißlinge, und zwar aus folgenden Gründen: 1. Wegen des zu allgemeinen Charakters der präkognitiven Information (bei der zum Beispiel genauere Angaben über Person, Ort, Zeit usw. fehlen). Daher setzt der Versuch der Einflußnahme an einem falschen Punkt an, und die Vorhersage erfüllt sich auf eine ganz unerwartete Art und Weise. 2. Wegen der Beteiligung einer nicht mitwirkenden Person, deren Handeln die versuchte Einflußnahme vereitelt. 3. Weil die Situation ihrer Art nach nicht zu verhüten ist (etwa im Fall einer Naturkatastrophe).
Zu einer anderen Kategorie gehören die Fälle, in denen die Einflußnahme auf das vorausgesagte Ereignis scheinbar Erfolg hatte. So träumte zum Beispiel ein Fliegeroffizier, sein Flugzeug sei unter gewissen, genau vorhergesagten Bedingungen abgestürzt. Der Pilot wußte von diesem Traum, und als die vorhergesagten Umstände eintraten, war er bereits gewarnt und auf sie vorbereitet und führte eine erfolgreiche Notlandung durch. – Ein anderer Fall dieser Art: Mr. X hatte einmal den Traum, auf dem Bahnhof, auf dem er arbeitete, seien zwei Züge zusammengestoßen und viele Menschen seien dabei ums Leben gekommen. Dieser sehr lebhafte Traum bewegte ihn den ganzen nächsten Tag über; aber nichts geschah. Am übernächsten Tag stellte sich die Gefahr eines Zusammenstoßes wirklich ein, als ein verspäteter Güterzug auf ein Gleis fuhr, auf dem binnen kurzem ein Schnellzug ankommen mußte. Gejagt durch das Wissen um die Gefahr, die er in seinem Traum gesehen hatte, stoppte Mr. X beide Züge mit einer roten Notflagge. Sie kamen in einem Abstand von nur we-

nigen Metern zum Stehen. Hätte Mr. X nicht eingegriffen, so wären die Züge zusammengestoßen. – Ein weiterer Fall: Eine Mutter hatte die Vision, ihr Sohn sterbe beim Baden. Seither horchte sie immer, wenn ihr Sohn ein Bad nahm, ob irgend etwas Ungewöhnliches geschehe. Das erwartete Ereignis trat nach mehreren Jahren ein. Die Mutter wollte ausgehen, blieb aber zu Hause, weil ihr Sohn ein Bad nahm. Zunächst sang er im Badezimmer. Doch dann wurde es still; das weckte ihren Verdacht. Sie öffnete die Tür und fand ihren Sohn ohnmächtig in der Badewanne. Sie rief den Arzt, der ihn wieder zu Bewußtsein brachte. Hätte sie nicht eingegriffen, so wäre ihr Sohn möglicherweise im Bad gestorben.

Selbst wenn diese Fälle wie Einwirkungen des freien Willens auf die vorhergesagten Ereignisse wirken, so sind sie keineswegs schlüssige Beweise. Wir können immer das Argument geltend machen, daß nur der erfüllte Fall des Ereignisses wirklich vorhergesehen, der Rest aber reine Phantasie, eine halluzinatorische oder symbolische Dramatisierung der drohenden Gefahr war. Qualitativen ASW-Erfahrungen dieser Art ist charakteristisch, daß nur ein Teil des hellseherischen Erlebnisses richtig, der Rest aber in verschiedenen Graden verzerrt bis vollkommen unrichtig ist. Wenn der Hellseher ASW-Erfahrung besitzt, kann er oft richtige Eindrücke nicht von unrichtigen unterscheiden.

Aus den oben geschilderten Fällen können wir sehen, daß die ganze Frage falsch gestellt ist. Die Antwort hinsichtlich der Rolle des freien Willens im Verhältnis zur Präkognition liegt im Begriff der Präkognition eingeschlossen und lautet: In zuverlässiger Weise präkognitiv erkannte Ereignisse müssen eintreten, ungeachtet jeder möglichen Bemühung um willentliche Einflußnahme. Diese Antwort läßt an eine strenge Determiniertheit aller Ereignisse in der Natur denken. Sie besagt ferner, daß Präkognition reales »Erkennen künftiger Ereignisse in ihrem tatsächlichen Eintreten« ist und nicht allein eine Art Konstruktion auf der Grundlage irgendwelcher Deduktionen von Tatsachen der Gegenwart. Sie besagt aber auch, daß Präkognition jenseits der Zeit wirkt und die Möglichkeit bietet, Information direkt aus der Zukunft zu erhalten. Damit aber wird das ganze oben angesprochene Problem auf folgende fundamentale Frage reduziert: Sind wirklich alle künftigen Ereignisse in zuverlässiger Weise vorauszusehen? Ist das nicht der Fall – was bestimmt die Möglichkeit, ein Ereignis vorherzuerkennen und ein anderes nicht?

Man hat eingewandt, die Existenz von Präkognition und die offensichtliche Unmöglichkeit, auf das »Schicksal« Einfluß zu nehmen, widersprächen der Freiheit des Individuums und allen Kausalitätsprinzi-

pien. Doch das ist nur ein scheinbarer Widerspruch. Wirklich der Freiheit des Individuums widersprechen würde nur das Auftreten einer absolut perfekten, lückenlosen, unbegrenzten Präkognition. Doch alle bisher beobachteten Fälle von Präkognition enthielten nur geringe, fragmentarische Informationsbeträge. Anderseits haben wir bereits Anzeichen für die endgültige Begrenzung des Umfanges der Anwendbarkeit der Präkognition. Zuverlässig vorher erkennbare Ereignisse sind allem Anschein nach nur solche, bei denen es sich um nicht zu verhindernde Naturkatastrophen handelt oder um Konfliktsituationen, die aus dem Zusammenwirken einer Vielzahl von Individuen entstehen. Dagegen können Ereignisse, die von der freien Entscheidung einer einzigen Person abhängen – vor allem wenn die Person die Möglichkeit besitzt, auf das Vorhergesagte Einfluß zu nehmen –, nicht in zuverlässiger Weise vorausgesehen werden. Ganz ähnlich ist es mit dem Widerspruch zwischen Präkognition und Kausalität: Auch sie beruht auf einer Täuschung. Vielmehr wird das Studium der Präkognition uns vermutlich dazu veranlassen, unsere heutigen Vorstellungen von der Natur und der Struktur der Zeit zu überprüfen, und wenn dies geschieht, wird auch unser Verständnis der Kausalität überprüft und gewandelt werden.
Ein interessanter Versuch, bei der Erforschung der Präkognition Laboratoriumsbedingungen einzuführen – unter Wahrung der natürlichen Form ihres Auftretens – sind die sogenannten »chair-tests« (Platz-Tests). Sie wurden vor einigen Jahren von E. Osty mit seiner Versuchsperson Pascal Forthuny und in jüngster Zeit hauptsächlich in Holland von W. H. C. Tenhaeff mit G. Croiset durchgeführt. Die Versuche finden für gewöhnlich im Rahmen von Vorlesungen oder öffentlichen Darbietungen statt. Mehrere Plätze im Vorlesungsraum werden aufs Geratewohl ausgewählt, und die Versuchsperson wird vor Beginn der Veranstaltung zu ihnen geführt. Sie soll versuchen zu bestimmen, welche Personen auf den betreffenden Plätzen sitzen werden und, soweit möglich, Einzelheiten über diese Personen und ihr Leben anzugeben. Ihre Aussagen werden dann mit der Wirklichkeit verglichen.
Als Beispiel eines solchen Tests können wir folgenden Versuch nennen: Am 6. Januar 1967 machte in Anwesenheit von W. H. C. Tenhaeff und zwei weiteren Professoren der Universität Utrecht Croiset eine Voraussage für die Versammlung, die 25 Tage später in Den Haag stattfinden sollte. Diesmal wurde er nicht einmal zu den Sitzen des Veranstaltungsraumes gebracht. Man zeigte ihm nur den Sitzplan des Raumes und stellte ihm anheim, den Platz anzugeben, der seine größte Aufmerksamkeit errege. Er wählte Platz Nr. 9 und

machte dazu – neben anderen, ebenfalls richtigen – diese Angaben: 1. Zu dem bestimmten Zeitpunkt am 1. Febraur 1967 wird auf Platz Nr. 9 eine fröhliche Frau mittleren Alters sitzen. Ihr Hauptinteresse gilt der Kinderpflege. 2. In den Jahren 1928 bis 1930 hat sie sich für einige Zeit in der Nähe des Kurhauses von Scheveningen aufgehalten. 3. In ihrer frühen Kindheit weilte sie häufig in einer Gegend, in der Käse produziert wurde. Hier sehe ich einen brennenden Bauernhof. Einige Tiere sind lebendig verbrannt. 4. Ich sehe ferner drei Jungen. Einer von ihnen arbeitet irgendwo in Übersee, anscheinend in einem britischen Dominion. (Später fügte Croiset hinzu: Ich habe den Eindruck, einer der drei Jungen ist tot. Sein Tod hängt irgendwie mit der deutschen Besetzung unseres Landes zusammen.) 5. War die Frau nicht stark beeindruckt, als sie die Oper »Falstaff« sah? War es nicht die erste Oper, die sie überhaupt gesehen hat? 6. Hat ihr Vater nicht die Goldmedaille für treue Dienste bekommen? 7. Ist sie nicht mit einem kleinen Mädchen zum Zahnarzt gegangen, und hat dieser Besuch nicht eine Menge Aufregung gebracht? Als der Tag der Versammlung gekommen war, erklärte man den Teilnehmern, es solle ein Versuch durchgeführt werden; im Interesse dieses Versuches sollten sie ihre Plätze nach dem Los einnehmen. Jeder der dreißig Teilnehmer zog aus einem gut gemischten Packen eine Karte mit einer Platznummer. Jeder von den Teilnehmern bekam einen Durchschlag von Croisets Aussagen, unter denen er diejenigen auszuwählen hatte, die auf ihn paßten. Von allen Teilnehmern erklärte einzig und allein Mrs. D., daß alle Angaben von Croiset für sie paßten. Sie bestätigte: 1. Sie sei 42 Jahre alt, fröhlich und beweglich und habe großes Interesse an der Pflege von Kindern. 2. Ihr Vater, der außerhalb Hollands arbeitete, nahm sie oft mit nach Scheveningen, wenn er zum Urlaub nach Hause kam. 3. In ihrer Kindheit besuchte sie oft einen Bauernhof. Das Hauptprodukt war allerdings nicht Käse, sondern Butter. Später brannte der Hof mitsamt dem Vieh nieder. 4. Ihr Mann hatte zwei Brüder. Einer von ihnen hat sich freiwillig für den Krieg in Indonesien gemeldet, kam aber nur nach Singapur. Der andere Bruder starb in einem deutschen Konzentrationslager. 5. Frau D., die Opernsängerin ist, erklärte, »Falstaff« sei die erste Oper gewesen, in der sie gesungen habe. Außerdem habe sie sich in den Tenor verliebt, der ebenfalls damals auftrat. 6. Als ihr Vater in den Ruhestand trat, bekam er ein goldenes Zigarettenetui mit eingravierter Inschrift. 7. Kurz vor dieser Veranstaltung war Frau D. mit ihrer kleinen Tochter beim Zahnarzt. Das Kind hatte große Angst und viel zu leiden bei diesem Besuch. – Frau D. hatte durch das Los den Platz Nr. 9 bekommen.

Bei einem anderen Versuch dieser Art traf Tenhaeff die Vorbereitungen für einen »Platz-Test«, der vier Tage später in Rotterdam stattfinden sollte. Er wählte Platz Nr. 18 aus. Croiset sagte: »Ich kann nichts erkennen.« – »Sind Sie dessen sicher?« – »Vollkommen!« – Das war ungewöhnlich. Daher versuchte Tenhaeff es mit einem anderen Platz: Nr. 3. Croiset erklärte: »Hier wird eine Frau sitzen. Sie hat Narben im Gesicht von einem Autounfall, den sie in Italien erlitten hat.« Eine von den dreißig eingeladenen Personen konnte zu der Versammlung in Rotterdam nicht kommen; ihr Platz blieb leer; es war Platz Nr. 18. Auf Platz Nr. 3 saß eine Dame mit einer sichtbaren Narbe im Gesicht. Sie erklärte, sie habe vor zwei Monaten in Italien einen Autounfall erlitten.

Präkognition ist auch häufig in quantitativen Versuchen geprüft worden. Bei den Kartenbestimmungstests besteht das übliche Verfahren darin, die Versuchsperson die Reihenfolge der Karten nach dem Mischen ansagen zu lassen, sodann die Karten zu mischen und ihre neue Reihenfolge mit der Vorhersage zu vergleichen. Auch die »Zeitverschiebung« in Soals Versuchen, die wir auf Seite 109f. erwähnten, muß als Präkognition verstanden werden. G. N. M. Tyrrell wandelte in mehreren seiner Versuche mit Miß Johnson (siehe S. 103f.) die Versuchsbedingungen so ab, daß die Versuchsperson vorhersehen mußte, welche Birne aufleuchten werde. Auch unter diesen Bedingungen erzielte die Versuchsperson eine bedeutende Anzahl von Treffern über die Zufallserwartung hinaus.

Als die quantitativen Beweise zugunsten der Tatsächlichkeit der Präkognition immer zahlreicher wurden, begann man bereits, Versuche zur Erforschung ihrer Wesensmerkmale durchzuführen. Wiederum zeigen die bisher gesammelten Erkenntnisse eine auffallende Ähnlichkeit zwischen dem präkognitiven Verhalten und den anderen Formen von ASW – der simultanen Telepathie und dem Hellsehen.

Man hat sehr oft gefragt: Wie kann man Präkognition erklären? Es gibt eine Anzahl mehr oder minder phantastischer und spekulativer Konstruktionen, die wir nicht zu erwähnen brauchen. Doch sind drei Hypothesen vorgeschlagen worden, die es gestatten, die Präkognition auf der Basis gleichzeitiger Effekte zu erklären und so der zwingenden Notwendigkeit zu entgehen, eine Wirkung zuzugeben, welche die Zeitschranke durchbrechen würde.

1. Die erste dieser Hypothesen reduziert die Präkognition auf Telepathie: Sie geht von der Annahme aus, alle Pläne und Absichten der Menschen seien irgendwie in ihrem Unterbewußtsein gespeichert und könnten auf telepathischem Wege so vollkommen gelesen werden, daß diese Erkenntnis zur Ableitung des Laufes künfti-

ger Ereignisse verwendet werden könne. (Oder, wie eine ältere Version dieser Hypothese es formuliert hat: Wir können die Existenz einer »Kollektivseele« oder eines »universalen Bewußtseins« annehmen, in dem ein vollständiges Wissen von allen vergangenen, gegenwärtigen und künftigen Ereignissen enthalten ist, und aus dessen Wissen die jeweils zutreffende Information auf telepathischem Wege gewonnen wird.)

2. In ähnlicher Weise kann man eine extreme Steigerung der hellseherischen Fähigkeiten annehmen, durch die alle zutreffenden Fakten ermittelt werden, aus denen sich dann Schlüsse ziehen lassen.
3. Und schließlich kann man Präkognition auf PK zurückführen und voraussetzen, daß die Versuchsperson ihre PK-Fähigkeit benutzt, um alle entsprechenden kausalen Faktoren so zu beeinflussen, daß das Endergebnis auf die im voraus gegebene Beschreibung paßt.

Der gemeinsame schwache Punkt all dieser Hypothesen liegt darin, daß sie eine geradezu phantastische Steigerung der Wirkungen von Fähigkeiten annehmen, die bislang nur in einer sehr unvollkommenen Form beobachtet werden konnten. Wenn die Hypothesen richtig wären, daß Präkognition dadurch zustande kommt, daß die Versuchsperson alle Ursachen künftiger Ereignisse erkennt, dann müßte eine sehr unvollkommene präkognitive Fähigkeit äußerst vollkommenen Formen gleichzeitiger ASW entsprechen. Ebenso erfordert die PK-Hypothese eine höchst vollkommene PK-Fähigkeit, um eine sehr unvollkommene präkognitive Fähigkeit zu erklären (denn es sind allzu viele kausale Faktoren im Spiel, vor allem bei der Präkognition von Ereignissen, die erst in ferner Zukunft eintreten sollen). Das Auftreten der Präkognition in der bisher beobachteten Form erreicht annähernd den gleichen Vollkommenheitsgrad wie das bisher beobachtete Auftreten gleichzeitiger ASW; und die bisher beobachteten Fälle von PK sind im allgemeinen bedeutend schwächer als die der ASW.

Damit kommen wir zu dem Schluß, daß Präkognition nur eine unter anderen Formen von ASW ist, von denen sie sich durch eine besondere Eigenschaft unterscheidet: die Fähigkeit, die Zeitschranke zu überschreiten. Wir haben bereits (S. 115) zwei Phasen des Vorganges der ASW unterschieden: In der ersten Phase gelangt die Information über das erkannte Ereignis zum Perzipienten; in der zweiten Phase taucht diese Information im Bewußtsein des Perzipienten auf oder beeinflußt seine äußere Reaktion. Die zweite Phase hängt von der Psyche des Perzipienten ab und ist bei der Präkognition und den anderen Formen von ASW identisch. Von den anderen Formen der ASW unterscheidet sich die Präkognition dagegen offenbar in ihrer ersten Phase: Während sich bei jenen die Information in einer Richtung im

Raum bewegt, pflanzt sie sich im Falle der Präkognition in der Zeit fort (gleichsam in der Richtung von der Zukunft zur Gegenwart).
Wir haben uns bereits mit der Hypothese vertraut gemacht (S. 202f.), die diese Übertragung von Informationsquellen als Fortpflanzung einer hypothetischen PSI-Energie in einem hypothetischen PSI-Feld erklärt. Um gleichzeitige ASW zu erklären, haben wir das Postulat aufgestellt, daß dieses PSI-Feld zumindest eine Komponente (PSI-Vektor) haben muß, die von anderen physikalischen Wirkkräften unabhängig ist, wenn auch diese Unabhängigkeit eine Interaktion mit ihnen nicht notwendig ausschließt. Die Präkognition kann durch die Annahme einer speziellen Struktur des PSI-Feldes erklärt werden, die es ermöglicht, daß räumliche und zeitliche Dimensionen in einem gewissen Maße isometrisch und äquivalent werden. Ein mögliches Erklärungsverfahren wäre die Annahme, daß das PSI-Feld irgendwie über den physikalischen Feldern steht (die dann als individuelle Aspekte oder Komponenten des PSI-Feldes genommen werden können). Dieser Auffassung entsprechend würden Zeit, Raum und im Grunde auch Materie innerhalb des PSI-Feldes existieren als Komponenten (und der Begriff »existieren«, der zu häufig »Existenz in der Zeit« besagt, müßte dann eher in der Bedeutung von »Inbegriffensein« verstanden werden).
So nehmen wir im Sinne einer einheitlichen ASW-Theorie an, daß Information tragende Signale sowohl in einer Raum-Richtung als auch in einer Zeit-Dimension durch das PSI-Feld übertragen werden können. Der Unterschied zwischen gleichzeitiger ASW und Präkognition besteht dann grundlegend in der Richtung, in der diese Signale sich fortbewegen. Einige besondere Charakteristika der Präkognition (z. B. ihre eventuellen Begrenzungen) hängen dann mit besonderen strukturellen Zügen der Zeit-Dimension des PSI-Feldes zusammen.
Diese einheitliche Theorie gestattet es uns ohne weiteres, auch Fälle zu verstehen – die wir z. B. bei »reisendem Hellsehen« vorfanden –, in denen Informationen über Ereignisse empfangen werden, die an einem anderen Ort im Raum stattfinden, wie sie uns auch eine Erklärung für Information von einem anderen »Ort« in der Zeit ermöglicht. So können wir mit der Hypothese des PSI-Feldes alle Formen der ASW – einschließlich der Präkognition – auf einer einheitlichen Grundlage erklären und damit zugleich – als in umgekehrter Richtung verlaufenden energetischen Prozeß – auch die Psychokinese.

KAPITEL VII

Theorien über das Wesen der ASW

Die ASW war von jeher Gegenstand vieler Theorien, da die Menschen eine Erklärung für ihre verblüffenden Eigenarten haben wollten. Die ersten Theorien zu ihrer Erklärung waren primitiv, stark spekulativ und entschieden verfrüht. Sie konnten sich auf keine ausreichende Sachkenntnis stützen: weder über die ASW selbst noch in anderen Wissenschaften. Dennoch wollen wir in einem kurzen Überblick auch diese Theorien streifen, obwohl sie heute zweifellos überholt sind, und an ihnen zeigen, wie Hand in Hand mit der Zunahme der Kenntnisse in anderen Wissenschaftszweigen die alten phantastischen Vorstellungen schrittweise durch vernunftgemäßere Erklärungen abgelöst wurden.

Die bisher entwickelten Auffassungen über das Wesen der ASW lassen sich in folgenden Gruppen zusammenfassen:

A. Es gibt keine ASW. Was wir als ASW ansehen, ist in Wirklichkeit künstlich Geschaffenes außer-parapsychischen Ursprunges.

B. Es gibt ASW, aber wir interpretieren sie unrichtig: Sie ist keine »Wahrnehmung« im üblichen Sinne des Wortes.

C. Es gibt ASW, und sie ist wirklich eine »Wahrnehmung« durch irgendeinen neuen Sinn; sie läßt sich durch heute bekannte naturwissenschaftliche Prinzipien erklären.

D. Es gibt ASW, sie ist eine »Wahrnehmung«, läßt sich aber durch keine Kombination bisher der Naturwissenschaft bekannter Prinzipien erklären.

A. Jene Meinungen, die die Existenz von ASW leugnen, erwähnen wir nur vollständigkeitshalber. Wissenschaftler, die sich durch das vorgelegte Beweismaterial nicht überzeugen ließen, suchten die ASW wegzuerklären, zumeist als Überempfindlichkeit bekannter Sinne oder, bei quantitativ-statistischen Experimenten, als statistische Kunstprodukte. Erklärungen der Telepathie als Reaktion auf unterschwellige Signale oder nach Art des »cumberlandism« (S. 11) oder auch einfach als Betrug mögen für eine Anzahl von ASW-Simulationen gelten, doch das ist nur ein Teil des Gesamtbildes. Wir haben auf den vorhergehenden Seiten gesehen, daß die Existenz der ASW bewiesen ist und daß das zusammengetragene Beweismaterial die Existenz der Parapsychologie als eigenen Wissenschaftszweig rechtfertigt. Daher müssen wir nun ernsthaft nach einer Erklärung für diese *tatsächlich vorhandene* Fähigkeit suchen.

B. Andere Meinungen anerkennen die Existenz eines gewissen paranormalen Phänomens, das sich in quantitativ-statistischen parapsychologischen Versuchen nachweisen läßt, bestreiten aber die Auffassung, daß es sich dabei um einen echten Wahrnehmungsvorgang handelt. Diese Auffassung findet eine gewisse Rechtfertigung, da bei quantitativen Versuchen ein sehr wesentlicher und charakteristischer Zug der Wahrnehmung verlorengeht: das bewußte Erlebnis, eine bis dahin unbekannte Information zu empfangen. Was wir dabei beobachten, ist in Wirklichkeit nur die *Entsprechung* gewisser Reaktionen der Versuchsperson auf bestimmte Ereignisse der Umwelt, und man kann sich auf den Standpunkt stellen, weitergehende Behauptungen seien nicht gerechtfertigt.

So meinte A. Flew, wir sollten ASW-Versuche nur als eine bestimmte Form von »Raten« verstehen, und setzte sich für eine Revision der gesamten parapsychologischen Terminologie ein, um jeder Interpretation der ASW als »Wahrnehmung« aus dem Wege zu gehen. Ganz ähnlich vertrat S. D. Kahn die Meinung, was wir bei der ASW als Wahrnehmungsvorgang annehmen, sei möglicherweise nur ein Epiphänomen einiger gleichzeitig stattfindender grundlegenderer Vorgänge.

C. D. Broad stellte eine tiefere philosophische Analyse der Probleme der Parapsychologie an. Er führte den Begriff »paranormale Phänomene« ein, um damit anzuzeigen, daß parapsychische Phänomene nicht »normal«, aber auch nicht »über-natürlich« sind. Dann suchte er diese Phänomene zusammen mit anderen Vorgängen in der Natur zu klassifizieren. Er stellte gewisse allgemeine axiomatische Prinzipien auf – die »basic limiting principles« (grundlegende Abgrenzungsprinzipien) –, die uns gestatten, verschiedene Aspekte menschlicher Erfahrung zu integrieren. Broad formulierte neun solcher Prinzipien, die charakteristisch sind für unsere allgemeinen Begriffe von Kausalität, Wirkung auf Distanz, Beziehung zwischen Geist und Gehirn und von den Möglichkeiten, wie wir Kenntnisse über unsere Umwelt gewinnen. Als »paranormal« definiert er solche Phänomene, die zu einem oder mehreren dieser Abgrenzungsprinzipien in Widerspruch stehen.

Bei seinen Ausführungen über das Verhältnis zwischen Geist und Leib gelangt Broad zu Schlüssen, die auch für die Erklärung der ASW ihre Bedeutung haben. Broads Auffassung ist wesentlich dualistisch: er versteht den »Geist« als eine unabhängig vom Leib existierende »Substanz«. Auf dieser Grundlage entwickelt er seine »compound theory« (Theorie vom zusammengesetzten Ganzen). Er glaubt, daß die menschliche Persönlichkeit aus zwei wesenhaft voneinander unabhängigen Komponenten besteht: 1. dem psychischen Faktor und 2. dem Leib-Faktor. Er ist der Meinung, der psychische Faktor (oder »psi-component« = PSI-Komponente) wirke, wenn er mit dem Leib verbunden sei, als (menschlicher) »Geist«, und der Leib könne als eine Art Werkzeug betrachtet werden, mit dessen Hilfe der Geist seine Ziele verwirklicht. Bei seiner Auffassung kann diese »PSI-Komponente« theoretisch auch nach dem Tod des Leibes existieren als »dispositionale Grundlage der Persönlichkeit«. Broad neigt dazu, verschiedene mediumistische Kommunikationen in spiritistischen Kreisen durch den Reizeffekt von Spuren vergangener Erfahrungen dieses oder jenes Verstorbenen auf den Geist des Mediums zu erklären. (Man erkennt, wie die alte spiritistische Idee von individuellen »Geistern« durch einen weniger individualisierten kosmischen Faktor ersetzt worden ist, der als Träger von Spuren vergangener Erfahrungen dient.)
Der Psychologe J. Beloff neigt ebenfalls zu einer dualistischen Auffassung. Er schließt, daß die parapsychischen Fakten sich nicht in die monistische Struktur der Wissenschaft, soweit sie die Vorgänge im Universum nur als Regelhaftigkeiten der »materiellen« Welt interpretiert, integrieren lassen. Er hält es für naheliegend, daß eine »neue Physik« geschaffen wird, die manche erst in jüngster Zeit entdeckte Fakten und Phänomene erklären könnte, indem sie zum Beispiel neue Dimensionen des Raumes und dergleichen einführt. Zugleich aber macht er darauf aufmerksam, daß diese Schaffung einer neuen Physik sich nicht in einer überzeugenden verbalen Formulierung erschöpfen darf, daß vielmehr auch die entsprechende mathematische Deskription entwickelt werden muß, die alle bisher gemachten Beobachtungen in eine einheitliche Theorie integrieren und es ermöglichen kann, neue, experimentell nachprüfbare Schlüsse daraus zu ziehen. Im Falle der parapsychischen Phänomene ist dies noch nicht geschehen. Daher ist Beloff der Meinung, diese Phänomene ließen sich am besten vom dualistischen Verständnis aus erfassen, und zwar als Funktion des »Geistes«, der vom »Körper« getrennt und unabhängig existiert, auch wenn er mit dem Körper in Interaktion stehen kann.
Während Beloff diesen dualistischen Schluß zieht, gelangt J. B. Rhine

auf der Grundlage derselben Tatsachen zu einer monistischen Schlußfolgerung. Er betont das außer-physikalische Wesen der parapsychischen Phänomene, erkärt aber zugleich: »Wenn einmal die Eigenart von PSI als außerphysikalischer Funktion der modernen Wissenschaft klar erkannt ist, so wird damit automatisch der Weg zu einer neuen Erforschung des tieferen, die übergreifende Einheit bildenden Zusammenhanges zwischen PSI und Physik geöffnet sein. Gerade wenn wir sie unterscheiden, geben wir zu, daß es logisch eine beiden zugrunde liegende fundamentale Integration geben muß. Ihre tatsächliche Interaktion, welche die Demonstration von PSI ermöglicht, zeigt..., daß es ein fundamentales, einigendes Prinzip geben muß.«
In jüngster Zeit sind einige bemerkenswerte Meinungen formuliert worden, die das Problem der ASW und anderer parapsychischer Phänomene von einem umfassenderen Standpunkt aus zu lösen suchen. So hat P. Jordan versucht, diese Phänomene mit bestimmten Entdekkungen der Psychologie und der theoretischen Physik zu verknüpfen. Der scheinbare Widerspruch zwischen parapsychischen Phänomenen und anderen Phänomenen unserer allgemeinen Erfahrung erinnert ihn an das Prinzip der Komplementarität in der Physik und die Idee von der Verdrängung ins Unbewußte in der Psychoanalyse. Dann dehnt Jordan diese Idee der »Verdrängung ins Unbewußte« auf alle Vorgänge im Universum aus. Ein Elektron zum Beispiel, das sich unter gewissen Bedingungen wie ein Materie-Partikel verhält, verdrängt seinen Welle-Aspekt, und umgekehrt. Dieser Vergleich hilft Jordan, parapsychische Phänomene zu begreifen, die nach seiner Auffassung in einem »kollektiven Unbewußten« stattfinden, während die Phänomene in der gewöhnlichen physikalischen Welt für ihn eine Art kollektiver Bewußtheit darstellen. Nach Jordan besteht zwischen diesen beiden Gruppen von Phänomenen kein Kausalzusammenhang, sondern nur das Verhältnis der *Komplementarität* (= des gegenseitigen Sich-Ergänzens). Und schließlich beruft sich P. Jordan als Physiker auf verschiedene experimentelle Beobachtungen aus der Physik der Mesonen, die man interpretieren kann, als gehe bei ihnen die Folge (z. B. der Zerfall des Kernes) zeitlich ihrer Ursache (dem Auftreffen eines Mesons) voraus. Er sieht darin den Fall der »umgekehrten Kausalität« und erblickt in ihr eine Analogie zur Präkognition.
C. G. Jung geht in seinen Überlegungen von der Feststellung aus, daß parapsychische Phänomene von Raum und Zeit unabhängig sind und daß sie folglich nicht in den Kausalzusammenhang der Vorgänge im Universum hineinpassen. Er hält es für notwendig, neben den alten Kategorien der Zeit, des Raumes und der Kausalität eine neue zusätz-

liche Kategorie, die »*Synchronizität*«, einzuführen, die den Schlüssel zum Verständnis parapsychischer Phänomene bilden soll. Im Gegensatz zum Kausalitätsprinzip, das einen festen Zusammenhang zwischen Ursache und Wirkung voraussetzt, besagt das Prinzip der Synchronizität nur Koinzidenzen zwischen den durch ihre »Gleichsinnigkeit« verbundenen Phänomenen. Während nach Jungs Auffassung das Kausalitätsprinzip die Verbindung zwischen Ursache und Wirkung für notwendig erklärt, besagt die Synchronizitäts-Theorie, daß die Elemente einer signifikanten Koinzidenz durch ihre Gleichzeitigkeit und ihren Sinn miteinander verbunden sind. Nach seiner Meinung ist nicht allein die außersinnliche »Erfahrung« paranormal, sondern in Wirklichkeit auch das »wahrgenommene« Ereignis.

Eine noch allgemeinere Auffassung über parapsychische Fähigkeiten hat J. Eisenbud entworfen. Er sieht die gesamte heutige Wissenschaft als eine folgerichtig aufgebaute, integrale Konstruktion, in der die Erkenntnis verschiedener Zweige zusammenpaßt, sich gegenseitig ergänzt und insgesamt eine umfassende kausale Deskription von Ereignissen im Universum liefert. Doch in diesem folgerichtigen, zusammenhängenden Aufbau gibt es mehrere »Zusammenhanglosigkeiten« (disconnections), die der heutigen Wissenschaft Schwierigkeiten bereiten. Eisenbud versucht nun nicht, diese aus dem Zusammenhang herausfallenden Stellen zu erklären, sondern vertritt die Meinung, daß vielleicht alle (zumindest aber einige von ihnen) ihrem innersten Wesen nach miteinander verwandt sind. Er ist der Meinung, daß nach der Erklärung der paranormalen Phänomene in Verbindung mit der Lösung aller übrigen im Gesamtgefüge der Wissenschaft zusammenhanglos dastehenden Punkte gesucht werden muß, von denen er folgende nennt: parapsychische Phänomene; das Verhältnis zwischen Gehirn und Geist (das als das Problem des Bewußtseins formuliert werden kann); das Problem der Elementarpartikel der Materie (das Wesen des atomaren Mikrokosmos); das Problem der Wirkung auf Distanz (Schwerkraft, elektromagnetische Kräfte, usw. – die Struktur des stellaren Makrokosmos); das Problem des Lebens und der Entwicklung; schließlich das Problem der Wahrscheinlichkeit (bei dem das Paradox darin besteht, daß Ereignisse, die *ex definitione* voneinander unabhängig sind, sich verhalten, als ständen sie in einer Beziehung zueinander). Wissenschaftler unserer Zeit neigen häufig dazu, paranormale Phänomene als etwas anzusehen, das vollkommen aus der Ordnung herausfällt, und zugleich wie selbstverständlich andere zusammenhanglos dastehende Fakten zu übersehen, die in Wirklichkeit ebenso auffallend sind, ihnen aber »annehmbarer« erscheinen und die Harmonie ihres Denkens nicht so sehr stören.

C. Eine andere Gruppe von Meinungen anerkennt, daß das, was sich als ASW darstellt, wirklich Gewinn von Information über die Umwelt ist. Folglich müsse es als Wahrnehmungsprozeß verstanden werden, der außerhalb der bekannten Sinne verläuft, unabhängig davon, ob er bewußt erlebt wird oder nicht. Zugleich aber wird die Überzeugung betont, daß der Gesamtvorgang auf der Grundlage bekannter Naturgesetze erklärbar ist.

Am bekanntesten ist aus dieser Gruppe die Theorie, daß ASW in der Übertragung von Signalen besteht, die von elektromagnetischen Wellen getragen werden, und zwar in einem der Rundfunkübertragung analogen Vorgang. Diese Theorie war noch vor einigen Jahrzehnten weithin anerkannt, als die Physiker gerade begannen, die Radiowellen zu untersuchen, und als die Parapsychologen sich in der Mehrheit nur mit der Alternative: Geister oder Telepathie, befaßten. Die Existenz eines augenscheinlichen Hellsehens wurde in Bausch und Bogen als telepathischer Einfluß auf den Geist irgendeiner anderen Person erklärt. Die Entdeckung elektrischer Vorgänge im Gehirn (Elektroenzephalographie) bildete ein weiteres starkes Argument zugunsten dieser Theorie. Doch die Schwierigkeit, eine Erklärung für reines Hellsehen zu finden, wurde bald als entscheidender schwacher Punkt dieser Theorie erkannt.

Heute wird die elektromagnetische Hypothese zur Erklärung der ASW als experimentell widerlegt betrachtet. Dennoch dürfte es der Mühe wert sein, einige theoretische Argumente anzuführen, die gegen sie sprechen:

1. Das elektromagnetische Feld um das Gehirn herum, das durch elektrische Vorgänge innerhalb des Gehirns erzeugt wird, ist so schwach, daß es unmöglich die großen Entfernungen erklären kann, über welche die ASW wirken kann. (Es ist interessant, daß H. Berger selbst, der Entdecker der Elektroenzephalographie, die Unmöglichkeit betonte, Telepathie auf der Grundlage der EEG-Wellen zu erklären.)
2. Elektromagnetische Wellen, die mit Hilfe eines Elektroenzephalographen registriert werden können, entstehen durch Summierung einer großen Anzahl von Neuronen. Die Aufzeichnungen eines EEG können eine allgemeine Information über das Gesamtgehirn geben (sie können, ob die Person schläft oder wach ist, z. B. verschiedene pathologische Störungen enthüllen), doch sind sie nicht in der Lage, irgendwelche Anhaltspunkte über die Bewußtseins*inhalte* zu geben, also über das, was die betreffende Person gerade denkt. Anderseits aber ist gerade die Übertragung des Inhaltes das Typische bei der Telepathie (ausgenommen vielleicht ei-

nige Primitivformen der Telepathie, welche die Form von unbestimmten Notsignalen annehmen).

3. Bis heute ist im menschlichen Organismus kein Organ gefunden worden, das telepathische Signale elektromagnetischer Natur aufnimmt.
4. Die elektromagnetische Hypothese bereitet Schwierigkeiten bei der Erklärung, wie telepathische Signale nach Überwindung von bisweilen Hunderten oder gar Tausenden von Kilometern gerade jene Person treffen können, für die sie bestimmt sind. Diese Selektivität der Wirkung würde eine nahezu ans Wunderbare grenzende Vollkommenheit der Abstimmungsfähigkeit erfordern.
5. ASW wird nicht durch materielle Hindernisse beschränkt, und ihre Wirkung nimmt nicht ab mit dem Quadrat der Entfernung, wie dies für die Stärke der elektromagnetischen Wellen gilt.
6. Das Funktionieren der ASW zeigt keine sichtbare Abhängigkeit von den physikalischen, wohl aber von den psychologischen Bedingungen der Versuchssituation.
7. Die Hypothese der elektromagnetischen Wellen bereitet Schwierigkeiten bei der Erklärung des reinen Hellsehens (dabei müßte eine geradezu absurde Voraussetzung gelten: nämlich daß die Versuchsperson in einem Auswahlprozeß elektromagnetische Signale empfängt, die durch Molekularbewegungen in unbelebten Gegenständen erzeugt sind).
8. Und schließlich kann die Präkognition überhaupt nicht durch die Hypothese des Elektromagnetismus erklärt werden.

Die Unmöglichkeit, die beobachteten Fakten durch die Hypothese von elektromagnetischen Wirkungen zu erklären, führte zu einem Suchen nach anderen physikalischen Faktoren, von denen man annehmen konnte, sie dienten möglicherweise als Informationsträger bei der ASW. Die Unabhängigkeit der ASW von materiellen Abschirmungen zeigt, daß der Träger die Fähigkeit besitzen muß, die Materie ohne besondere Begrenzungen zu durchdringen. Daher hat L. L. Wasiljew an die Möglichkeit gedacht, telepathische Signale könnten vom Gravitationsfeld getragen werden. Doch diese Annahme kann nicht erklären, wie die Signale vom Gehirn erzeugt werden.

Die Entdeckung neuer Elementarpartikel, welche die Materie ohne Schwierigkeiten durchdringen, hat neue Korpuskular-Theorien zur Erklärung der ASW ins Leben gerufen. So ist A. L. Hammond der Meinung, man könne Telepathie erklären als Signale, die von Neutrinos getragen werden, welche die Materie ungewöhnlich leicht durchdringen. Nach G. N. Tyson erhält diese Hypothese anscheinend eine Unterstützung dadurch, daß die radioaktiven Isotope des im menschlichen Körper vorhandenen Kaliums als adäquate Quelle für Neutrinos dienen können (das im menschlichen Gehirn enthaltene Kalium sendet ungefähr 440 Neutrinos pro Sekunde). Doch auch diese Theorie ist nicht befriedigend. Abgesehen davon, daß sie den Einwand nicht aufhebt, der gegen die Erklärung durch elektromagnetische Wellen erhoben worden ist (nämlich, daß keine physikalische Theorie die Präkognition erklären kann), widersprechen ihr auch noch andere Fakten. Die Leichtigkeit, mit der Neutrinos die Materie durchdringen, läßt die Chancen für ihre Interaktion mit dem Gehirn des Perzipienten und für die Abgabe telepathischer Signale abnehmen. Außerdem kann man sich kaum vorstellen, daß die relativ schwache Quelle der Neutrinos, wie sie das radioaktive Kalium im menschlichen Gehirn darstellt, zu einer Quelle verständlicher Sendungen werden kann, wenn wir den ungeheuren Störungseinfluß der Sonnenstrahlung bedenken, welche die Erde mit einem unaufhörlichen Strom von Neutrinos bombardiert, in einer Mengenordnung von 10^{11} Neutrinos pro Sekunde je Quadratzentimeter Erdoberfläche.

H. A. C. Dobbs ist in seinen Spekulationen noch kühner. Er nimmt die Existenz von Elementarteilchen an, deren Materie imaginär (im mathematischen Sinne) ist und die er »Psitronen« nennt. Er stellt sie sich als von Partikeln normaler Materie (von Kernen oder Elektronen) ausgestrahlt vor und sieht in ihnen die Träger der ASW.

Trotz all dieser Bemühungen gewinnt mit der Zunahme unseres Wissens über die ASW die Überzeugung ständig mehr an Boden, daß sie sich nicht durch physikalische Theorien erklären läßt. So vertritt der Physiker P. Jordan die Meinung, es müsse ein für allemal der Versuch aufgegeben werden, parapsychische Phänomene in das dreidimensionale Gerüst unserer Wirklichkeit, wie wir sie vor allem auf der Grundlage unseres Studiums der Naturvorgänge verstehen, zu verlegen oder zu übertragen und von ihm aus zu erklären. Er vertritt die Auffassung, wir müßten solchen Phänomenen gegenüber eine grundlegend andere Einstellung annehmen und in aller Deutlichkeit begreifen, daß die physikalische Wirklichkeit in der Perspektive des dreidimensionalen Raumes, wie wir sie für gewöhnlich verstehen, uns keineswegs als unmittelbare Erfahrung gegeben ist... Es sei, so erklärt er, durchaus möglich, daß wir unsere Grundvorstellung von der Wirklichkeit des dreidimensionalen Raumes, wie wir sie für gewöhnlich verstehen, erweitern müssen, wenn wir jene von unseren Erfahrungstatsachen, die nicht darin eingeschlossen sind, mit berücksichtigen wollen.

D. Durch diese Schlußfolgerung der Unmöglichkeit, ASW befriedigend durch physikalische Theorien zu erklären, gelangen wir zu einer großen Gruppe von Hypothesen, die ASW in einer grundlegend neuen Weise zu erklären suchen, nämlich außerhalb des Gefüges der bekannten physikalischen Gesetze. Diese Theorien lassen sich in vier Hauptgruppen unterteilen:

1. Die spiritistische Theorie, die von der Voraussetzung ausgeht, daß parapsychische Phänomene durch »Geister« Verstorbener bewirkt werden.
2. Animistische Theorien, die bislang nicht näher bekannte Kräfte und Fähigkeiten im Menschen annehmen, die parapsychische Phänomene hervorbringen.

Zwei weitere Gruppen von Hypothesen versuchen eine tiefergreifende Erklärung und eine Eingliederung parapsychischer Fähigkeiten in das System anderer Vorgänge im Universum:

3. Die Theorie, welche die Existenz irgendwelcher überindividueller Größen (»Weltseele«, »Kollektivbewußtsein« oder »kollektives Unbewußtes«) annimmt, die als übermenschliches intelligentes Wesen irgendwelcher Art verstanden werden.
4. Kosmologische Theorien.

Zu 1.: Die spiritistische Erklärung in ihrer ursprünglichen Form (Kommunikation mit »Geistern«) ist von der modernen Parapsychologie aufgegeben worden. Eine Anzahl experimenteller Entdeckungen liefert einen zwingenden Beweis gegen sie. Obwohl der Spiritismus ein bedeutsames Kapitel in der Geschichte der parapsychologischen Forschung darstellt, ist seine Theorie von personalen Geistwesen mit menschlichen Eigenschaften und übermenschlichen Fähigkeiten allzu anthropomorph, naiv und überholt, als daß man sich mit ihr noch ernsthaft auseinanderzusetzen hätte.

Zu 2.: Heute zweifeln die Parapsychologen kaum noch daran, daß parapsychische Phänomene durch besondere Begabungen lebender Menschen hervorgebracht werden. Nur die Einzelheiten des dabei wirksam werdenden Mechanismus sind nicht klar. Im Falle der ASW nehmen wir an, daß bestimmte Signale mit Information über die Außenwelt sich durch irgendein tragendes Medium[1] (das vom Perzipienten unabhängig ist) fortpflanzen und daß die Rolle des Perzipienten darin besteht, diese Signale aufzufangen. Praktisch ist dieses Bild dem Vorgang der Sinneswahrnehmung nachgestaltet. So treffen zum Beispiel beim Sehen von der sehenden Person unabhängige elektromagnetische Wellen einer bestimmten Frequenz das Auge und reizen seine Netzhaut und über diese das entsprechende Nervenzentrum.

[1] Medium hier natürlich im physikalischen oder zumindest davon abgeleiteten Sinne verstanden als einen Vorgang tragendes Element (d. Übers.).

Dieses allgemeine Bild wirft drei Einzelfragen auf, die bisher alle noch nicht beantwortet sind: a) Wie werden die Trägersignale für die ASW-Information erzeugt, und wie wird die Information darin verschlüsselt? b) Welcher Art ist das Medium, das diese Signale trägt? c) Wie werden diese Signale vom Perzipienten entdeckt und empfangen?

Verschiedene Beobachtungen bei der ASW (wie etwa die vollkommene Orientierung in der Auswahl des ermittelten Ereignisses oder auch Leistungen wie das sogenannte »reisende Hellsehen«) verdienen besondere Aufmerksamkeit. Sie scheinen anzuzeigen, daß der Perzipient tätigen Anteil an der Gewinnung von ASW-Information, auch an weit von ihm entfernten Orten, nehmen kann. Das bringt uns zu der Annahme, daß irgendein »Organ der ASW« vom Perzipienten an den Ort der Ermittlung versetzt wird (das heißt: an einen anderen Ort im Raum und möglicherweise – bei der Präkognition – auch in der Zeit) und aktiv an der Auswahl und Wahrnehmung der dort stattfindenden Ereignisse beteiligt ist. Verschiedene Autoren (wie zum Beispiel H. Driesch und E. Matthiessen) haben diese Darstellung zu einer extremen Form entwickelt und angenommen, daß nicht allein ein Wahrnehmungsorgan, sondern das ganze Bewußtsein (der »Geist«) des Perzipienten an den Platz übertragen wird, an dem er auf außersinnlichem Wege wahrnimmt. Diese sogenannte »mind-travel hypothesis« (Hypothese der Geisteswanderung) erinnert uns wieder an die spiritistische Theorie: Wenn die »Seele« eines lebenden Menschen an einen anderen Platz versetzt werden kann, so besteht kein Grund, daran zu zweifeln, daß die »Seele« eines verstorbenen Menschen ihren Leib verlassen und nach dem Tod weiterleben könne.

Es gibt in der Tat verschiedene Theorien, die annehmen, daß ein konstituierender Teil der menschlichen Persönlichkeit (für gewöhnlich »Astralleib« genannt) den materiellen Leib verlassen und an andere Orte in Raum und Zeit wandern, dort wahrnehmen und damit ASW bewirken kann. Bis heute ist jedoch noch kein überzeugender Beweis für die Existenz eines solchen »ASW-Organs« erbracht worden; es besteht nicht einmal ein Grund, die Existenz irgendeines Faktors zu postulieren, der mit Bewußtsein und individueller Personalität begabt ist, wie sie den »Geistern« der Spiritisten zugeschrieben wurden.

Eine vollständige Theorie über parapsychische Phänomene, die ASW und PK auf einer einheitlichen Grundlage zu erklären und sie in natürlicher Weise in unser Verständnis der menschlichen Persönlichkeit zu integrieren sucht, ist von R. H. Thouless und B. P. Wiesner entwickelt worden. Diese Forscher sind der Meinung, daß ASW und PK zwei Aspekte einer Wirklichkeit sind, die sie »*PSI*« (Abkürzung

für »psychische Fähigkeit«) nennen. ASW ist der sensorielle Aspekt dieser Fähigkeit *(»PSI-Gamma«)*, PK ist ihr motorischer Aspekt *(»PSI-Kappa«)*. Thouless und Wiesner gehen von der dualistischen Auffassung aus, daß »Leib« und »Seele« voneinander unabhängig existieren, und nehmen an, daß PSI eine universale Funktion darstellt, welche die Interaktion zwischen beiden ermöglicht. Nach Thouless und Wiesner ist der grundlegende Wahrnehmungsprozeß PSI-Gamma (ASW), und dieser ist in gewissen Sonderfällen durch körperliche Grenzen beschränkt, in denen er die Gestalt von Sinneswahrnehmungen annimmt. Ganz ähnlich gibt es, als Umkehrung des Prozesses, eine universale Fähigkeit des Wirkens auf Distanz (PK), die in gewissen Sonderfällen durch körperliche Grenzen eingeschränkt ist und sich dann als Muskelkraft manifestiert. Wir können diese Darstellung noch anschaulicher beschreiben in der folgenden dualistischen Terminologie: Die Seele nimmt die Außenwelt entweder direkt mit Hilfe von PSI-Gamma (ASW) oder auf dem Umweg über das Gehirn (durch Sinneswahrnehmung) wahr; oder die Seele wirkt direkt auf die Außenwelt ein mit Hilfe von PSI-Kappa (PK) oder auf dem Umweg über den menschlichen Organismus (durch Einsatz der Muskelkraft). Entsprechend dieser Auffassung unterscheiden Thouless und Wiesner auch zwei Formen von Telepathie: die Gamma-Telepathie (mit Betätigung von PSI-Gamma) und die Kappa-Telepathie (mit Betätigung von PSI-Kappa). (Siehe auch S. 204.)
In Zusammenhang mit der oben entwickelten dualistischen Theorie sei eine weitere interessante Hypothese erwähnt, die den Mechanismus der Wechselwirkung zwischen Geist und Körper zu erklären versucht, angeregt von dem bekannten Astrophysiker und Popularisator astronomischen Wissens, A. S. Eddington. Er geht von der Heisenbergschen Unbestimmtheitsrelation aus, einem der Grundprinzipien der modernen Physik, und nimmt an, daß der »Geist« auf das Gehirn wirkt, indem er die strukturellen Bestandteile der Gehirnrinde gerade innerhalb des durch die Unbestimmtheitsrelation gegebenen Bereiches beeinflußt. Eddington nahm ursprünglich an, dieser Effekt betreffe das ganze Neuron, aber die Neuronen sind unter diesem Gesichtspunkt zu groß. Nach Meinung des Physiologen J. C. Eccless läßt diese Theorie sich eher auf das synaptische Endknöpfchen anwenden, das besser entsprechende Dimensionen hat. Ganz ähnlich kann auch angenommen werden, daß der PSI-Effekt auf den fallenden Würfel innerhalb der Grenzen der Unbestimmtheitsrelation wirkt, indem er die Stellungen von Mikropartikeln in dem Augenblick, in dem sich der fallende Würfel in einem Zustand labilen mechanischen Gleichgewichtes befindet, äußerst geringfügig ändert.

Zu 3. Die nächste Gruppe von Theorien sucht die ASW aus der Annahme der Existenz einer überindividuellen Wesenheit zu erklären. In einer ihrer Abwandlungen wird die Existenz eines all-universalen Wesens angenommen, das Kenntnis von allen – vergangenen, gegenwärtigen und zukünftigen – Ereignissen in der Welt hat und aus dessen Wissen die außersinnliche Information genommen ist. T. K. Oesterreich spricht in diesem Zusammenhang geradezu von einer »Teilnahme an der göttlichen Erkenntnis«. Die zweite Version nimmt die Existenz einer »Kollektivseele« an, mit der die Psyche der Einzelmenschen in einem gewissen Grade verschmilzt. Auf der Grundlage dieser Konzeption läßt sich die Telepathie durch die Annahme erklären, daß das »Unterbewußtsein« bestimmter Personen sich irgendwie verbindet zur Bildung der »Kollektivseele«, mit der sie ihre Erkenntnis teilen. Diese mitgeteilte Erkenntnis kann dann direkt der »Kollektivseele« entnommen werden, als erinnere man sich ihrer. H. Driesch vergleicht die Seelen verschiedener Personen mit verstreuten Inselchen, die man durch Brücken verbinden kann; diese Verbindung durch Brücken aber ist das Bild der Telepathie. Ganz ähnlich betrachtet G. Murphy die ASW nicht als Fähigkeit eines Einzelmenschen, sondern vielmehr als interpersonale – oder überpersonale – Funktion, die zwischen Einzelmenschen stattfindet.
Auf ähnlichen Prinzipien baute W. W. Carington eine »Assoziationstheorie« zur Erklärung der Telepathie auf. Nach seiner Vorstellung besteht der Geist des Einzelmenschen aus objektiv existierenden Gedanken, Wahrnehmungen, Sinneseindrücken usw. Er nennt diese Bestandteile »Psychonen« und stellt sich vor, daß der Geist, verstanden als System von Psychonen, bei den Menschen irgendwie verschmilzt, so daß man die Telepathie als einen der Ideenassoziation ähnlichen Prozeß erklären kann. Er hat sogar einige experimentelle Befunde bekommen, die er als Stütze für seine Hypothese interpretieren könnte: Wenn der Perzipient einen Gegenstand bei sich hatte, der eine stark assoziative Bedeutung für den Agenten besaß (wenn er zum Beispiel eine Fotografie des Raumes betrachtete, in dem der Agent saß), steigerten sich die Ergebnisse der telepathischen Versuche.
Zu 4. Neuere Theorien, die in der älteren Theorie einer »Kollektivseele« wurzeln, haben einen hervorstechenden Zug, den wir nicht übersehen dürfen. Sie entfernen sich immer mehr von der ursprünglichen, anthropomorph-personalen Konzeption von einem bewußten, kosmischen Wesen und machen sich frei von dem ursprünglichen streng dualistischen Verständnis natürlicher Vorgänge, das Materie und Geist als parallel existierende antithetische Wesenheiten ansah.

Es setzten sich nun Darstellungen durch, die die frühere »Kollektivseele« als etwas Unpersönliches, möglicherweise eine Art »Substanz« von »feinerer« Art als die Materie im allgemein physikalischen Sinne, etwas, das mit der Materie koexistiert und in Interaktion steht, verstehen wollen.
So nimmt C. A. Mace die Existenz eines »psychic aether« (psychischer Äther) an, in dem sich »geistige Wellen« (mental waves) fortpflanzen und in dem die Spuren vergangener Ereignisse erhalten bleiben. Mace spricht sich nicht näher über das Wesen des psychischen Äthers aus; er postuliert ihn nur hypothetisch und bezeichnet ihn, um einen unverbindlichen Begriff zu gebrauchen, als »substantival medium« (substantivisches Medium) oder »tertium quid« (dritte Wesenheit, d. h. neben Materie und Geist). Die Telepathie erklärt Mace mit Hilfe dieses angenommenen Mediums unter der Voraussetzung, daß die »Erregung« dieses »tertium quid« in einem Menschen auch einem anderen Menschen übertragen werden kann.
Die Theorie vom psychischen Äther wurde weiterentwickelt von H. H. Price, der annimmt, daß in diesem hypothetischen Medium »bleibende und dynamische Wesenheiten« existieren können, die – sobald sie geschaffen sind – bleibenden Bestand haben und eine mehr oder weniger unabhängige Existenz annehmen können. Price ist der Meinung, daß diese Wesenheiten (entities) durch die geistige Tätigkeit von Einzelmenschen geschaffen werden können. Mit Hilfe dieser geistigen Gebilde erklärt er die Telepathie und auch Spontanphänomene paraphysikalischer Art, wie zum Beispiel die »Spukhäuser«.
In Prices Konzeption erhält Maces »tertium quid« also eine konkretere Form. Daneben vermutet H. H. Price, daß die Menschen durch »kollektiv Unbewußtes« miteinander verbunden sind und daß auf dem Weg darüber telepathische Vorgänge wirksam werden. Doch nach seiner Vorstellung handelt es sich dabei nicht um irgendeine »Substanz« oder irgendein »Ding«, sondern um ein »Interaktionsfeld«. Price neigt ferner zu der vor ihm schon von dem Philosophen H. Bergson entwickelten Annahme, daß sich im Laufe der Entwicklungsgeschichte, gleichzeitig mit dem Prozeß der Individualisierung des einzelnen und der Entwicklung seines Bewußtseins, im Geist des Menschen ein Hemmungsmechanismus entwickelt hat, der das Gehirn des Einzelmenschen vor dem unaufhörlichen, unkontrollierbaren Einströmen telepathischer Reize von anderen Personen schützt. Anerkennen wir die Möglichkeit der objektiven Existenz eines »kollektiv Unbewußten«, in dem der Geist der Menschen irgendwie miteinander verschmilzt, so müssen wir einen solchen Hemmungsmechanismus als biologische Notwendigkeit annehmen, andernfalls

würde der Geist des einzelnen in chaotischer Weise unter dem Ansturm der Gedanken und Eindrücke anderer Menschen zu leiden haben.
Die Idee des »psychischen Äthers«, die möglicherweise als Vorläufer der modernen Idee des »PSI-Feldes« betrachtet werden kann, ist eine aus der Gruppe der Theorien, die parapsychische Phänomene durch kosmologische Konstruktionen zu erklären versuchen; diese Theorien berühren zwangsläufig unsere grundlegendsten Vorstellungen vom Aufbau des Universums. Gerade diese Versuche zur Erklärung der ASW erscheinen heute als die verheißungsvollsten. In ihnen verliert die dualistische Darstellung von Materie und Geist nach und nach die Note der Gegensätzlichkeit und entwickelt sich zu einer monistischen Konzeption eines einheitlichen Aufbaues der Welt, in dem das »Materielle« ein und das »Geistige« ein anderer Aspekt bzw. eine andere Komponente einer und derselben Realität ist.
Eine wesentlich kosmologische Theorie, aufgebaut auf der Existenz parapsychischer Phänomene, ist von G. N. M. Tyrrell vorgelegt worden. Nach seiner Meinung können die Begriffe unserer Sinnenwelt, die wir als im dreidimensionalen Raum verteilte Materie begreifen, nur einen Teil des Universums erfassen. Viele Vorgänge im Universum lassen sich in dieses System nicht einordnen und sind von ihm aus nicht verständlich; darum kennen wir sie entweder gar nicht, oder sie erscheinen uns geheimnisvoll. Das alte christliche Weltbild kannte neben der unseren Sinnen zugänglichen gewöhnlichen Welt noch eine andere, die Welt des »Übernatürlichen«, die jedoch in naiver, anthropomorpher Form als Bereich Gottes und der Engel verstanden wurde. Die rationalistische Naturwissenschaft bestreitet eine solche Sphäre des Übernatürlichen. Nach Tyrrell nun muß diese Welt des »Übernatürlichen« – oder vielmehr des »Übersinnlichen« – unbedingt wieder in unser wissenschaftliches Weltbild eingebaut werden, wodurch sich uns bisher unbekannte Gesetzmäßigkeiten der Natur enthüllen werden.
Nach Tyrrells Meinung erfolgt die ASW außerhalb unserer gewöhnlichen Welt, in der Welt des Übersinnlichen – oder, mit anderen Worten, in einem von dem unserer gewöhnlichen Sinneserfahrung verschiedenen Koordinatensystem; oder »an einem anderen Ort«, der jenseits von Raum und Zeit, befreit von unseren üblichen Raum- und Zeitvorstellungen zu denken ist. Die Vorstellung »außerhalb der Welt der Sinneserfahrungen« kann vielleicht verstanden werden als »in anderen Raum- und Zeitdimensionen existierend«, aber das wäre wiederum nur ein Denkmodell zur Erleichterung des Verständnisses. (Wie schwierig ist es doch, Ideen, die jenseits des Verständnisses in-

nerhalb der gewohnten Bahnen unseres Denkens liegen, in adäquaten Worten auszudrücken!)

Es wäre verfrüht, in konkreter Weise über die Regelmäßigkeiten dieser übersinnlichen Welt zu sprechen, wie sie Tyrrell annimmt. Wir wissen zu wenig über sie, und auch ihr Verhältnis zu unserer bekannten Welt ist uns noch viel zu unklar. Für den Augenblick können wir nur schließen, daß diese Gesetzmäßigkeiten jenseits von Zeit und Raum liegen, jedoch in einer Art, daß sie Zeit und Raum in sich einbeziehen. Wir müssen also annehmen, daß ein Teil der menschlichen Persönlichkeit, das »subliminale Selbst«, wie F. W. H. Myers es genannt hat, auch in diesem »Anderswo« existiert; dann kann die Telepathie verstanden werden als ein Wirkvorgang zwischen diesen konstituierenden Teilen verschiedener Einzelpersonen, die in jener Sphäre »jenseits von Zeit und Raum« existieren.

Wir können vielleicht eine gewisse Vorstellung von dieser »Welt des Übersinnlichen« bekommen, wenn wir Tyrrells Gleichnis von den unterschiedlichen Bedeutungsgehalten zugrunde legen. Diesem Bild zufolge kann man – je nach der Bedeutung, die sie für den jeweiligen Beobachter besitzen – alle Gegenstände und Ereignisse als auf verschiedenen Bedeutungsebenen existierend betrachten. Für das Tier ist ein Buch nur ein farbiger Gegenstand einer bestimmten Form; für den Primitiven zusätzlich eine Kombination verschiedener Zeichengruppen; ein intelligenter Primitiver könnte durch weiteres Nachforschen verschiedene Regelhaftigkeiten im Auftreten dieser Zeichen erkennen, aber mehr nicht. Nur für den zivilisierten Menschen ist das Buch Träger einer Information. In ähnlicher Weise ist für den Physiologen der Mensch ein Komplex physikalisch-chemischer Prozesse, für den Psychologen eine Einheit, die bestimmte Verhaltenskomplexe zeigt, für den Arbeitgeber eine brauchbare oder unbrauchbare Arbeitskraft, für den Liebenden der Gegenstand seiner Liebe.

Die Konzeption einer übersinnlichen Welt in dieser symbolischen Darstellung tendiert zur Einteilung dieser übersinnlichen Welt in Ebenen von unterschiedlicher Bedeutung, und jeder Gegenstand, jedes Ereignis kann, dieser Konzeption zufolge, auf verschiedenen Ebenen existieren. Wenn der Mensch das betreffende Objekt wahrnimmt, kann er es nur auf den Ebenen begreifen, die er selbst durch den Stand seiner geistigen Entwicklung erreicht hat. Diese Vorstellungen erinnern uns stark an verschiedene religiöse Systeme Indiens. Die »Stufen der Bedeutung« erinnern sehr an verschiedene Ebenen (Mana, Buddha, Atman), auf denen diesen Lehren zufolge die verschiedenen übersinnlichen Konstituenten der menschlichen Persönlichkeit existieren.

Andere Theorien zur ASW greifen auf vieldimensionale, nichteuklidische Geometrien zurück zur Entwicklung neuer kosmologischer Modelle. Nach Annahme dieser Theorien ist das Universum der Astronomen, das aus Materie zu bestehen scheint, die im dreidimensionalen Raum verstreut ist und sich in einer eindimensionalen Zeit ändert, nur der kleinere Teil einer bedeutend umfassenderen Wirklichkeit, die zusätzliche, unseren Sinnen unzugängliche Dimensionen umfaßt.

Das Universum ist demnach eine komplexe, vieldimensionale Welt, in welche die Welt unserer Sinne eingebettet ist. In dieser Konzeption wird die Welt des Übersinnlichen aus Tyrrells Theorie weiter konkretisiert. Sie gewinnt die Gestalt zusätzlicher Dimensionen oder irgendwelcher Sonderstrukturen von Raum und Zeit. Aus diesem Bild ergibt sich die Möglichkeit eines Auftretens parapsychischer Phänomene geradezu als logische Folge, wie wir es an folgendem Gleichnis veranschaulichen können: Stellen wir uns vor, es existierten zweidimensionale intelligente Wesen, die in einem kreisförmigen Bereich lebten. Da sie in ihren Bewegungen durch den Kreis begrenzt wären, könnten sie normalerweise nichts über die Möglichkeit der Existenz anderer, ähnlicher Wesen außerhalb ihres Kreisbereiches erfahren. Würden sie aber eine neue Orientierungsfähigkeit entsprechend der ASW erwerben, so könnten sie in die dritte Dimension aufsteigen und gleichsam »von oben« auf den Teil ihrer flächigen Welt schauen, der ihnen normalerweise unzugänglich ist, soweit und solange sie in ihren Kreisbereich eingeschlossen bleiben.

All diese Erklärungsversuche sind natürlich in der Hauptsache Spekulationen, die moderne Theorien der theoretischen Physik verwenden, aber für gewöhnlich einer genügenden sachlichen Fundierung entbehren. Dennoch lehren sie uns eins: Wenn wir die parapsychischen Phänomene in das Schema der übrigen Vorgänge in der Welt eingliedern wollen, müssen wir kühn genug sein, um radikal die gewohnten Denkbahnen zu verlassen. So ungewöhnliche Phänomene wie ASW und PK rufen nach ebenso ungewöhnlichen Theorien zu ihrer Erklärung. Wir sehen uns vor der Notwendigkeit, unsere bisherigen Konzeptionen von Materie, Raum und Zeit zu überprüfen.

Daher rechnen die Parapsychologen damit, daß das Studium parapsychologischer Phänomene uns zu neuen, umstürzenden Entdeckungen von höchster Wichtigkeit führen wird; Entdeckungen, die in ihrer potentiellen Auswirkung der kopernikanischen Überwindung der geozentrischen Kosmologie (durch die Entdeckung, daß die Erde nicht das Zentrum des Universums ist) vergleichbar sind, oder auf biologischem Gebiet der Darwinschen Entwicklungstheorie, oder in der Physik der Relativitätstheorie Einsteins. Offenbar bewegen wir uns auf die Entdeckung zu, daß unser »physikalisches« Universum nur ein Teil einer umfassenderen Wirklichkeit ist, deren übrige Teile zum Beispiel auf dem Weg über parapsychische Phänomene unserer Beobachtung zugänglich werden. Vielleicht werden wir auch die Entdekkung machen, daß das Koordinatensystem *cm, g, sec.*, nach dem wir die Ereignisse unserer Welt zu beschreiben pflegen, nur einen Teil dieser Wirklichkeit zu erfassen in der Lage ist, und daß andere Koordinatensysteme gefunden werden müssen für die Beschreibung von Ereignissen und Regelhaftigkeiten der übrigen Teile.

So können wir – hypothetisch – die Existenz einer allumfassenden kosmischen Einheit anerkennen, die unsere gesamte physikalische Welt (einschließlich der Materie, des Raumes und der Zeit) als Komponente mit einbezieht. Es läßt sich sehr wohl verstehen, daß es in einem solchen Super-Universum Gebilde, Formationen geben kann, die durch die geistige Tätigkeit von Menschen oder anderen Wesen, Relationen und Gesetzmäßigkeiten, die wir nicht einmal erahnen können, geschaffen werden. Möglicherweise sind diese höheren kosmischen Gesetzmäßigkeiten in unsere physikalische Welt hinein projiziert als Kausalität, Synchronizität oder, wenn man so will, als Materie, Schwerkraft, Lichtgeschwindigkeit, Entropie, Bewußtheit usw., oder sie finden ihre Widerspiegelung als höhere Werte des menschlichen Lebens, ethische oder ästhetische, usw. So gesehen verschwindet auch der alte Gegensatz zwischen »Materie« und »Geist« und wird erkannt als Folge unserer begrenzten, partiellen Erkenntnisse von einer umfassenderen Wirklichkeit – ähnlich wie ein und dieselbe Münze von verschiedenen Seiten aus verschieden aussieht.

Wir können weiter annehmen, daß strukturierende Teile der menschlichen Persönlichkeit außerhalb der materiellen Welt in irgendeinem anderen integrierenden Teil dieses Super-Universums existieren. Es muß nicht ausgeschlossen werden, daß solche Teile der menschlichen Persönlichkeit überleben können, auch nachdem ihre materielle Komponente – der Körper – durch den physischen Tod zerstört worden ist. Wir können auch ganz vernunftgemäß annehmen, daß es in der Weite des Universums Wesen und Kulturen geben kann, die bedeutend weiter fortgeschritten sind als unsere menschliche. Und wenn solche Wesen existieren, können sie durchaus andere Mittel der Interaktion mit der Umwelt entwickelt haben als der Mensch. So könnten sie zum Beispiel parapsychische Methoden der Interaktion (ASW und PK) unter Kontrolle gebracht haben und ohne irgend etwas, was an unsere technische Zivilisation erinnert, weitere Fortschritte erzielt haben. Sie könnten möglicherweise auch auf telepathi-

schem Wege mit Menschen in Kommunikation treten und den Fortschritt der Menschheit durch PK beeinflussen.
Doch auch hier muß gesagt sein: Dies alles sind nur Spekulationen, die so lange nichts anderes als phantastische Möglichkeiten bleiben, wie ihre Richtigkeit nicht durch überzeugende wissenschaftliche Beweise bestätigt wird. Und es besteht ein großer Unterschied zwischen der Möglichkeit und einer nachgewiesenen wissenschaftlichen Tatsache. Wir sind überhaupt nur darauf eingegangen, um die weitreichenden philosophischen Folgerungen aufzuzeigen, zu denen parapsychologische Forschung führen könnte. Wenn wir auf dem sicheren Boden der experimentellen Beweisbarkeit bleiben, so können wir nur schließen, daß es keinen Hinweis dafür gibt, daß parapsychische Phänomene sich auf der Grundlage der bekannten physikalischen Gesetzmäßigkeiten erklären lassen; daß vielmehr alle Anzeichen dafür sprechen, daß das, was wir als »materielle, physikalische Welt« kennen, nur Teil einer viel umfassenderen Wirklichkeit ist, deren Gesetzmäßigkeiten uns bis heute unbekannt sind und die nur durch das Studium parapsychischer Phänomene antizipiert werden.
Welcher Art diese unbekannte Wirklichkeit auch sein mag: sie ist in der jüngsten Zeit unter der Bezeichnung »PSI-Feld« bekanntgeworden. Leider ist im gegenwärtigen Stadium unserer parapsychologischen Kenntnisse diese Idee des PSI-Feldes nicht viel mehr, als es z. B. die Hypothese vom lichten Äther für die frühe Physik war. In unseren Gedankengängen legen wir diesem angenommenen Medium Eigenschaften bei, von denen wir annehmen, sie vermöchten es zu erklären. Doch hat es uns zumindest dazu verholfen, die Fakten der Parapsychologie in das System unseres wissenschaftlichen Weltbildes einzugliedern. Gegenwärtig existieren bei den Parapsychologen vor allem folgende Vorstellungen vom PSI-Feld:

1. Eine deskriptive, nicht-erklärende Konzeption als »Bereich im Raume, in dem PSI-Phänomene auftreten«; diese Konzeption wird wahrscheinlich keine anregende Wirkung für weitere Forschungen haben.
2. Die Konzeption nach Analogie des elektromagnetischen Feldes als multi-vektoralem Feld, das heißt: vermutlich als elektromagnetischem Feld, dem ein weiterer Vektor (PSI-Vektor) beigefügt ist; diese Konzeption nimmt eine Wechselwirkung unter allen diesen Vektoren an, in Analogie zur elektromagnetischen Induktion.
3. Eine noch umfassendere Konzeption: Das Verständnis des PSI-Feldes als einheitliches Feld, das alle physikalischen Felder, das elektromagnetische, das Schwerefeld usw. als strukturelle Komponenten einbezieht.

Bis heute ist das PSI-Feld, streng genommen, nur als hypothetische Konstruktion anzusehen, als Arbeitshypothese, die uns hilft, unser parapsychologisches Wissen zu klassifizieren und uns den einen oder anderen Hinweis für künftige Forschungen bieten kann. Auch die Annahme, das Gehirn könne eine neue Art Energie (PSI-Energie) erzeugen und auffangen, ist bisher nicht mehr als eine interessante Arbeitshypothese. Jedenfalls bringt es der heutigen Parapsychologie mehr Anerkennung und Glaubwürdigkeit ein, daß sie, anstatt verfrühte Konstruktionen zu entwerfen, durch experimentelle Forschung neue Gesetzmäßigkeiten zu entdecken sucht. Die Hauptfragen zur ASW und PK sind noch zu beantworten: Was ist das Wesen dieser geheimnisvollen Signale, die den beobachteten Phänomenen zugrunde liegen; wie werden sie erzeugt; wie pflanzen sie sich fort, und wie werden sie empfangen? Und schließlich die Frage: Wie lassen sie sich objektiv aufzeichnen und messen?
Leider steht die Parapsychologie trotz mancher kühnen und optimistischen Ambitionen immer noch in den Anfängen ihrer Entwicklung. Wir können sagen, daß sie sich heute in dem Stadium befindet, in dem die Physik sich zur Zeit Newtons, die Chemie zur Zeit Lavoisiers und die Medizin zur Zeit Claude Bernards befunden haben. Bis heute ist es ihr nicht einmal gelungen, den weiten Bereich, an dessen Erforschung sie sich begeben hat, im eigentlichen Sinne zu überschauen.

KAPITEL VIII

Die Zukunft der Parapsychologie

Angesichts jeder neuen wissenschaftlichen Entdeckung ergibt sich die eine wichtige Frage: Was kann sie der Menschheit bringen? Diese Frage gilt auch für die Parapsychologie. Es ist letzten Endes der Umfang der voraussichtlichen praktischen Anwendbarkeit, der die Entwicklung irgendeines Wissenschaftsbereiches bestimmt. Da in der Parapsychologie die meisten gesicherten Entdeckungen die ASW betreffen, wollen wir unsere Überlegungen zu diesem praktischen Gesichtspunkt auf die ASW beschränken.

Wir betrachten ASW als einen zusätzlichen Sinn, der, parallel zu den übrigen Sinnen und im Zusammenwirken mit ihnen, der Orientierung in der Umwelt des Menschen dienen kann. Ihre Eigenschaften, soweit sie bisher entdeckt sind, lassen erkennen, daß dieser neue Sinn – vorausgesetzt, es gelingt uns, die Zuverlässigkeit seiner Funktion zu steigern – geeignet ist, die Wahrnehmungsfähigkeiten des Menschen außerordentlich zu steigern, namentlich in Situationen, in denen die normalen Sinne versagen. Er kann Informationen über räumlich entfernte, durch materielle Hindernisse verborgene oder auch zeitlich entfernte Ereignisse beschaffen. Dabei muß bemerkt werden, daß die ASW unsere Wahrnehmungsmöglichkeiten nicht allein da ausweitet, wo unsere Sinne mit Hilfe technischer Mittel in ihrem Wirkungsbereich erweitert werden können (das Telefon erweitert den Bereich unserer Hörfähigkeit, das Fernsehen, das Mikroskop oder das Teleskop den Bereich unseres Gesichtssinnes), sondern auch in Situationen, in denen technische Hilfsmittel nicht verwendbar sind. Phylogenetisch gesehen kann die Beherrschung der ASW eine ebenso revolutionäre Bedeutung bekommen und ebensolche Vorteile bringen wie die Herausbildung der bedeutend wirkungsvolleren Distanzsinne (Gesicht und Gehör) im Vergleich zu den Kontaktsinnen (Tastsinn, Geschmack).

Wenn wir diese erheblichen Möglichkeiten einer praktischen Anwendung der ASW erfaßt haben und unserer Phantasie nur ein wenig Freiheit geben, so kommen wir auf eine lange Reihe sehr realistischer Vorstellungen von der praktischen Anwendbarkeit der ASW – dem Blinden zum Beispiel könnte sie den verlorenen Gesichtssinn ersetzen; sie könnte beim Suchen nach verlorenen Gegenständen, verschollenen Personen, Resten früherer Kulturen in der Archäologie eingesetzt werden, für die Paläontologie, die Meteorologie, die industrielle technische Fehlersuche und für viele andere Gebiete. Auf den nun folgenden Seiten wollen wir uns jedoch auf die Betrachtung einiger weniger Anwendungsmöglichkeiten beschränken, für die wir unsere Vorstellungen bereits durch experimentell gewonnene Gewißheiten untermauern können.

Ein sehr verbreitetes Gebiet, auf dem bereits mehrfach Versuche mit der Anwendung von ASW gemacht worden sind, ist die *ärztliche Diagnose durch Hellsehen.* Ein klassisches Beispiel ist Puységurs Erlebnis mit dem völlig ungebildeten Bauern Victor Rasse, der in einem »magnetischen« Zustand seine Krankheit beschrieb und sogar für ihre richtige Behandlung Anweisungen geben konnte (Seite 45). Seit dieser Zeit hört man immer wieder Berichte über erfolgreiche Diagnosen mit Hilfe von ASW, leider häufig in einer sehr unkritischen Weise. Derartige Diagnosen durch Hellsehen waren häufig mit Glaubensheilungen verbunden. Doch wegen der Unvollkommenheit der ASW-Manifestationen bei solchen Versuchen, wegen des Mangels an Fachkenntnis und der Ungenauigkeit der mitgeteilten Angaben waren diese Versuche bisher mehr interessante Kuriositäten als etwas von greifbarem praktischem Wert.

So berichtet beispielsweise E. Osty den Fall einer jungen Witwe, die einmal ein spiritistisches Medium aufsuchte. Das Medium, das sie nicht kannte, machte zunächst eine Anzahl richtiger Angaben über ihr Leben und fuhr dann fort: »Was für ein nettes Kind haben Sie ... Ich sehe einen Buben von ungefähr acht Jahren (es folgte eine eingehende Beschreibung des Kindes) ... Es scheint, als sei es bei guter Gesundheit ... Aber seien Sie vorsichtig: Lassen Sie sein Blut untersuchen und es ärztlich behandeln ... Sein Blut ist nicht gesund, daraus können die schlimmsten Krankheiten entstehen ...« Die Frau ging mit ihrem kleinen Sohn zum Arzt und ließ eine Blutuntersuchung machen; man stellte eine positive Wassermannsche Reaktion fest. Dabei gab es nichts, auf Grund dessen die Mutter bei ihrem Kind eine syphilitische Infektion vermuten konnte.

Einen anderen Fall berichtet H. E. Heymans. Ein Chirurg wollte bei einer älteren Frau eine Blinddarmoperation vornehmen. Noch die letzte Untersuchung vor der Operation schien auf Appendicitis hin-

zudeuten. Kurz vor Beginn der Operation hatte der Arzt ganz plötzlich eine Vision der Unterleibsorgane der Patientin. Er sah ein Bild, das sich vollkommen von dem unterschied, das eine Appendicitis bieten würde: eine Verwachsung der Gebärmutter mit dem Dünndarm und eine infektiöse Infiltration der Nachbarschaft. Obwohl dieses Bild auch die Diagnose eines Entzündungsprozesses bestätigte, bedrängte ihn die Vorstellung, daß er es mit einem Karzinom zu tun habe. Zur Überraschung der Anwesenden öffnete er den Leib nicht seitlich, wie man dies bei Blinddarmoperationen zu tun pflegt, sondern in der Mitte. Und da zeigte sich ihm dasselbe pathologisch-anatomische Bild, das er in seiner Vision gesehen hatte, der entzündete Dünndarm sogar in den gleichen Farben. Erst im Laufe der Operation wurde die Ursache der Entzündung sichtbar: ein Krebstumor im Dickdarm. In jüngster Zeit haben hauptsächlich E. Osty und W. H. C. Tenhaeff das Problem der Diagnose durch Hellsehen studiert. In einem von Tenhaeffs Fällen suchte in den ersten Monaten des Jahres 1942 Mrs. L. T. eine Psychoskopistin auf. Diese begann unter anderem über Mrs. L. T.s Mann zu sprechen: »Ihr Mann ist schwer krank.« Sie zeigte auf ihre Brust und erklärte weiter: »Es ist eine Erkrankung der Atmungsorgane. Er leidet daran schon einige Zeit. Anfang nächsten Jahres wird die Krankheit sichtbar werden, und bald danach wird er an ihr sterben.« Mrs. L. T. glaubte der Psychoskopistin nicht, denn ihr Mann erfreute sich der besten Gesundheit. Seinen Gewichtsverlust der letzten Zeit schrieb sie den Kriegsfolgen zu. Ende 1942 begann ihr Mann über Schmerzen in der Brust zu klagen. Der Arzt stellte einen Kehlkopfkrebs fest. Der Mann starb im Juni 1943.
Die geschilderten Beispiele zeigen, daß der Einsatz von ASW zu diagnostischen Zwecken grundsätzlich möglich ist. Doch ist die praktische Verwirklichung nicht einfach. Menschen mit ASW-Begabung verfügen für gewöhnlich nicht über medizinische Fachkenntnisse; ihre Diagnosen erfolgen daher in einer unfachgemäßen Terminologie und sind in den Einzelheiten nicht genau genug. Das mindert entscheidend ihren Wert. Außerdem sind die vorhandenen ASW-Fähigkeiten in einer untragbaren Weise unvollkommen, und es ist mit einer Anzahl von Irrtümern zu rechnen.

Anderseits bietet – vorausgesetzt, daß ein Hellseher mit ausreichender medizinischer Schulung und genügend vollkommenen ASW-Fähigkeiten verfügbar ist – die diagnostische Verwendung von ASW eine Anzahl Vorteile. Sie kann eine umfassende Information über Vorgänge im Organismus geben, die üblicherweise vielleicht sehr komplizierte Untersuchungen erfordern würden. Auch der künftige Fortgang des Leidens kann besser beurteilt werden, und möglicher-

weise macht der Hellseher sogar Angaben über ein geeignetes Heilverfahren. Besonders günstig wäre der Einsatz von ASW für die Prophylaxe: Man könnte auf diesem Weg Krankheiten im Anfangsstadium entdecken, in dem sie durch andere Methoden noch nicht feststellbar sind. Und schließlich bestände nicht einmal die Notwendigkeit, daß der Patient bei der Untersuchung zugegen ist.
Die oben erwähnten Schwierigkeiten hängen offenbar mit der ungenügenden Entwicklung dieser diagnostischen Technik zusammen; aber wir können die potentiellen Vorteile nicht übersehen. Daher müssen wir die Verwendung von ASW zu diagnostischen Zwecken billigen – natürlich in Verbindung mit anderen diagnostischen Methoden und unter der Kontrolle ärztlichen Personals.
Ein anderer viel diskutierter Bereich des praktischen Einsatzes von ASW ist ihre Verwendung *im Dienste der Polizei* – für die Suche nach verlorenem Gut oder verschollenen Personen, zur Entdeckung von Verbrechen usw. Auch diese praktischen Anwendungsarten sind keineswegs neu. Bereits 1692 wurde der französische Rutengänger Jacques Aymar berühmt, nachdem er mittels Hellsehen einen Mörder aufgespürt hatte. Dieser Fall ist nur von historischem Interesse; aus jüngster Zeit liegen Berichte von einer Anzahl ähnlicher Fälle vor. In den letzten Jahren hat vor allem W. H. C. Tenhaeff die Verwendung von ASW für polizeiliche Zwecke sehr intensiv untersucht. In einem Fall wurde dem Paragnosten G. Croiset ein kleiner Pappkarton als Indukator gegeben. In diesem Karton hatte ein elektrisches Relais gelegen, das verlorengegangen war. Croiset erklärte dazu folgendes: 1. Der Gegenstand, der in diesem Kasten gelegen hat, war von brauner Farbe und diente zur Messung von Unterschieden elektrischer Spannung oder elektrischen Stroms. 2. Er ist durch eine Toreinfahrt getragen worden, in der die Kontrolle nur sehr oberflächlich war. 3. Ein Mann in blauer Kleidung mit einer Art uniformähnlicher Kopfbedeckung trug den Apparat in seiner Tasche. 4. Der Mann ist etwa 45 Jahre alt und von kräftiger Statur. 5. Er wohnt in einem halb freistehenden Haus. Auf der einen Seite des Hauses ist ein Tor, das es von der Seite her zugänglich macht. Das Haus steht in der Nähe von Wasser und Wald. Ich sehe eine ziemlich breite Straße. 6. Der Mann hat viel zu tun mit der Feuerwehr. 7. Er hat den Apparat nicht mitgenommen, um ihn zu stehlen, sondern mehr aus Neugierde. Und dann hat er vergessen, ihn zurückzubringen. 8. Ich sehe einen Mann mit einem Dolch hinter ihm. Das Bild erinnert mich an Illustrationen, wie man sie in gewissen Schauerromanen findet. Liest der Mann gerne so einen Kitsch? 9. Jetzt höre ich den Namen Johan. 10. Der Gegenstand ist mit einer Art Radiokasten verbunden.

Ein paar Tage später, als Herr v. D., der Croiset den Induktor gegeben hatte, seine Aussagen mit mehreren Personen seines Werkes besprochen hatte, entstand der Verdacht, der Gegenstand befinde sich in der Hand von Herrn X. Herr v. D. fand einen Vorwand, um Herrn X in seiner Wohnung zu besuchen, und fand das Relais in einer Art Radiokasten neben einem Aquarium. Es wurde zur Regulierung der Wassertemperatur verwendet. Herr X ist vierzig Jahre alt, sieht aber älter aus und ist von kräftiger Statur. Bei der Arbeit im Werk trägt er einen blauen Overall. Auf dem Kopf hat er häufig eine Mütze, die einer Uniformmütze sehr ähnlich sieht. Er gehört zur Betriebsfeuerwehr und überprüft regelmäßig die Feuerlöschanlagen. Sein Name ist Johan. Die Beschreibung seines Hauses und der Umgebung des Hauses war richtig. Die Werksleitung beklagt sich häufig über die mangelhafte Kontrolle am Werkstor, was Diebstähle allzu sehr erleichtert. Die Beschreibung des Gerätes war richtig. Als Herr v. D. Herrn X fragte, wie er an diesen Apparat gekommen sei, erfand X eine Geschichte, die beweisen sollte, daß er das Relais nicht hatte stehlen wollen. Doch kann angenommen werden, daß es sich hier wirklich um einen Diebstahl handelte; in diesem Punkt war Croisets Aussage nicht zutreffend. Was Punkt 8 anbetrifft: Herr X war keineswegs ein besonderer Freund von Schauerromanen; auch diese Aussage war also nicht richtig oder sie bezog sich auf etwas anderes, dessen Richtigkeit sich nicht erweisen ließ.
In einem anderen Fall, der 1948 geschah, waren 84 Gramm Platin in einem Laboratorium verlorengegangen. Die Betriebsleitung hatte zwei Männer in Verdacht gehabt, aber die Nachforschungen der Polizei hatten ergeben, daß sie unschuldig waren. Der Psychoskopistin W. B. wurde der Behälter gegeben, in dem das Platin aufbewahrt worden war, und man sagte ihr, es sei von einem jungen Mann gestohlen worden, der in dem Laboratorium arbeitete. Daraufhin machte sie andere Einzelangaben: Alter 20 Jahre; helles Haar; klein von Gestalt; kleine Hände. Sie stellte weiter fest, daß dieser junge Mann das Platin einem Händler angeboten hatte, der in der Nieuwe Keizersgracht über einer Schneiderwerkstatt in der Nähe mehrerer zerstörter Häuser wohne. Durch diese Aussagen konnte der Schuldige gefunden und identifiziert werden. Beim Verhör durch die Polizei bekannte er sich schuldig, und das gestohlene Platin wurde bei dem besagten Händler gefunden.
Frau S. aus Den Haag war im Jahre 1942 ein Perlen-Kollier abhanden gekommen. Sie vermutete, daß es in den Abfluß gefallen war. Die Versicherungsgesellschaft, bei der das Schmuckstück versichert war, ließ danach suchen. Auf Grund der Aussage eines Installationsfach-

manns gelangte man zu dem Schluß, daß das Kollier nicht in dem Abfluß steckengeblieben sein konnte, sondern daß es in den zentralen Abwässerkanal gespült worden war und als verloren angesehen werden mußte. Dennoch hatte die Versicherungsgesellschaft den Verdacht, Frau S. könne das Kollier anderswo verloren haben, und wandte sich an einen Paragnosten um Hilfe. Dieser bestätigte, daß das Kollier in den Abfluß gefallen war, behauptete aber, es stecke noch im Abflußrohr. Nachdem er das Haus von Frau S. aufgesucht hatte, gab er den genauen Platz an. Obwohl die Installateure die Möglichkeit bestritten, daß das Kollier noch im Abflußrohr stecken könne, bestand die Versicherungsgesellschaft auf einer Öffnung des Rohres an der angegebenen Stelle, und dort wurde das Kollier gefunden.

Im August 1953 hatte der zehnjährige Dirk Zwenne die elterliche Wohnung am Nachmittag verlassen, um mit seinen Freunden zu spielen. Als er am Abend nicht zurückkam, riefen seine Eltern die Polizei an. Doch der Junge wurde nicht gefunden. Als er auch zwei Tage später noch nicht gefunden war, wandte sich sein Onkel an G. Croiset; dieser erklärte, der Junge sei ertrunken. Er sagte: »Ich sehe den kleinen Hafen, ein kleines Fährboot und eine kleine Yacht. Der Junge hat auf der Fähre gespielt, ist ausgeglitten und ins Wasser gefallen. Beim Fallen schlug er mit dem Kopf gegen die Yacht und verletzte sich dabei an der linken Kopfseite. Die starke Strömung im Hafenbecken trug seinen Körper fort; doch wird er in einigen Tagen in dem anderen kleinen Hafen stromabwärts gefunden werden.« Anfang September wurde Dirk Zwennes Körper in diesem zweiten Hafen gefunden; dabei stellte man fest, daß der Junge eine Wunde an der linken Kopfseite hatte. Das Fährboot ebenso wie die Yacht im ersten Hafen, die Croiset genannt hatte, wurden aufgefunden.

Tenhaeff nennt eine Reihe weiterer Fälle, in denen Paragnosten richtige Angaben machten, die es ermöglichten, verlorene Gegenstände oder verschollene Personen wiederzufinden bzw. Verbrechen aufzuklären. G. Croiset war bisweilen sogar in der Lage, telefonisch richtige Angaben zu machen. Interessant ist Tenhaeffs Untersuchung über die Hindernisse, die einem weiteren praktischen Einsatz der ASW-Fähigkeit seiner Versuchspersonen im Wege stehen. Verschiedene Arten von Irrtümern verringerten den Wert der Aussagen der Paragnosten. So geschah es zum Beispiel häufig, daß der Paragnost telepathisch durch falsche Annahmen anwesender Personen beeinflußt wurde. Außerdem hatte der Paragnost häufig zwar richtige Eindrücke, die aber, wegen der seelisch motivierten Auswahl seiner Visionen, andere Dinge betrafen als die, welche die Polizei wissen wollte. So wollte die Polizei zum Beispiel Eindrücke über die Person eines Täters, aber der Paragnost berichtete seine Eindrücke über den Hergang des Verbrechens. Seine Aussagen waren zwar richtig, aber für die Polizei wertlos.

Wenn wir uns nun den Möglichkeiten weiteren praktischen Einsatzes von Telepathie zuwenden, so stellen wir fest, daß ihre besonderen Eigentümlichkeiten, namentlich ihr nicht-elektromagnetischer Charakter, sie geradezu zur Verwendung in der *Kommunikation über weite Strecken* prädestinieren – vor allem in Situationen, in denen Funkverbindung unmöglich ist. Das kann zum Beispiel der Fall sein, wenn Sendungen abgesetzt werden müssen in Gebieten, die von ionisierenden Strahlungen verseucht sind, oder wenn Signale aus elektromagnetisch abgeschirmten Gebieten gesendet werden sollen (wie zum Beispiel aus Unterseebooten, die tief unter der Wasseroberfläche fahren). In allerjüngster Zeit wird die Verwendung der Telepathie in solchen Fällen immer stärker diskutiert. Diese Möglichkeit war bereits vor langer Zeit von K. E. Tsiolkowski in Betracht gezogen worden, der in der UdSSR als Pionier der Raketenflüge ein großes Ansehen genießt. Er schrieb schon vor fast 50 Jahren: »Vor allem in der Anfangszeit der Raumflüge werden die telepathischen Fähigkeiten des Menschen geradezu notwendig sein und zum allgemeinen Fortschritt der Menschheit beitragen... Während die Raumrakete dem Menschen Kenntnisse über die großen Geheimnisse des Universums bringen kann und muß... kann (das Studium der Telepathie) uns zur Erforschung der Geheimnisse des menschlichen Geistes führen. Gerade die Lösung dieses Geheimnisses verheißt der Menschheit den größten Fortschritt, der kaum geringer ist als der, den der Raumflug bedeutet.«

Eine andere naheliegende Anwendung der Telepathie ist die in der *pädagogischen Praxis*. Es hat sich gezeigt, daß der Lehrer seine Schüler während des Lernprozesses nicht nur durch Vermittlung von Wissen, durch sein persönliches Beispiel und durch andere Mittel der allgemeinen pädagogischen Praxis beeinflussen kann, sondern auch auf telepathischem Weg. In diesem Zusammenhang verdienen die Gedanken des russischen Philosophen V. P. Tugarinow Erwähnung. Er hat mit Recht darauf hingewiesen, daß gegenwärtig, da die Kenntnisse in allen Wissensbereichen rasch zunehmen, sehr bald die verbale Kommunikation für die Bewältigung des ungeheuren Informationsbetrages, der angehäuft wird, unzureichend werden kann. Es ist daher notwendig, einen radikal neuen Weg der Kommunikation zu finden – sowohl zum Nutzen der Wissenschaftler, die die Flut neugewonnener Erkenntnisse assimilieren müssen, als auch zum Nutzen der Lernenden.

Tugarinow stellt sich vor, eine solche neue, wirksamere Kommunikationsmethode könne auf der Telepathie aufbauen, wenn drei Bedingungen erfüllt seien: 1. alle Menschen müssen die Fähigkeit der Telepathie besitzen; 2. diese Fähigkeit muß sich weiterentwickeln und vervollkommnen lassen; 3. sie muß unter Kontrolle gebracht werden, so daß sie ebenso zuverlässig funktioniert wie zum Beispiel die Verständigung per Telefon. Ein weiterer Vorteil der Telepathie könnte im Überspringen der Sprachenschranke bestehen.

Doch läßt sich dann die Telepathie auch noch auf andere Weise zur Mitteilung von Information verwenden. So dachte zum Beispiel der russische Parapsychologe B. B. Kazhinski, der 1962 starb, an eine Verwendung der Telepathie zur Charakterbildung der Schüler und zu dem, was er »Umerziehung von Asozialen« nannte. Eine solche Anwendung würde sogar besondere pädagogische Vorteile haben: Da die ASW ein vorherrschend unterbewußt verlaufender Prozeß ist, könnte sie auf einer unterbewußten Ebene wirken und stieße dabei nicht auf den bewußten Widerstand der beeinflußten Person. Allerdings könnte diese Möglichkeit der Beeinflussung von Menschen schrecklich mißbraucht werden.

Es sind noch weitere Vorstellungen geäußert worden, wie die ASW sich praktisch verwenden läßt, so zum Beispiel zur Sammlung militärischer Nachrichten; doch wurde darauf hingewiesen, daß Kappa-Telepathie möglicherweise dazu mißbraucht werden könnte, Menschen zu Handlungen zu veranlassen, die gegen ihre Pflichten oder ihr Gewissen verstoßen.

All diese wohltätigen wie auch weniger erfreulichen Verwendungen der ASW sind vorerst noch nicht im größeren Umfang möglich. Das größte Hindernis besteht darin, daß die ASW-Fähigkeit, wie sie bis heute beobachtet worden ist, immer außerordentlich unzuverlässig war. Zwar sind, wie berichtet, Versuche gelungen, bei denen Informationen auch über große Entfernungen übermittelt worden sind, aber doch bislang nur in vereinzelten Fällen, und die Qualität der ASW war dabei nicht besonders hoch. Mit der ASW verhält es sich genauso wie mit jeder anderen neuen Entdeckung: Der Weg von der ersten Feststellung eines neuen Phänomens bis zum Augenblick seiner technologischen Anwendung ist weit. Hier liegt der Grund für den großen Gegensatz zwischen den gewaltigen Möglichkeiten der ASW (die weit über die der normalen Sinne in aller Vielfalt ihrer möglichen Verwendungen hinausgehen) und ihrer gegenwärtigen Unwirksamkeit und Untauglichkeit (wodurch sie, was die Zuverlässigkeit ihrer Leistungen anbetrifft, weit unter den normalen Sinnen liegt).

Es gibt zwei grundlegende Wege, die sich zur Erzielung einer besseren Kontrolle über die ASW anbieten:

1. Solange wir uns mit den gegenwärtigen unvollkommenen Formen der ASW begnügen müssen, können wir mit ihnen dasselbe tun wie Fernmeldetechniker mit Signalen, die durch Störgeräusche verzerrt sind. In der Nachrichtentechnik gibt es Signale, deren Stärke unterhalb des Störpegels liegen. Diese Signale sind so, wie sie eintreffen, unverständlich, da sie im Meer der Nebengeräusche untergehen. Doch haben wir Mittel, um sie verständlich zu machen. Wenn wir die Sendung mehrmals wiederholen und alle Wiederholungen im Zusammenhang oder übereinander gelagert analysieren, wird der Zufallseinfluß der Nebengeräusche aufgehoben, und die Signale kommen zum Vorschein. Im wesentlichen handelt es sich dabei um den gleichen Vorgang, wie wenn wir durch ein Telefon sprechen, das unsere Stimme verzerrt: Wenn unser Teilnehmer uns nicht versteht, wiederholen wir die betreffenden Wörter oder buchstabieren sie, bis er sie verstanden hat.

Ein entsprechendes Verfahren hat der Autor in einem Versuch angewandt, in dem erstmals unter Laboratoriumsbedingungen demonstriert wurde, daß ASW zur kontrollierten Übertragung von Nachrichten verwendet werden kann. Die praktische Aufgabenstellung des Versuchs bestand in der zuverlässigen Übermittlung von fünf dreistelligen Zahlen durch ASW. Der Versuch wurde durchgeführt mit Herrn P. Š., der fähig war, durch ASW auf Bestimmungskarten zwei Farben zu unterschieden (Seite 29). Die Zahlen waren in einer Folge von Farben auf Versuchskarten verschlüsselt, und die Versuchsperson sollte diese Farben mit Hilfe von ASW ermitteln. Obwohl ihre Leistung nicht besonders hoch war – sie hatte nur etwa 60% richtige Antworten an Stelle der 50% der Zufallserwartung –, war sie sehr beständig. Als P. Š. die Ermittlung der Farben immer wieder ein ums andere Mal wiederholt hatte und als die sich daraus ergebenden Daten mathematisch analysiert waren, konnten wir mit genügender Sicherheit die Farbenabfolge richtig bestimmen und, wenn wir den Code kannten, auch alle fünf entsprechenden dreistelligen Ziffern.

2. Ein anderer Weg besteht in dem Versuch, die ASW-Leistung zunächst zuverlässiger zu machen. Das läßt sich entweder dadurch bewerkstelligen, daß man Mittel und Wege findet, ASW-Daten vom Ballast der nicht durch ASW festgestellten Daten zu unterscheiden – oder durch den Versuch, die ASW-Leistung des einzelnen zu verbessern und sie zu einer Vollkommenheit zu entwickeln, die zumindest mit der der normalen Sinneswahrnehmung vergleichbar ist.

Dieses letztere Verfahren verwendete der Autor des Buches zur Entwicklung der ASW-Fähigkeiten auf der Grundlage der Entdeckung (S. 116), daß ein bestimmter Bewußtseinszustand für das Wirken der ASW besonders günstig ist. Man muß diesen Bewußtseinszustand künstlich herstellen, die ASW-Fähigkeit zur Erscheinung bringen und die Versuchsperson darin einüben, daß sie sie als zusätzlichen Sinn parallel zu ihren übrigen Sinnen verwendet. Als bester Weg, dies zu erreichen, hat sich die Hypnose erwiesen.

Die Methode des Autors dieses Buches besteht im wesentlichen in folgenden Schritten:

a) Vorbereitender Schritt. Im Gespräch vor dem Versuch wird das Prinzip, das dieser Methode zugrunde liegt, der Versuchsperson erläutert; zugleich werden die erforderlichen Erklärungen gegeben, um noch vorhandene falsche Auffassungen über Hypnose und ASW auszuräumen.
b) Die Versuchsperson wird mit den üblichen klinischen Methoden in Hypnose versetzt. Im Verlauf dieses Prozesses wird die Suggestibilität der Versuchsperson so weit gesteigert, daß sie fähig ist, suggerierte visuelle Halluzinationen wahrzunehmen. Zugleich werden ihr Selbstvertrauen und ihre Überzeugung, daß sie ASW-Fähigkeiten entwicklen kann, »aufgebaut«.
c) Dann wird die ASW-Fähigkeit in Erscheinung gebracht. Ist das Stadium visuller Halluzinationen erreicht, genügt häufig ein einfacher Befehl, irgend etwas mit Hilfe von ASW zu bestimmen, um diesen Zweck zu erreichen.
d) Bei ihrem ersten Auftreten ist die ASW-Leistung für gewöhnlich unvollkommen. Daher wird zunächst eine längere Reihe einfacher ASW-Versuche mit der Versuchsperson durchgeführt. Sie wird aufgefordert, ASW-Eindrücke über einen bestimmten verborgenen Reizgegenstand zu empfangen; es wird ihr sofort gesagt, ob der Eindruck richtig war oder nicht. Während dies wiederholt geübt wird, lernt die Versuchsperson schrittweise, richtige ASW-Eindrücke von begleitenden halluzinatorischen Verzerrungen zu unterscheiden.
e) In einigen wenigen Fällen ließ sich die so gewonnene ASW-Fähigkeit erfolgreich auf den Wachzustand übertragen. Den Versuchspersonen wurden posthypnotische Aufträge zur Auto-Konzentration (oder Selbst-Hypnose) erteilt, die Möglichkeit gegeben, sich selbst willentlich in den Bewußtseinszustand zu bringen, der für die ASW günstig ist, und diese Fähigkeit unabhängig vom Hypnotiseur zu betätigen, wann immer die Notwendigkeit dazu eintreten würde.

Von mehreren hundert Versuchspersonen, die sich einem solchen Training unterzogen, hat sich diese Methode bei mindestens 10% als wirksam erwiesen, und ihre Wirksamkeit dürfte noch zu steigern sein. Im Rahmen einer Einführungsvorlesung in die Parapsychologie hat der Autor diese Methode auch in der Gruppen-Situation angewandt. Die Mitglieder des Kurses, die offenbar vorher keine erkennbare ASW-Fähigkeit besaßen, konnten nach einem sehr kurzen Training eine durchaus erhebliche ASW-Leistung vollbringen. Das zeigte, daß ASW sich auch gruppenweise einüben läßt und daß wir durchaus an eine Zeit denken dürfen, in der die Kinder in der Schule lernen, ihre ASW-Fähigkeit zu aktivieren, ähnlich wie sie heute lesen und schreiben lernen.
Damit sind die psychologischen Faktoren, die für die ASW günstig sind, unter eine gewisse Kontrolle gebracht, obwohl – das muß zugegeben werden – diese Kontrolle ein verwickeltes Problem ist und sich nicht immer leicht ausüben läßt. Nicht selten ist es schwierig, die notwendigen psychischen Bedingungen in ihrer ganzen Komplexität zu schaffen, selbst wenn wir sie alle kennen. Doch mit der grundsätzlichen Lösung dieses Problems durch die Entdeckung einer Einübungsmethode für ASW könnten wir mit einer schnellen Verbreitung des praktischen ASW-Gebrauches rechnen.
Leider hat sich dabei aber auch gezeigt, daß die Kontrolle über die ASW und deren praktischer Gebrauch im größeren Maßstab auch von verschiedenen Faktoren soziologischer Art abhängen, die sich noch schwerer unter Kontrolle bringen lassen als die psychologischen Faktoren. Erwähnen wir nur, daß viele Leute die Existenz einer ASW gar nicht für möglich halten, was einen negativen suggestiven Einfluß ausübt und jede Entwicklung der ASW weiter erschwert. Von Kindheit an sind wir an die Annahme gewöhnt, daß es keine ASW gibt. Ja mehr noch: Die allgemeine Einstellung der ASW gegenüber bildet ein großes Problem. Sicherlich kann die ASW in den Privatbereich jedes Einzelmenschen eindringen. Außerdem besteht das weit verbreitete Vorurteil, ASW sei etwas Pathologisches. Häufig auch empfanden Menschen, die sich anfangs eine ASW-Fähigkeit wünschten und dem entsprechenden Training unterzogen, wenn sie sich der Realität ihrer eigenen ASW-Fähigkeit gegenüber sahen, daß diese Fähigkeit sehr lästig werden konnte: Sie erlebten im voraus unerfreuliche Ereignisse, die sie lieber nicht gewußt hätten; sie fürchteten nicht selten, diese Fähigkeit unterscheide sie zu sehr von ihren Mitmenschen; und sie waren nicht innerlich darauf vorbereitet, eine solche Last auf sich zu nehmen. Wieder andere halten die ASW eher für eine Art unterhaltsamen Scherz oder ein interessantes Diskussionsthema und erkennen

in ihr keine wertvolle wissenschaftliche Entdeckung, die es verdient, daß man sich ernsthaft mit ihr beschäftigt.
Es ist ganz offenbar notwendig, alle Menschen schrittweise auf die Existenz und die Verwendung von ASW vorzubereiten. Eine Art moralischer Integrierung der ASW in das Leben des einzelnen und eine legale Integrierung der ASW in das Leben der Gesamtgesellschaft werden sich als notwendig erweisen; ebenfalls auch eine Art internationaler Kontrolle.
Wenn wir die höchst unterschiedlichen Möglichkeiten der praktischen Verwendung der ASW erkennen, werden wir auch akzeptieren, daß diese Fähigkeit ihren Wert besitzt und durchaus wünschenswert ist. Und es besteht kaum ein Zweifel, daß die Menschheit sie schließlich auch praktisch verwenden wird, obwohl der Vorgang einer Assimilierung der ASW eher langsam als in jähen Sprüngen erfolgen wird. (Das ist im übrigen ein Gesetz, das für jede revolutionäre wissenschaftliche Entdeckung gilt.) Wir können keinen plötzlichen Sieg der ASW erwarten, sondern nur eine langsame, schrittweise Anpassung der seelischen Einstellung jedes einzelnen und aller sozialen Beziehungen an die Entdeckungen der Parapsychologie. Doch im Lauf der Zeit werden immer mehr Menschen erkennen, daß ASW ihnen Vorteile bringen kann, und versuchen, sie zu beherrschen. Denjenigen, denen dies gelingt, werden andere folgen, die es ihnen gleichtun möchten. Schließlich ist ASW kein seltsames, ausgefallenes Phänomen mehr, sondern eine erwünschte Fähigkeit und wird zum Besitz der gesamten Menschheit – und nicht allein die ASW, sondern auch andere parapsychische Fähigkeiten.
Die kontrollierte und gesteuerte Anwendung der ASW als zusätzlicher Sinn wird sich natürlich im ganzen Leben der Gesellschaft widerspiegeln, und sie wird höchstwahrscheinlich weitreichende Änderungen in unserer Zivilisation hervorrufen. Dasselbe gilt für eine mögliche künftige kontrollierte Verwendung der PK. Es kann erwartet werden, daß – wir wagen diese Voraussage über Jahrzehnte oder Jahrhunderte hinweg – nach entsprechender Zeit ein großer Teil dessen, was wir heute durch technische Einrichtungen leisten, durch »reine Gedankenkonzentration« erreicht wird. Natürlich ist es schwierig, diese Entwicklung im einzelnen vorauszusehen, da wir ja erst dabei sind, die Türe zu öffnen, die zu dem großen Unbekannten führt. Deuten wir nur an, was vor uns liegt, indem wir die Worte des gegenwärtig in Rußland lebenden Telepathen Wolf Messing zitieren, der in seiner Autobiographie schreibt: »Bedenken wir doch: 1886 erst entdeckte Heinrich Hertz die Radiowellen; und in weniger als einem Jahrhundert wurden Rundfunk, Fernsehen, Funkortung usw. möglich.

Warum sollten wir nicht noch größere Wunder erwarten?«

Eine weitere Entdeckung im Bereich der Parapsychologie, die große praktische wie theoretische Möglichkeiten birgt, ist die der *»mental impregnation«*. Ihre Auswirkungen sind früher schon häufig beobachtet worden. Erinnern wir nur an die Versuche mit der Verlagerung der Sinnesempfindungen oder an Tenhaeffs Beobachtungen, daß Fehlaussagen eines Paragnosten sehr leicht bei späteren Ermittlungen von anderen Paragnosten wiederholt wurden. Doch die abschließende Entdeckung dieses Phänomens ergab sich aus den Versuchen des Autors dieses Buches mit P. Š.

Bei Versuchen mit P. Š. wurden der Versuchsperson farbige Karten in undurchsichtigen Umschlägen vorgelegt mit der Aufforderung, ihre Farbe durch ASW zu bestimmen. Wurden ihr die gleichen Karten nachher noch einmal vorgelegt, so ergab sich eine seltsame Beobachtung: Die richtigen Antworten waren nicht gleichmäßig verteilt – wie wir dies theoretisch erwartet hätten –, vielmehr gab es bei bestimmten Karten eine auffallende Häufung richtiger Antworten, während bei anderen Karten die Irrtümer in auffallender Weise überwogen. Das geschah unter Bedingungen, die der Versuchsperson keine normale Möglichkeit boten, in Erfahrung zu bringen, welche Ansage sie zu jeder einzelnen Karte vorher gemacht hatte.

Eine Klärung zum Wesen dieses Phänomens erreichten wir, als wir die Abfolge der Ansagen der Versuchsperson zu jeder Einzelkarte untersuchten. Wir stellten fest, daß die Versuchsperson eine eindeutige Tendenz zeigte, gleiche Ansagen zu wiederholen. Es zeigte sich, daß die einmal gemachte Angabe sie reizte, dieselbe Angabe zu machen, wenn ihr beim nächsten Durchgang dieselbe Karte vorgelegt wurde. Und was noch seltsamer war: Diese Tendenz steigerte sich mit der wachsenden Anzahl aufeinanderfolgender gleicher Bestimmungen und wurde durch gelegentlich eintretende entgegengesetzte Ansagen zerstört. Das läßt sich durch folgende Tafel veranschaulichen:

Auftreten von Ansagen (gleich, ob falsch oder richtig)	gleich	verschieden
Nach einer Einzelansage	67,6 %	32,4 %
Nach einer Gruppe zwei gleicher Ansagen	76,3 %	23,7 %
Nach einer Gruppe drei gleicher Ansagen	82,4 %	17,6 %
Nach einer Gruppe vier gleicher Ansagen	85,9 %	14,1 %
Nach einer Gruppe fünf gleicher Ansagen	86,9 %	13,1 %
Nach zwei unterschiedlichen Ansagen	51,3 %	48,7 %

Diese Beobachtungen wurden als Folge von »mental impregnation« oder Gedankenablagerung interpretiert, die durch die vorherige geistige Tätigkeit der Versuchsperson zustande gekommen ist, der einzelnen Karte anhaftet und als Reizquelle für die ASW der Versuchsperson dienen kann. Diese »Imprägnation« wird durch eine Reihe gleicher Aussagen der Versuchsperson gestärkt und durch entgegengesetzte Aussagen zerstört.
Es wurden weitere Versuche zur Gedankenablagerung (mental impregnation) durchgeführt. Der Versuchsperson wurden z. B. weiße Karten in undurchsichtigen Umschlägen vorgelegt mit der Aufforderung, ihre Farbeindrücke bei jeder dieser Karten anzusagen. Die Karten wurden unauffällig für spätere Identifizierungen markiert, gemischt und ihr erneut vorgelegt mit der Weisung, von neuem ihre Farbeindrücke anzugeben. Die Untersuchung der Reihenfolgen dieser Ansagen enthüllte dieselbe Tendenz, wie wir sie oben beschrieben haben: Die Versuchsperson neigte dazu, bei denselben Karten dieselben Ansagen zu machen, obwohl jeder sensorielle Anhaltspunkt fehlte. Ebenso konnten weiße Karten mit abstrakten Begriffen, wie »Addition« und »Multiplikation«, »imprägniert« und hernach mit Hilfe von ASW gelesen werden. Ein andermal wurde ein Kreuz auf verschiedene Karten gezeichnet, und die Versuchsperson bekam den Auftrag, sie mit verschiedenen Bedeutungen – »Kreuz als religiöses Symbol«, »Kreuz als mathematisches Plus-Zeichen« – zu »imprägnieren« und später die verschiedenen Bedeutungen wieder »abzulesen«. Der Versuch verlief wiederum erfolgreich. Bei einem weiteren Versuch wurden Karten mit den Begriffen »Feuer« beziehungsweise »Gras« »imprägniert«. Die Versuchsperson sollte danach von den Karten jeweils den assoziativ mit diesen beiden Begriffen zusammenhängenden Begriff »Rot« beziehungsweise »Grün« ablesen. Tatsächlich hinterließen die Karten mit der Imprägnation »Feuer« den Eindruck »Rot«, während die Karten mit der Imprägnation »Gras« den Farbeindruck »Grün« hervorriefen.
Dieses Phänomen der Gedankenimprägnation ist theoretisch von Bedeutung, denn es zeigt, daß der Vorgang der ASW nicht reine Entdeckung verborgener Information ist, sondern daß es sich bei ihm weitgehend um eine Art Interaktion zwischen dem erkennenden Subjekt und dem erkannten Objekt handelt. Als Verfahren der praktischen Anwendung könnte man sich beispielsweise vorstellen, daß ein Träger mit einem derartigen Gedanken »imprägniert« wird. Die dadurch verschlüsselte Information ließe sich durch keinerlei außer-parapsychische Mittel, sondern nur durch ASW wieder entschlüsseln.

Wie groß auch die Möglichkeiten praktischer Anwendung von parapsychologischen Entdeckungen sein mögen – viele Parapsychologen halten für die bedeutendste Errungenschaft der Parapsychologie den von ihr gelieferten Beweis, daß der Mensch mit seiner Umwelt durch unkonventionelle Mittel, die jeder Erklärung durch physikalische Gesetze trotzen, in Wechselbeziehung treten kann. Damit wird deutlich, daß die Parapsychologie uns erste Einsichten in eine völlig neue Sphäre natürlicher Gesetzmäßigkeiten gibt, die jenseits unserer physikalisch-materiellen Welt liegt. Rückschlüsse auf solche Gesetzmäßigkeiten können wir aus der Art des Auftretens und verschiedenen charakteristischen Zügen psychischer Fähigkeiten ziehen. Außerdem aber können wir hoffen, daß die ASW sich einmal als weiterer Sinn verwenden läßt und uns unmittelbar bei der Entdeckung dieses unbekannten Neulandes behilflich ist.

Noch etwas Wichtiges dürfen wir nicht übersehen: Der Gegenstand der Parapsychologie kommt in mancher Hinsicht dem religiösen Bereich nah. Verschiedene Religionssysteme aller Zeiten haben behauptet, daß die menschliche Persönlichkeit sich nicht auf den materiellen Leib des Menschen beschränkt und daß »höhere« konstituierende Teile der menschlichen Persönlichkeit nach dem leiblichen Tod weiterleben können; daß es im Universum einen Gott – oder Götter – und höhere Wesen gibt, die die Entwicklung der Menschheit beeinflussen können; und daß es auch im menschlichen Leben höhere Werte – ethische, ästhetische, moralische usw. – gibt. Meist verlangten sie den blinden Glauben an die Wahrheit der Lehrsysteme, die auf diesen Behauptungen aufgebaut waren. Heute haben die Religionen zum Beispiel in Europa an Einfluß auf Geist und Bewußtsein der Menschen eingebüßt. Einer der Gründe dafür besteht darin, daß viele wissenschaftlich gebildete Menschen von heute nicht mehr im einstigen Umfang bereit sind, an Dogmen und geoffenbarte Glaubenssysteme zu glauben. Manche dieser Menschen möchten sich ihren Glauben eher auf eigener Erfahrung aufbauen und die Grundlagen für ihre Überzeugung mit wissenschaftlich geübtem logischen Denken prüfen.

Die Parapsychologie bietet in einem gewissen Umfang die wissenschaftliche Methode zum Studium und zur Überprüfung alter religiöser Lehren. Sie bietet die Methode für eine gewisse wissenschaftliche Erforschung der Sphäre, die bisher ausschließliche Domäne religiösen Glaubens war.

Tatsächlich setzt sich der jahrtausendealte Prozeß hier fort: Zuerst war das Wissen um einige Naturgesetze Vorrecht einer beschränkten Anzahl Gebildeter. Schrittweise wurden, mit der Fortentwicklung der

Naturwissenschaften, immer mehr bisher mit einem übernatürlichen Nimbus umgebene Phänomene als völlig naturgemäß und gesetzmäßig erkannt; sie wurden erklärt und schließlich ausgewertet, um die Kontrollmöglichkeiten des Menschen über die Natur zu erhöhen. Immer mehr Gruppen von Phänomenen wurden von sich neuentwikkelnden und sich erweiternden Wissenschaftsbereichen übernommen. Doch bis in die jüngste Zeit hinein gab es eine Gruppe von Phänomenen, die mit der bewußten Tätigkeit des Menschen zusammenhingen und die von der Wissenschaft ignoriert wurden, da geeignete Methoden zu ihrer Erforschung fehlten; nicht selten blieben solche Phänomene im Bereich der Religionen.

Heute bezeichnen wir diese Phänomene als »parapsychologisch«, und die Parapsychologie ist dabei, ihnen den Anstrich des Übernatürlichen zu nehmen. Wenn wir diese Phänomene wirklich verstehen wollen, dürfen wir nicht zögern, kühne Schlüsse zu ziehen und – während wir an der kritisch geprüften wissenschaftlichen Evidenz festhalten – von eingefahrenen Denkgewohnheiten abzugehen.

Die Wissenschaft des Mittelalters gab sich mit einem einfachen, sinnfälligen Weltbild zufrieden. Dies genügte ihr zum Verständnis der Vorgänge einer im Bereich des menschlichen Körpers bleibenden Größenordnung. Doch die moderne Physik, die danach strebt, Prozesse im atomaren Mikrokosmos und im stellaren Makrokosmos darzustellen und zu erklären und für deren Verständnis ein nur auf die Sinne angewiesenes Weltbild nicht mehr genügt, mußte ein neues Weltbild entwerfen, das auf mathematischen Darstellungen basierte. Es scheint, als befänden wir uns heute an der Schwelle einer weiteren neuen Entwicklung, die uns, wenn wir die parapsychischen Phänomene begreifen wollen, dazu veranlaßt, abermals ein neues Weltbild zu entwickeln, das wir als »supersensorisch« bezeichnen möchten.

Im Zeitalter ans Wunderbare grenzender technologischer Leistungen möchte der Mensch erkennen, daß seine Existenz über die Sphäre der physikalischen Welt hinausreicht. Er will lernen, seine Aufmerksamkeit nicht allein auf den Komfort seiner materiellen Existenz zu richten, sondern auch auf sein inneres Wesen: auf die Gesetze seines innersten Selbst. Wir können hoffen, daß die Parapsychologie uns letztlich helfen wird, eine tiefe Synthese von Religion und Wissenschaft zu schaffen. Die neue Religion wird auch für den modernen, rationalistisch eingestellten Menschen wieder annehmbar sein und – was in Wirklichkeit dasselbe bedeutet – sie wird uns helfen, ein neues, vollkommeneres und vollständigeres wissenschaftliches Weltbild zu entwerfen.

Das aber ist es, was die Menschheit in der heutigen Zeit ideologischer und sozialer Wirren und Kämpfe braucht. Die neu erworbene Kenntnis höherer Sphären kosmischer Existenz wird sich letztlich auch im Leben der Menschheit widerspiegeln. Der Mensch wird die höchsten kosmischen Prinzipien erkennen und lernen, mit ihnen in Harmonie zu leben.

Namenregister

Agassiz, Alexandre, 57
Agent, Rita Elliot, 110f.
Agrippa von Nettesheim, Cornelius Heinrich, 41
Albericius 39
Alice (Medium) 84f.
Alpha (Medium) 149
Anderson, Maxwell, 180
Apollo 38
Apollonius von Tyana 39
Asklepios 38
Athenodorus 39
Augustinus 39
Axakow, A. N., 179
Aymar, Jacques, 248

B. (Medium), Léonie, 85
Backmann, Alfred, 85f., 88, 161
Baradue, H., 208
Barendregt 35
Barkema 35
Barret, William, 53, 55, 73, 92
Barry, J., 213
Beals, Bessie, 70
Beard, H. S., 117
Bechterew, W. M., 188, 194, 196
Bede, Adam, 70
Bedford, N., 123
Behrandt, T., 189
Beloff, J., 35, 228
Bender, Hans, 106f., 136
Berger, H., 202, 231
Bergson, Henri, 54, 238
Berly, de, 215
Bernard von Clairvaux 40
Bernards, Claude, 19, 244
Berteaux, Maurice, 216
Björkhem, John, 86, 88
Bleksley, A. E. H., 105
Blom 35
Boirac, E., 127
Bourne, Ansel, 49
Braid, James, 46
Broad, Charlie Dunbar, 227f.
Brown, A. J., 49f.
Brown, Margaret, 64
Bruck, C., 136
Brugmann, H. J. F. W., 89, 136, 168, 186
Burk, N., 183
Burt 154
Busschbach, J. G. van, 180

Carcot, J. M., 46
Caligula 88
Cagliostro, Joseph Balsamo, 41
Cardanus, Hieronymus, 41
Carigton, W. W., 105, 109
Cazzote, Jacques, 41
Chauvin, R., 168, 185
Chevreul 50, 52
Chowrin, A. N., 74, 124, 127
Cicero, Markus Tullius, 39
Copertino, Joseph von, 40

Cooper, Blanche, 70, 154
Coover, J. E., 89
Cotté, Pierre, 120
Cox, W. E., 211
Croiset, Gerard, 106, 142, 146ff., 153, 161ff., 221ff., 248ff.
Crookes, William, 17, 53f., 207
Cuire, Marie, 113
Cumberland, Stuart, 11
Curie-Sklodowska 16

Daniel 37
Darwins, Erasmus, 20
Daubaray 114
Davis, Andrew Jackson, 51
Davis, Gordon, 71
Dawson-Smith, N., 63
Day, Fred, 64
Dean, D., 188
Déleuze, N., 43
Didier, Alexis, 47
Dieser, H., 120
Dobbs, H. A. C., 233
Done, N., 121
Dostojewski, Fjodor M., 76
Driesch, Hans, 54, 235, 237
Duame, T., 189
Du Bois-Reymond, Emil, 56
Dufour, R., 157f.
Durow, W., L., 194ff.

Eccless, J. C., 236
Eckhard 40
Eddington, A. S., 236
Edison, Thomas Alva, 78
Eeden, F. van, 63
Ehrenwald, J., 182
Einstein, Albert, 16, 20, 242
Eisenbud, J., 230
Eliot, George, 70
Eslon, N. D', 43
Estabrook, G. H., 89
Evans, Colin, 186
Eysenck, H. J., 21

Faddjew, E. T., 25
Fahler, Jarl, 128
Faraday, Michael, 50f.
Ferguson, James, 69ff.
Ferguson, John, 70f.
Feynman-Graph, R. P., 27
Figar, S., 187f.
Fischer, Otakar, 82
Fisk, G. W., 103, 150
Flammarion, Camille, 54f.
Fleurière, de, 136
Flew, A., 227
Florentine, Abraham, 65
Fludd, Robert, 41
Fodor, N., 151
Forthuny, P., 106, 112ff., 147, 221
Forwald, H., 105, 210f.
Foster, A. A., 173
Fox, Catharina, 47, 52
Fox, John, 47, 52
Fox, Margaret, 47, 52
Franklin, Benjamin, 45
Franz von Assisi 40
Freemann 35, 103
Freud, Sigmund, 16, 179
Friedberg (Pianist) 57

Galilei, Galileo, 20
Galvani, Luici, 20
Garner, G. S., 11
Garney, Imogen, 64
Garret, Eilleen, 186
Garret, E. J., 93
Gasparin, A. de, 52
Geley, G., 79, 114f.
Goethe, J. W., 16, 56, 75f.
Good, J. J., 189
Gorki, A. M., 76
Grad, B., 213
Greenwood, J. A., 100
Grela, J. J., 191
Gruber, K., 81
Gurstein, T. V., 197
Gurthie 168

Hall, Stanley, 70
Hammond, A. L., 232
Hansel, C. E. M., 93
Hardy, R., 105, 211
Hare, R., 52
Harris, Thomas Lake, 152
Hauffe, Frederike, 42
Hebbel, Friedrich, 75f.
Helmholtz, H. L. F. von, 17
Helmont, van, 41
Herodot 38
Herz, Heinrich, 68, 256
Heymans, H. E. 246
Hodgson, R., 69, 70
Hoffmann, B., 25
Home, D. D., 53, 207
Humphrey, B. M., 172, 178
Huyghens 20

James, William, 17, 50, 69
Jane (Medium) 84
Janet, Pierre, 85, 198
Johnson, N., 223
Jordan, Pascual, 229f., 233
Joseph 37
Jourdain, N., 123
Jung, C. G., 229f.

Kan, Ludwig, 78, 79
Kahn, S. D., 103, 227
Kant, Immanuel, 41
Kanthamani, B. K., 35, 177
Kardec, Allan, 51
Kazhinski, B. B., 252
Keil, H. H. J., 105
Kerner, Justinus, 42
Klaar (Medium) 86f.
Kogan, I. M., 167
Kotik, N., 73f., 124
Krippner, S., 189
Krösus 38
Kuleschowa, Rosa, 189

Lafontaine, C., 72f.
Laplace (Medium) 160
Laplace, Pierre Simon de, 19
Lavoisier, Antoine Laurent de, 16f., 19, 45, 244
Lenormand, N., 47
Leonard (Medium) 63, 66f.
Liébault, A. A., 46
Liguri, Alfons von, 40
Linné, Charles, 16, 80
Linné, Samuel, 80
Liszt, F. von, 81
Lodge, Oliver, 53, 64, 72, 92
Lomonossow, Michail Wassiljewitsch, 16, 56
Louwerens, N., 181
Lozanow, G., 199
Lundark 184

Mace, C. A., 238
Mager, H., 124
Marconi, Gulielmo Marchese, 68
Marduk 38
Marie Antoinette 123
Marion, Frederik, 137
Marsh, M. C., 105
Marteville, de, 41
Matthiessen, E., 235
McDougall, William, 54, 92
McFarland 168
Mendeljew, D. I., 16
Mesmer, Friedrich Anton, 43ff., 200
Messing, Wolf, 256
Meyer, J., 185
Miles, C., 73f.
Moberly 123
Moll, Albert, 190
Morel 131, 217
Morris, B., 218
Morton, N., 205f.
Moses, Stainton, 66
Mouat, N., 120f.
Muldoon, S. J., 117, 121
Müller, E. K., 208

Murphy, G., 237
Murray, Gilbert, 76
Myers, Frederic, 53, 55, 115, 149, 240

Napoleon 45, 47
Nebukadnezar 37
Neumann, Therese von Konnersreuth, 40
Newton, Sir Jsaac, 20, 244
Nikolsky, K. V., 26
Nostradamus 41
Nowomejski, A. A., 200

Oesterreich, Traugott Konstantin, 237
Olsen, Agdo, 86
Osborn, E., 186
Osiris 37
Osis, K., 104, 167, 174
Ossowiecki, Stephan, 106, 152, 156
Osty, E., 106, 115, 130f., 136, 142ff., 145ff., 149f., 158ff., 163, 182, 208, 218, 221, 246f.
Otani 35

Pagenstecher, G., 80, 127, 161
Palladino, Eusapia, 53, 207
Paracelsus, Theophrastus, 41, 43f.
Pardon 113
Pearce, Hubert, 99
Pegrams, M., 172
Pellham, George, 69f.
Pétetin 126
Pharao 37
Pigeaire 47
Pio (Pater), von Pietrelcina, 40
Piper, L. E., 63f., 66f., 69f., 190
Planck, Max, 20
Plato 38, 136
Plinius, d. J., 39
Podmore, Frank, 55
Popow, Alexandr Stepanowitsch, 68
Port, Isaak, 47
Pratt, J. G., 32f., 35, 36, 98f., 105
Prince, W. F., 81
Purkyne, J. E., 16
Puységur, de, 43, 45, 246
Pyrrhus 38
Pythia 15

Radberg, Almar, 85
Radhakrishnan, S., 42
Ramsden, H., 73
Rao, K. R., 171, 177
Raphael (Santi) 77
Rasse, Victor, 45, 246
Reese, Bert, 78
Reichenbach, K., 44
Reimann, Otto, 82
Reissig 81f.
Renouard, P., 85
Reyes, Maria, 127
Rhine, Joseph Banks, 92f., 100, 106, 109, 141, 165, 168f., 172f., 176, 209, 228
Rhine, L. E., 218
Richet, Charles, 17, 50, 53f., 78f., 84f., 190, 198f., 216
Richmond, N., 211
Riess, B. F., 111f.
Rivail, H. O., siehe Kardec
Rochas, C. de, 44, 124, 127
Romains, Jules, 200
Ruth 86
Ryan, Charles, 47
Rýzl, Milan, 30ff., 35f., 98
Rýzlova, J., 30ff., 35

S. (Medium), Louis, 127
Saltmarsh, H. R., 105
Samuel 38
Saul 38
Schechowski, A. K., 141
Scherer, W. B., 169
Schermann, Raphael, 85
Schmeidler, G. R., 170, 178
Schneider, Rudi, 208

Schwarz, B. E., 153, 179
Serradio 181
Shackelton, Basil, 109, 110
Shakespeare, William, 16
Shelley 16
Sidgwick, Henri, 53
Sidgwick, Mrs., 53, 55, 84
Sinclair, N., 138f., 142
Sinclair, Upton, 72, 138
Smirnow, M. S., 200
Soal, S. G., 70f., 103, 109ff., 137, 154, 176, 223
Spirkin, A. G., 24
Štěpánek, Pavel, 29, 34f., 253, 257
Stewart, Gloria, 109
Stuart, C. E., 100
Sudre, R., 106, 136
Swann, W. F. G., 22
Swedenborg, Emanuel, 41f., 136

Tart, C. T., 189
Tenhaeff, W. H. C., 106, 124, 142, 146f., 149, 151, 152ff., 159ff., 182, 221, 223, 247f., 250, 257
Theresa von Avila 40
Thomas, C. D., 67
Thompson, N., 63
Thouless, R. H., 210, 235f.
Thury, M., 52
Tischner, Rudolf, 75ff., 128, 144
Tolstoi, Alexej K., 16
Tsiolkowski, K. E., 251
Tugarinow, V. P., 24, 251
Turygin, S. J., 197
Tyrrell, G. N. M., 21, 103f., 136, 191, 223, 239ff.
Tyrrell, G. J., 136
Tyson, G. N., 232

Ullmann, M., 189
Urban III. 40
Usher 154
Uslar, D. von, 163

Van Dam 28, 136
Van Vinkle, Rip, 76

W. (Medium), Lydia, 72ff.
Warcollier, R., 126, 154
Wasiljew, L. L., 25, 118, 182, 198, 202, 232
Wasiljewski 76f., 144
West, D. J., 103, 150
West, Mrs., 119
White, R., 180
Wiesner, B. P., 235f.
Wilmot, S. R., 117, 120
Wodolazski, L. A., 197

Zigel, F., 23
Zhuk, J. H., 72, 156
Zwenne, Dirk, 250